Gilda Espínola Orrego

# El derecho a una vivienda digna y adecuada

Gilda Espínola Orrego

# El derecho a una vivienda digna y adecuada

## Derecho Internacional y español comparado

PUBLICIA

**Impressum / Aviso legal**
Bibliografische Information der Deutschen Nationalbibliothek: Die Deutsche Nationalbibliothek verzeichnet diese Publikation in der Deutschen Nationalbibliografie; detaillierte bibliografische Daten sind im Internet über http://dnb.d-nb.de abrufbar.


Información bibliográfica de la Deutsche Nationalbibliothek: La Deutsche Nationalbibliothek clasifica esta publicación en la Deutsche Nationalbibliografie; los datos bibliográficos detallados están disponibles en internet en http://dnb.d-nb.de.


Coverbild / Imagen de portada: www.ingimage.com

Verlag / Editorial:
PUBLICIA
ist ein Imprint der / es una marca de
OmniScriptum GmbH & Co. KG
Bahnhofstraße 28, 66111 Saarbrücken, Deutschland / Alemania
Email / Correo Electrónico: info@editorial-publicia.com

Herstellung: siehe letzte Seite /
Publicado en: consulte la última página
**ISBN: 978-3-639-64971-0**

Zugl. / Aprobado por: Universidad de Alcalá, Madrid, Tesis Doctoral, 2010

# “EL DERECHO A UNA VIVIENDA DIGNA Y ADECUADA EN EL ORDENAMIENTO JURÍDICO ESPAÑOL”

GILDA ESPÍNOLA ORREGO

*a Ciro,*
*a Papa*
*y a mi familia*
*por impulsarme a perseguir mis sueños.*

*Si tus sueños son pequeños,*
*tu visión será pequeña,*
*tus metas serán limitadas,*
*tus blancos serán diminutos,*
*tu camino será estrecho,*
*tu capacidad de soportar*
*las tormentas será endeble.*

“En el reino de los fines todo tiene o un precio o una dignidad.
Aquello que tiene precio puede ser sustituido por algo equivalente; en cambio, lo
que se halla por encima de todo precio y, por tanto,
no admite nada equivalente, eso tiene una dignidad”.

Immanuel Kant,
*Fundamentación de la metafísica de las costumbres,*
Madrid, Espasa Calpe, 1999, 112.

RESUMO

A moradia ou casa é um elemento indispensável para o desenvolvimento da vida na sociedade. Em primeiro lugar, é o espaço da família e nele se exercita a vida privada e também é o cenário da vida familiar perante a comunidade e onde se exercitam as atividades coletivas. Então, a moradia nos identifica dentro de um determinado contexto, com um lugar ou território, assim como com uns costumes e uma cultura. Assim fica clara a importância da moradia na vida do homem para satisfazer uma necessidade própria dele, ou seja, a necessidade de se proteger de toda situação de perigo.

Por tudo isso não ter uma moradia atenta contra a saúde física e mental, em quanto que dispor dela permite o exercício e aproveitamento de outros direitos, tais como o direito a educação, a saúde, ao livre desenvolvimento da personalidade, assim como o direito de escolher uma residência, a privacidades e a vida familiar. A moradia também compreende o hábitat e o direito a cidade que tem relação com o urbanismo e o desenvolvimento sustentável. E finalmente, não podemos esquecer que a casa é para as pessoas um dos maiores ativos econômicos porque os preços são muito altos é exigem uma grande inversão que gera hoje em dia um problema social e econômico.

A aceitação da importância de uma moradia e a satisfação desse direito fica clara com o seu reconhecimento nos tratados internacionais como um direito humano e a sua inclusão em algumas constituições como direito fundamental. Mais esse não e o caso da Constituição espanhola de 1978 que no artigo 47 estabelece o direito de todos os espanhóis a desfrutar de uma casa digna e adequada, porem se encontra no Capítulo III, Titulo I da CE dedicado aos Princípios Reitores da Política Social e Econômica. Esta circunstancia resta força a esses direitos e é o resultado de uma prudência extrema e sem justificação dos redatores da Constituição de 1978, já que eles não estabeleceram um regime jurídico único para todos os direitos.

O artigo 47 CE tem que ser estudado junto com o artigo 53 CE que limita a eficácia do direito a moradia porque exige, para a eficácia plena, uma lei de desenvolvimento. Por conta dessa limitação o direito a moradia recebe uma proteção diminuída porque para a sua defesa não está permitido recorrer ao processo sumario perante os tribunais ordinários nem ao recurso de amparo perante o Tribunal Constitucional.

Este trabalho se inicia com a idéia de que o direito a moradia reúne as características de um direito social de prestação, segundo o critério proposto por Robert Alexy[1] e aceitado por certo setor da doutrina espanhola. Trata-se de um direito que as pessoas têm perante o Estado para obter uma coisa que poderia também ser adquirida de um particular, se tivesse os meios financeiros necessários e existisse oferta suficiente no mercado.

O objetivo principal dessa investigação e demonstrar que por mais que o direito a moradia não seja considerado como um direito subjetivo de ação direta perante os tribunais pelo seu reconhecimento constitucional, não quer dizer que careça de conseqüências jurídicas. Considero que essas conseqüências existem e surgem do estabelecido pelo artigo 47 CE a traves de um conjunto de normas que constituem um conjunto de direitos ordinários, no sentido dos direitos legais em que se traduz o direito à moradia.

---

[1] ALEXY (1993): 189 y 194.

# ÍNDICE 1

## CAPITULO V NORMATIVA ESPAÑOLA POST-CONSTITUCIONAL ESTATAL Y AUTONÓMICA SOBRE VIVIENDA 225

# ABREVIATURAS

| | |
|---|---|
| AGNU | Asamblea General de Naciones Unidas |
| AL | *L'allocation de logement*<br>Subsidio de Vivienda |
| ALF | *Allocation de logement à caractère familial*<br>Subsidio de vivienda de varácter familiar |
| ALS | *Allocation de logement à caractère social*<br>Subsidio de vivienda de carácter social |
| ANAH | *L'Agence Nationale de l'habitat*<br>Agencia Nacional de Mejoramiento de la Vivienda |
| APL | *Aide Personalisée au Logement*<br>Ayuda personalizada a la vivienda |
| BAPSA | *Budget annexe des prestations sociales agricoles*<br>Presupuesto Anexo a las Prestaciones Sociales Agrícolas |
| BHE | Banco Hipotecario de España |
| BEI | Banco Europeo de Inversiones |
| BOA | Boletín Oficial de Aragón |
| BOE | Boletín Oficial del Estado |
| BOC | Boletín Oficial de Canarias |
| BOC | Boletín Oficial de Cantabria |
| BOCM | Boletín Oficial de la Comunidad de Madrid |
| BOCyL | Boletín Oficial de Castilla y León |
| BOIB | Boletín Oficial de Islas Baleares |
| BOJA | Boletín Oficial de la Junta de Andalucía |

| | |
|---|---|
| BOLR | Boletín Oficial de la Rioja |
| BON | Boletín Oficial de Navarra |
| BOPA | Boletín Oficial del Principado de Asturias |
| BOPV | Boletín Oficial del País Vasco |
| BORM | Boletín Oficial de la Región de Murcia |
| CAR | Comisión para el Alojamiento de Refugiados |
| CDESC | Comité de Derechos Económicos, Sociales y Culturales |
| CDH | Comisión de Derechos Humanos |
| CDH | Comité de Derechos Humanos |
| CES | Consejo Económico y Social |
| CIDH | Carta Internacional de Derechos Humanos |
| CIDJ | Comisión Internacional de Juristas |
| CPA | Censo de Población y Viviendas |
| CRP | Constitución de la República Portuguesa |
| CTE | Código Técnico de la Edificación |
| DADDH | Declaración Americana de Derechos y Deberes del Hombre |
| DALO | *Droit au Logement opposable*<br>Derecho a una vivienda exigible |
| DDHH | Derechos Humanos |
| DOE | Diario Oficial de Extremadura |
| DUDH | Declaración Universal de Derechos Humanos |
| DOG | Diario Oficial de Galicia |
| DOCLM | Diario Oficial de Castilla-La Mancha |
| DOCM | Diario Oficial de la Comunidad de Madrid |
| DOCV | Diario Oficial de la Comunidad Valenciana |
| DOGC | Diario Oficial de la Generalitat de Catalunya |
| ECOSOC | Consejo Económico y Social de Naciones Unidas |
| ENL | *Loi Engagement National pour le Logement* |
| FAIH | Fondo de Apoyo a la Inversión Habitacional |
| FDU | Fondos de Desarrollo Urbano |
| FEANTSA | *European Federation of National Organisations Working with the Homeless*<br>Federación Europea de Asociaciones Nacionales que trabajan con personas sin hogar |
| FFH | Fondo de Fomento de la Habitación |
| FMI | Fondo Monetario Internacional |
| FNAH | Fondo Nacional para la mejora del Hábitat |
| FNAL | *Fonds national d'aide au logement*<br>Fondo Nacional de Ayuda a la Vivienda |
| FNH | *Fonds national de l'habitation*<br>Fondo Nacional de Vivienda |
| FNPF | *Fonds national des prestations familiales*<br>Fondo nacional de prestaciones familiares |
| HABITAT | Centro de las Naciones Unidas para los Asentamientos Humanos |
| HLM | *Habitation à Loyer Modéré*<br>Vivienda de Alquiler Moderado |
| HVS | Ley de vivienda y vida social |

| | |
|---|---|
| IBI | Impuesto sobre Bienes Inmuebles |
| IGAPHE | Instituto de Gestión y Conservación del Patrimonio Habitacional del Estado |
| IHRU | Instituto de la Habitación y Rehabilitación Urbana |
| INE | Instituto Nacional de Estadísticas |
| INH | Instituto Nacional de la Habitación |
| IRPF | Impuesto sobre la Renta de las Personas Físicas |
| JESSICA | *Joint European Support for Sustainable Investment in City Areas* |
| JORF | *Le Journal official de la République française*<br>Diario Oficial de la República Francesa |
| MHUC | Ministerio de la Habitación, Urbanismo y Construcción |
| NRAU | Nuevo Régimen de Arrendamientos Urbanos |
| OCDE | Organización para la Cooperación y el Desarrollo Económicos |
| OG | Observación General |
| OIT | Organización Internacional de Trabajo |
| OMS | Organización Mundial de la Salud |
| ONG | Organización No Gubernamental |
| ONU | Organización de las Naciones Unidas |
| PALULOS | *Prime à l'amélioration des logements à usage locatif*<br>Subvenciones para la mejora de viviendas destinadas al alquiler |
| PC | *Le prêt conventionnê*<br>Préstamo convenido |
| PER | Programa Especial de Realojamiento |
| PIDH | Pacto Internacional de Derechos Humanos |
| PIDCP | Pacto Internacional de Derechos Civiles y Políticos |
| PIDESC | Pacto Internacional de Derechos Económicos, Sociales y Culturales |
| PLAI | *Prêt locatif aidé à financement très social*<br>Préstamo para el Alquiler de Ayuda a la Integración |
| PLI | *Prêt locatif intermédiaire*<br>Préstamo para alquileres intermedios |
| PLS | *Prêt locatif social*<br>Préstamo para el Alquiler Social |
| PLUS | *Prêt locatif à usage social*<br>Préstamo para el Arrendamiento Social |
| PRID | Programa de Recuperación de Inmuebles Degradados |
| PROHABITA | Programa de Financiamiento para el Acceso a la Habitación |
| PSLA | *Prêt Social de Location Accession*<br>Préstamos de Alquiler-Acceso Social |
| PTZ | *Prêt à taux zéro*<br>Préstamos a tasa cero |
| RECRIA | Régimen Especial de Coparticipación en la Recuperación de Inmuebles Arrendados |
| RECRIPH | Régimen Especial de Coparticipación y Financiamiento para la Recuperación de Predios Urbanos en Régimen de Propiedad Horizontal |

| | |
|---|---|
| REHABITA | Régimen de Apoyo para la Recuperación Habitacional de Áreas Urbanas Antiguas |
| SAAL | Servicio de Apoyo Ambulatorio Local |
| SCH | Sector de Apoyo a las Cooperativas |
| SPA | Sociedad Pública de Alquiler |
| SRU | *Loi relative à la solidarité et au renouvellement urbains*<br>Ley referente a la solidaridad y renovación urbana |
| VIS | Viviendas de Integración Social |
| VPO | Viviendas de Protección Oficial |
| VPT | Vivienda a Precio Tasado |
| VPPA | Vivienda con Protección Pública para Arrendamiento |
| VPPA OC | Vivienda con Protección Pública para Arrendamiento con Opción a Compra |
| VPPB | Vivienda con Protección Pública Básica |
| VPPL | Vivienda con Protección Pública de Precio Limitado |

# INTRODUCCIÓN

La vivienda es un elemento indispensable para el desarrollo de la vida en sociedad. En primer lugar, es el espacio de la familia y en el que se desenvuelve la vida privada. Además, es la esfera en la que el ser humano inicia su aprendizaje e interactúa con otras personas experimentando los procesos de socialización y adquiriendo los valores y costumbres que lo identificarán.

También es el escenario de la vida familiar de cara a la comunidad en la que se ejercitan las actividades colectivas y por eso la vivienda nos identifica, dentro de un determinado contexto, con un lugar o territorio, así como con unas costumbres y una cultura. Por esta razón, se ha dicho que la vivienda delata y habla de las personas que la ocupan, teniendo en cuenta el valor intangible en términos de prestigio o desprestigio, según el lugar en que se encuentre ubicada la misma[14].

[14] CABRERA (2005): 5.

Es indiscutible, pues, la trascendencia de la vivienda en la vida del hombre para satisfacer una necesidad inherente a él, cual es la de protegerse, resguardase o cobijarse de toda situación de peligro. Se trata de un bien necesario en el sentido social, ya que no tiene el mismo alcance que otros bienes, como el agua o los alimentos, sin los cuales es imposible vivir[15].

Carecer de una vivienda adecuada atenta contra la salud física y mental, mientras que disponer de ella permite el ejercicio y disfrute de otros derechos, tales como el derecho a la educación, a la salud, al libre desarrollo de la personalidad, así como el derecho a elegir residencia, a la privacidad y a la vida familiar e, igualmente, posibilita que las personas cumplan con ciertas exigencias, como la de contar con un domicilio para ser localizado.

Otro aspecto influenciado por la vivienda es la calidad de vida, considerada como una meta para las sociedades avanzadas y cuya percepción puede verse mermada considerablemente cuando la persona no se encuentra a gusto con el ambiente físico que le rodea. Es decir, cuando no existe satisfacción residencial entendida como "la actitud o el afecto que produce el hecho de vivir en un determinado contexto"[16].

Asimismo, la vivienda, comprendida de manera más amplia, abarca el hábitat y el derecho a la ciudad que, a su vez, están conectados con el urbanismo y el desarrollo sostenible. En este trabajo se han realizado investigaciones sobre cada uno de estos temas y se concluye que existe una interrelación que contribuye a alcanzar el deseo de contar con una vivienda adecuada.

Finalmente, no se puede obviar que la vivienda constituye uno de los mayores activos económicos que poseen las personas porque es un bien de precio elevado que exige realizar una gran inversión y que genera hoy en día un problema económico y social.

---

15 CORTÉS ALCALÁ (1995): 27.
16 ARAGONÉS y AMÉRIGO (1987): 135.

La aceptación de la idea de vivienda como bien necesario y la importancia de su satisfacción se evidencian claramente tras su constitucionalización como derecho en varios textos fundamentales. El artículo 47 de la Constitución española de 1978 establece que:

> "Todos los españoles tienen derecho a disfrutar de una vivienda digna y adecuada. Los poderes públicos promoverán las condiciones necesarias y establecerán las normas pertinentes para hacer efectivo este derecho, regulando la utilización del suelo de acuerdo con el interés general para impedir la especulación. La comunidad participará en las plusvalías que genere la acción urbanística de los entes públicos".

La norma señalada se encuentra en el Capítulo III, Título I de la CE dedicado a los Principios Rectores de la Política Social y Económica, circunstancia que es considerada "claramente devaluadora" y que sería el resultado de una prudencia extrema e injustificada de los redactores de la Constitución de 1978[17], quienes no establecieron un régimen jurídico uniforme para todos los derechos. Además, en la actualidad la ubicación de las disposiciones mencionadas dificulta la interpretación y aplicación por parte de quienes se ocupan de analizarlas[18].

El artículo 47 CE tiene que ser examinado teniendo en cuenta lo dispuesto por el artículo 53.3 CE que dice:

> "El reconocimiento, el respeto y la protección de los principios reconocidos en el Capítulo 3º, informará la legislación positiva, la práctica judicial y la actuación de los poderes públicos. Sólo podrán ser alegados ante la Jurisdicción Ordinaria de acuerdo con lo que dispongan las leyes que los desarrollen".

---

[17] CASTRO CID (1993): 169 y 170; (1998b): 43 y (2001): 72.

[18] CASCAJO CASTRO (1988): 97. En el mismo grupo se encuentran incluidos otros derechos sociales de los llamados prestacionales, como los de seguridad social, protección de la salud, medio ambiente adecuado, etc.

Esta disposición, con una redacción poco feliz o desafortunada[19], limita la eficacia del derecho a la vivienda porque requiere, para que ésta sea plena, una ley de desarrollo[20]. La aludida limitación se traduce en la disminuida protección que recibe, ya que para la defensa de este derecho no se permite el acceso al procedimiento preferente y sumario ante los tribunales ordinarios ni al recurso de amparo ante el Tribunal Constitucional. Es lo que García de Enterría reconoce como una distinción entre derechos de significado básico y con protección reforzada y aquellos que requieren para su efectividad un desarrollo técnico mediante las leyes[21].

El presente trabajo se desarrolla partiendo de la base de que el derecho a la vivienda reúne las características de un derecho social de prestación, según el criterio propugnado por Alexy y aceptado por cierto sector de la doctrina española. Se trataría de un derecho que el individuo ostenta frente al Estado para obtener algo que podría hacerlo también de particulares, si poseyera los medios financieros necesarios y si encontrase en el mercado una oferta suficiente[22].

Desde este punto de vista, se puede afirmar que el derecho a la vivienda es un derecho social de carácter prestacional. Se encuentra entre aquellos que exigen una acción por parte del Estado para su cumplimiento, como el derecho a la educación, a la protección de la salud, al trabajo, a la seguridad social, a diferencia de los derechos de libertad que requieren básicamente una actitud de abstención por parte del Estado[23].

Sin embargo, en este estado de cosas corresponde aclarar que, si bien el

[19] Coinciden en estas apreciaciones: FERNÁNDEZ (1982): 29; GARCÍA DE ENTERRÍA (1985): 69 y 70; SERRANO (1987): 117; PRIETO SANCHÍS (1990): 194 y 197 y GARCÍA MACHO (1998): 365.

[20] PECES-BARBA MARTINEZ (1979): 41; GARRIDO FALLA (1980): 581; SERRANO (1987): 103; PRIETO SANCHÍS (1990): 192 y sgtes.; CARMONA CUENCA (1992): 106; GARCÍA MACHO Y SOLER (1994): 16; LÓPEZ GONZÁLEZ (1997): 164.

[21] GARCÍA DE ENTERRÍA (2001): 68.

[22] ALEXY (1993): 189 y 194.

[23] Asimismo, se ha de aclarar que otros derechos que han sido reconocidos tradicionalmente como derechos sociales, por ejemplo la libertad sindical o el derecho de huelga, por su naturaleza son derechos de defensa y plantean una problemática similar a los clásicos derechos civiles y políticos.

derecho a la vivienda ha sido reconocido en los tratados internacionales como un derecho humano y que ciertas constituciones lo han incluido en su catálogo de derechos fundamentales, no se ha dado tal situación en la Constitución española de 1978.

El artículo 47 CE, que establece el derecho a una vivienda digna y adecuada, ha sido configurado en la Carta Magna vigente, igual que la mayoría de las normas de contenido social, dentro del Capítulo III, Título I, de los Principios Rectores de la Política Social y Económica. No obstante, según la interpretación más extendida, el derecho a la vivienda no es un derecho fundamental, tal como lo expresa Cruz Villalón diciendo que los derechos fundamentales "son los derechos contenidos en el capitulo segundo del título I"[24] de la Constitución, en otras palabras, aquellos que están reconocidos "a lo largo de sus artículos 14 a 38"[25].

El objetivo principal del presente trabajo es demostrar que, si bien el derecho a la vivienda no está considerado como un derecho subjetivo accionable ante los tribunales a partir de su solo reconocimiento constitucional, no se puede decir por eso que carece de consecuencia jurídica alguna. Considero que estas consecuencias sí existen y surgen de lo dispuesto por el artículo 47 CE a través de un conjunto de normas que constituyen un haz de derechos ordinarios, en el sentido de los derechos legales en que se traduce el derecho a la vivienda.

De esta forma, en las siguientes páginas iré explicando cómo mediante la sanción de normas que abarcan las más diversas ramas del ordenamiento jurídico, el derecho a la vivienda ha recibido cierta protección dentro del ordenamiento jurídico español. Igualmente, se expondrán algunas propuestas para articular la eficacia del derecho constitucional a una vivienda digna y adecuada.

El estudio de la eficacia del derecho a la vivienda requiere el análisis de

[24] CRUZ VILLALÓN (1989): 39.
[25] CRUZ VILLALÓN (1989): 39. Se refiere, entre otros, al Derecho a la vida; Derecho a la libertad; Derecho de reunión; Derecho a la tutela efectiva; Derecho a la educación; Derecho a la sindicación; Derecho a la propiedad privada; Deber de trabajar y derecho al trabajo

su dimensión internacional. Existen numerosos textos internacionales que se refieren explícitamente a este derecho como un derecho social y, a través de los medios de control establecidos para verificar el cumplimiento de sus disposiciones, se le otorga una determinada eficacia.

Efectivamente, para estudiar la Constitución española deben ser analizados también los Convenios internacionales sobre derechos fundamentales suscritos por España, pues tal interpretación viene exigida por el artículo 10.2 de la Norma Fundamental. La principal fuente a tener en cuenta será la Declaración Universal de Derechos Humanos aprobada por la Asamblea General de Naciones Unidas de 10 de diciembre de 1948 y otros tratados y acuerdos que España haya ratificado, especialmente, los textos aprobados en el ámbito del Consejo de Europa.

En cuanto a la estructura del trabajo, cabe exponer el contenido de los Capítulos que se han desarrollado para alcanzar el objetivo de la presente investigación. En primer lugar, para delinear el contexto en el que se desarrolla este estudio, el Capítulo I se refiere al concepto, elementos y justiciabilidad del derecho a la vivienda. Asimismo, es imprescindible aclarar que me ocupo del tema considerando muy especialmente la adecuación de la vivienda, a fin de que se ajuste a las necesidades de las personas que la ocupan. Por ello, se examinan las características mínimas que ha de reunir una vivienda para ser calificada como adecuada.

En el capítulo II se revisa la normativa internacional y de la Unión Europea, así como los diferentes documentos que han sido aprobados por las diversas organizaciones y que están relacionados con el derecho a la vivienda. Son Tratados internacionales en el marco de Naciones Unidas y del Consejo de Europa, la mayoría de ellos suscritos y ratificados por España, así como Directivas y Recomendaciones de la Unión Europea.

También se presentan otros documentos surgidos, por un lado, de las Cumbres Mundiales sobre Asentamientos Humanos y, por otro, como resultado de las políticas comunitarias sobre vivienda. La importancia de los mismos consiste en la aportación realizada para delinear las características que hacen a una vivienda digna y adecuada para el ser humano y en que nos permiten conocer actividades que concretamente ya están siendo desarrolladas con el fin de hacer realidad este derecho.

Paralelamente, se presentan los diversos mecanismos de protección instaurados, su funcionamiento y la medida en que contribuyen a alcanzar la plena efectividad del derecho, otorgándole cierto grado de eficacia. Se trata, especialmente, de los Comités con potestades no jurisdiccionales pero de gran repercusión política.

Asimismo, para conocer otras realidades, en el Capítulo III se acude al Derecho Comparado y se estudia la situación que viven Francia y Portugal. Estos países representan dos extremos del mismo problema de la vivienda y dejan a España en una situación que considero puede calificarse de intermedia. Claro está que los diferentes factores económicos, sociales y culturales de cada Estado tienen un peso determinante para definir las condiciones en que se encuentran, sin embargo, también existen puntos comunes que han sido destacados.

En ningún caso la cuestión habitacional está resuelta de forma definitiva, porque pienso que de hecho ello es imposible. Tal es así que en Francia se ha logrado aprobar una normativa que hace exigible el derecho a la vivienda ante los tribunales a través de una serie de recursos que, cabe mencionar, también han sido criticados. Todavía es pronto para emitir juicios definitivos, habrá que esperar y ver los efectos, positivos o negativos, que ha surtido la Ley.

Por otra parte, los procesos históricos vividos por Portugal y España se asemejan en alguna medida y, por ello, también la situación actual guarda sus parecidos. No obstante, se podrá corroborar que en algún caso Portugal ha logrado alcanzar objetivos mucho más interesantes con vistas a la protección y eficacia del derecho a la vivienda.

Seguidamente, en el Capítulo IV ya se trata exclusivamente del Derecho interno español. Se revisan los antecedentes de la normativa que ha regido el sector de la vivienda desde el año 1911 hasta la aprobación de la Constitución de 1978, indicando los aspectos positivos y negativos.

Asimismo, se revisa el proceso seguido para la elaboración del artículo 47 CE, el contenido del mismo, su eficacia relacionada con el artículo 53.3 y las posibilidades de aplicación. Además, se hace referencia a los titulares del derecho a la vivienda y la situación particular de los extranjeros.

Igualmente, se trata la cuestión de los obligados por el derecho, los conflictos surgidos al respecto y el reparto competencial entre los poderes públicos implicados, es decir, el Estado, las Comunidades Autónomas y las Entidades Locales, aludiendo de forma particular a la situación del País Vasco y Navarra.

También he considerado importante hacer un examen sobre la normativa post-constitucional vigente, tanto a nivel estatal como autonómico. A ello se dedica el Capítulo V en el que se opta por utilizar el criterio subjetivo, es decir, según cuál sea la Administración actuante, para clasificar la legislación, ya que el complejo sistema competencial no contribuye a que esta tarea resulte sencilla. Igualmente, se valora si las disposiciones adoptadas por las leyes son cumplidas, en qué medida y, en su caso, si es posible encontrar otros medios para que el derecho se haga plenamente efectivo.

Finalmente, en el Capítulo VI presento la situación actual del acceso a la vivienda, que es el resultado de todas las actuaciones revisadas en los capítulos anteriores. Se hace un breve repaso del mercado habitacional, los objetivos y componentes de la política y las dificultades que existen para la accesibilidad, las personas afectadas y las consecuencias de la misma.

En cuanto a las fuentes utilizadas para elaborar el presente trabajo, se ha revisado sistemáticamente la normativa internacional, europea, comunitaria y española. Principalmente, se han examinado tratados, convenios y acuerdos internacionales aprobados en el ámbito de la Organización de Naciones Unidas y el Consejo de Europa, así como Directivas y Recomendaciones de la Unión Europea.

El Derecho español ha sido considerado en perspectiva histórica, desde 1911 hasta la fecha, ya que conocer los antecedentes legislativos y su evolución puede contribuir a comprender mejor la situación actual. Asimismo, se ha recurrido al Derecho Comparado para estudiar la cuestión habitacional en Francia y Portugal y de ese modo identificar supuestos que sean de posible aplicación al contexto español.

Además, se han utilizado la doctrina y la jurisprudencia, dos fuentes indispensables en una investigación jurídica. Se han visto diferentes trabajos sobre los derechos sociales, el derecho a la vivienda y la eficacia del mismo, así como los pronunciamientos jurisdiccionales de diversos tribunales.

Por otra parte, no se puede dejar de mencionar que la normativa sobre vivienda es compleja y confusa, tanto en el fondo como en la forma y, por tanto, en algunos casos, problemática. No se trata solamente de la exigibilidad o justiciabilidad del derecho a la vivienda, sino también de todo el entramado de disposiciones, ya sean Leyes, Reglamentos, Ordenanzas, etc., que rodea el derecho aludido y que hay que sortear para realizar el análisis.

Efectivamente, en este sector se relacionan de manera nada sencilla el Derecho constitucional, civil, mercantil, de arrendamientos, de propiedad horizontal, de consumo, etc., que se entrelazan con el Derecho fiscal, penal, urbanístico y medio ambiental. Así lo ha expresado González Ordovás, para quien todo lo manifestado contribuye a que el derecho a la vivienda, "a diferencia de otros de la misma generación, apenas consiga salir del reducto administrativo en que ha quedado retirado"[26].

---

[26] GONZÁLEZ ORDOVÁS (2004): 974.

Igualmente, se ha de advertir la utilización de datos estadísticos basados en el último censo de población realizado en España por Instituto Nacional de Estadística (INE), que data de 2001. Por tanto, es irremediable que ciertas informaciones ya no se ajusten a la realidad actual porque en los nueve años trascurridos se han producido considerables cambios en el mercado de la vivienda.

De todas formas, con este trabajo se pretende contribuir de alguna forma a la mejor comprensión de la normativa vigente sobre el derecho a la vivienda presentándola, tal como se hace, en un solo texto. Además, se ha de recalcar que no tratamos del derecho a una vivienda cualquiera, sino a aquella que sea digna y adecuada para el ser humano y, por ello, se ha de realizar una lectura con la predisposición de ampliar las ideas sobre dicha cuestión.

Finalmente, se desea invitar a una nueva reflexión respecto a la eficacia de los derechos sociales en general y del derecho a la vivienda en particular, a fin de encontrar nuevas posibilidades para que hombres y mujeres se encuentren en condiciones de ejercerlo.

# CAPITULO I
# EL DERECHO A UNA VIVIENDA DIGNA Y ADECUADA: CONCEPTO, ELEMENTOS Y JUSTICIABILIDAD

## 1. Concepto

Para tratar de establecer el concepto del derecho a una vivienda, en primer lugar, se ha de definir qué se entiende por vivienda a los efectos del presente trabajo. Cabe señalar que, dependiendo de la rama de estudio de que se trate, la Filosofía del Derecho, la Sociología o el Derecho Administrativo, los conceptos pueden variar bastante.

En términos generales, según señala Ferrando Nicolau, la vivienda es "el refugio natural, o construido por la mano del hombre, en el que éste habita de modo temporal o permanente"[27]. En términos semejantes se expresa Cortés Alcalá, para quien "la vivienda es un lugar con límites definidos, construida por la acción humana, en la que los hombres habitan con cierta estabilidad"[28].

En todo caso, los autores siempre plantean objeciones respecto a los conceptos que se desarrollan, ya sea por ellos mismos o por otros. Particularmente, debido a su practicidad, recurro a las definiciones oficiales señaladas en el último censo de Población y Viviendas realizado por el Instituto Nacional de Estadística (INE) en 2001[29].

Según éste censo, *vivienda* es aquel "recinto estructuralmente separado e

[27] FERRANDO NICOLAU (1992): 306.
[28] CORTÉS ALCALÁ (1995): 24.
[29] Véase Sitio Web oficial del INE disponible en: http://www.ine.es/censo2001/6.pdf - Última consulta: 27/05/2009.

independiente que, por la forma en que fue construido, reconstruido, transformado o adaptado, está concebido para ser habitado por personas o, aunque no fuese así, constituye la residencia habitual de alguien en el momento censal"[30].

Por tanto, del concepto señalado se extraen dos términos, *separado* e *independiente*, cuyo alcance ha de ser aclarado para lograr una idea más acertada. En primer lugar, se considera *separado* el recinto que "está rodeado por paredes, muros, tapias, vallas, se encuentra cubierto por techo, y permite que una persona se aísle de otras a fin de preparar y consumir sus alimentos, dormir y protegerse contra las inclemencias del tiempo y del medio ambiente".

Por otro lado, resulta *independiente*, "siempre que los ocupantes de la vivienda puedan entrar o salir de ella sin pasar por ningún recinto ocupado por otras personas", es decir, "si tiene acceso directo desde la calle o terreno público o privado, común o particular, o bien desde cualquier escalera, pasillo o corredor".

Además, se distinguen dos tipos de viviendas, las *colectivas* y las *familiares* y, dentro de éstas últimas, se encuentra un subtipo denominado *alojamiento*. Respecto a la *vivienda colectiva* se dice que es aquella "destinada a ser habitada por un colectivo, es decir, por un grupo de personas sometidas a una autoridad o régimen común no basados en lazos familiares ni de convivencia. La vivienda colectiva puede ocupar sólo parcialmente un edificio o, más frecuentemente, la totalidad del mismo". En esta categoría están incluidos, por ejemplo, los conventos, cuarteles, asilos, hospitales, prisiones, etc.

En tanto que se identifica como *vivienda familiar* la "destinada a ser habitada por una o varias personas, general pero no necesariamente unidas por parentesco, y que no constituyen un colectivo"[31]. Por último, aunque no cumpla

---

[30] Como excepción, no se consideran viviendas los recintos que, a pesar de estar concebidos inicialmente para habitación humana, en el momento censal están dedicados totalmente a otros fines (por ejemplo, los que estén siendo usados exclusivamente como locales).

[31] Las viviendas familiares se incluyen en el Censo de Viviendas, con independencia de que estén ocupadas o no en el momento censal. No se incluyen, en cambio, los recintos construidos inicialmente para viviendas pero que en la época de los Censos se utilizan exclusivamente para

estrictamente la definición, se incluye en esta clasificación al *alojamiento* como una "vivienda familiar que presenta la particularidad de ser móvil, semipermanente o improvisada, o bien que no ha sido concebida en un principio con fines residenciales pero, sin embargo, constituye la residencia de una o varias personas en el momento del censo".

Asimismo, conviene tener una noción de otros términos que se utilizarán en las siguientes líneas, tales como hogar, familia, etc. A los efectos censales, se define *hogar* como "un conjunto de personas (una o varias) que residen habitualmente en la misma vivienda familiar" y *familia* como "un grupo de personas (dos o más) que formen parte de un hogar y están vinculadas por lazos de parentesco, ya sean de sangre o políticos, independientemente de su grado".

También se alude a *núcleo familiar* como "un conjunto alternativo de familia, restringido a los vínculos de parentesco más estrechos", que pueden ser parejas con o sin hijos, madre o padre con hijos y, en su caso, estos hijos deben ser solteros, no emparejados y no tener, a su vez, algún hijo con esas características porque, en caso contrario, podrían formar núcleo propio.

Pues bien, tras puntualizar estos conceptos, queda claro que el derecho a la vivienda tiene relación con diversos aspectos que no se perciben en una primera aproximación. Por ejemplo, está conectado con el derecho al hogar, con el derecho a la intimidad e, inclusive, con el derecho a la vida.

Es Ferrando Nicolau quien expone la idea de que el derecho a la vivienda sería un elemento del derecho al hogar y que la intimidad personal y familiar se ejercen en un lugar determinado. Además, plantea el análisis del derecho a la vida en un sentido amplio, de modo que garantice un mínimo económico existencial, es decir, dar cumplimiento a las llamadas necesidades básicas, entre las que se encuentra el derecho a la vivienda[32].

otros fines (viviendas que se han transformado totalmente en oficinas, talleres, almacenes..., que son censadas como locales).

[32] FERRANDO NICOLARU (1992): 307-308.

Además, definir el contenido exacto del derecho a la vivienda encuentra un obstáculo en las diversas formas que el mismo ha sido consagrado, a nivel estatal e internacional. Derecho a una vivienda digna, derecho a una vivienda adecuada, derecho a la propia casa, derecho a un albergue, derecho a un refugio, derecho a la tierra, derechos habitacionales o derecho a la ciudad, son algunas expresiones utilizadas de forma indistinta para indicar la posición central de la vivienda como objeto de derechos humanos[33], sin embargo, el punto concordante es que el Pacto Internacional de Derechos Económicos, Sociales y Culturales garantiza una vivienda "adecuada".

Por tanto, tras estas breves consideraciones, se podría definir el derecho a la vivienda como "el derecho de toda persona, ya sea hombre, mujer, joven y niño a acceder y mantener un hogar, en el que disponga de un espacio íntimo, adaptado al entorno y a la sociedad en que se encuentra, seguros de que puedan vivir en paz y dignidad"[34].

## 2. Los elementos del derecho a una vivienda[35] "digna y adecuada"

Ahora bien, tras señalar el concepto del derecho a la vivienda debemos formularnos la siguiente interrogante: ¿cómo se ha de determinar cuándo una vivienda es digna y adecuada? Pues bien, de hecho existen opiniones que relativizan estas dos acepciones, indicando que aquello que es digno para uno puede no serlo para el otro. Del mismo modo, lo que resulte adecuado para un determinado sector de la población, puede no serlo para todos.

Sin embargo, el presente trabajo se desarrolla sobre la idea de que el derecho a una vivienda debe garantizarse a todos los seres humanos sin ningún tipo de distinción. No obstante, se ha de reconocer que concurren una larga lista de

[33] PISARELLO (2003a): 82 y 98.

[34] Para este concepto se ha considerado, además, la Observación General N° 4 emitida por el Comité de Derechos Económicos, Sociales y Culturales de Naciones Unidas. En relación a las Observaciones Generales véase el Capítulo II, apartado 1.3.1 del presente trabajo.

[35] Bassols Coma los llama presupuestos objetivos del derecho a la vivienda

limitaciones económicas, sociales y, particularmente, políticas, que no permiten la realización plena de los derechos. Además, se ha de considerar que el problema habitacional no es una cuestión que afecta exclusivamente a los países en vías de desarrollo, pues ya ha llegado a aquellos Estados que parecían inmunes a conflictos de tal naturaleza.

Inclusive, cabe resaltar, que ello ha ocurrido antes del cambio estructural que se está viviendo, pues la crisis que actualmente se ha desatado a nivel global empeorará las condiciones de vida de la población en general y la vivienda será un factor de gran influencia en el tema[36].

No obstante, todavía se pueden determinar los aspectos o condiciones que objetivamente sirven de parámetro para definir los casos en que una vivienda, habitación o residencia resulta digna y adecuada. A su vez, claro está que el cumplimiento de las mismas variará según factores subjetivos que responden a la diversidad de la población en general, sobre todo, cuestiones culturales y climatológicas. Los requisitos que se referirán a continuación han sido establecidos por la Organización de las Naciones Unidas a través de la Observación General Nº 4, de 13 de diciembre de 1991[37].

## 2.1. La seguridad jurídica de la tenencia

La tenencia de una vivienda puede adoptar varias formas, ya sea alquiler público o privado, viviendas en cooperativa, arrendamiento, ocupación por el mismo propietario, etc. El buen funcionamiento de un sistema jurídico lo que debe lograr es que todas las personas que reúnan los requisitos para cada caso dispongan de un título o estatuto más o menos cierto y predecible que pueda ser oponible a aquel que altere la tenencia de la vivienda. No se trata de imponer medidas coer-

[36] Al respecto véase el Informe: Estado de la población mundial 2007, disponible en: http://www.unfpa.org/swp/2007/presskit/pdf/swp2007_spa.pdf - Última consulta: 28/06/2009.

[37] Los detalles de este documento serán abordados en el siguiente capítulo que corresponde a la positivación internacional del derecho a la vivienda.

-citivas que al final pueden aumentar los problemas antes que solucionarlos[38].

La seguridad jurídica implica que una persona tenga asegurada la continuidad temporal en la ocupación del alojamiento sin que haya una amenaza de expulsión de la vivienda. Es decir, que existan ciertas garantías de protección legal contra los ya conocidos inconvenientes en esta materia, que pueden distinguirse según la persona afectada en cada caso. Estas situaciones causan intranquilidad y resultan hasta peligrosas, lo que en conjunto provoca un deterioro en la calidad de vida de los afectados.

Por ejemplo, en una relación arrendador-arrendatario, existe la posibilidad del impago de los alquileres y las subidas desproporcionadas de los mismos; además, el mal uso o deterioro de la construcción, la negación de firma de un contrato, el subarrendamiento por habitaciones sin autorización, los desalojos ilegales y, lo más nuevo que se ha instaurado hasta el momento, el acoso inmobiliario o *mobbing* ejercido por los propietarios o arrendadores a fin de que los inquilinos, generalmente personas ancianas y con bajas rentas, abandonen la vivienda.

Por estas razones se afirma que el disfrute de la vivienda no se reduce a facilitar y procurar el acceso en las mejores condiciones posibles, sino que la protección ha de llevar aparejadas garantías para una posesión pacífica y útil y a mantenerla en condiciones adecuadas de uso el mayor tiempo posible. El Derecho debe proporcionar estos medios y, según se trate de sectores más necesitados y desprotegidos, los mismos han de ser más estrictos[39].

### 2.2. La disponibilidad de servicios, materiales, facilidades e infraestructura.

Este aspecto tiene un alcance bastante amplio. Los servicios mínimos a

[38] AGUERRI SÁNCHEZ (2005): 72.

[39] MUÑOZ CASTILLO (2000): 119. Como ejemplo sirve el caso de muchas mujeres víctimas de violencia doméstica pues ante la inoperancia de la administración para proveerlas de nuevos alojamientos, las mismas permanecen en sus domicilios y bajo el riesgo que ello implica. Véase sobre el tema BOSCH I MEDA (2006a).

los que se alude tienen una explicación totalmente lógica y con ello se demuestra que la satisfacción del derecho a la vivienda guarda estrecha relación con otros derechos fundamentales como, en este caso, el derecho a la salud. Tal es así que el abastecimiento de agua potable, indispensable para la vida humana, las instalaciones sanitarias y de aseo, así como las de eliminación de deshechos, son esenciales a fin de evitar que los centros de población se conviertan en focos de enfermedades.

Cabe mencionar que el suministro de agua, el alumbrado y la recogida de desperdicios son competencias de los Ayuntamientos y, por ello, los mismos desempeñan un papel importante, inescindible de las obligaciones de los poderes públicos para la efectividad del derecho a la vivienda digna y adecuada.

Además, la instalación de los sistemas que proporcionan energía para la cocina y la calefacción, que generalmente son de gas, ha de ser realizado por personal calificado y autorizado para el efecto. Se deben cumplir con las exigencias de seguridad requeridas, tanto en el momento de la construcción, así como con los controles que se realizan. En caso contrario se estaría poniendo en riesgo la seguridad y la salud de todos los ocupantes de la vivienda y, en tal sentido, no son pocos los accidentes que suceden constantemente por deficiencias en estos servicios.

### 2.3. Los gastos soportables

En este caso se está haciendo referencia al supuesto de que la persona ya se encuentre en posesión de la vivienda, por compra o alquiler y cuente con la capacidad económica de mantenerse en dicho estado. Es decir, soportar los gastos del alojamiento con los ingresos propios, disponiendo de suficientes recursos económicos para satisfacer otras necesidades básicas como son la alimentación, el vestido, la educación y la salud[40]. Por tanto, las erogaciones económicas persona-

[40] AGUERRI SÁNCHEZ (2005): 64.

les o del hogar que acarrea una vivienda no debieran impedir o comprometer el logro y la satisfacción de otros derechos.

Para que este requisito sea factible se ha de considerar muy especialmente la intervención estatal a través de las formas y niveles de financiación que ofrezca. Asimismo, está relacionado con la seguridad jurídica, pues señala la necesidad de que las personas que vivan en alquiler se encuentren protegidas contra aumentos desproporcionados en los precios.

### 2.4. La habitabilidad

Se trata de que una construcción reúna las condiciones legales de salubridad, higiene y seguridad que la hacen apta para su ocupación[41]. En este aspecto, una vez más, la salud es otro derecho protegido. Se considera a la vivienda como el factor ambiental que con más frecuencia está relacionado con las condiciones que favorecen las enfermedades y, además, unas condiciones de vida inadecuadas deficientes están asociadas a tasas de mortalidad y morbilidad más elevadas[42].

Sin embargo, el concepto es bastante más amplio, se trata de que el alojamiento cubra las necesidades de sus ocupantes en cuanto a imagen personal, localización, calidad, adecuación al tamaño de la familia y a la edad de sus miembros[43]. Cada persona requiere de un espacio físico adecuado para su propio desarrollo y para salvaguardar su intimidad personal. De esa forma, se posibilitarán las condiciones para lograr el normal desarrollo de las relaciones familiares.

Además, aquí se encierra otro requisito fundamental para hacer que una vivienda sea adecuada, se trata de la accesibilidad física. Es así como, partiendo

[41] PONS GONZÁLEZ y ARCO TORRES (1993): Voz: Habitabilidad.

[42] Principios de Higiene de la Vivienda preparados por la OMS, que consideran la vivienda como el factor ambiental que con más frecuencia está relacionado con las condiciones que favorecen las enfermedades en los análisis epidemiológicos; dicho de otro modo, que una vivienda y unas condiciones de vida inadecuadas y deficientes se asocian invariablemente a tasas de mortalidad y morbilidad más elevadas.

[43] AGUERRI SÁNCHEZ (2005): 64.

del principio de igualdad en el ejercicio de los derechos, se ha de prestar especial atención a las personas con discapacidad, para quienes habrán de realizarse las adaptaciones arquitectónicas pertinentes.

Para el cumplimiento de estas condiciones se hace necesaria la adopción de medidas relacionadas con la edificación, así como de conservación, que permitan el mayor tiempo posible de vida útil de lo edificado pues, aunque no se trate de bienes de duración ilimitada, con la observancia de medidas de mantenimiento pertinentes en cada caso y según las condiciones constructivas de cada obra, los niveles de habitabilidad, calidad, seguridad y confortabilidad se extenderán por un mayor tiempo a favor de sus habitantes[44].

## 2.5. La asequibilidad[45]

En principio, se trata de que el mercado ofrezca alojamiento de bajo coste y que el mismo sea de fácil accesibilidad cuando la demanda lo requiera[46]. Para el efecto, se destacan ciertos grupos que, por estar en situación de desventaja, han de recibir prioritariamente las ayudas adecuadas de acceso. El aludido colectivo estaría formado por las personas de edad, los niños, los discapacitados físicos, los enfermos terminales, los individuos VIH positivos, las personas con problemas médicos persistentes, los enfermos mentales, las víctimas de desastres naturales, las personas que viven en zonas en que suelen producirse desastres, y otros grupos de personas.

Ahora bien, cabe señalar que la asequibilidad hace referencia al poder o capacidad para abordar la compra o adquisición y que representa un aspecto distinto al que se denomina "gastos soportables". En este caso se pretende proteger a las personas que ya se encuentren en posesión de una vivienda de manera que permanezcan en dicho estado sin sufrir menoscabo en el ejercicio de sus demás

[44] MUÑOZ CASTILLO (2000): 146.

[45] En relación a este principio Pisarello indica que la expresión asequibilidad, parece hacer referencia a la posibilidad de acceso físico a la vivienda

[46] AGUERRI SÁNCHEZ (2005): 64.

derechos fundamentales. Por tanto, ambos tienen una connotación económica, aunque se exigen en dos momentos distintos.

## 2.6. El lugar

Si se exige que una vivienda adecuada sea construida en un lugar que permita el acceso a las opciones de empleo, los servicios de atención de la salud, centros de atención para niños, escuelas y otros servicios sociales, se está haciendo directa alusión al urbanismo. El urbanismo, según señala Fernández Rodríguez, "es una perspectiva global e integradora de todo lo que se refiere a la relación del hombre con el medio en el que se desenvuelve y que hace de la tierra, del suelo, su eje operativo"[47].

Efectivamente, el aspecto señalado está relacionado con la organización y ordenación de los edificios y espacios en las ciudades. En sentido amplio, se trata de ordenar las ciudades y hay que comprender que dicha actividad implica tiempo, si es que se pretende elaborar un proyecto coherente y los proyectos de urbanización también requieren estética y funcionalidad.

Por otro lado, el urbanismo se vincula con la calidad de vida, ya que la satisfacción residencial es un elemento indicador de aquella. Asimismo, el lugar de ubicación de una vivienda influye en el medio ambiente y, por tanto, la zona que se urbanice ha de contar con espacios públicos o recuperar en su caso los que se encuentren deteriorados. Por la misma razón, la vivienda no debe construirse en lugares contaminados ni en la proximidad inmediata de fuentes de contaminación que amenazan el derecho a la salud de los habitantes.

El hombre es un ser social que habita en una vivienda, que forma parte de un medio determinado, con el que ha de mantener necesariamente una interacción. Por tanto, queda claro que la vivienda se inserta en un marco humano y natural

[47] FERNÁNDEZ RODRIGUEZ (2005): 16.

que afectará directamente a lo que se ha entendido por el derecho a una vivienda digna y adecuada[48].

La función de habitar no se limita al desarrollo de una vida privada, sino que se trata de una vida de relación comunitaria. Así lo afirma Bassols Coma y agrega que el grado de inserción e integración en el medio urbano o rural que posibilita el disfrute de una vivienda es el auténtico parámetro que puede permitir medir el grado de dignidad y adecuación[49].

Este aspecto, igualmente, guarda relación con los "gastos soportables", pues en aquel se indicaba que las erogaciones del hogar no deben perjudicar o impedir el cumplimiento de las obligaciones respecto al costo de la vivienda, sea en alquiler o propiedad.

En fin, lo que se pretende es señalar aquello que sea necesario para el adecuado funcionamiento de una vivienda y, de esa forma, lograr vivir a gusto; o sea, con unas condiciones que hagan posible el derecho a la vida y al desarrollo del hombre, de forma más amplia que la mera existencia y que podría resumirse, tal como indica Ferrando Nicolau, "en la necesidad de un medio ambiente sano, puro y decente"[50].

## 2.7. La adecuación cultural

La vivienda es una forma de expresión cultural y las políticas deberían prever la posibilidad de que la diversidad quede reflejada en las construcciones que se realicen. No obstante, medidas de este tipo jamás han sido adoptadas en los programas habitacionales. En este supuesto, la rehabilitación es una de las actividades que adquiere mayor trascendencia, pues mediante ella es posible la conservación del patrimonio histórico y residencial.

---

[48] FERRANDO NICOLAU (1992): 310.
[49] BASSOLS COMA (1982): 780.
[50] FERRANDO NICOLAU (1992): 310.

Para concebir una idea más acabada del alcance de este aspecto, basta con conocer los denominados Cascos históricos, Barrio viejo o Ciudad vieja, así como las Zonas coloniales de ciertas ciudades o países, que debido al nulo interés de la administración, en el mejor de los casos, se han degradado y, perdido en otros.

## 3. La justiciabilidad del derecho a la vivienda

### 3.1. Consideraciones preliminares

Para hablar de la justiciabilidad del derecho a la vivienda, antes que nada habrá que referirse brevemente a la justiciabilidad de los derechos sociales porque el presente trabajo se desarrolla partiendo de la base de que el derecho a la vivienda reúne las características de un derecho social de prestación, según el criterio propugnado por Alexy y aceptado por cierto sector de la doctrina española. En su caso, se trataría de un derecho que el individuo ostenta frente al Estado para obtener algo que podría hacerlo también de particulares, si poseyera los medios financieros necesarios y si encontrase en el mercado una oferta suficiente[51].

Por tanto, desde esta óptica se puede afirmar que el derecho a la vivienda es un derecho social de carácter prestacional. Se encuentra entre aquellos que exigen una acción por parte del Estado para su cumplimiento, como el derecho a la educación, a la protección de la salud, al trabajo, a la seguridad social, a diferencia de los derechos de libertad que requieren la abstención estatal[52].

No obstante, existe un sector de la doctrina que no considera a los derechos sociales de prestación como verdaderos derechos, aún cuando los mismos se encuentran catalogados en tratados internacionales y en las constituciones de di-

---

[51] ALEXY (1993): 189 y 194.

[52] Asimismo, se ha de aclarar que otros derechos que han sido reconocidos tradicionalmente como derechos sociales, por ejemplo la libertad sindical o el derecho de huelga, por su naturaleza son derechos de defensa y plantean una problemática similar a los clásicos derechos civiles y políticos.

versos países[53]. Asimismo, se afirma que los derechos civiles y políticos son los únicos que generan verdaderas obligaciones para los Estados porque son exigibles judicialmente.

Varias son las causas o las razones por las cuales los derechos sociales prestacionales no son tenidos como verdaderos derechos. Principalmente, se ha citado su carácter dinámico que no permite definir sus contornos[54], su carácter relativo[55], pues, en ellos influye el desarrollo económico de los países y su falta de concretización[56].

Sin embargo, también se propugna la idea de que la adopción de normas constitucionales o de tratados internacionales que consagran derechos económicos, sociales y culturales genera obligaciones concretas al Estado; que muchas de esas obligaciones resultan exigibles judicialmente, y que el Estado no puede justificar su incumplimiento manifestando que no tuvo intenciones de asumir una obligación jurídica, sino simplemente de realizar una declaración de buenas intenciones políticas[57].

### 3.2. La justiciabilidad de los derechos económicos, sociales y culturales

La justiciabilidad, entendida como la posibilidad de reclamar ante un juez o tribunal de justicia el cumplimiento del derecho, es el elemento necesario para que los derechos sociales sean reconocidos plenamente, según afirman Abramovich y Courtis[58]. No obstante, considero importante resaltar que justiciabilidad no significa solamente jurisdiccionalidad, pues la inexistencia de garantías o medios

---

[53] Algunos de esos autores son: PECES-BARBA MARTINEZ (1979): 41; GARRIDO FALLA (1980): 581; SERRANO MORENO (1987): 103; PRIETO SANCHÍS (1990): 192 y sgtes.; CARMONA CUENCA (1992): 106; GARCÍA MACHO Y SOLER (1994): 16; LÓPEZ GONZÁLEZ (1997): 164.
[54] CASCAJO CASTRO (1988): 30.
[55] GARCIA MACHO (1982): 97 y CASCAJO CASTRO (1988): 30.
[56] GARCIA MACHO (1982): 102.
[57] ABRAMOVICH y COURTIS (2004): 20.
[58] ABRAMOVICH y COURTIS (2004): 37.

procesales adecuados para reclamar las posibles violaciones de derechos sociales no implica la falta de la norma misma.

De hecho, no se deben confundir derechos y garantías. Tal es así que, en el supuesto de identificar un derecho con determinada garantía, la falta de esta supone directamente la ausencia de aquel, en lugar de verificar que se trata de una laguna que el ordenamiento está obligado a llenar.

Por tanto, la disonancia existente entre normatividad y efectividad ha de ser estudiada muy particularmente en el caso de los derechos sociales de prestación que son derechos con una elaboración teórico-jurídica más imperfecta y un sistema de garantías más defectuoso[59].

Sin embargo, es menester señalar que la falta de los medios procesales aludidos, no significa que los mismos no puedan ser creados. Por tanto, la carencia existente es factible de ser modificada con el establecimiento de los instrumentos adecuados para efectuar las reclamaciones necesarias[60].

Además, por otra parte, Pisarello señala que la justiciabilidad de un derecho no es una cuestión de todo o nada, ya que admite intervenciones jurisdiccionales preventivas, sancionatorias o de control y todas ellas con el objetivo común de evitar que la violación del mismo quede sin sanción[61]. El autor mencionado ofrece algunas premisas para la reconstrucción de las garantías de los derechos sociales, entendidas estas como los mecanismos o técnicas predispuestos para su protección.

Por tanto, según la fórmula señalada, no se reduciría la cuestión de la exigibilidad de los derechos sociales a la de su justiciabilidad, sino más bien se pone de manifiesto la existencia de otros órganos o instituciones que pueden y deben intervenir en su protección, con prioridad incluso sobre aquellos de tipo

[59] FERRAJOLI (2006): 59 y 108-109.
[60] ABRAMOVICH y COURTIS (2004): 40.
[61] PISARELLO (2007): 88-89.

jurisdiccional; desde los órganos legislativos y administrativos hasta las diversas variantes de órganos externos de control, como las defensorías del pueblo o los tribunales[62].

De todas formas, aún siendo partidaria de buscar los medios adecuados para la protección de los derechos sociales prestacionales y, por ende, del derecho a la vivienda, y no centrarse únicamente en destacar de forma constante sus limitaciones, resulta innegable la deficiencia del Derecho Constitucional y del Derecho internacional de los Derechos Humanos, más que en la formulación de las normas que los consagran, en su sistema de protección[63].

### 3.3. Las obligaciones de los Estados y el derecho a la vivienda

A fin de realizar una aproximación a las obligaciones de los Estados respecto al derecho a la vivienda hemos de acceder a la Observación General Nº 3[64], sobre la índole de las obligaciones de los Estados Partes, aprobada el 14 de diciembre de 1990 por el Comité de Derechos Económicos, Sociales y Culturales de la Organización de Naciones Unidas.

El documento formula precisas aclaraciones respecto al artículo 2 del Pacto Internacional de Derechos Económicos, Sociales y Culturales en el que se estipulan las obligaciones de los Estados con vistas a la realización de los derechos contenidos en el mismo.

La naturaleza de estas obligaciones es un elemento que despierta mucho interés[65] y, además, determinar el incumplimiento de las mismas no es tarea senci-

[62] PISARELLO (2007): 111-112.

[63] ABRAMOVICH y COURTIS (2004): 38.

[64] Los detalles de este documento serán abordados en el siguiente capítulo que corresponde a la positivación del derecho a la vivienda

[65] MILÁ MORENO (2004): 191.

lla[66]. Por estas razones las Observaciones Generales representan una gran ayuda para la interpretación de los Pactos ya que corresponden a su jurisprudencia[67].

Pues bien, se ha señalado que los Estados tienen obligaciones de comportamiento y obligaciones de resultado. Además, se individualizaron los compromisos que han de cumplirse para la plena realización de los derechos, como la adopción de medidas inmediatas; la garantía de niveles esenciales de los derechos y la obligación de progresividad y prohibición de regresividad[68].

Por tanto, en primer lugar respecto a las medidas inmediatas que deben adoptar, se trata de que las mismas sean deliberadas, concretas y orientadas hacia la satisfacción de las obligaciones reconocidas en el Pacto y habrán de realizarse en un plazo razonablemente breve tras la entrada en vigor del aludido instrumento. Al respecto, dicen Abramovich y Courtis que no es solamente un principio declamativo, ya que existe un rumbo marcado para los Estados y hacia el mismo han de encaminarse rápidamente[69].

No obstante, cabe señalar la ambigüedad de las expresiones utilizadas en el Pacto, pues la brevedad de un plazo puede variar según el país del que se trate y respondiendo a los recursos de los mismos. Si bien se reconoce que el mencionado objetivo no se alcanzará en un corto período de tiempo, por otro lado, se hace hincapié en que ciertas medidas sí pueden disponerse de forma inmediata ya que no están condicionadas por otras circunstancias.

En dicho sentido, se ha otorgado a cada Estado la potestad de decidir por sí mismo cuáles serán los medios apropiados para el cumplimiento de las obligaciones establecidas en el Pacto, debiendo informar los criterios utilizados para calificarlos como tal[70].

---

[66] FERNÁNDEZ LIESA (1996): 73.
[67] ABRAMOVICH y COURTIS (2004): 68 y OCHOA RUÍZ (2004): 197-199.
[68] Se utiliza la clasificación señalada por Abramovich y Courtis para el análisis de las obligaciones de los Estados.
[69] ABRAMOVICH y COURTIS (2004): 79-80.
[70] OG Nº 4, apartado 4.

En segundo lugar, sobre la garantía de niveles esenciales de los derechos, se ha manifestado que existen obligaciones mínimas de satisfacción que los Estados deben cumplir utilizando el máximo de sus recursos disponibles, ya que sin ello el Pacto carecería en gran medida de su razón de ser. Sin embargo, las limitaciones económicas de los mismos serán tenidas en cuenta en el momento de evaluar el acatamiento o no de los aludidos compromisos[71]. Y en el supuesto de incumplimiento de los criterios señalados, el Estado tendrá que demostrar haber realizado los esfuerzos correspondientes.

Por último, se ha de hacer alusión a la obligación de progresividad y la prohibición de regresividad que ello implica. Según manifiestan Abramovich y Courtis, la misma abarca dos sentidos que se complementan, por un lado, el reconocimiento de que la satisfacción plena de los derechos establecidos en el Pacto se realizará gradualmente y, por otra parte, se plantea la idea de progreso, traducida en la obligación de los Estados de mejorar las condiciones de goce y ejercicio de los derechos económicos, sociales y culturales[72].

En tal caso, la obligación mínima del Estado es la obligación de no regresividad, que significa no sancionar normas jurídicas ni aprobar políticas que empeoren la situación de los derechos económicos, sociales y culturales de los que gozaba la población al tiempo en que fue adoptado el tratado internacional respectivo o, en su caso, en cada mejora progresiva.

En otras palabras, ya que el Estado ha asumido la obligación de lograr progresivamente la plena efectividad de los derechos reconocidos en el Pacto, al mismo tiempo asume la prohibición de reducir los niveles de protección de los derechos vigentes o derogar los derechos ya existentes.

---

[71] Al respecto manifiesta Contreras Peláez que "para defender la credibilidad de los derechos sociales habría que encontrar una solución al problema del condicionante económico, porque, el hecho de que una gran cantidad de habitantes no disfruten de los derechos más básicos, como vivienda, sanidad, alimento, etc., tiene que ver exclusivamente con la mala repartición de la riqueza". Véase CONTRERAS PELÁEZ (1994): 115 y 116.

[72] ABRAMOVICH y COURTIS (2004): 93-94.

Igualmente, en este contexto la progresividad a la que se alude implica que, en el supuesto de establecer una regresión respecto a derechos ya adquiridos, la misma habrá de estar justificada en relación al conjunto de los derechos reconocidos en el Pacto[73]. De hecho, se ha indicado que es posible evaluar la regresividad de las medidas que se adopten teniendo en cuenta elementos como: la legitimidad, la idoneidad, la necesidad y la proporcionalidad en sentido estricto.

Pues bien, para determinar la legitimidad de la decisión se ha de considerar si los fines mediatos e inmediatos están permitidos por la Constitución; la idoneidad implica que se trate de una disposición adecuada y congruente para lograr los fines perseguidos; la necesidad se estimará según la inexistencia de alternativas menos gravosas para los derechos en cuestión y la proporcionalidad se reconocerá porque se han de obtener más beneficios o ventajas para el interés general que para otros bienes o valores en conflicto[74].

Finalmente, cabe señalar que, a criterio de Pisarello ciertas expresiones utilizadas en la OG Nº 3, como "tiempo razonablemente corto", "grupos con necesidades más urgentes", "garantía sin discriminación", entre otras, son susceptibles de interpretación jurisdiccional y podrían originar demandas con el objetivo de obtener una compensación por parte de los poderes públicos[75].

Por otra parte, Pisarello ha señalado una clasificación a partir de las diferentes Observaciones Generales. Son tres tipos de obligaciones genéricas, se trata de la obligación negativa de respetar, la obligación de proteger y la obligación positiva de satisfacer, en la que se encuentran incluidas las obligaciones de facilitar y de proporcionar[76].

Las obligaciones de respeto son deberes negativos que exigen una abs-

[73] FERNÁNDEZ LIESA (1996): 75.
[74] PISARELLO (2003a): 124-125.
[75] PISARELLO (2003a): 118-119.
[76] PISARELLO (2003a): 119.

-tención por parte del Estado y los órganos públicos de favorecer prácticas, políticas, o medidas legales que vulneren los derechos habitacionales de una persona o de un grupo.

De la circunstancia señalada surgen tres derivaciones; la primera es el deber de deferencia en relación a las personas que construyen o participan en la construcción de sus propias viviendas y organizan su entorno según su cultura, necesidades y deseos, salvo que las mismas representen un peligro para la salud o la seguridad pública[77].

La segunda consecuencia es la prohibición de llevar adelante, de promover o de consentir prácticas de desalojos y desplazamientos arbitrarios o de demoliciones de viviendas individuales o de complejos habitacionales y, la tercera es la ya mencionada prohibición de regresividad, es decir, la prohibición de adoptar medidas regresivas que carezcan de justificación suficiente en relación con la totalidad de derechos previstos por el Pacto[78].

Por otra parte, las obligaciones de protección exigen a los poderes públicos que impidan vulneraciones provenientes tanto de sus propios órganos como de otros particulares.

Y, por último, las obligaciones de satisfacción comprenden tanto el deber positivo de facilitar el acceso a la vivienda como el de proporcionarlo y se trata de las obligaciones positivas por excelencia que corresponden a los poderes públicos[79].

Ahora bien, se han señalado las obligaciones que los Estados habrían de cumplir en relación con el derecho a la vivienda, sin embargo, también es necesario manifestar la importancia de adoptar ciertos indicadores que sirvan como parámetro para distinguir, por ejemplo, si el incumplimiento de las obligaciones es-

[77] PISARELLO (2003a): 120.
[78] PISARELLO (2003a): 120 y 122.
[79] PISARELLO (2003a): 126 y 130.

tatales en materia de derechos habitacionales ha de atribuirse a la falta de capacidad o, en cambio, a la falta de voluntad.

No obstante, coincidiendo con Abramovich y Courtis, la determinación precisa de conceptos en relación a la sustancia de estos derechos, sus posibles limitaciones y las obligaciones estatales que les corresponden, tendrán que ser fijadas a través de las actuaciones de los órganos internacionales y de los tribunales locales en la aplicación de estas normas en el Derecho interno[80].

[80] ABRAMOVICH y COURTIS (2004): 70.

# CAPITULO II
# EL DERECHO A LA VIVIENDA EN EL DERECHO INTERNACIONAL Y EUROPEO

## 1. Los Tratados internacionales en el ámbito de Naciones Unidas

### 1.1. La Carta Internacional de Derechos Humanos

Para iniciar un estudio sobre derechos humanos, sin duda, el documento referencial es la Carta Internacional de Derechos Humanos, compuesta por la Declaración Universal de Derechos Humanos, el Pacto Internacional de Derechos Económicos, Sociales y Culturales (PIDESC) y el Pacto Internacional de Derechos Civiles y Políticos (PIDCP).

La Declaración fue adoptada y proclamada por la Resolución 217A (III) de la Asamblea General de Naciones Unidas de 10 de diciembre de 1948, está compuesta por 30 artículos que no tienen obligatoriedad jurídica, aunque por la aceptación que ha recibido de los Estados miembros, poseen una gran fuerza moral.

Por su parte, ambos Pactos fueros aprobados por la Resolución 2200 (XXI), de 16 de diciembre de 1966, de la Asamblea General de Naciones Unidas. Sin embargo, entraron en vigor en momentos distintos, el PIDCP el 3 de enero de 1976 y PIDESC el 23 de marzo de 1976. Los mismos otorgan obligatoriedad jurídica a los derechos proclamados por la Declaración Universal de Derechos Humanos.

El PIDCP cuenta con dos Protocolos facultativos, el primero, aprobado igualmente por la Resolución 2200 (XXI), de 16 diciembre de 1966, permite al Comité de Derechos Humanos para recibir y considerar comunicaciones de individuos que aleguen ser víctimas de violaciones de cualquiera de los derechos enunciados en el Pacto. Mientras que el segundo Protocolo, aprobado por la Resolución 44/128 de la Asamblea General, de 15 de diciembre de 1989, ha abolido la pena de muerte.

Debido a su importancia, se ha dicho que estos documentos han contribuido a intensificar la presencia e influencia de los derechos humanos, no sólo en el ordenamiento jurídico internacional, sino también en los sistemas jurídicos estatales, así como en las actitudes de los hombres y en la trama de las relaciones humanas. No obstante, este proceso, nada sencillo, se sigue desarrollando y debe superar diversos obstáculos y dificultades para que una verdadera cultura universal de los derechos humanos se haga realidad[81].

En cuanto a la Carta, la misma no especifica el contenido de los derechos humanos y las libertades fundamentales a que hace referencia. Según manifiesta Ochoa Ruíz, durante la Conferencia de San Francisco sí existió intención de elaborar un catálogo de los derechos y libertades merecedores de protección que formaran parte de la Carta. Pero, la labor no fue desarrollada en ese momento debido al temor a que no existiera acuerdo entre los Estados respecto a los derechos que habrían de ser protegidos.

Sin embargo, tras el establecimiento de la Comisión de Derechos Humanos se inició la preparación de una Declaración, que habría de establecer los principios o normas generales que regirían en materia de derechos humanos y una Convención, con el fin de definir los distintos derechos y las limitaciones que afectasen a su ejercicio, provista también de mecanismos de protección[82].

[81] ORÁ y GÓMEZ ISA (2002): 24.
[82] OCHOA RUÍZ (2004): 45 y 46.

## 1.2. La Declaración Universal de Derechos Humanos

El artículo 25, párrafo 1 de la Declaración Universal de Derechos Huma--nos, establece que:

> "Toda persona tiene derecho a un nivel de vida adecuado que le asegure, así como a su familia, la salud y el bienestar, y en especial la alimentación, el vestido, la vivienda, la asistencia médica y los servicios sociales necesarios; tiene asimismo derecho a los seguros en caso de desempleo, enfermedad, invalidez, viudedad, vejez y otros casos de pérdida de sus medios de subsistencia por circunstancias independientes de su voluntad".

Con la aprobación del aludido documento, el derecho a una vivienda adecuada ha sido reconocido a toda persona y a su familia, como uno de los componentes importantes del derecho a un nivel de vida adecuado, también llamada calidad de vida, que debe estar al alcance de todo ser humano y que guarda relación con la satisfacción de necesidades materiales, sociales y psicológicas.

A partir de entonces, un gran número de instrumentos de protección han reafirmado este derecho señalando que todos son titulares del mismo. En dicho sentido creo importante llamar la atención sobre la expresión usada, es decir, la referencia a que todos tienen derecho a una vivienda, porque en otros textos se menciona este derecho con referencia a determinados grupos, otorgándoles mayor protección jurídica. Sin embargo, se ha de considerar que la vivienda adecuada es un derecho que asiste a la generalidad de la población, sin excepciones, ya sea niño, adulto, hombre o mujer, en todas partes del mundo.

En la Declaración Universal el artículo 25 forma parte del conjunto de derechos económicos, sociales y culturales que constituyeron una innovación en cuanto a la protección internacional de los derechos humanos. Se podría decir que es el segundo documento de esta naturaleza, ya que pocos meses antes, en mayo de 1948 en Bogotá, Colombia, había sido aprobada la Declaración Americana de Derechos y Deberes del Hombre que, igualmente, recogía los derechos económicos, sociales y culturales.

Sin embargo, es menester recordar que la elaboración del proyecto de Declaración, llevado a cabo por la Comisión de Derechos Humanos, creada en 1946 como órgano subsidiario del Consejo Económico y Social de Naciones Unidas, no fue sencilla[83]. En ese entonces debieron enfrentar y superar no pocas dificultades originadas, especialmente, por el conflicto entre los países que constituyeron dos bloques, conocidos como este y oeste, quienes, respondiendo a sus tendencias políticas y económicas, formularon propuestas enfrentadas en todo momento.

Tal situación, particularmente en relación con los derechos económicos, sociales y culturales, obligó a desarrollar varias sesiones de discusión, hasta que finalmente se logró un acuerdo. La Declaración fue aprobada, constituyendo, según indican Oraá y Gómez Isa, "un delicado y sano equilibrio entre las diferentes ideologías y concepciones de los derechos humanos y de la sociedad que existía en la época de su redacción"[84].

Durán y Lalaguna destaca que los países del Este fueron los que protagonizaron la mayoría de las abstenciones señaladas, pues no estaban de acuerdo con el contenido de la Declaración, a la que consideraron "excesivamente individualista y que no tenía en cuenta de modo apropiado el aspecto social de la persona"[85]. No obstante, a través de este instrumento es cuando se intenta dar un primer contenido sustantivo a las disposiciones sobre derechos humanos de la Carta de Naciones Unidas.

A pesar de todo lo mencionado, se ha de recordar que formalmente es una resolución de la Asamblea General de Naciones Unidas que carece de valor jurídico obligatorio[86]. No obstante, también se ha de exponer que la autoridad de la misma ha ido en aumento, hasta el punto que, tal como manifiesta Ruíz-Jarabo,

---

[83] CARRILLO SALCEDO (1999): 49.
[84] ORAÁ y GÓMEZ ISA (2002): 46.
[85] DURÁN Y LALAGUNA (2007): 30.
[86] OCHOA RUÍZ (2004): 47 y DURÁN Y LALAGUNA (2007): 34.

"ha alcanzado un éxito difícil de encontrar en la historia del derecho internacional"[87].

Ahora bien, en cuanto al contenido de la Declaración, conviene destacar lo establecido por el artículo 22, pues contribuye a la caracterización de los derechos económicos, sociales y culturales, diciendo que:

> "Toda persona, como miembro de la sociedad, tiene derecho a la seguridad social, y a obtener, mediante el esfuerzo nacional y la cooperación internacional, habida cuenta de la organización y los recursos de cada Estado, la satisfacción de los derechos económicos, sociales y culturales, indispensables a su dignidad y al libre desarrollo de su personalidad".

De esta forma queda evidenciado que corresponde primordialmente al Estado, según los recursos que disponga, garantizar los derechos económicos, sociales y culturales a sus ciudadanos y, en caso necesario, recurrir a la cooperación internacional para lograrlo[88].

Por otra parte, es imprescindible señalar que durante el estudio de la aprobación de la Declaración, el artículo 25 fue examinado junto al artículo 3 del mismo documento que trata el derecho a la vida, uno de los más importantes del catálogo actual de derechos humanos. El reconocimiento del derecho a la vida ocasionó importantes discusiones en torno a tres aspectos: la pena de muerte, el aborto y la inclusión de elementos de carácter material en la definición del derecho a la vida.

Si bien, los dos primeros aspectos señalados son muy importantes, me referiré al tercer campo de debate porque incumbe particularmente a este análisis. Tal es así que los cuestionamientos trataron en determinar qué amplitud habría de tener el derecho a la vida. Por un lado se pretendía incluir únicamente aspectos de

[87] RUÍZ-JARABO (1990): 158.
[88] ORAÁ y GÓMEZ ISA (2002): 77

carácter formal y, por otro lado, se deseaba complementar con elementos de carácter material.

Entonces, se planteó la inserción dentro de la disposición sobre el derecho a la vida una referencia a los derechos económicos sociales y culturales fundado en que aquel debería complementarse con todo el conjunto de condiciones que posibilitan que esa vida sea digna.

Sin embargo, la propuesta no fue aceptada mayoritariamente, circunstancia que ha recibido no pocas críticas. Entre las más interesantes se encuentran las que manifiestan que "no se puede concebir el derecho a la vida como un derecho meramente formal, sino que el derecho a la vida hay que completarlo con el derecho a un nivel de vida adecuado"[89] y que "existe una indivisibilidad, en el derecho a la vida, entre los elementos jurídicos, de una parte, y los elementos materiales y económicos, de otra"[90].

En este estado de cosas, y habiendo trascurrido 60 años desde la Declaración, no se puede sino lamentar que los intereses políticos y económicos hayan resultado más fuertes que las propuestas sociales que se formularon y en las que se percibe una extraordinaria visión del verdadero alcance de la dignidad humana. De todos modos, la trascendencia del instrumento señalado es indiscutible, ya que los países democráticos lo han tenido como un referente obligado para su derecho constitucional[91].

Ciertamente, el caso español es un ejemplo, pues la Declaración ha influido en la elaboración de la CE de 1978, así como en la interpretación que la misma ha recibido, por disposición expresa de su artículo 10.2 que reza:

> "Las normas relativas a los derechos fundamentales y a las libertades que la Constitución reconoce se interpretarán de conformidad con la Declaración Universal de Derechos Humanos y

[89] CECILIA MEDINA citada por ORAÁ y GÓMEZ ISA (2002): 63.
[90] RENÉ CASIN citado por ORAÁ y GÓMEZ ISA (2002): 63.
[91] BIGLINO CAMPOS (1998): 71 y DURÁN Y LALAGUNA (2007): 34.

> los Tratados y acuerdos internacionales sobre las mismas materias ratificados por España".

## 1.3. El Pacto Internacional de Derechos Económicos, Sociales y Culturales.

El documento básico de protección de los derechos sociales es el Pacto Internacional de Derechos Económicos, Sociales y Culturales, aprobado por la Asamblea General de Naciones Unidas en su resolución 2200 A (XXI), de 16 de diciembre de 1966, entrando en vigor el 3 de enero de 1976.

Este documento es fruto de un largo proceso que se inicia tras la aprobación de la Declaración Universal, cuando, tal como ya se ha mencionado, la Asamblea General de Naciones Unidas encomendó a la Comisión de Derechos Humanos la elaboración de un documento que precisara en términos jurídicos los derechos contenidos en aquella.

Inicialmente, el mismo se refería exclusivamente a los derechos civiles y políticos y posteriormente, cuando la Asamblea General declara la indisolubilidad en el goce de ambos grupos de derechos, se decidió la inclusión de los económicos, sociales y culturales[92]. Sin embargo, tras 18 años de actividades, el resultado final fue la aprobación de dos Pactos independientes.

Entonces, por un lado se ha obtenido un instrumento sobre derechos civiles y políticos y, por otro, sobre derechos económicos, sociales y culturales. Inicialmente, tal circunstancia encontraba justificación en que se necesitaban dos sistemas diferentes para su aplicación, siendo este justamente el tema que mayores desacuerdos y discusiones causó a lo largo del proceso de redacción.

En tal sentido, se propusieron diversos mecanismos para la vigilancia y control del cumplimiento de los derechos previstos en los Pactos. La idea original

[92] RUILOBA ALVARIÑO (2000): 118.

planteaba crear dos Comités y mientras que en relación al Pacto de Derechos Civiles y Políticos la moción tuvo un gran apoyo, no fue así en cuanto al Pacto de Derechos Económicos, Sociales y Culturales.

La diferencia principal radica en el tipo de obligaciones que los Estados asumen y, por tanto, en los mecanismos de protección que podrían ser aplicados. Para los derechos civiles y políticos se exigen resultados y para los derechos económicos, sociales y culturales se reclama un determinado comportamiento[93]. Al final, la disponibilidad de recursos y la política económica y social del país son los aspectos a ser tenido en cuenta para la realización de los derechos sociales.

Esta circunstancia muestra el menoscabo al se ha sometido a los derechos sociales. Imperó la tradicional diferencia que se hace entre los derechos llamados de primera y segunda generación, dando ventaja a los primeros, que son considerados de aplicación inmediata, mientras que, para los segundos, los mecanismos de protección son "necesariamente más relajados"[94].

El Preámbulo del Pacto reconoce "...que no puede realizarse el ideal del ser humano libre, liberado del temor y de la miseria, a menos que se creen condiciones que permitan a cada persona gozar de sus derechos económicos, sociales y culturales, tanto como de sus derechos civiles y políticos...".

Asimismo, consagra, al igual que la Declaración Universal, el derecho de las personas y el de las familias a un nivel de vida adecuado y para el cual son considerados diversos criterios, tales como el de alimentación, vestido y vivienda adecuados. El artículo 11, parágrafo 1 señala:

> "Los Estados Partes en el presente Pacto reconocen el derecho de toda persona a un nivel de vida adecuado para sí y su familia, incluso alimentación, vestido y vivienda adecuados, y a una mejora continua de las condiciones de existencia. Los Estados Partes tomarán medidas apropiadas para asegurar la efectividad de este derecho, reconociendo a este efecto la importancia esencial

[93] OCHOA RUÍZ (2004): 49.
[94] OCHOA RUÍZ (2004): 49.

> de la cooperación internacional fundada en el libre consentimiento".

Con esta redacción, casi idéntica a la del artículo 25 de la Declaración Universal, se presenta la misma incógnita: ¿qué parámetro ha de utilizarse para determinar el nivel de vida adecuado? No obstante, hay quien considera este artículo como uno de los más emblemáticos en el Pacto, debido a que protege bienes que en 1966 no eran considerados derechos sino necesidades básicas de las personas[95].

Respecto al contenido de la norma, cabe indicar la diferencia existente en cuanto que la misma determina que los Estados han de tomar medidas para asegurar la efectividad del derecho. Lo dispuesto es importante porque guarda relación con el artículo 2.1 del mismo Pacto que se refiere a las obligaciones impuestas a los Estados estableciendo que:

> "Cada uno de los Estados Partes en el presente Pacto se compromete a adoptar medidas, tanto por separado como mediante la asistencia y la cooperación internacionales, especialmente económicas y técnicas, hasta el máximo de los recursos de que disponga, para lograr progresivamente, por todos los medios apropiados, inclusive en particular la adopción de medidas legislativas, la plena efectividad de los derechos aquí reconocidos".

El citado artículo no confiere directamente derechos al individuo como sucede en el caso de los derechos civiles y políticos, sino que los hace depender del cumplimiento de la obligación impuesta al Estado de adoptar medidas adecuadas para conseguir el goce efectivo de los derechos. Asimismo, este objetivo no tendrá una aplicación inmediata, sino que será alcanzado de forma progresiva dependiendo de los recursos disponibles por el Estado Parte.

Por tanto, ante estas dos condiciones se destaca la importancia del buen desarrollo de las políticas estatales para lograr el pleno disfrute del derecho. Es

[95] DURÁN Y LALAGUNA (2007): 42.

decir, el resultado positivo de las actuaciones de los Estados es imprescindible, así como el progreso de su organización y de su calidad planificadora, para hablar de total efectividad de los derechos económicos, sociales y culturales[96].

Tal circunstancia es el resultado, como ya se ha señalado *supra*, de que los Estados parte se opusieron a la instauración de un sistema de control específico que supervisara la aplicación de los derechos enunciados en el Pacto. Debido a esta razón el Consejo Económico y social (ECOSOC) asumió la responsabilidad de vigilar su cumplimiento, instituyendo un ciclo de presentación de informes y un Grupo de Trabajo de Expertos Gubernamentales para que le asista en el análisis de los mismos[97]. En estos documentos deberían constar datos sobre las medidas que se hayan adoptado y los progresos realizados, con el fin de asegurar el respeto a los derechos reconocidos en el Pacto.

Las actividades desarrolladas por el aludido grupo fueron deficientes, además, los exámenes que realizaba se consideraron superficiales y politizados, motivando al ECOSOC a establecer, por resolución 1985/17 de 28 de mayo de 1985, el Comité de Derechos Económicos, Sociales y Culturales, convirtiéndose así en uno de los siete órganos de Naciones Unidas que supervisan la aplicación de los diversos Tratados Internacionales de Derechos Humanos[98].

El Comité de Derechos Económicos, Sociales y Culturales, a través de sus expertos independientes, ha proporcionado orientaciones que permiten interpretar correctamente estos derechos y lo ha logrado revisando y debatiendo con los Estados los informes ya indicados, los cuales son presentados a los dos años de la aceptación del Pacto y luego cada cinco años.

Tal como se ha expresado líneas arriba en los informes se deben hacer

---

[96] MARTI DE VESES (1985): 192.

[97] Según disposición del artículo 16 del Pacto de Derechos Económicos, Sociales y Culturales.

[98] OCHOA RUIZ (2004): 108 y 109. Además, véase página sitio oficial del Comité de Derechos Económicos, Sociales y Culturales en: http://www2.ohchr.org/spanish/bodies/cescr/index.htm - Última consulta: 21/06/2009.

constar los progresos realizados, así como las dificultades encontradas para su aplicación y, al final del estudio, el Comité formula sugerencias y recomendaciones, de la misma forma que lo hace el Comité de Derechos Humanos en las Observaciones finales.

### 1.3.1. Las Observaciones Generales y las Recomendaciones finales

Tras el análisis de los informes estatales, ciertas convenciones autorizan a los Comités a realizar sugerencias y observaciones sobre el contenido de los mismos. Por un lado, se elabora la Observación General, también denominada Recomendación o Comentario General, que constituye un documento único dirigido a todos los Estados parte en una Convención y, por otra parte, se puede redactar la Recomendación específica para cada Estado en forma individual.

Las Observaciones Generales representan la jurisprudencia que el Comité dicta en relación con el contenido del Pacto. Por tanto, se puede afirmar que desempeñan un rol básico cuando se trata de interpretar las disposiciones de las convenciones y, además, permite definir con mayor precisión las principales obligaciones de los Estados en relación al Pacto[99].

Por otra parte, las Recomendaciones finales destacan los aspectos positivos del informe analizado y las dificultades encontradas en la aplicación de la convención. No se acusa a los Estados de incumplimiento de sus obligaciones, sino que se solicita la modificación de cierta normativa o la aplicación de la ya existente o, en su caso, la sanción de quienes resulten responsables de la violación de derechos humanos y la reparación y rehabilitación de las víctimas[100].

Cabe referir que, hasta la fecha, el Comité de Derechos Económicos Sociales y Culturales ha emitido quince Observaciones Generales sobre diferentes aspectos y derechos del Pacto, por ejemplo, la presentación de informes por los

[99] ABRAMOVICH y COURTIS (2004a): 68 y OCHOA RUÍZ (2004): 197-199.
[100] OCHOA RUÍZ (2004): 217-218.

Estados Partes; la índole de las obligaciones de los Estados Partes; el derecho a una alimentación adecuada; el derecho a la educación; el derecho al agua, etc. Respecto a la vivienda, se han redactado dos documentos que se analizarán detenidamente en los siguientes apartados[101].

### 1.3.1.1. La Observación General Nº 4

El 13 de diciembre de 1991, el Comité de Derechos Económicos Sociales y Culturales emitió la Observación General Nº 4 (OG Nº 4), sobre el derecho a una vivienda adecuada, tal como se ha adelantado brevemente en el apartado anterior. Se trata de un documento orientado a determinar las cuestiones que el Comité considera importantes en relación con este derecho.

La aludida OG, constituye la interpretación normativa más autorizada sobre el contenido del derecho a la vivienda en el ámbito internacional. Abarca aspectos objetivos y subjetivos, así como las principales obligaciones que se deben cumplir a fin de lograr su plena satisfacción y que pueden ser realizadas por acción o abstención del Estado[102].

Se indica que "el derecho humano a una vivienda adecuada tiene una importancia fundamental para el disfrute de todos los derechos económicos, sociales y culturales"[103], interpretación vinculada al artículo 11.1 del PIDESC, sobre el derecho de las personas a un nivel de vida adecuado, al que ya se ha hecho referencia en el apartado 1.3 del presente Capítulo.

Además, destaca el abismo entre las normas fijadas en el Pacto y la situa-

---

[101] Los diferentes Comités de Naciones Unidas han emitido más de cien documentos, entre Observaciones y Recomendaciones Generales: 31 por el Comité de Derechos Humanos; 29 por el Comité para la eliminación de la discriminación racial; 25 por el Comité para la eliminación de la discriminación contra la mujer; 1 por el Comité contra la tortura y 5 por el Comité de los derechos del niño.

[102] Sobre la índole de las obligaciones de los Estados partes, véase el apartado 3.3 del presente capítulo.

[103] OG Nº 4, apartado 1.

-ción real en varias regiones del mundo[104]. Igualmente, ha puesto de manifiesto que el derecho a la vivienda debe interpretarse de manera amplia, es decir, no se trata solamente de un tejado sobre la cabeza sino del derecho a vivir en seguridad, paz y dignidad en alguna parte. De esta forma se vincula el derecho referido a otros derechos humanos y a los principios fundamentales sobre los que se sustenta el Pacto[105], como la dignidad inherente a la persona humana.

Por tanto, resulta que la idea de adecuación es esencial cuando se hace referencia a la vivienda, ya que a través de ella se ha de comprobar si ciertos alojamientos pueden o no ser considerados como adecuados. Aunque, se reconoce que existen factores sociales, económicos, culturales, climatológicos, etc., que influyen en tal concepto.

Finalmente, se refiere a un punto muy importante y que guarda estrecha relación con los actuales problemas que existen en España para el acceso a la vivienda. Se trata de garantizar la disponibilidad de diferentes recursos jurídicos a fin de evitar desahucios o demoliciones; indemnizar a los afectados por desahucios ilegales; limitar el aumento desproporcional de los alquileres; denunciar toda forma de discriminación en la asignación y disponibilidad de acceso a la vivienda y reclamar acerca de condiciones de viviendas insalubres o inadecuadas[106].

### 1.3.1.2. La Observación General Nº 7

Pues bien, resulta que desde la OG Nº 4 el Comité ya manifestaba su preocupación en relación con desahucios forzados, pues los consideraba incompatibles con las garantías del Pacto. Señalaba que los mismos sólo podrían justificar-

[104] OG Nº 4, apartados 3 y 4.

[105] Se trata del derecho a la salud, el derecho a la libertad de expresión, libertad de asociación, del derecho a la protección de la vida privada y familiar y del derecho a la paz y al desarrollo entre los llamados nuevos derechos, además, como principio claramente se alude a la dignidad inherente a la persona humana.

[106] Estas son algunas de las dificultades actúales en el acceso a la vivienda. Al respecto véase el Capítulo VI, apartado 3, del presente trabajo.

se en las circunstancias más excepcionales y de conformidad con los principios pertinentes del Derecho Internacional.

Ante la grave situación percibida por las Naciones Unidas, el 20 de mayo de 1997 el Comité emite la Observación General Nº 7 (OG Nº 7), sobre el derecho a una vivienda adecuada y los desalojos forzosos. En el aludido instrumento, el término desalojos forzosos se define como el hecho de hacer salir a personas, familias y/o comunidades de los hogares y/o las tierras que ocupan, en forma permanente o provisional, sin ofrecerles medios apropiados de protección legal o de otra índole ni permitirles su acceso a ellos[107].

Queda de manifiesto que se trata de una práctica constante y que afecta a las personas, tanto en los países desarrollados como en los países en desarrollo. Además, debido a la interrelación y la interdependencia ya mencionadas entre los derechos humanos, estos actos violan otras disposiciones del Pacto Internacional de Derechos Económicos, Sociales y Culturales, así como otros derechos civiles y políticos.

Se indica que resulta esencial contar con un sistema eficaz de protección y se sugieren medidas que brinden la máxima seguridad de tenencia posible a los ocupantes de viviendas y tierras. Las mismas tienen que ser adecuadas para prevenir y, en su caso, castigar las acciones que se desarrollen sin las correspondientes salvaguardias. Por tanto, los Estados Partes han de revisar su legislación y sus políticas, a fin de ajustarlas a las exigencias del derecho a una vivienda adecuada.

Por otra parte, la OG Nº 7 no niega que ciertos desalojos son justificables, como en los casos de alquileres impagos o de daños a la propiedad alquilada. Sin embargo, ante tal situación se debe garantizar que los mismos se realicen ajustados a una legislación compatible con el PIDESC y que las personas afectadas dispongan de todos los recursos jurídicos apropiados.

[107] OG Nº 7, apartado 3. Sin embargo, la prohibición de los desalojos forzosos no se aplica a los efectuados legalmente y de acuerdo con las disposiciones de los Pactos Internacionales de Derechos Humanos.

Igualmente, se enumera las garantías que deberían aplicarse en el contex--to de los desalojos forzosos. Entre ellas se pueden mencionar: la oportunidad de consultar a las personas afectadas; la notificación con antecedencia suficiente a la fecha prevista para la acción; la presencia de funcionarios del gobierno en el desalojo, especialmente cuando éste afecte a grupos de personas; el ofrecimiento asistencia jurídica siempre que sea posible a las personas que necesiten pedir reparación a los tribunales.

De todas formas, el documento expresa que los desalojos no deberían dar lugar a que haya personas que se queden sin vivienda o expuestas a violaciones de otros derechos humanos. Cuando los afectados no dispongan de recursos, el Estado Parte debería adoptar las medidas necesarias en proporción a sus recursos, para que se proporcione un nuevo alojamiento, reasentamiento o acceso a tierras productivas, según proceda[108].

### 1.3.2. Las Relatorías especiales

Otro instrumento, de importancia central para la delimitación del contenido del derecho a la vivienda, ha sido la Relatoría Especial, creada en el seno de la Sub-Comisión para la Prevención de la Discriminación y protección de las Minorías establecida en 1947 que es el principal órgano subsidiario de la Comisión de Derechos Humanos[109]. La misma fue recalificada en 1999 como Sub-Comisión de Naciones Unidas para la Promoción y Protección de Derechos Humanos, conocida también como el Grupo de Expertos.

[108] Sobre las obligaciones de los Estados partes en relación al PIDESC, véase el Capítulo I, apartado 3.3 del presente trabajo.

[109] Corresponde aclarar que la Comisión de Derechos Humanos ha sido sustituida por el Consejo de Derechos Humanos tras la aprobación de la Resolución 60/251 de 15 de marzo de 2006 adoptada por la Asamblea General (Documento A/RES/60/251). El Consejo pasó a ser órgano subsidiario de la Asamblea General y, conforme a la resolución mencionada, todos los mandatos, mecanismos, funciones y responsabilidades de la Comisión de Derechos Humanos, incluida la Subcomisión de Promoción y Protección de los Derechos Humanos, fueron asumidos por el nuevo Consejo a partir del 19 de junio de 2006.

Pues bien, con el objeto de facilitar sus labores la anterior Comisión y actualmente el Consejo solicita la ayuda de un amplio número de expertos cuyo trabajo es debatido anualmente. A los mismos les corresponde investigar de qué modo los gobiernos promueven y protegen los derechos en cuestión y posteriormente presentan un informe anual de sus actividades, conclusiones y recomendaciones.

Cabe indicar que la mayoría de los expertos realiza misiones a los países, reciben denuncias de posibles afectados e incluso pueden llegar a intervenir frente a los gobiernos en beneficio de las víctimas, contribuyendo así a delimitar el contenido del derecho y las obligaciones estatales en la materia.

#### 1.3.2.1. El Primer Relator: Rajindar Sachar

En 1991 se encargó a Rajindar Sachar[110] la elaboración de un documento de trabajo sobre el derecho a la vivienda adecuada, con el fin de determinar la mejor forma de promover tanto el reconocimiento como la aplicación del mismo. Lo solicitado se presentó y su contenido enumeraba las causas de la crisis mundial de la vivienda, como el fracaso de las políticas nacionales y de desarrollo, la discriminación, la poca atención prestada a la relación existente entre salubridad ambiental, catástrofes y vivienda, los desalojos forzosos, los conflictos armados, la pobreza y privación de medios, etc.[111].

Posteriormente, se designó a Sachar como Relator Especial sobre el fomento de la realización del derecho a una vivienda adecuada, convirtiéndose de esta manera en el primer relator exclusivo para dicha materia[112]. Ya en tal carácter presenta el primer informe[113] en el que manifestaba la existencia de una amplia base legal que apoya el derecho a la vivienda. Sin embargo, a pesar de eso en la

[110] Nombramiento aprobado por la Subcomisión de Prevención de Discriminaciones y Protección a las Minorías por resolución 1991/26, de 29/08/1991.

[111] Documento E/CN.4/Sub.2/1992/15, de 12/06/1992, párrafos 22 al 57.

[112] Decisión adoptada por la Subcomisión por resolución 1992/26, de 27 de agosto de 1992 y confirmada por decisión 1993/103 de la Comisión de Derechos Humanos y por decisión 1993/287 del Consejo Económico y Social.

[113] Documento E/CN.4/Sub.2/1993/15, de 22 de junio de 1993.

práctica las atribuciones que trae aparejadas "siguen teniendo sólo un interés marginal y constituyen un aspecto en gran parte inexplorado de los derechos humanos"[114].

Asimismo, se refirió a las responsabilidades de los Estados, realizando en este sentido interesantes aclaraciones para la mejor comprensión del derecho que aquí se analiza. Afirmaba que el reconocimiento del derecho a la vivienda no implica para el Estado la construcción de viviendas destinadas a toda la población y el suministro de vivienda gratuita a todos los que la soliciten. Además se reconocía que el derecho a la vivienda no se manifiesta exactamente del mismo modo en todas las circunstancias o lugares[115].

También, realizó una síntesis de las obligaciones gubernamentales en esta materia, en el plano de reconocer, respetar, proteger, promover y realizar el derecho a la vivienda y lo hizo refiriéndose a las disposiciones del artículo 2, párrafo 1 del Pacto Internacional de Derechos Económicos, Sociales y Culturales[116]. Igualmente, aludió a la cuestión de la exigibilidad del derecho a la vivienda ante los tribunales de justicia[117].

Posteriormente, el Relator Especial señaló una serie de conceptos erróneos y malas interpretaciones respecto al derecho a la vivienda que, a su criterio, entorpecían los esfuerzos por hacerlo efectivo en sentido universal[118].

Se refirió a esos conceptos denominándolos mitos y algunos de ellos son: "la vivienda social suscita invariablemente desconfianza"; "la riqueza de un país aumenta la posibilidad de acceder a la vivienda propia"; "el derecho a la vivienda es menos fundamental que el derecho de propiedad"; "es imposible cuantificar la

---

[114] Documento E/CN.4/Sub.2/1993/15, párrafo 7.
[115] Documento E/CN.4/Sub.2/1993/15, párrafo 39.
[116] Documento E/CN.4/Sub.2/1993/15, párrafos 43 al 60.
[117] Documento E/CN.4/Sub.2/1993/15, párrafos 108 al 112.
[118] Segundo Informe: Documento E/CN.4/Sub.2/1994/20, de 21 de junio de 1994.

falta de vivienda"; "la vivienda es un problema únicamente en los países en desarrollo", etc.[119].

Cabe señalar que los denominados mitos son en realidad justificaciones que hasta la fecha los Estados utilizan como defensa ante su incapacidad para resolver los problemas residenciales que se agravan día a día. El derecho a la vivienda no debería ser considerado menos importante que otros derechos y no es suficiente el reconocimiento normativo cuando no existe voluntad política para aplicar la ley.

Además, no se requieren conocimientos especiales para saber que la inversión pública en el sector residencial es insuficiente, ya sea en países desarrollados o en vías de serlo, y mucho menos para comprender que el problema del sector sí tiene graves repercusiones en la sociedad en general ya que en ningún contexto se valora positivamente el chabolismo, la infravivienda, el sinhogarismo, etc. Por tanto, se deben adoptar medidas coordinadas y con el claro objetivo de erradicar las situaciones señaladas.

Tal vez, lo único cierto sea la dificultad de cuantificar la falta de viviendas o, por lo menos, de hacerlo en números exactos. De todas formas es posible realizar evaluaciones de la situación que ayuden en la elaboración de políticas más adecuadas a la realidad que vive cada sociedad[120].

Por tanto, lo básico para lograr la protección efectiva del derecho a la vivienda es que los responsables de ello, o sea, los Estados sean conscientes que no es un tema en el se admitan relativismos ya que está en juego la dignidad del ser humano. Entonces no debería considerarse a la vivienda solamente como una necesidad o una aspiración, sino como un verdadero derecho.

---

[119] Documento E/CN.4/Sub.2/1994/20, párrafos 17 al 45.

[120] Respecto a las dificultades actuales de accesibilidad a la vivienda en España y las políticas del sector, véase el Capítulo VI, apartados 1 y 2 del presente trabajo.

Posteriormente, en un informe final[121] el Relator estableció un marco para determinar los principios e indicadores del derecho a la vivienda y formuló recomendaciones detalladas sobre el pleno ejercicio de ese derecho destinadas a varios agentes, como los propios Estados Miembros, a las Naciones Unidas y a otros organismos internacionales.

Asimismo, formuló las conclusiones de la labor desarrollada durante los tres años de su mandato, manifestando su consternación y desilusión ante la poca atención prestada al derecho a la vivienda, lo que fundamenta las duras críticas que expresa en el mismo informe[122].

### 1.3.2.2. El Segundo Relator: Miloon Kothari

El 4 de setiembre de 2000 se nombró a Miloon Kothari como nuevo relator especial para el derecho a la vivienda. Al respecto se ha de llamar la atención sobre los cinco años que separan el fin y el inicio de las actividades del primer y segundo relator, respectivamente. Ello da la pauta de cierta falta de continuidad en las funciones que le correspondían desempeñar a esta figura.

En el marco de actuaciones que le fueron encomendadas Kothari presentó varios informes en los que abordada variados aspectos relacionados con el derecho a la vivienda. En tal sentido solicitó una interpretación amplia del derecho aludido, considerando el carácter indivisible e interrelacionado de todos los derechos humanos, tal como se había declarado en la Cumbre de derechos humanos de Viena en 1993[123].

Además, pidió que se examinaran distintas cuestiones prioritarias relacionadas con la vivienda adecuada, entre otras, la globalización de la economía y sus efectos sobre la vivienda, la discriminación por razón del género en el derecho

[121] Documento E/CN.4/Sub.2/1995/12, de 12 de julio de 1995.
[122] Véanse especialmente los párrafos 16 y 144 al 154 del Informe Final.
[123] Primer Informe: E/CN.4/2001/51, de 25/01/2001.

a la vivienda y a la tierra, el derecho a la vivienda de ciertos colectivos especialmente afectados y desprotegidos, como los niños y las poblaciones indígenas y tribales.

Asimismo, manifestó que en medio de un proceso desenfrenado de globalización es imposible el goce de los derechos económicos, sociales y culturales, entre ellos el derecho a una vivienda adecuada[124]. Por tanto, ante tal afirmación se pone de manifiesto que los gobiernos deben asumir sus responsabilidades en el sector, buscando conciliar las políticas macroeconómicas con los objetivos sociales y no reiterar las mismas excusas de escasez de fondos, es decir, la limitación económica de los gobiernos.

El Relator Miloon Kothari[125] se ocupó particularmente de los desalojos forzosos, el mismo tema del OG Nº 7, pues se constató la práctica de los mismos como una violación grave de los derechos humanos, en particular del derecho a una vivienda adecuada. Estos ocasionan desplazamientos, pérdida de medios de vida así como daños físicos y psicológicos a las personas afectadas que con frecuencia tienen en común cierto grado de desamparo y ya viven en la extrema pobreza[126].

Asimismo, se refirió al problema de la falta de hogar, sus causas y sus repercusiones, en particular sobre las mujeres, los niños, los jóvenes, los pueblos indígenas y las personas que padecen enfermedades mentales, desde la perspectiva de los derechos humanos[127].

Se puede afirmar que las tareas llevadas a cabo por la figura del Relator especial han sido interesantes, ya que ponen de manifiesto la situación en que se encuentran las personas sin vivienda, sugiere medidas que podrían ser adoptadas a

---

[124] Segundo Informe: E/CN.4/2002/59, de 01/03/2002.

[125] Por Resolución de la Comisión de Derechos Humanos 2003/27, aprobada en su 56ª sesión de 22 de abril de 2003 se renovó por tres años más el mandato de Miloon Kothari como Relator especial para el derecho a una vivienda adecuada.

[126] Cuarto Informe: E/CN.4/2004/48, de 08/032004.

[127] Quinto Informe: E/CN.4/2005/48, de 03/03/2005.

fin de mejorar las condiciones de las mismas y destaca las deficiencias de las políticas estatales relacionadas con el sector.

Finalmente se ha de mencionar que, previa invitación de los Estados, los Relatores pueden realizar visitas a fin de conocer las condiciones en que se encuentra el ejercicio del derecho a la vivienda en los mismos, presentando posteriormente un informe al respecto. Hasta la fecha el Relator ha sido recibido en los Territorios palestinos ocupados, Afganistán, Perú, Kenia, Brasil, República Islámica del Irán, Camboya, Líbano e Israel, Australia y Sudáfrica[128].

### 1.3.2.3. La Misión a España

Por invitación del Gobierno español, el Relator Especial para una vivienda adecuada ha estado de misión en el país del 20 de noviembre al 1° de diciembre de 2006. Durante la misma visitó las ciudades de Madrid, Bilbao, San Sebastián, Almería, El Ejido, Roquetas de Mar, Sevilla, Barcelona y Zaragoza, y se reunió con representantes del Estado, las regiones autónomas y la administración local.

Asimismo, mantuvo encuentros con representantes de movimientos sociales y organizaciones no gubernamentales, profesionales de círculos universitarios, investigadores independientes en materia de derechos humanos, representantes de grupos de mujeres y minorías.

Los objetivos generales de la misión eran examinar y preparar un informe sobre la situación del derecho a una vivienda adecuada y otros derechos conexos en el país; dialogar con el Gobierno y la sociedad civil y señalar soluciones satisfactorias y prácticas óptimas para la realización de los derechos relacionados con el mandato.

Posteriormente, el 7 de junio de 2008, se presentó el informe final co-

[128] Véanse los informes sobre las diversas misiones en la dirección: http://ap.ohchr.org/documents/dpage_s.aspx?s=35 – Última consulta: 18/09/2009.

-respondiente[129] en el que se manifiestan como acciones positivas la creación del Ministerio de Vivienda, los proyectos legislativos, en particular el Proyecto de Ley sobre el Régimen del Suelo y el nuevo Código Técnico de la Edificación y las leyes regionales sobre suelo, entre ellas las del País Vasco y Andalucía, y el Proyecto de Ley sobre Vivienda Adecuada de Cataluña.

En general, se puede decir que el relator ha identificado plenamente los problemas existentes en el sector residencial y los obstáculos que enfrenta la población para el acceso a la vivienda. Ha llamado la atención sobre el gran aumento de los precios, la subida de los intereses hipotecarios y la existencia de morosidad en los pagos, que está siendo causa de desalojos. Asimismo, considera negativa la primacía de la vivienda en propiedad porque implica la marginación de varios sectores, genera especulación y da lugar a casos de corrupción.

Además, se ha manifestado respecto al problema de las casas deshabitadas, al bajo porcentaje de viviendas económicas de alquiler en comparación con la media europea[130] y a los inconvenientes que afectan a grupos concretos, como las mujeres, los jóvenes, los ancianos, las personas con discapacidad, las Comunidades romaníes (gitanos) y los inmigrantes[131].

En las conclusiones menciona que la Constitución reconoce el derecho a una vivienda, sin embargo, en la práctica es considerada un simple bien de consumo y que el Estado debería garantizar la posibilidad de invocar ante los tribunales el derecho a una vivienda adecuada.

---

[129] Documento A/HRC/7/16/Add.2 de 07/02/2008. Previamente se presentó una Nota preliminar sobre la misión desarrollada (Documento A/HRC/4/18/Add.3 de 05/05/2007).

[130] Datos del Estudio Económico de la OCDE sobre España 2005: Estabilización del mercado de vivienda, http://www.oecd.org/eco/surveys/spain. En el estudio se señala que la escasa oferta de viviendas económicas de alquiler ha de causar problemas cada vez mayores en el futuro debido al probable incremento de la demanda de este tipo de vivienda, incremento ocasionado por el aumento de la inmigración. El 70% de los inmigrantes alquila su vivienda, y la mayoría de ellos viven en las ciudades grandes, donde los precios de las viviendas alcanzan los valores más altos.

[131] Sobre las dificultades de determinados colectivos, véase el Capítulo VI, apartado 3.2 del presente trabajo.

## 1.4. Otros instrumentos universales de derechos humanos

### 1.4.1. Los Convenios Internacionales

En otros instrumentos internacionales también se pueden observar diversas disposiciones relacionadas con el derecho a la vivienda.

La Convención Internacional sobre la Eliminación de todas las Formas de Discriminación Racial, aprobada por la Asamblea General de Naciones Unidas en su resolución 2106 A (XX) de 21 de diciembre de 1965, entró en vigor el 4 de enero de 1969 y es el texto de derechos humanos de Naciones Unidas más ampliamente ratificado.

A través de este instrumento los Estados se han comprometido a eliminar la discriminación racial en todas sus formas y garantizar el derecho de toda persona a la igualdad ante la ley, particularmente en el goce de los derechos económicos, sociales y culturales, entre los que se encuentra el derecho a la vivienda. El artículo 5, apartado iii) señala que:

> "En conformidad con las obligaciones fundamentales estipuladas en el artículo 2 de la presente Convención, los Estados partes se comprometen a prohibir y eliminar la discriminación racial en todas sus formas y a garantizar el derecho de toda persona a la igualdad ante la ley, sin distinción de raza, color y origen nacional o étnico, particularmente en el goce de los derechos siguientes: ... e) Los derechos económicos, sociales y culturales, en particular: ... iii) El derecho a la vivienda".

Así mismo, la igualdad de trato es la base del derecho a la vivienda garantizado, entre muchos otros, a todas las mujeres. La Convención sobre la Eliminación de todas las formas de Discriminación contra la Mujer, aprobada por la Asamblea General en su resolución 34/180 de 18 de diciembre de 1979, entró en vigor el 3 de septiembre de 1981 y hace hincapié a favor de las mujeres de zonas rurales, indicando que han de gozar de condiciones de vida adecuadas, destacando a la vivienda entre otras diversas esferas. El artículo 14, parágrafo 2. h) establece:

"...2. Los Estados Partes adoptarán todas las medidas apropiadas para eliminar la discriminación contra la mujer en las zonas rurales a fin de asegurar en condiciones de igualdad entre hombres y mujeres, su participación en el desarrollo rural y en sus beneficios, y en particular le asegurarán el derecho a:...h) Gozar de condiciones de vida adecuadas, particularmente en las esferas de la vivienda, los servicios sanitarios, la electricidad y el abastecimiento de agua, el transporte y las comunicaciones".

Del mismo modo, la Convención sobre el Estatuto de los Refugiados, aprobada el 28 de julio de 1951 por la Conferencia de Plenipotenciarios sobre el estatuto de los refugiados y de los apátridas de Naciones Unidas, entró en vigor el 22 de abril de 1954 y establece en su artículo 21 que:

"En materia de vivienda y en la medida en que esté regida por leyes y reglamentos o sujeta a la fiscalización de las autoridades oficiales, los Estados Contratantes concederán a los refugiados que se encuentren legalmente en sus territorios el trato más favorable posible y en ningún caso menos favorable que el concedido generalmente en las mismas circunstancias a los extranjeros".

En la misma línea de actuaciones, la necesidad de que todo niño cuente con un nivel de vida adecuado, que le permita su desarrollo físico, mental espiritual, moral y social es el reconocimiento que realizan los Estados en la Convención sobre los Derechos del Niño, adoptada y abierta a la firma y ratificación por la Asamblea General en su resolución 44/25, de 20 de noviembre de 1989, entrada en vigor el 2 de septiembre de 1990.

Igualmente, el documento determina que se han de tomar medidas apropiadas a ese efecto y proporcionar asistencia material y programas de apoyo, en particular sobre aspectos como la vivienda, entre otros. En el artículo 27, párrafo 3 se puede leer que:

"... 3. Los Estados Partes, de acuerdo con las condiciones nacionales y con arreglo a sus medios, adoptarán medidas apropiadas para ayudar a los padres y a otras personas responsables por el niño a dar efectividad a este derecho y, en caso necesario,

> proporcionarán asistencia material y programas de apoyo, particularmente con respecto a la nutrición, el vestuario y la vivienda".

Se ha visto también que los trabajadores constituyen un colectivo respecto al cual se han aprobado instrumentos específicos. La Convención Internacional sobre la Protección de los Derechos de todos los Trabajadores Migratorios y de sus Familiares, aprobada por la Asamblea General en su resolución 45/158 de 16 de diciembre de 1990, en vigor desde el 1 de julio de 2003, señala en el artículo 43 que:

> "1. Los trabajadores migratorios gozarán de igualdad de trato respecto de los nacionales del Estado de empleo en relación con:...d) El acceso a la vivienda, con inclusión de los planes sociales de vivienda, y la protección contra la explotación en materia de alquileres...".

### 1.4.2. Las Declaraciones Internacionales

De igual forma, la organización de Naciones Unidas ha aprobado varias Declaraciones como, por ejemplo, la Declaración de los Derechos del Niño, proclamada por la Asamblea General de Naciones Unidas en su resolución 1386 (XIV) de 29 de noviembre de 1959. Este instrumento establece que el niño tendrá derecho a disfrutar de alimentación, vivienda, recreo y servicios médicos adecuados. Según el principio 4:

> "El niño debe gozar de los beneficios de la seguridad social. Tendrá derecho a crecer y desarrollarse en buena salud; con este fin deberán proporcionarse, tanto a él como a su madre, cuidados especiales, incluso atención prenatal y postnatal. El niño tendrá derecho a disfrutar de alimentación, vivienda, recreo y servicios médicos adecuados".

Asimismo, la Asamblea General en su resolución 2542 (XXIV) de 11 de diciembre de 1969, ha proclamado la Declaración sobre progreso y desarrollo en lo social, según la cual tales actuaciones deben encaminarse a la continua elevación del nivel de vida dentro del respeto y del cumplimiento de los derechos humanos y de las libertades fundamentales. Para el logro de lo señalado se proponen diversos objetivos y uno de ellos, fijado por el artículo 10, párrafo f) de la Parte II dice:

> "... f) La provisión a todos, y en particular a las personas de ingresos reducidos y a las familias numerosas, de viviendas y servicios comunales satisfactorios".

En igual sentido, la Declaración sobre el Derecho al Desarrollo, aprobada por la Asamblea General en su resolución 41/128 de 4 de diciembre de 1986, propugna que los Estados garanticen la igualdad de oportunidades en el acceso a la vivienda, entre otros recursos básicos y para lo cual habrán de realizarse reformas económicas y sociales adecuadas. El artículo 8, párrafo 1, señala que:

> "1. Los Estados deben adoptar, en el plano nacional, todas las medidas necesarias para la realización del derecho al desarrollo y garantizarán, entre otras cosas, la igualdad de oportunidades para todos en cuanto al acceso a los recursos básicos, la educación, los servicios de salud, los alimentos, la vivienda, el empleo y la justa distribución de los ingresos. Deben adoptarse medidas eficaces para lograr que la mujer participe activamente en el proceso de desarrollo. Deben hacerse reformas económicas y sociales adecuadas con objeto de erradicar todas las injusticias sociales".

También el derecho a la vivienda es mencionado en la Declaración de las Naciones Unidas sobre los Derechos de los Pueblos Indígenas, adoptada por resolución de la Asamblea General el 13 de septiembre de 2007, tras complejas discusiones sobre los diferentes artículos del proyecto que comenzó a redactarse en la década de 1980. El documento establece el derecho de los pueblos indígenas al mejoramiento de sus condiciones económicas y sociales, abarcando diversas esferas, como la vivienda y a participar en la elaboración de los programas relacionados con la misma. El artículo 21. 1 dice:

> "Los pueblos indígenas tienen derecho, sin discriminación alguna, al mejoramiento de sus condiciones económicas y sociales, entre otras esferas, en la educación, el empleo, la capacita-

> ción y el readiestramiento profesionales, la vivienda, el saneamiento, la salud y la seguridad social".

Y, además el artículo 23 agrega que:

> "Los pueblos indígenas tienen derecho a determinar y a elaborar prioridades y estrategias para el ejercicio de su derecho al desarrollo. En particular, los pueblos indígenas tienen derecho a participar activamente en la elaboración y determinación de los programas de salud, vivienda y demás programas económicos y sociales que les conciernan y, en lo posible, a administrar esos programas mediante sus propias instituciones".

### 1.4.3. Los Convenios y Recomendaciones de la Organización Internacional del Trabajo

Por otra parte, la Organización Internacional de Trabajo (OIT) se ha preocupado por la protección del derecho a la vivienda en varios instrumentos aprobados por la misma. Como Anexo a su texto de constitución la organización ha formulado la Declaración relativa a sus fines y objetivos y de los principios que debieran inspirar la política de sus miembros. Este instrumento, conocido como Declaración de Filadelfia y adoptado el 10 de mayo de 1944, reconoce en el apartado III la obligación de fomentar programas que permitan suministrar una vivienda adecuada.

Posteriormente, la Conferencia General de la OIT ha aprobado varias Convenciones en las que se hace referencia a la vivienda. Tal es el caso del Convenio relativo a la política social en los territorios no metropolitanos, C82, adoptado el 11 de julio de 1947, que entró en vigor el 19 de junio de 1955 y establece entre sus principios generales la obligación de fomentar el mejoramiento de la vivienda. En tal sentido, el artículo 4 dispone:

> "Deberá hacerse todo lo posible, por medio de disposiciones apropiadas, de carácter internacional, regional, nacional o territorial, para fomentar el mejoramiento de la salud pública, la vivienda, la alimentación, la instrucción, el bienestar de los niños, la situación de las mujeres, las condiciones de trabajo, la remuneración de los asalariados y de los productores independientes,

> la protección de los trabajadores migrantes, la seguridad social, el funcionamiento de los servicios públicos y la producción en general".

Además, se indica que se adoptarán medidas para mejorar el nivel de vida de los trabajadores y garantizar dichos mínimos teniendo en cuenta a la vivienda. Es así que el artículo 9, 2 dispone:

> "Al fijar el nivel mínimo de vida deberán tomarse en cuenta necesidades familiares de los trabajadores, de carácter esencial, tales como los alimentos y su valor nutritivo, la vivienda, el vestido, la asistencia médica y la educación".

Asimismo, ante la preocupación de que todos los salarios se paguen correctamente, el artículo 15 indica:

> "Artículo 15, 7. Cuando la alimentación, la vivienda, el vestido y otros artículos y servicios esenciales formen parte de la remuneración, la autoridad competente deberá tomar todas las medidas pertinentes para garantizar que ellos sean adecuados y que su valor en efectivo se calcule con exactitud".

De igual forma, el Convenio relativo a las condiciones de empleo de los trabajadores de las plantaciones, C110, adoptado el 24 de junio de 1958, que entró en vigor el 22 de enero de 1969, establece, en el artículo 27, 3, en cuanto al pago de salarios que:

> "Cuando la alimentación, la vivienda, el vestido y otros suministros y servicios esenciales formen parte de la remuneración, la autoridad competente deberá tomar las medidas pertinentes para garantizar que ellos sean adecuados y que su valor en efectivo se calcule con exactitud".

El mismo instrumento dispone que se estimularan medidas destinadas a proporcionar una vivienda adecuada a estos trabajadores y también hace referencia a ciertas normas mínimas que han de cumplirse. El artículo 85 indica que:

> "Las autoridades competentes, en consulta con los representantes de las organizaciones de empleadores y de trabajadores interesadas, cuando dichas organizaciones existan, deberán estimu-

> lar cualquier medida destinada a proporcionar vivienda adecuada a los trabajadores de las plantaciones".

En tanto que el artículo 86 dice:

> "1. La autoridad pública competente fijará las normas y condiciones mínimas de las viviendas que hayan de proporcionarse de conformidad con el artículo anterior. Siempre que sea posible, las autoridades constituirán organismos consultivos asesores, integrados por representantes de los empleadores y de los trabajadores, para resolver consultas relativas a la vivienda.
> 2. Tales normas mínimas deberán comprender prescripciones referentes a: a) los materiales de construcción que hayan de emplearse; b) el tamaño mínimo del alojamiento, su disposición, su ventilación y la superficie y altura de los pisos; c) la superficie para una terraza, las instalaciones para cocina, lavadero, despensa y aprovisionamiento de agua e instalaciones sanitarias".

Por otra parte, el Convenio relativo a las normas y objetivos básicos de la política social, C117, adoptado el 22 de junio de 1962, que entró en vigor el 23 de abril de 1964, indica en su Preámbulo que, a través de normas internacionales, nacionales o regionales, debe hacerse todo lo posible para fomentar varios aspectos que guardan relación con el mejoramiento del nivel de vida de los trabajadores, entre ellos la vivienda. Así, el artículo 5, 2 señala:

> "Al fijar el nivel mínimo de vida, deberán tomarse en cuenta necesidades familiares de los trabajadores, de carácter esencial, tales como los alimentos y su valor nutritivo, la vivienda, el vestido, la asistencia médica y la educación".

Y, además el artículo 11, 7 dispone que:

> "Cuando la alimentación, la vivienda, el vestido y otros artículos y servicios esenciales formen parte de la remuneración, la autoridad competente deberá tomar todas las medidas pertinentes para garantizar que ellos sean adecuados y que su valor en efectivo se calcule con exactitud".

El Convenio sobre los servicios de salud en el trabajo, C161, adoptado el 25 de junio de 1985, que entró en vigor el 17 de febrero de 1988, manifiesta que los servicios de salud en el trabajo deberán vigilar los factores que puedan influir en la salud del trabajador. El artículo 5 dice:

> "Sin perjuicio de la responsabilidad de cada empleador respecto de la salud y la seguridad de los trabajadores a quienes emplea y habida cuenta de la necesidad de que los trabajadores participen en materia de salud y seguridad en el trabajo, los servicios de salud en el trabajo deberán asegurar las funciones siguientes que sean adecuadas y apropiadas a los riesgos de la empresa para la salud en el trabajo: ... b) vigilancia de los factores del medio ambiente de trabajo y de las prácticas de trabajo que puedan afectar a la salud de los trabajadores, incluidos las instalaciones sanitarias, comedores y alojamientos, cuando estas facilidades sean proporcionadas por el empleador".

El Convenio sobre pueblos indígenas y tribales en países independientes indígenas, C169, adoptado el 27 de junio de 1989, que entró en vigor el 5 de septiembre de 1991, observa en el Preámbulo que estos pueblos, que sufren degradación en sus leyes, valores, costumbres y perspectivas, no gozan de los mismos derechos humanos fundamentales que el resto de la población de los Estados en los que viven. Por tanto, disponen a su favor varias medidas en el campo laboral, entre ellas el artículo 20, 2 señala que:

> "...2. Los gobiernos deberán hacer cuanto esté en su poder por evitar cualquier discriminación entre los trabajadores pertenecientes a los pueblos interesados y los demás trabajadores, especialmente en lo relativo a: ...c) asistencia médica y social, seguridad e higiene en el trabajo, todas las prestaciones de seguridad social y demás prestaciones derivadas del empleo, así como la vivienda".

La Organización internacional del Trabajo, además de las Convenciones ya citadas, ha dictado, en Conferencia General de la Organización, dos Recomendaciones que incluyen el tema de la vivienda. La primera de ellas es un extenso texto dedicado exclusivamente a las viviendas de los trabajadores. Se trata de la Recomendación N° 115, R115, aprobada por el Consejo de Administración de la OIT en su 44° período de sesiones, el 7 de junio de 1961.

En la misma se recomienda la aplicación de ciertos principios generales que versan sobre la responsabilidad de las autoridades públicas, las viviendas proporcionadas por los empleadores, el financiamiento de las mismas, la normativa sobre vivienda, las medidas para aumentar la eficiencia de la industria de la construcción, la construcción de viviendas y la estabilización del empleo, urbanismo y planificación rural y regional. Así mismo se sugieren los caminos a seguir para el cumplimiento de los citados principios.

El documento indica, específicamente en la sección II. 2. que:

> "La política nacional debería tener por objetivo el fomento, dentro de la política general relativa a la vivienda, de la construcción de viviendas e instalaciones colectivas conexas, a fin de garantizar que se pongan al alcance de todos los trabajadores y de sus familias un alojamiento adecuado y decoroso y un medio ambiente apropiado. Debería darse prioridad a las personas cuyas necesidades sean más urgentes".

Por otro lado, manifiesta que debería existir un organismo central sobre vivienda y al que habrían de estar asociados todos los poderes públicos con responsabilidad en la materia. La sección III. 2) indica que el organismo central debería encargarse, entre otras funciones:

> "...b) de formular los programas de vivienda para los trabajadores, que deberían incluir medidas para eliminar los tugurios y para proporcionar nuevos alojamientos a sus ocupantes".

En cuanto a la normativa se dispone en la sección VI. 19 que:

> "En principio, la autoridad competente debería, habida cuenta de las condiciones locales, fijar normas mínimas aplicables a las viviendas, con objeto de garantizar la seguridad de la construcción y un nivel razonable de decoro, higiene y comodidad, y adoptar medidas apropiadas para hacer cumplir tales normas".

Además, formula sugerencias acerca de los métodos de aplicación de los principios contenidos en el documento, tal es así que en la Sección I.1 expresa que:

> "Los programas de vivienda para trabajadores, elaborados y aplicados de conformidad con el párrafo 8 de los Principios generales, deberían ser de tal naturaleza que conduzcan al máximo mejoramiento de la situación de la vivienda de los trabajadores tan rápidamente como lo permitan los factores pertinentes, tales como los recursos nacionales disponibles, el grado de desarrollo económico, el nivel tecnológico y la aplicación de otras medidas cuya prioridad compita con la de la vivienda".

En la misma sección I.3 propone que:

> "En el establecimiento y la ejecución de los programas locales de vivienda para los trabajadores convendría dar especial consideración: a) al número de miembros de la familia del trabajador, su edad y sexo; b) a los lazos de familia; y c) a la situación particular de las personas físicamente incapacitadas, las que viven solas y las de edad avanzada".

En cuanto a la normativa, en la sección II. 7 enumera los aspectos que se han de tener en cuenta y que consideramos básico cuando se trata de obtener una vivienda digna y adecuada. Expresamente señala que:

> "Las normas de vivienda mencionadas en el párrafo 19 de los Principios generales deberían referirse, en particular:
> a) al espacio mínimo por persona o por familia, teniendo debidamente en cuenta la necesidad de disponer de habitaciones de dimensiones y proporciones razonables, expresado en función de uno o varios de factores como: superficie del terreno; volumen; o capacidad y número de habitaciones;
> b) al abastecimiento de agua potable dentro de la vivienda del trabajador, en cantidad suficiente para poder cubrir todas las necesidades personales y domésticas;
> c) a los sistemas adecuados de alcantarillado y de evacuación de basuras;
> d) a la adecuada protección contra el calor, el frío, la humedad, el ruido, los incendios y los animales que propagan enfermedades, especialmente los insectos;
> e) a las instalaciones adecuadas de carácter sanitario, y también para cocina, ventilación, lavado, despensa, luz natural e iluminación artificial;
> f) a un grado mínimo, por lo menos, de aislamiento e intimidad: i) entre las personas que viven bajo el mismo techo; y ii) para los miembros de la familia a fin de protegerlos contra perturbaciones excesivas causadas por factores externos; y
> g) a la apropiada separación entre las habitaciones y los locales destinados a los animales".

Por último, la Recomendación sobre los trabajadores de edad, R162, adoptada el 23 de junio de 1980, indica que no debería existir discriminación respecto a los trabajadores de edad, así el artículo 5 expresa:

> "Los trabajadores de edad deberían disfrutar, sin discriminación por razón de edad, de igualdad de oportunidades y de trato respecto de los otros trabajadores, en particular en relación con las cuestiones siguientes: ... g) a la vivienda, a los servicios sociales y a las instituciones sanitarias, en particular cuando este acceso esté vinculado a la actividad profesional o al empleo".

## 1.5. Las Cumbres Mundiales sobre Asentamientos Humanos

### 1.5.1. La Conferencia de Vancouver

La I Conferencia de Naciones Unidas sobre Asentamientos Humanos, denominada Hábitat I y celebrada en Vancouver del 31 de mayo al 11 de junio de 1976, dio como resultado la Declaración de Vancouver y el Plan de Acción de Vancouver[132], un documento en el que se realizan 64 recomendaciones para la Acción Mundial en relación con los Asentamientos Humanos y en el que, igualmente, se trata el derecho a la vivienda.

La Declaración reconoce que los problemas de los asentamientos humanos no están separados del desarrollo económico y social de las naciones y que el ser humano está profundamente afectado por el aumento de las dificultades en satisfacer sus necesidades básicas debido al desequilibrado crecimiento económico.

Además, señalan que el aumento de la población mundial, la urbanización descontrolada, el atraso en las zonas rurales y las migraciones involuntarias los lleva a reconocer la necesidad de formular cambios y establecer prioridades

[132] Documento disponible en: http://ww2.unhabitat.org/declarations/vancouver.asp - Última consulta: 22/06/2009.

para lograr el desarrollo económico. El mismo instrumento ha recordado que la vivienda y los servicios adecuados constituyen un derecho humano básico y que los gobiernos han de procurar la eliminación de toda clase de impedimentos que obstaculicen el acceso a la misma.

Se indica la necesidad de evitar la segregación social y racial y se manifiesta que las políticas de asentamientos humanos constituyen un reflejo de las ideologías de los Estados y que deberían atenerse a la Declaración de Principios y a la Declaración Universal de Derechos Humanos. También se declara que estos documentos son recursos poderosos para la transformación y por ello no deberían usarse indebidamente, sino perseguir que todas las personas cuenten con tierra y hogar en lugar de amparar privilegios y explotación.

Las Recomendaciones han sido formuladas en 6 apartados y en cada uno de ellos se han establecido determinados objetivos que, en conjunto, constituyen el Plan de Acción ya señalado (ver cuadro). En el primer apartado, sobre políticas y estrategias para los asentamientos, se refieren, entre otros puntos, a la elaboración de políticas y su contenido; a las estrategias para el desarrollo de los asentamientos; a la asignación adecuada de los recursos y a la realización de una revisión constante de las condiciones de los asentamientos.

El segundo apartado, en relación al planeamiento de los asentamientos, señala que los mismos han de reflejar las prioridades nacionales, regionales y locales y tener en cuenta los valores de los pueblos indígenas. Se deben distinguir las necesidades de las áreas metropolitanas y de las áreas rurales. Al mismo tiempo, se llama la atención sobre la necesidad de mejorar los asentamientos ya existentes y trabajar coordinadamente para la expansión urbana.

La tercera parte se refiere a Refugios[133], Infraestructura y Servicios y remarca que los mismos son herramientas de desarrollo y que se ha de tener en cuenta la calidad, diseño, tecnología y energía utilizada para ellos. Así mismo,

[133] El documento original en inglés utiliza el término "shelter", cuya traducción es refugio o cobijo.

delinean aspectos básicos que aluden al urbanismo, como el suministro de agua, la eliminación de desperdicios para evitar la contaminación, el trasporte, las comunicaciones, los servicios sociales y la recreación.

El cuarto apartado, sobre Suelo, señala aspectos a ser tenidos en cuenta en la administración de los recursos que el mismo proporciona, los cambios en su uso, especialmente el paso de agrícola a urbano, que ha de estar regulado y controlado y la recuperación de las plusvalías producidas por ese cambio.

El quinto punto, trata sobre la participación pública y se recuerda que, para su efectividad, la participación pública requiere el libre flujo de información entre todas las partes afectadas y debe basarse en la mutua comprensión, confianza y educación y, además, la misma debe integrar a varios sectores de la población buscando nuevas formas de participación.

El sexto apartado se refiere a las instituciones y administración, y resalta la importancia de coordinar actividades con dos sectores importantes, por un lado, el desarrollo económico y social y, por otro, los planes y políticas medioambientales. Además, ponen de manifiesto que los asentamientos han de mejorar mediante la administración responsable de todos los recursos y que todo el marco legislativo de los asentamientos debe establecer objetivos claros y reales y los medios para la implementación de las políticas.

**Cuadro 1**: Plan de Acción de Vancouver

| CAMPO DE ACTUACIÓN | PLAN DE ACCIÓN |
|---|---|
| 1. POLÍTICAS Y ESTRATEGIAS PARA LOS ASENTAMIENTOS | ▪ Contenido de la política nacional.<br>▪ Equilibrio en la distribución de los beneficios que se obtengan.<br>▪ Estrategias para el desarrollo de los asentamientos.<br>▪ Asignación adecuada de los recursos.<br>▪ Revisión constante de las condiciones de los asentamientos. |

| | |
|---|---|
| 2. PLANEAMIENTO DE LOS ASENTAMIENTOS | ▪ Prioridades nacionales.<br>▪ Pueblos indígenas.<br>▪ Evaluación de recursos.<br>▪ Planeamiento de los asentamientos en el ámbito nacional. |
| 3. REFUGIO, INFRAESTRUCTURA Y SERVICIOS | ▪ Herramientas de desarrollo.<br>▪ Calidad, diseño, tecnología y energía utilizada.<br>▪ Urbanismo. |
| 4. SUELO | ▪ Cambios en su uso<br>▪ Recuperación de plusvalías<br>▪ Red de información |
| 5. PARTICIPACIÓN PÚBLICA | ▪ Planeamiento, implementación y administración de estrategias<br>▪ Libre flujo de información entres los afectados<br>▪ Integrar a varios sectores de la población |
| 6. INSTITUCIONES PARA LOS ASENTAMIENTOS | ▪ Coordinar actividades<br>▪ Animar e incentivar la participación pública<br>▪ Administración responsable.<br>▪ Marco legislativo adecuado. |

#### 1.5.1.1. El Centro de Naciones Unidas para los Asentamientos Humanos

Otro de los resultados de la Conferencia de Vancouver de 1976 ha sido la creación del Centro de las Naciones Unidas para los Asentamientos Humanos[134] como órgano de carácter intergubernamental. Conocido bajo la denominación de ONU-Hábitat, surge en 1978 como responsable de la promoción y desarrollo sostenible de las ciudades con el fin proveer vivienda adecuada para todos, junto a la Asamblea General y el Consejo Económico y Social y, además, supervisa la coordinación de la ejecución del Programa Hábitat.

Los documentos que en la actualidad determinan el mandato de la organización son: la Declaración de Vancouver de 1976, el Programa Hábitat de 1996, la Declaración de Estambul de 1996, la Declaración de las Ciudades y otros Asen-

[134] Véase Página Oficial de UN_HÁBITAT en: http://www.unhabitat.org/categories.asp?catid=9 – Última consulta: 05/06/2009.

tamientos Humanos en el Nuevo Milenio y la Resolución A/56/206, de 1 de enero de 2002, aprobada por la Asamblea General de Naciones Unidas.

Hasta 1997 ONU-Hábitat contaba con escaso apoyo y unas pocas atribuciones, sin embargo, el 1 de enero de 2002, por la citada Resolución A/56/206 el mandato del organismo se fortaleció y fue elevado a la condición de programa pleno dentro del sistema de Naciones Unidas. Entonces se modificó la estructura que existía en ese momento y la Comisión, el Centro y la Fundación pasaron a constituir en conjunto el Programa de Naciones Unidas. La Comisión se convirtió en el Consejo de Administración del Programa y el Centro pasó a ser la Secretaría del mismo.

Aprovechando su experiencia en el campo del hábitat, el organismo elabora y desarrolla programas técnicos y proyectos que se centran en tópicos tales como el desarrollo urbano, la reducción de la pobreza urbana, las actividades de reconstrucción posterior a catástrofes, establecimiento de infraestructura en los medios rurales y urbanos, técnicas de construcción de bajo costo y la gestión del agua. Todo esto es llevado a cabo junto con gobiernos, autoridades locales, organizaciones no gubernamentales y el sector privado.

Es importante recalcar que el Centro y los gobiernos con los que trabaja no otorgan viviendas de forma directa, sino que buscan los mecanismos para facilitar un marco jurídico, institucional y reglamentario que favorezca la obtención y mejora de la vivienda, especialmente de cara a los sectores pobres.

El presupuesto con el que cuentan depende de las contribuciones de entes bilaterales y multilaterales para la cooperación técnica, además, recibe contribuciones de los gobiernos, incluidas las autoridades locales y fundaciones y cuenta con el cinco por ciento del presupuesto regular de Naciones Unidas.

### 1.5.2. La Conferencia de Estambul

Por resolución 47/80 de 22 de diciembre de 1992, la Asamblea General de las Naciones Unidas convocó la Segunda Conferencia sobre los Asentamientos Humanos, conocida como Hábitat II, desarrollada en Estambul del 3 al 14 de junio de 1996 y cuyas deliberaciones se centraron en dos temas principales: "la vivienda adecuada para todos" y "el desarrollo de asentamientos humanos sostenibles en un mundo en proceso de urbanización".

De la aludida Conferencia se desprenden dos importantes documentos, el Programa o Agenda Hábitat y la Declaración de Estambul sobre Asentamientos Humanos, adoptados de manera separada y que reafirman el compromiso de los gobiernos mundiales para el mejoramiento de los niveles de vida de las personas.

### 1.5.2.1. La Agenda "Hábitat"

En la Agenda "Hábitat", también identificada como Programa "Hábitat", resultado de la Conferencia de Estambul, los Estados Partes reconocen la urgente necesidad de mejorar la calidad de los asentamientos humanos y señalan el objetivo de lograr una vivienda adecuada para todos y el desarrollo sostenible de los asentamientos humanos.

Además, se presenta una noción de lo que se entiende por asentamientos humanos equitativos, indicando que son: "aquellos en que todas las personas, sin discriminación de ningún tipo por motivos de raza, color, sexo, idioma, religión, opinión política o de otro tipo, origen nacional o social, bienes, nacimiento u otra condición, tienen las mismas oportunidades de acceso a la vivienda, la infraestructura, los servicios de salud, alimentos y agua en cantidad suficiente, educación y espacios abiertos"[135].

Igualmente, se reitera la universalidad, indivisibilidad e interdependencia de los derechos humanos y se indica la necesidad de lograr la equidad en los asentamientos humanos, en el sentido de que todos tengan, sin ningún tipo de discri-

[135] Programa Hábitat, párrafo 27.

minación, las mismas oportunidades de acceso a la vivienda, infraestructura, los servicios de salud, alimentos y agua en cantidad suficiente, educación y espacios abiertos. Se ha destacado la importancia fundamental del urbanismo para la habitabilidad de los asentamientos.

Además, el Programa Hábitat establece el Plan de Acción Mundial en base a cinco objetivos o puntos temáticos, para los que se han señalado diversos campos de actuación y fijado las acciones para ser desarrolladas. Asimismo, han enumerado las estrategias o medidas destinadas a ser aplicadas para el cumplimiento del objetivo y las mismas pueden ser vistas íntegramente en el documento citado[136].

Dentro del primer objetivo (ver cuadro 1), vivienda adecuada para todos, los campos de actuación son: políticas de vivienda, sistemas de suministro de vivienda y grupos vulnerables y personas con necesidades especiales.

**CUADRO 1.** Primer objetivo: vivienda adecuada para todos.

| CAMPO DE ACTUACIÓN | PLAN DE ACCIÓN |
|---|---|
| 1. POLÍTICAS DE VIVIENDA | ▪ Descentralizar.<br>▪ Integrar.<br>▪ Formular y aplicar nuevas políticas.<br>▪ Elaborar políticas con nuevos enfoques<br>▪ Mejorar el suministro. |
| 2. SISTEMAS DE SUMINISTRO DE VIVIENDA | ▪ Facilitar el funcionamiento de los mercados.<br>▪ Fomentar la producción de viviendas.<br>▪ Garantizar el acceso a la tierra.<br>▪ Movilizar fuentes de financiación.<br>▪ Garantizar el acceso a infraestructuras y servicios básicos.<br>▪ Mejorar la planificación, el diseño, la construcción, la conservación y la rehabilitación. |

[136] Programa de Hábitat, capítulo IV, Plan de Acción Mundial: Estrategias para la Aplicación. Disponible en: http://ww2.unhabitat.org/unchs/spanish/hagendas/ch-4-s.htm - Última consulta: 05/06/2009.

| | |
|---|---|
| 3. GRUPOS VULNERABLES Y PERSONAS CON NECESIDADES ESPECIALES | ▪ Eliminar obstáculos y erradicar la discriminación.<br>▪ Satisfacer necesidades de vivienda.<br>▪ Reducir la vulnerabilidad. |

Para el segundo objetivo (ver cuadro 2), desarrollo sostenible de los asentamientos humanos en un mundo en proceso de urbanización, bastante más amplio que el anterior, se aborda la cuestión de la sostenibilidad en diez diversos campos de actuación. A saber, uso sostenible de la tierra; desarrollo social: erradicación de la pobreza, creación de empleo productivo e integración social; población y desarrollo sostenible de los asentamientos humanos y asentamientos humanos ambientalmente sostenibles, sanos y habitables.

También se incluye la utilización sostenible de la energía; sistemas sostenibles de transporte y comunicaciones; conservación y rehabilitación del patrimonio histórico y cultural; mejora de las economías urbanas; desarrollo equilibrado de los asentamientos en las zonas rurales y capacidad de prevención de desastres, mitigación de sus efectos, preparación para casos de desastre y rehabilitación posterior.

**CUADRO 2.** Segundo objetivo: desarrollo sostenible de los asentamientos humanos en un mundo en proceso de urbanización.

| CAMPO DE ACTUACIÓN | PLAN DE ACCIÓN |
|---|---|
| 1. USO SOSTENIBLE DE LA TIERRA. | ▪ Establecer pautas y planes sostenibles de uso del suelo urbano.<br>▪ Desarrollar y apoyar la ordenación territorial mejorada e integrada. |
| 2. DESARROLLO SOCIAL: ERRADICACIÓN DE LA POBREZA, CREACIÓN DE EMPLEO PRODUCTIVO E INTEGRACIÓN SOCIAL. | ▪ Fomentar la igualdad.<br>▪ Fomentar la integración social.<br>▪ Combatir la pobreza.<br>▪ Planificar atendiendo a las necesidades de uno y otro sexo.<br>▪ Desarrollar el potencial de los jóvenes.<br>▪ Tener en cuenta a las personas con discapacidad.<br>▪ Promover el progreso de los indígenas.<br>▪ Prevenir, reducir y eliminar la violencia y la delincuencia.<br>▪ Proteger a las personas vulnerables y a las que se encuentran en situación desventajosa. |

| | |
|---|---|
| 3. POBLACIÓN Y DESARROLLO SOSTENIBLE DE LOS ASENTAMIENTOS HUMANOS. | ▪ Atender cuestiones relativas a la población.<br>▪ Integrar las preocupaciones demográficas. |
| 4. ASENTAMIENTOS HUMANOS AMBIENTALMENTE SOSTENIBLES, SANOS Y HABITABLES. | ▪ Mejorar las condiciones ambientales.<br>▪ Adoptar un enfoque integrado del suministro de servicios y políticas ambientales.<br>▪ Fomentar un entorno saludable.<br>▪ Lograr un enfoque integrado de la ordenación de los recursos hídricos. |
| 5. UTILIZACIÓN SOSTENIBLE DE LA ENERGÍA. | ▪ Mejorar la producción y utilización sostenibles de energía.<br>▪ Establecer políticas sobre el tema.<br>▪ Sensibilizar a la opinión pública.<br>▪ Coordinar las políticas de asentamientos humanos y de energía. |
| 6. SISTEMAS SOSTENIBLES DE TRANSPORTE Y COMUNICACIONES | ▪ Reducir los efectos negativos de los actuales sistemas de transporte.<br>▪ Tener en cuenta los posibles efectos de los avances tecnológicos de las comunicaciones.<br>▪ Priorizar la reducción de viajes innecesarios.<br>▪ Incentivar el uso de otros medios de transportes. |
| 7. CONSERVACIÓN Y REHABILITACIÓN DEL PATRIMONIO HISTÓRICO Y CULTURAL. | ▪ Fomentar la continuidad histórica y cultural y alentar la participación cívica en actividades culturales.<br>▪ Integrar diversos objetivos. |
| 8. MEJORAR LAS ECONOMÍAS URBANAS. | ▪ Sentar las bases financieras.<br>▪ Ofrecer diferentes oportunidades<br>▪ Afianzar las economías urbanas.<br>▪ Mitigar efectos adversos. |
| 9. DESARROLLO EQUILIBRADO DE LOS ASENTAMIENTOS EN LAS ZONAS RURALES | ▪ Promover el desarrollo sostenible de los asentamientos humanos y reducir la migración del campo a la ciudad.<br>▪ Promover la utilización de nuevas tecnologías.<br>▪ Prestar atención a las zonas rurales empobrecidas.<br>▪ Promover el desarrollo urbano y rural equilibrado. |
| 10. CAPACIDAD DE PREVENCIÓN DE DESASTRES, MITIGACIÓN DE SUS EFECTOS, PREPARACIÓN PARA CASOS DE DESASTRE Y REHABILITACIÓN POSTERIOR | ▪ Mejorar la prevención de los desastres naturales o causados por el hombre.<br>▪ Prestar asistencia adecuada.<br>▪ Mitigar los efectos de los desastres.<br>▪ Prevenir desastres tecnológicos e industriales.<br>▪ Preparar y ejecutar actividades de socorro, rehabilitación, reconstrucción y reasentamiento. |

El tercer tema, fomento de la capacidad y desarrollo institucional (ver cuadro 3), incluye descentralización y fortalecimiento de las autoridades locales y sus asociaciones o redes; participación popular y compromiso cívico; administración de los asentamientos humanos; planificación y ordenación metropolitanas; recursos financieros e instrumentos económicos nacionales e información y comunicaciones.

**CUADRO 3.** Tercer objetivo: Fomento de la capacidad y desarrollo institucional.

| CAMPO DE ACTUACIÓN | PLAN DE ACCIÓN |
|---|---|
| 1. DESCENTRALIZACIÓN Y FORTALECIMIENTO DE LAS AUTORIDADES LOCALES Y SUS ASOCIACIONES O REDES | ▪ Aumentar la autonomía local.<br>▪ Alentar la participación de los habitantes.<br>▪ Desarrollar la educación cívica.<br>▪ Fortalecer la capacidad de las instituciones.<br>▪ Facilitar el intercambio.<br>▪ Establecer asociaciones.<br>▪ Analizar, evaluar y difundir información. |
| 2. PARTICIPACIÓN POPULAR Y COMPROMISO CÍVICO | ▪ Alentar y apoyar la participación.<br>▪ Posibilitar la participación de los ciudadanos |
| 3. ADMINISTRACIÓN DE LOS ASENTAMIENTOS HUMANOS. | ▪ Aprovechar los diversos conocimientos o recursos.<br>▪ Garantizar el desarrollo y la transferencia de conocimientos.<br>▪ Facilitar el fomento de la capacidad y el desarrollo institucional.<br>▪ Apoyar programas de formación.<br>▪ Desarrollar sistemas de información. |
| 4. PLANIFICACIÓN Y ORDENACIÓN METROPOLITANAS. | ▪ Abordar los problemas específicos de la zona. |
| 5. RECURSOS FINANCIEROS E INSTRUMENTOS ECONÓMICOS NACIONALES | ▪ Movilizar recursos nacionales, controlar los gastos y administrar los presupuestos.<br>▪ Establecer asociaciones.<br>▪ Fortalecer las bases económica y financiera. |
| 6. INFORMACIÓN Y COMUNICACIONES | ▪ Mejorar la capacidad para aprovechar los progresos en la tecnología informática y de las comunicaciones.<br>▪ Difundir experiencias que contribuyen a facilitar el acceso a una vivienda adecuada para todos y el desarrollo de asentamientos humanos sostenibles.<br>▪ Promover los conocimientos y fortalecer la base de información. |

El cuarto campo temático u objetivo (ver cuadro 4) es la cooperación y coordinación internacionales e incluye un contexto internacional propicio; recursos financieros e instrumentos económicos; transferencia de tecnología e intercambio de información; cooperación técnica y cooperación institucional.

**CUADRO 4.** Cuarto objetivo: Cooperación y coordinación internacional.

| CAMPO DE ACTUACIÓN | PLAN DE ACCIÓN |
|---|---|
| 1. UN CONTEXTO INTERNACIONAL PROPICIO | ▪ Promover la aplicación de programas de reforma o transición económica.<br>▪ Adoptar medidas financieras, económicas y tecnológicas. |
| 2. RECURSOS FINANCIEROS E INSTRUMENTOS ECONÓMICOS. | ▪ Diversificar las fuentes de los recursos financieros.<br>▪ Promover la cooperación más efectiva.<br>▪ Potenciar recursos de los países en desarrollo. |
| 3. TRANSFERENCIA DE TECNOLOGÍA E INTERCAMBIO DE INFORMACIÓN. | ▪ Divulgar y promover el acceso a información sobre las tecnologías que puedan transferirse.<br>▪ Promover y facilitar la transferencia de tecnología y de conocimientos especializados. |
| 4. COOPERACIÓN TÉCNICA | ▪ Garantizar el intercambio y transferencia de conocimientos y experiencias.<br>▪ Divulgar las mejores prácticas.<br>▪ Mejorar la divulgación y el intercambio de ideas sobre cooperación técnica. |
| 5. COOPERACIÓN INSTITUCIONAL. | ▪ Mancomunar recursos, información y capacidad.<br>▪ Aplicar, supervisar y examinar el Programa .<br>▪ Alentar y apoyar el sistema de las NNUU. |

El quinto objetivo (ver cuadro 5), aplicación y seguimiento del Programa Hábitat, incluye la aplicación a nivel nacional; la aplicación a nivel internacional; la participación de las autoridades locales y de la sociedad civil, con inclusión del sector privado y la evaluación de resultados, indicadores y mejores prácticas.

**CUADRO 5.** Quinto objetivo: aplicación y seguimiento de programa hábitat

| CAMPO DE ACTUACIÓN | PLAN DE ACCIÓN |
|---|---|
| 1. APLICACIÓN A NIVEL NACIONAL | ▪ Crear y reforzar asociaciones eficaces.<br>▪ Establecerse o mejorar los mecanismos nacionales de coordinación.<br>▪ Desarrollar y utilizar todos los mecanismos adecuados de participación. |
| 2. APLICACIÓN A NIVEL INTERNACIONAL | ▪ Realizar esfuerzos en la aplicación del Programa.<br>▪ Prestar atención a la función de la Asamblea General y del Consejo Económico y Social.<br>▪ Supervisar la coordinación general de la aplicación del Programa en todo el sistema y formular recomendaciones al respecto.<br>▪ Promover, examinar, vigilar y evaluar los progresos del Programa. |

| | |
|---|---|
| 3. PARTICIPACIÓN DE LAS AUTORIDADES LOCALES Y DE LA SOCIEDAD CIVIL, CON INCLUSIÓN DEL SECTOR PRIVADO | ▪ Fortalecer las autoridades locales, las organizaciones comunitarias y las organizaciones no gubernamentales.<br>▪ Mejorar la contribución al desarrollo de las autoridades locales y de la sociedad civil. |
| 4. EVALUACIÓN DE RESULTADOS, INDICADORES Y MEJORES PRÁCTICAS | ▪ Establecer procesos para analizar y observar las tendencias de la urbanización y los efectos de las políticas urbanas.<br>▪ Supervisar la aplicación del Programa.<br>▪ Aplicar programas indicadores de la vivienda y los asentamientos humanos.<br>▪ Fortalecer las capacidades de reunión y análisis de datos.<br>▪ Divulgar las mejores prácticas. |

Por tanto, reiteradamente el documento destaca el carácter crucial del derecho a la vivienda y deja patente el compromiso que los gobiernos asumieron para la realización del aludido derecho. No obstante, cabe destacar una vez más que no se trata de un problema con solución inmediata y que pueda lograrse de forma aislada. Ello sería posible mediante la cooperación de todos los afectados en el planeamiento, implementación y administración de estrategias.

## 2. El Consejo de Europa

### 2.1. El Convenio Europeo de Derechos Humanos

El 5 de mayo de 1949 se constituye en Londres el Consejo de Europa, resultando ser la primera organización regional europea[137]. La tarea primordial que emprendió el Consejo de Europa fue la elaboración de un instrumento para la protección internacional de los derechos humanos que, desde los trabajos preparatorios, puso de manifiesto su vinculación con la Declaración Universal de las Naciones Unidas y que, posteriormente, quedó plasmada en el Preámbulo del documento.

[137] El Consejo de Europa ha propiciado la conclusión de acuerdos en diversidad de materias y la lista completa de Tratados puede verse en http://conventions.coe.int/Treaty/Commun/ListeTraites.asp?CM=8&CL=ENG – Última consulta: 22/06/2009.

Convenio para la Protección de los Derechos Humanos y de las Libertades Fundamentales fue adoptado en Roma el 4 de noviembre de 1950 y entró en vigor el 3 de septiembre de 1953[138], "contribuyendo a la consolidación de una idea revolucionaria en Derecho Internacional", que no es otra sino "la obligación jurídica de los Estados de respetar los derechos humanos de las personas que se hallen bajo su jurisdicción"[139]. Si bien, como se ha señalado, otros documentos de naturaleza semejante le han servido de inspiración, en el caso del Convenio existe obligatoriedad y un sistema de garantías judiciales para controlar el respeto de los derechos que salvaguarda[140].

Además, se estableció el procedimiento para resolver los posibles conflictos que surgieran a nivel internacional y desde 1994 el Tribunal Europeo de Derechos Humanos es el único órgano judicial competente para conocer las demandas estatales e individuales que se formulen como consecuencia de la lesión de derechos reconocidos en el CEDH y sus Protocolos[141].

Además, al Tribunal le corresponde proporcionar una interpretación ade-

---

[138] España ratificó el Convenio, modificado por los Protocolos II y V, por instrumento de 26 de septiembre de 1979. España firmó el CEDH el 24 de noviembre de 1977, día de su adhesión al Consejo, y lo ratificó el 4 de octubre de 1979 (BOE Nº 243, de 10 de octubre de 1979)

[139] CARRILLO SALCEDO (2004a): 11. La literatura sobre el CEDH es abundante, a modo de ejemplo, se pueden citar: MORENILLA RODRÍGUEZ (1985) y (1988); LEZERTUA RODRIGUEZ (1990); CARRILLO SALCEDO (1991); (2004a) y (2004b) GARCÍA DE ENTERRÍA (1993a); QUESADA POLO (1997); SALINAS ALCEGA (1999); AGUDO ZAMORA (2001); BRAGE CAMAZANO (2005); DÍEZ-PICAZO (2005); GARCIA ROCA y SANTOLAYA (2005).

[140] El CEDH ha sido completado por varios Protocolos adicionales que han ampliado el catálogo de derechos protegidos en un principio por el mismo y ha modificado el sistema de protección. Estos fueron adoptados desde 1952 hasta el año 2004. El Protocolo 1, en vigor desde el 18 de mayo de 1954; el Protocolo 4, en vigor desde el 2 de mayo de 1968; el Protocolo 6, en vigor desde el 1 de marzo de 1985; el Protocolo 7, en vigor desde el 1 de noviembre de 1988; el Protocolo 11, en vigor desde el 1 de octubre de 1998; el Protocolo 12, en vigor desde el 1 de abril de 2005; el Protocolo 13, en vigor desde el 1 de julio de 2003; y el Protocolo 14, que ha sido abierto a la firma el 27 de mayo de 2009. Cabe señalar que A la fecha España ha ratificado los Protocolos N° 1, 6, 11 y 14, sobre la propiedad privada, la abolición de la pena de muerte, la modificación del sistema procesal del TEDH y modificación del sistema de control de la CEDH, respectivamente. Véase el Acuerdo de Madrid de 12 de mayo de 2009 y la lista de Estados parte que han aceptado hasta la fecha la aplicación provisoria de ciertas disposiciones del Protocolo 14 en: http://conventions.coe.int/Treaty/EN/Treaties/Html/194-1.htm - Última consulta: 28/10/2009.

[141] El Protocolo 14 que entrará en vigor el 1 de junio de 2010 modificará el sistema de control del CEDH.

-cuada acerca de los derechos contenidos en el CEDH. Al respecto, se ha afirmado que "lo verdaderamente relevante del CEDH es que los Estados miembros se sometan al TEDH y no tanto que contenga un catálogo de derechos"[142]. El principal objetivo del Convenio es proporcionar una respuesta a casos individuales, sin embargo, el Tribunal se encarga de resolver cuestiones de interés general, elevando con ello el nivel de protección de los derechos humanos y extendiendo su jurisprudencia sobre los mismos a los Estados firmantes del Convenio.

El TEDH ha afirmado repetidamente que sus sentencias sirven no sólo para decidir los casos ante él presentados, sino, de manera más general, para aclarar, proteger y desarrollar las normas establecidas en el CEDH[143]. Conviene resaltar que el Tribunal utiliza dos principios para interpretar el Convenio y que se han convertido en elementos fundamentales de su jurisprudencia, el de efectividad o utilidad y el de proporcionalidad.

El principio de efectividad o utilidad permite al TEDH adoptar una interpretación extensiva tanto de los objetivos como del contenido de los derechos y libertades protegidos por el CEDH. Por otra parte, el principio de proporcionalidad implica la necesidad de realizar una justa valoración de los hechos planteados a fin de encontrar el equilibrio entre las exigencias de la comunidad y las de los derechos de los individuos. No obstante, el test de la proporcionalidad no ha sido aplicado siguiendo un criterio único, ya que utiliza diferentes variantes para diferentes contextos.

En cuanto al contenido, cabe señalar que los derechos y libertades reconocidos en el Convenio ponen de manifiesto dos datos importantes, primeramente, que los mismos se enuncian mediante conceptos jurídicos indeterminados, llamados a ganar concreción en la aplicación del Convenio a casos específicos y, en segundo lugar, que el Convenio protege fundamentalmente derechos civiles y po-

[142] GARCÍA DE ENTERRÍA (1993a): 35 y MERLI (2001): 247.
[143] En este sentido RUÍZ MIGUEL (1997): 30 y sgtes.

líticos[144], habiendo guardado silencio respecto a los derechos económicos y sociales en sentido amplio.

No obstante, se encuentran ciertas excepciones a lo expresado, como el artículo 11, que reconoce la libertad sindical y el artículo 4, que prohíbe el trabajo forzado u obligatorio, cuyas connotaciones sociales son obvias. Asimismo, se puede mencionar el derecho de toda persona física o moral al respeto de sus bienes, establecido en el artículo primero del Primer protocolo adicional al convenio, que es un derecho de naturaleza económica[145].

Ahora bien, ni el Convenio de 1950, ni ninguno de sus Protocolos han reconocido el derecho a una vivienda digna y adecuada o, en su caso, la protección de la misma. No obstante, el ámbito del Convenio se ha extendido a derechos no reconocidos en el mismo a través de la jurisprudencia del Tribunal Europeo de Derechos Humanos. En tal caso se estaría hablando de una ampliación de su contenido por conexidad, configurando lo que Carrillo Salcedo llama "protección indirecta de derechos", por extensión o por efecto rebote[146].

Así, se pueden mencionar las garantías establecidas por el artículo 8 que dice:

> "1. Toda persona tiene derecho al respeto de su vida privada y familiar, de su domicilio y de su correspondencia.
> 2. No podrá haber injerencia de la autoridad pública en el ejercicio de este derecho sino en tanto en cuanto esta injerencia esté prevista por la ley y constituya una medida que, en una sociedad democrática, sea necesaria para la seguridad nacional, la seguridad pública, el bienestar económico del país, la defensa del orden y la prevención de las infracciones penales, la protección de la salud o de la moral, o la protección de los derechos y las libertades de los demás"[147].

[144] CARRILLO SALCEDO (2004): 23.
[145] MORENILLA (1988): 20 y 23.
[146] CARRILLO SALCEDO (2004): 105.
[147] ARZOZ SANTISTEBAN (2004): 255. El mismo autor ha señalado que "Los trabajos preparatorios sobre la redacción del artículo 8 demuestran la influencia de la Declaración Universal y del Pacto Internacional de Derechos Civiles y Políticos, con la diferencia de que estos dos documentos encierran, como bien jurídico protegido, la honra y la reputación". Véase Documento

El artículo 8 incluye la protección de diversos bienes estrechamente relacionados entre sí, como la vida privada, la vida familiar, el domicilio y la correspondencia y todos ellos sirven al objeto de garantizar una cierta esfera autónoma de actuación y desarrollo personal"[148]. Sin embargo, según lo señala Lezertúa, la redacción de la norma permite un amplio margen de interpretación[149]. La jurisprudencia del TEDH no ha establecido un criterio único que sea aplicable de forma general a todos los casos y ello le ha permitido evolucionar adaptándose a las circunstancias y proteger a las personas en supuestos muy variados[150].

Tal es así que se ha elaborado una extensa doctrina sobre la protección dispuesta por el artículo 8 y en la que se constata la variedad de aspectos que puede abarcar[151], como la asistencia de oficio para las disoluciones judiciales[152]; el derecho de reagrupación familiar[153]; la protección del domicilio[154]; la protección de datos personales y confidenciales[155]; el secreto de las comunicaciones[156]; el modo de vida de las minorías étnicas[157]; el status de los homosexuales[158], y la protección frente a las agresiones al medio ambiente que afectan la calidad de la vida privada, como ruidos, malos olores, emisiones[159].

DH (56) 12, Estrasburgo, 18 de octubre de 1956, de la Comisión Europea de Derechos del Hombre.

[148] ARZOZ SANTISTEBAN (2004): 255.

[149] LEZERTÚA (1996): 97.

[150] En este sentido, expresa MERLI (2001): 247, que de manera general la jurisprudencia del TEDH ha incrementado los estándares comunes europeos en relación a los derechos fundamentales hasta el punto que sus sentencias han obligado a revisar ciertas normas de los clásicos Estados democráticos y de derechos de Europa occidental.

[151] Véase en este sentido SANTOLAYA MACHETTI (2004) y (2005).

[152] Airey c/ Irlanda, de 9 octubre 1979.

[153] Abdulaziz, Cabales y Balkandali c/ Reino Unido, de 28 de mayo de 1985; Gül c/ Suiza, de 19 de febrero de 1996; Ahmut c/ Países Bajos, de 28 de noviembre de 1996.

[154] H.M. c/ Turquía, de 8 agosto 2006; Yordanov c/ Bulgaria, de 10 agosto 2006; Xenides-Arestis c/ Turquía, de 22 diciembre 2005; Nuri Kurt c/ Turquía, de 29 noviembre 2005; Petri Sallinen y otros c/ Finlandia, de 27 septiembre 2005; L. M. c/ Italia, de 8 febrero 2005; Novoseletskiy c/ Ucrania, de 22 febrero 2005.

[155] Niemietz c/ Alemania, de 16 diciembre 1992.

[156] Vetter contra Francia, de 31 mayo 2005; Von Hannover c/ Alemania, de 24 junio 2004; Kopp c/ Suiza, de 25 marzo de 1998; Valenzuela Contreras c/ España, de 30 julio de 1998; Camenzind c/ Suiza, de 16 diciembre 1997; Malone c/ Reino Unido, de 2 agosto 1984.

[157] Coster c/ Reino Unido, de 18 enero 2001.

[158] Smith y Grady c/ Reino Unido, de 27 septiembre 1999; Sheffield y Horsham c/ Reino Unido, de de 30 julio de 1998; Cossey c/ Reino Unido, de 27 septiembre 1990.

[159] Lemke c/ Turquía, de 5 junio 2007; Giacomelli c/ Italia, de 2 noviembre 2006; Ledyayeva y otros c/ Rusia, de 26 octubre 2006; Taskin y otros c/ Turquía, de 10 noviembre 2004; Moreno Gómez c/ España, de 16 noviembre 2004; Hatton y otros c/ Reino Unido, de 8 julio 2003;

Pues bien, cabe señalar ciertos casos en los que el Tribunal ha proporcionando protección indirecta, o "defensa cruzada" en palabras de Martín Retortillo[160], de un derecho no reconocido expresamente en el Convenio y que tiene relevancia en relación con la protección a una vivienda digna y adecuada en el sentido que hemos visto. En estos casos no se ha mencionado expresamente la protección de un inexistente para el convenio "derecho a la vivienda", pero de facto se ha otorgado una protección del bien jurídico vivienda, con los requisitos que establecen los documentos internacionales que hemos visto.

Así ha ocurrido cuando se vinculó el derecho al medio ambiente con el derecho al respeto del domicilio y de la vida familiar en el conocido caso López Ostra c/ España[161]. En el mismo se alegaba la violación de los artículos 8 y 3 del Convenio debido a que los olores, ruidos y humos contaminantes provocados por una planta depuradora de aguas y residuos instalada cerca del domicilio de la demandante interferían en el ejercicio de vida privada y familiar. Se imputaba la responsabilidad de los mismos a las autoridades españolas, quienes habían dado muestras de pasividad en sus actuaciones.

Si bien el ayuntamiento asumió los gastos de alquiler de un apartamento para la demandante y su familia, también es cierto que los interesados sufrieron durante más de tres años las molestias causadas por la planta depuradora, antes de realizar el cambio de domicilio, con los inconvenientes que eso conlleva. La sentencia manifestó que hubo habido violación del artículo 8 fundado en que el Estado no supo mantener "un justo equilibrio entre el interés del bienestar económico de la ciudad de Lorca -el de disponer de una planta depuradora- y el disfrute efectivo por la demandante del derecho al respeto de su domicilio y de su vida privada y familiar"[162].

Situación semejante a la señalada se ha presentado en el caso Giacomelli

Jane Smith c/ Reino Unido, de 18 enero 2001; Buckley c/ Reino Unido, de 25 septiembre 1996; López Ostra c/ España, de 9 diciembre 1994.

[160] MARTÍN RETORTILLO BAQUER (2005).

[161] Sentencia de 9 diciembre 1994.

[162] López Ostra c/ España, de 9 diciembre 1994, parágrafo 58.

c/ Italia[163], en la que la demanda se centró en las actividades molestas, insalubres, nocivas y peligrosas provocadas por el funcionamiento de una planta de tratamiento de residuos industriales tóxicos próxima a viviendas, además, no se habían realizado los estudios de evaluación ambiental previos a la instalación.

Por tanto, el Tribunal declaró la violación del artículo 8 del Convenio ya que se constató la ausencia de un equilibrio justo entre los intereses de la colectividad de disponer de la planta y el disfrute efectivo por la demandante del derecho al respeto de su domicilio y su vida privada y familiar. Una vez más se puede destacar que la cuestión ambiental ha sido decisiva para el Tribunal.

Finalmente, en el Caso Ledyayeva y otros c/ Rusia[164], se reconocen similitudes con los dos procesos anteriores. En el mismo se hizo necesario imponer medidas de protección a causa de la contaminación ambiental de la que eran víctimas las personas domiciliadas en zonas industriales. Debido a la ausencia de medidas adecuadas por parte de las autoridades, la salud y el bienestar de los reclamantes se habían visto considerablemente afectados.

También se ha logrado la protección del medio ambiente a través del artículo 8 del Convenio en el Caso Taskin y otros c/ Turquía[165] y en el Caso Lemke c/ Turquía[166]. En ambos se trataba de la explotación de minas de oro en las que se utilizaban materiales altamente peligrosos para el ecosistema, la salud y la seguridad humana.

Siguiendo con los ejemplos de protección indirecta realizado por el TEDH, se puede mencionar el caso Hatton y otros c/ Reino Unido[167], en el que la sentencia decidió que el Estado demandado era responsable de una violación del artículo 8 del Convenio a causa de los ruidos ocasionados[168] por el aterrizaje y

[163] Sentencia de 2 noviembre 2006.
[164] Sentencia de 26 octubre 2006.
[165] Sentencia de 10 noviembre de 2004.
[166] Sentencia de 5 junio de 2007.
[167] Sentencia de 2 de octubre de 2001.
[168] Véase al respecto MARÍN CASTÁN (2002).

despegue de aviones en vuelos nocturnos en el aeropuerto de Heathrow.

El Tribunal consideró que el derecho al descanso nocturno era un elemento fundamental del derecho al respeto del domicilio y de la vida privada y familiar de los demandantes, que debía prevalecer sobre la conveniencia para la economía del país de los vuelos de pasajeros y mercancías durante la noche.

La sentencia decía que, aunque el Convenio no reconozca expresamente el derecho a un medio ambiente sano y tranquilo, se puede plantear una cuestión desde el punto de vista del artículo 8, ya que la persona padece directa y gravemente el ruido u otras formas de contaminación[169].

Por otra parte, al igual que en el caso Hatton los ruidos molestos han motivado la afirmación de la necesidad de la protección ambiental en el caso Moreno Gómez c/ España[170], en el que se declaró la violación del artículo 8 del Convenio a causa de la contaminación acústica producida por los ruidos originados en una discoteca ubicada en los bajos del domicilio de la demandante. Asimismo, se constató la pasividad de la Administración ante las circunstancias señaladas.

Del derecho a la propiedad garantizado en el artículo 1 del Protocolo 1 del Convenio suscrito el 20 de marzo de 1952 se podría derivar también la protección del derecho a la vivienda. Tal afirmación es posible realizar a partir de la lectura de la sentencia del mismo caso Xenides-Arestis c/ Turquía, ya que debido a la denegación del derecho de regreso por las autoridades de la República Turco Chipriota del Norte, la demandante no pudo acceder a sus propiedades en el norte de Chipre y ello provocó la pérdida del uso y disfrute, configurando de tal forma la violación del artículo 1 supra mencionado.

Asimismo, se puede indicar lo sucedido en el Caso Nuri Kurt c/ Turquía[171] en el que, por un lado, se invocó la protección de la propiedad debido a

---

[169] Hatton c/ Reino Unido, de 2 de octubre de 2001, Parágrafo 96.
[170] Sentencia de 16 de noviembre de 2004.
[171] Sentencia TEDH, de 29 de noviembre de 2005.

que los demandantes vieron sus viviendas destruidas por las Fuerzas de Seguridad del Estado. Y, por otra parte se alegaba la violación del artículo 8 del Convenio a causa de la prohibición de acceso a los antiguos residentes a su pueblo y, por ende, a sus propiedades. Si bien, se declaró la inexistencia de la violación de ambos derechos, considero que sí se podría haber defendido la vulneración de un hipotético derecho a la vivienda.

Sin embargo, también se pueden encontrar sentencias en las que manifiestamente la vivienda es un elemento preciso para la consideración de ciertas violaciones. En tal sentido, el caso Novoseletskiy c/ Ucrania[172], donde se privó a un empleado público de la vivienda estatal que le había sido cedida durante más de cinco años para ser adjudicada a otro empleado y posteriormente se produjo la adquisición de la misma al haber sido privatizado mientras estaba pendiente la causa civil, circunstancia que fue considerada ilegal. Además, se determinó que el plazo trascurrido para el restablecimiento del derecho al uso del domicilio fue excesivo y, por todo ello, se concluyó que se había producido la violación del artículo 8.

Por otra parte, en el caso Velosa Barreto c/ Portugal[173] se invocó el artículo 8 del Convenio para justificar la solicitud de terminación de un contrato de arrendamiento sobre la base de que se necesitaba la vivienda en cuestión para residir en ella, pues la que el demandante y su familia ocupaba de manera compartida con otras personas no le proporcionaba intimidad y, por tanto, le imposibilitaban la realización de su vida privada y familiar.

Al respecto, el Tribunal consideró que los alcances del artículo aludido no pueden llegar tan lejos como para imponer al Estado la obligación de conceder al propietario, ante su sola demanda y en todas las circunstancias, el derecho de recuperar la vivienda alquilada. Además, se consideró el cumplimiento de la obligación de lograr un equilibrio entre los intereses en juego y, por tanto, se determinó que el artículo 8 no había sido violado.

[172] Sentencia TEDH, de 22 de febrero de 2005.
[173] Sentencia TEDH, de 21 de noviembre de 1995.

Sin embargo, en el caso Larkos c/ Chipre[174] la reclamación se produjo en base al artículo 14 (prohibición de discriminación) en relación con el artículo 8 del CEDH. El demandante alegaba que la diferencia de trato recibido en un proceso sobre control de los arrendamientos no se encontraba justificado y, sobre todo, le había producido un impacto desproporcionado sobre su derecho a la protección de domicilio al confrontarlo junto a su familia con la obligación de abandonar la vivienda que ocupaban desde hacía más de treinta años. El Tribunal manifestó que el Estado no justificó de manera razonable su actuación y, en consecuencia, concluyó que se había producido violación del artículo 14 del Convenio en relación con el artículo 8[175].

Finalmente, se han de mencionar ciertos casos que tienen en común el hecho de que las reclamaciones, respaldadas en el derecho a la protección del domicilio y la vida privada y familiar, las han presentado personas instaladas en caravanas, siendo algunas de ellas romaníes, quienes las utilizaban como vivienda[176]. En dichos casos se ha expresado que el concepto de domicilio no se limita únicamente a las residencias que se hayan establecido legalmente, sino que existe un domicilio cuando una persona ha vivido durante varios años en una caravana instalada en un terreno adquirido para establecer en él su residencia[177].

Por otra parte, se ha indicado que la determinación de limitaciones urbanísticas para la instalación de caravanas, justificado en la defensa del medio ambiente, demuestra la existencia de un fin legítimo, pues se trata de las necesidades de toda la población y las autoridades han de tener un amplio margen de apreciación en dicho sentido. Si bien se sostiene que en materia de tierras debe permitirse a los gitanos llevar una vida acorde a sus tradiciones, ello ha de realizarse logrando el justo equilibrio de intereses[178].

---

[174] Sentencia TEDH, de 18 de febrero de 1999.

[175] Caso Larkos, apartados 25 y 31.

[176] Caso Buckley c/ Reino Unido, sentencia de 25 de septiembre de 1996; Caso Coster c/ Reino Unido, sentencia de 18 enero de 2001; Caso Chapman c/ Reino Unido, sentencia de 18 de enero de 2001; Caso Jane Smith c/ Reino Unido, sentencia de 18 enero de 2001.

[177] Caso Buckley, apartados 53 y 54.

[178] Caso Buckley, apartados 67, 71 y 75.

Aunque exista un reconocimiento de las necesidades especiales de la minorías y la obligación de proteger su seguridad, identidad y estilo de vida, no se puede imponer a los Estados la obligación de instalar para la comunidad gitana un número suficiente de lugares debidamente equipados sencillamente porque la cantidad de personas es mayor que el de plazas disponibles en los sitios autorizados, al igual que tampoco se puede interpretar el artículo 8 como una obligación general de establecer políticas sociales[179].

Al respecto, se ha dicho que todo ser humano debería contar con un lugar al que pueda llamar domicilio y en el que viva dignamente, sin embargo, es una realidad que existen muchas personas sin hogar y la provisión de fondos por parte del Estado para que las personas cuenten con uno "es una cuestión de decisión política y no judicial"[180].

Por tanto, en estas situaciones revisadas la vivienda podría haber sido el bien protegido, no obstante, al realizar las consideraciones oportunas, se ha priorizado el interés general y las medidas adoptadas por los Estados se consideraron adecuadas.

### 2.2. La Carta Social Europea

La Carta Social Europea[181] es un documento adoptado por el Consejo de Europa en Turín el 18 de octubre de 1961[182], entrando en vigor el 26 de febrero de 1965. Garantiza los derechos humanos económicos y sociales y, por tanto, es considerado el equivalente de la Convención Europea de Derechos Humanos que, bien sabemos, se ha ocupado primordialmente de los derechos civiles y políticos.

[179] Caso Chapman, apartado 98 y Caso Jane Smith, apartado 80.

[180] Caso Chapman, apartado 99.

[181] A modo referencial se señala la literatura sobre la Carta Social: RODRÍGUEZ-PIÑERO (1962); (1978a) y (1978b); BARTOLOMEI DE LA CRUZ (1989); ALARCÓN CARACUEL (1997); BONDIA GARCÍA y BONET I PÉREZ (2004); FREIXES SAN JUAN (2004); JIMENA QUESADA (2004) (2006) y (2007); JIMENA QUESADA y TOMÁS MALLÉN (2007); AKANDJI-KOMBE (2007); BELORGEY (2007).

[182] Firmada por España el 27/04/1978 y ratificada el 06/05/1980 (BOE Nº 153, de 26/06/1980).

Tal es así que, la ya conocida, y no por eso aceptada, separación entre derechos civiles y políticos por un lado y los derechos económicos, sociales y culturales por otro, se vuelve a presentar cuando se analizan las actividades del Consejo de Europa. A decir verdad, la indivisibilidad e interdependencia de los derechos humanos[183] no es una realidad y por ello se insiste constantemente en la necesidad de otorgar mayor protección a los derechos sociales a fin de mejorar las condiciones de vida de las personas, objetivo que se logrará, no con la aprobación de nuevos textos, sino con la aplicación de los ya existentes.

Ahora bien, en cuanto a la Carta Social Europea, cabe señalar que fue concebida desde su origen en relación estrecha con el Convenio Europeo de Derechos Humanos, se buscaba constituir un texto homólogo en el plano social y, tal como lo indica Akandji, con ello se entiende que estos instrumentos se diferenciarían únicamente en el ámbito de intervención o su objeto y que los sistemas de protección habrían de ser idénticos.

No obstante, el texto resultó ser, en cuanto a su sistema de control, "una pálida copia de su precedente de 1950"[184]. Aún así, este instrumento es considerado "el más completo catálogo de derechos sociales a nivel internacional", según lo ha manifestado Belorgey, antiguo presidente del Comité Europeo de Derechos Sociales[185].

Inicialmente, la presentación de informes anuales por las partes fue el sistema de control adoptado, circunstancia que en su momento generó "cierta insatisfacción"[186]. En los mismos se haría constar la forma en que la Carta estaría siendo aplicada, tanto en la legislación como en la práctica, para posteriormente ser examinado por el antiguo Comité de Expertos Independientes, hoy denominado Comité Europeo de Derechos Sociales, que decidía sobre la cuestión.

[183] Tal como fuera señalada en la Declaración y Programa de Acción de Viena de 1993.
[184] AKANDJI-KOMBE (2006): 387 y 388.
[185] BELORGEY (2007): 349.
[186] DIAZ BARRADO (1996): 237.

Pero el funcionamiento de este mecanismo fue acumulando no pocas críticas debido a la lentitud del procedimiento, la imprecisión de la delimitación de las competencias de los órganos actuantes[187] y, por último, la escasa voluntad del Comité de Ministros para ejercitar lo dispuesto por el artículo 29 de la Carta, es decir, su competencia para formular recomendaciones individualizadas a los Estados Partes[188].

Desde la vigencia de la Carta de 1961 se han firmado tres Protocolos adicionales hasta que la misma fue revisada en 1996, entrando en vigor el 1 de julio de 1999[189]. Las sucesivas modificaciones introducidas han contribuido al enriquecimiento del documento con el objetivo final de proporcionar mayor protección a los derechos humanos[190].

En cuanto a su contenido en relación al derecho a la vivienda, la Carta Social Europea de 1961 se planteó lograr las condiciones de vida indispensables para el desarrollo de la familia. El artículo 16 de la Carta establece que:

> "Con miras a lograr las condiciones de vida indispensables para un pleno desarrollo de la familia, célula fundamental de la sociedad, las partes contratantes se comprometen a fomentar la protección económica, jurídica y social de la familia, especialmente mediante prestaciones sociales y familiares, disposiciones fiscales, apoyo a la construcción de viviendas adaptadas a las necesidades de las familias, ayudas a los recién casados o por medio de cualesquiera otras medidas adecuadas"[191].

Por su parte, la Carta revisada de 1996 mantiene lo señalado en el artículo anterior, inclusive con el mismo número y con una redacción casi idéntica, sal-

[187] Se trataba del Comité de Expertos independientes y el Subcomité Social Gubernamental del Consejo de Europa.

[188] BONET PÉREZ y BONDÍA GARCÍA (2004): 459.

[189] España no ha ratificado este documento.

[190] DÍAZ BARRADO (1996): 238.

[191] Redacción original: "With a view to ensuring the necessary conditions for the full development of the family, which is a fundamental unit of society, the Contracting Parties undertake to promote the economic, legal and social protection of family life by such means as social and family benefits, fiscal arrangements, provision of family housing, benefits for the newly married, and other appropriate means".

vo una pequeña modificación en cuanto se refiere a las "partes" y no a las "partes contratantes" como lo hacía en el instrumento de 1961[192].

Por tanto, se constata que en un principio la Carta Social trataba el derecho a una vivienda digna dentro de las disposiciones de protección a la familia, sin embargo, la Carta revisada ha introducido una gran innovación. La misma establece el derecho a la vivienda como un derecho autónomo y no solamente como un elemento a ser tenido en cuenta para la protección de la familia. El artículo 31 del citado instrumento indica:

> "Para garantizar el ejercicio efectivo del derecho a la vivienda, las Partes se comprometen a adoptar medidas destinadas:
> 1. A favorecer el acceso a la vivienda de un nivel suficiente;
> 2. A prevenir y paliar la situación de carencia de hogar con vistas a eliminar progresivamente dicha situación;
> 3. Hacer asequible el precio de las viviendas a las personas que no dispongan de recursos suficientes"[193].

La Carta de 1961 indicaba la obligación de los Estados a llevar a cabo políticas de vivienda adaptadas a las necesidades de las familias, mientras que la Carta revisada dispone, de manera más clara y concreta, las medidas que se han de adoptar en relación al derecho a la vivienda. Señala que se ha de reducir la carencia de vivienda y proporcionar a todos el acceso a una vivienda digna a un precio razonable. Tal circunstancia implica, a criterio de Jimena Quesada, una mayor concreción y desarrollo del genérico derecho a la asistencia social consagrado en el artículo 13 de la Carta de 1961[194].

---

[192] Redacción original: "With a view to ensuring the necessary conditions for the full development of the family, which is a fundamental unit of society, the Parties undertake to promote the economic, legal and social protection of family life by such means as social and family benefits, fiscal arrangements, provision of family housing, benefits for the newly married and other appropriate means".

[193] Redacción original: "Article 31 – The right to housing.- With a view to ensuring the effective exercise of the right to housing, the Parties undertake to take measures designed: 1. to promote access to housing of an adequate standard; 2. to prevent and reduce homelessness with a view to its gradual elimination; 3. to make the price of housing accessible to those without adequate resources".

[194] JIMENA QUESADA (2007): 36 y 37.

En cuanto a los mecanismos de protección, no se puede dejar de mencionar que lo significativo, más allá del reconocimiento de los derechos, es contar con las garantías que aseguren el disfrute de los mismos, ya sea a través de medidas que obliguen a los Estados parte o porque se les exija el cumplimiento por parte de órganos creados a dicho efecto.

Esta es la constante que se reitera, mejorar los mecanismos que ya existen para que los derechos no queden como simples declaraciones retóricas y en ese contexto, no es una novedad manifestar que el sistema de control de la Carta Social resulta insuficiente[195].

Sin embargo, es necesario señalar que la protección socio-económica en el plano internacional enfrenta mayores dificultades que aquellas provenientes de la protección de derechos civiles y políticos, razón por la que se deben reconocer los méritos de la Carta Social, uno de los primeros instrumentos adoptados en Europa sobre la materia y que se ha renovado durante toda su vigencia con el objetivo de mejorar su contenido y eficacia.

El Comité Europeo de Derechos Sociales, antiguo Comité de Expertos independientes, es el órgano de control de la Carta Social Europea. Originalmente tenía como exclusiva actividad el examen de los informes periódicos presentados por los Estados. Sin embargo, sus funciones fueron reforzadas con la entrada en vigor del Protocolo adicional de 1995, hoy señaladas en la Parte IV, artículo D de la Carta revisada.

Desde dicha fecha tiene competencia para pronunciarse sobre reclamaciones colectivas presentadas por las organizaciones sindicales nacionales o internacionales, así como de organizaciones que tengan el carácter de participativo ante el Consejo de Europa y se encuentren inscritas en la lista establecida por el Comité gubernamental de la Carta Social.

---

[195] DÍAZ BARRADO (1996): 254 y 258.

La misión del Comité Europeo de Derechos Sociales es la de establecer si la legislación y la práctica de un determinado país son o no conformes con las disposiciones de la Carta Social Europea. Cuando examina los informes, adopta conclusiones y respecto a las quejas colectivas adopta decisiones, pudiendo, por tanto, afirmarse que el Comité no ejerce propiamente una actividad jurisdiccional, pues sus decisiones no son directamente ejecutivas, sin embargo, el Consejo de Ministros les ha dado una fuerza semejante.

En tal sentido, hasta la fecha se han presentado dos reclamaciones colectivas fundadas en la violación del derecho a la vivienda. La primera, individualizada con el Nº 39/2006, European Federation of National Organisations Working with the Homeless (FEANTSA)_v. France, fue admitida por el Comité Europeo de Derechos Sociales el 19 de marzo de 2007 y alegaba que la legislación francesa relativa a vivienda resultaba insuficiente y, por tanto, no estaba conforme al artículo 31, derecho a la vivienda, de la Carta revisada.

Pues bien, tras analizar las memorias presentadas, el Comité Europeo de Derechos Sociales ha adoptado una decisión el 5 de diciembre de 2007[196], en la que concluye, por unanimidad en todos los puntos, que existe violación del artículo 31.1 de la Carta revisada fundado en la insuficiencia de los progresos realizados para la erradicación de la infravivienda y la falta de comodidades de un gran número de hogares.

Además, se ha señalado la violación del artículo 31.2 debido a dos razones, por un lado la insatisfactoria aplicación de la legislación sobre prevención de los desalojos y la falta de medidas para proporcionar soluciones de realojamiento a las familias afectadas y, por otro, la insuficiencia de las medidas que están en marcha para reducir el número de personas sin hogar, tanto en términos cuantitativos y cualitativos. Asimismo, se indica la violación del artículo 31.3 por la insu-

[196] Véase el texto completo de la Decisión adoptada en: http://www.coe.int/t/dghl/monitoring/socialcharter/Complaints/CC39Merits_en.pdf - Última consulta: 06/06/2009.

ficiente oferta de viviendas sociales accesibles a los grupos de bajos ingresos y el mal funcionamiento del sistema de asignación de dichas viviendas.

En cuanto a la segunda reclamación colectiva, que lleva el Nº 53/2008 European Federation of National Organisations working with the Homeless (FEANTSA) v. Slovenia, se alega la violación del artículo 31, derecho a la vivienda y del artículo 16, derecho de la familia, a los servicios sociales, protección jurídica y económica. Se trata de buscar protección a un grupo de personas que ha sido privada de los títulos que le permitían ocupar, junto con sus familias, los pisos desnacionalizados en la República de Eslovenia y, como consecuencia, han quedado sujetas a desalojos. El 2 de diciembre de 2008 el Comité de Derechos Sociales ha declarado su admisibilidad encontrándose actualmente en trámites.

### 2.3. Las actividades del Consejo de Europa en materia de Cohesión Social

Ya se ha señalado que en el marco de actuaciones del Consejo de Europa los derechos sociales están protegidos por la Carta Social Europea. No obstante, también es necesario el desarrollo de políticas públicas adecuadas y la participación de la sociedad civil a fin de que un mayor grupo de personas tengan condiciones de acceder al ejercicio de tales derechos.

Para el efecto, el Consejo cuenta con la Dirección General de Cohesión Social (DG III)[197], cuya tarea básica es fomentar la cohesión social y mejorar la calidad de vida en Europa para el verdadero disfrute de los derechos humanos fundamentales y el respeto de la dignidad humana.

La citada Dirección coordina programas de cooperación y asistencia técnica y su Departamento de Políticas Sociales se ocupa, entre otros temas, del acceso a los derechos sociales, como el empleo, la vivienda y la protección social.

[197] Véase sitio oficial de la Dirección General de Cohesión Social (DG III) en: http://www.coe.int/T/E/Social_cohesion/ - Última consulta: 06/06/2009.

Tal es así, que ha creado un Grupo de Especialistas en Política de Vivienda para la Cohesión Social (CS-HO), con el objetivo de formular propuestas de políticas y medidas concretas en el área de la vivienda a fin de que los grupos vulnerables tengan acceso a la misma y disfruten de seguridad en la tenencia.

Como resultado de los trabajos realizados por el Grupo de especialistas, se pueden mencionar las Directrices sobre oferta, financiación y subsidio de vivienda[198]; el Informe sobre el Acceso a la vivienda para las personas desfavorecidas y el Informe "Acceso a la vivienda para las personas desfavorecidas. Selección de ejemplos de enfoques nacionales de política de vivienda y medidas políticas de los miembros del Consejo de Europa y de Estados observadores[199].

Las actividades mencionadas, aunque no sean jurisdiccionales, se desarrollan con el objetivo de permitir el acceso a una vivienda a aquellas personas que carecen de la misma, por tanto, es incuestionable la importancia que las mismas revisten.

## 3. El Derecho de la Unión Europea

### 3.1. Los Tratados constitutivos

Los Tratados constitutivos de la Unión Europea se suscribieron con el único fin de crear un mercado común. Tanto el Tratado de la Comunidad Europea del Carbón y del Acero[200], como el Tratado constitutivo de la Comunidad Europea, denominado también Tratado de Roma[201], el Tratado constitutivo de la Comunidad Europea de la Energía Atómica[202] y el Acta Única Europea de 1986[203],

[198] Aprobado por el Grupo de especialistas en política de vivienda para la Cohesión Social, 08/06/2006. Véase el informe completo en el sitio disponible en: http://www.coe.int/t/dg3/socialpolicies/socialrights/2006CSHOguidelines_en.asp - Última consulta 18/03/2009.

[199] KALTENBORN LUNDE y KANDIAH (2002).

[200] Firmado en París el 18 de abril de 1951.

[201] Firmado en Roma el 25 de marzo de 1957.

[202] Firmado en Roma el 25 de marzo de 1957.

fueron firmados para el establecimiento de relaciones puramente económicas.

Tal es así que los derechos fundamentales, en general, no han recibido un amplio tratamiento en este contexto, salvo algunas disposiciones dispersas en relación a los trabajadores, tal vez, como elemento necesario para la prosecución de sus fines, resultando entonces que "las actuaciones sociales de la Europa comunitaria, han sido consecuencias, no directamente buscadas, sino inevitables ante la exigencia de eficiencia del trabajo"[204].

En cuanto a los derechos sociales[205] específicamente, no ha habido mucha diferencia, se puede destacar que los mismos han recibido poca atención y, tal como indica Herreros López, lo mismo ha ocurrido con los derechos civiles y políticos, pues han sido igualmente descuidados en el ámbito comunitario, a pesar de que el reconocimiento de los mismos es imprescindible para avanzar en la integración europea[206].

Una de las características más señaladas de los inicios del Derecho Comunitario había sido la inexistencia de un catálogo de derechos como en las Constituciones nacionales o en los Tratados internacionales reconocedores de derechos. En todo caso podría hablarse del intento de avanzar en la protección de derechos mediante pequeños pasos, aunque, en varias ocasiones, ha quedado como una expresión de deseos y, en otros, se han adoptado medidas en un contexto sociolaboral que ha encontrado no pocos obstáculos para su efectividad total.

Sin embargo, esa postura original respecto a la protección de los derechos fundamentales sufrió un cambió[207], debido a que no se podía mantener una

[203] Este instrumento fue suscrito en dos fechas distintas. En primer lugar lo hicieron nueve Estados miembros en Luxemburgo el 17 de febrero de 1986 y luego los tres Estados más el 28 de febrero de 1986 en la Haya.

[204] ESPADA RAMOS (2001): 26.

[205] Sobre la evolución normativa de los derechos sociales en el ámbito comunitario, véase GARCÍA HERRERA (2002a).

[206] HERREROS LÓPEZ (2004): 7.

[207] Se ha dicho que en este cambio influyeron ciertas decisiones adoptadas por los Tribunales Constitucionales de Alemania e Italia. Véase al respecto ALONSO GARCÍA (1991): 804-

situación en la que los ciudadanos de la Unión carecían de derechos fundamentales en los sectores de la vida jurídica conectados con el ordenamiento comunitario.

El primer paso lo constituye el caso Stauder, en la que el TJCE señaló que los derechos fundamentales de la persona formaban parte de los principios generales del Derecho comunitario cuyo respeto debía ser asegurado por el propio Tribunal, aunque, no se establecieron los derechos ni grados de protección[208].

Posteriormente, en el caso Internationale Handelsgesellschaft[209], la sentencia determinó que, a falta de un catálogo de derechos fundamentales específicamente comunitario, la labor de configuración correspondería vía jurisprudencial al propio Tribunal, utilizando como fuente de inspiración "las tradiciones constitucionales comunes de los Estamos miembros"[210].

Actualmente, la protección de los derechos sigue teniendo lugar vía pretoriana sobre la base de las pautas marcadas por las sentencias arriba señaladas. Es decir, se construyen los derechos fundamentales comunitarios a partir de los derechos incorporados en los ordenamientos de los Estados miembros y en los instrumentos de carácter internacional, especialmente el Convenio Europeo de Derechos Humanos[211].

### 3.2. La Carta Comunitaria de los Derechos Sociales Fundamentales de los Trabajadores

El 9 de diciembre de 1989, los Jefes de Estado y de Gobierno de 11 Estados miembros, todos excepto el Reino Unido[212], aprobaron en Estrasburgo la "Carta Comunitaria de los Derechos Sociales Fundamentales de los Trabajadores"

810. Sobre la evolución de la protección de los derechos fundamentales véase CHUECA SANCHO (2002), especialmente las págs. 39-47.

[208] STJCE, de 12 de noviembre de 1969.

[209] STJCE, de 17 de diciembre de 1970.

[210] FJ 4°.

[211] ALONSO GARCÍA (1991): 817.

[212] El Reino Unido suscribió la Carta en 1998.

también denominada "pacto social" o "carta social"[213]. La misma, que estaba inspirada en la Carta Social del Consejo de Europa y en los convenios de la Organización Internacional del Trabajo, determinó los derechos sociales que habrían de ser garantizados en el mercado de trabajo europeo.

Aunque, el documento haya surgido con la idea de incentivar una Europa Social, prestando mayor atención a los ciudadanos y no centrados únicamente en aspectos económicos, según lo expresan Sempere Navarro y Cano Galán[214], faltó voluntad política para darle fuerza obligatoria[215].

Ahora bien, respecto a la vivienda, la Carta establece una medida tendiente a mejorar la vida de las personas con discapacidad. El artículo 26 del instrumento expresa:

> "Todo minusválido, cualesquiera que sean el origen y la naturaleza de su minusvalía, debe poder beneficiarse de medidas adicionales concretas encaminadas a favorecer su integración profesional y social.
> Estas medidas de mejora deben referirse, en particular, según las capacidades de los interesados, a la formación profesional, la ergonomía, la accesibilidad, la movilidad, los medios de transporte y la vivienda".

Desde el punto de vista comunitario, la Carta posee una forma atípica, porque es una declaración de intenciones políticas compartida por varios Estados y, como tal, no es jurídicamente vinculante. Sin embargo, a pesar de sus limitaciones, los órganos comunitarios se esforzaron en darle cumplimiento.

Por un lado la Comisión elaboró un programa de acción para la aplica-

---

[213] Para un enfoque desde una perspectiva laboral y sobre el proceso de elaboración de la Carta véase RHODES MARTÍN (1997) y ALARCÓN CARACUEL (1997), respectivamente.

[214] SEMPERE NAVARRO y CANO GALÁN (2002): 8.

[215] ESPADA RAMOS (2001): 31. El mismo autor manifiesta que la Carta comunitaria de los derechos sociales fundamentales de los trabajadores junto con los derechos de la solidaridad recogidos en la Carta de Derechos Fundamentales de la Unión Europea constituyen los dos únicos intentos comunitarios de ampliar la dimensión social dentro en su evolución comunitaria.

-ción de la misma[216], el Consejo adoptó diversas Directivas[217] y el Parlamento Europeo señaló sus limitaciones, en cuanto que ella no contiene ninguna directiva sobre el salario mínimo y la reducción del tiempo de trabajo, solicitando, asimismo, la tutela judicial de los derechos.

### 3.3. La Carta de los Derechos Fundamentales de la Unión Europea

En el Consejo Europeo de Colonia, el 3 y 4 de junio de 1999, se decidió la elaboración de un instrumento que fue aprobado en Niza el 26 de febrero de 2001 como Carta de los Derechos Fundamentales de la Unión Europea[218]. Cabe destacar el procedimiento de preparación del documento que, además de permitir transparencia y participación, se realizó como si la Carta fuese a tener carácter jurídico vinculante e integrarse en el Tratado de la Unión.

Sin embargo, ello no sucedió, provocando no pocas críticas y "un difuso sentimiento de frustración"[219], ya que la misma, tal como lo expresa Díez-Picazo, fue estructurada de manera "austera y elegante"[220] y resultó ser "...un texto a la altura de las circunstancias" [221] aunque no acorde con la reducida amplitud de miras de los Jefes de Estado y de Gobierno reunidos en Niza en diciembre de 2000[222].

El documento recogía derechos que aparecían reconocidos en muy diver-

[216] La Comisión publicó un programa de acción para la aplicación de la Carta y posteriormente también el primer informe sobre la aplicación de la misma.

[217] Directiva 91/533 sobre la obligación del empresario de informar al trabajador acerca de las condiciones aplicables al contrato de trabajo. Pero sobre todo se lograron adoptar directivas relativas a la salud y seguridad de los trabajadores en el lugar de trabajo. Véase http://www.europarl.eu.int/factsheets/4_8_5_es.htm - Última consulta: 29/06/2007.

[218] Para la redacción del proyecto de la misma, el Consejo Europeo reunió una instancia ad hoc y definió su composición en el Consejo Europeo de Tampere los días 15 y 16 de octubre de 1999. El proyecto final de Carta se presentó el 2 de octubre de 2000.

[219] CARRILLO SALCEDO (2001): 12.

[220] DÍEZ-PICAZO (2001): 23.

[221] DÍEZ-PICAZO (2001): 21.

[222] La pretensión del Parlamento Europeo de que la Carta pasara a formar parte de los Tratados comunitarios fue rechazada, concretamente, por el Reino Unido, Irlanda, Holanda, Dinamarca, Finlandia y Suecia.

-sos instrumentos jurídicos y, tal como indica Carrillo Salcedo: "era un instrumento equilibrado que además contenía importantes y ambiciosas innovaciones"[223], entre las que se puede destacar: la reunión en un mismo texto de todos los derechos individuales: civiles, políticos, económicos y sociales, y los derechos de los ciudadanos de la Unión Europea, circunstancia que denota la atención que se prestó a todos ellos por igual, sistematizándolos conforme a los principios de indivisibilidad de los derechos, universalismo y contemporaneidad[224].

Se ha elaborado una extensa literatura sobre este instrumento[225] que, entre otras cosas, ha destacado su innegable relevancia jurídica, su carácter clave en el proceso de constitucionalización de la integración política europea y, además, ha permitido que los ciudadanos conozcan de manera clara y sencilla los valores fundamentales sobre los que se apoya la Unión Europea y los derechos y libertades que constituyen el acervo común.

Cabe señalar que ciertos autores fueron muy optimistas respecto a la importancia de la Carta, así, por ejemplo, Carrillo Salcedo señalaba que "llegará a ser obligatoria a través de su interpretación por el Tribunal de Justicia de las Comunidades Europeas en tanto que síntesis y expresión de los principios generales del Derecho Comunitario".

Además, manifestaba el autor citado que: "la Carta de los Derechos Fundamentales va a ser tomada en consideración como fuente de inspiración no solo por el Consejo y la comisión cuando actúen como legislador comunitario, sino por el Tribunal de Justicia en su tarea –inherente a la función judicial..."[226].

Por otra parte la Convención sobre el futuro de Europa optó por la inclu-

[223] CARRILLO SALCEDO (2001): 10.
[224] SOUTO PAZ (2001): 68, 69 y 70.
[225] A modo de ejemplo se pueden citar: CARRILLO SALCEDO (2001); DÍEZ-PICAZO (2001); LÓPEZ CASTILLO (2001); ALONSO GARCÍA (1991); CORRIENTE CÓRDOBA (2002); GIL GIL (2002); PÉREZ LUÑO (2002); RUBIO LLORENTE (2002); WEBER (2002); GARCÍA ROCA (2003); OLIVER LEÓN (2003); SOUTO PAZ (2003); ALEGRE MARTÍNEZ (2004); HERREROS LÓPEZ (2004); RUIZ MIGUEL (2004a) y DÍAZ CREGO (2005).
[226] CARRILLO SALCEDO (2001): 17, 19, 20 y 25.

-sión de la Carta en la Parte II del Tratado constitucional[227], como artículos II-61 a II-114, bajo la misma denominación con la que fue aprobada en diciembre de 2000: Carta de los Derechos Fundamentales de la Unión Europea.

En cuanto a su contenido, la Carta[228] ha manifestado el reconocimiento y respeto del derecho a una ayuda social y a una ayuda de vivienda que garantice una existencia digna, particularmente, a los que carecen de recursos suficientes. El artículo 34.3 dice textualmente que:

> "Con el fin de combatir la exclusión social y la pobreza, la Unión reconoce y respeta el derecho a una ayuda social y a una ayuda de vivienda para garantizar una existencia digna a todos aquellos que no dispongan de recursos suficientes, según las modalidades establecidas por el Derecho comunitario y las legislaciones y prácticas nacionales".

El citado apartado 3 se inspira en el artículo 13 de la Carta Social Europea y en los artículos 30 y 31 de la Carta Social revisada. De la misma se ha de resaltar los términos en que está redactada, pues determina la existencia de una ayuda a la vivienda pero no categóricamente el derecho a una vivienda para los ciudadanos comunitarios.

Asimismo, se podría hablar de una protección indirecta del derecho a la vivienda a partir de las disposiciones del artículo 7 de la misma Carta, sobre el respeto de la vida privada y familiar, que dice:

---

[227] El 29 de octubre de 2004, los Jefes de Estado o de Gobierno de los 25 Estados miembros y los 3 países candidatos firmaron el Tratado que instituía una Constitución para Europa. Este Tratado sólo podría haber entrado en vigor una vez adoptado, por cada uno de los países signatarios con arreglo a sus respectivos procedimientos Constitucionales, la denominada ratificación por los Estados miembros.

[228] Explicaciones de la Carta de Derechos Fundamentales de la Unión Europea: *The third paragraph draws on Articles 30 and 31 of the revised Social Charter and point 10 of the Community Charter. The Union must respect it in the context of policies based on Article 137(2) of the Treaty establishing the European Community, particularly the last subparagraph. Comentarios a la Carta y fuente de los derechos enunciados: Las Fuentes de Article 30 et 31 de la Charte sociale révisée; point 10 de la Charte communautaire des droits des travailleurs.* Disponible en: http://ec.europa.eu/justice_home/unit/charte/fr/charter02.html. Última consulta: 02/02/2008.

"Toda persona tiene derecho al respeto de su vida privada y familiar, de su domicilio y de sus comunicaciones".

Los derechos protegidos en el artículo 7 corresponden a los que garantiza el artículo 8 del Convenio Europeo de Derechos Humanos[229] y, de conformidad con lo dispuesto en el apartado 3 del artículo 52 de la Carta, este derecho tiene el mismo sentido y alcance que en el artículo correspondiente del citado Convenio, por lo tanto se podría aplicar aquí lo dicho en el apartado relativo al CEDH en lo que se refiere a la ampliación del contenido su artículo 8.

## 3.4. El Tratado Constitucional y el Tratado de Lisboa

Tal como se ha indicado en el apartado anterior, en un principio la Carta pasó a formar parte del Tratado Constitucional para Europa[230], adoptado en Roma el 29 de octubre de 2004, que no ha entrado en vigor debido a la negativa de Francia y Holanda en 2005. Posteriormente, tras dos años y a petición del Consejo Europeo del 23 de junio de 2007[231], la Conferencia Intergubernamental (CIG) 2007 elaboró el nuevo Tratado de Reforma para la Unión Europea. El Consejo informal de Lisboa de 18 y 19 de octubre de 2007 aprobó el texto definitivo que fue firmado por los Estados miembros el 13 de diciembre de 2007 y entró en vigor el 1 de diciembre de 2009.

En el nuevo documento, el artículo 6 (antiguo artículo 6 TUE), quedó redactado de la siguiente manera:

---

[229] A fin de tener en cuenta la evolución técnica, se ha sustituido la palabra "correspondencia" por "comunicaciones".

[230] El texto proclamado en Niza sufrió unas pocas modificaciones para ser incorporado en el Proyecto. Las mismas se encuentran en el Título VII de la Carta, relativo a las disposiciones generales para su interpretación y aplicación. Esta circunstancias explica la anomalía de que la Parte II del proyecto de Tratado constitucional haya estado precedida de un Preámbulo específico, el de la Carta adoptada en Niza (ligeramente enmendado), distinto por tanto del Preámbulo general. Véase: http://eur-lex.europa.eu/JOHtml.do?uri=OJ:C:2004:310:SOM:ES:HTML - Última consulta: 09/12/2007.

[231] Véase: http://www.consilium.europa.eu/ueDocs/cms_Data/docs/pressData/es/ec/94934.pdf - Última consulta: 09/12/2007.

> "1. La Unión reconoce los derechos, libertades y principios enunciados en la Carta de los Derechos Fundamentales de la Unión Europea de 7 de diciembre de 2000, tal como fue adaptada el 12 de diciembre de 2007 en Estrasburgo, la cual tendrá el mismo valor jurídico que los Tratados.
> Las disposiciones de la Carta no ampliarán en modo alguno las competencias de la Unión tal como se definen en los Tratados.
> Los derechos, libertades y principios enunciados en la Carta se interpretarán con arreglo a las disposiciones generales del título VII de la Carta por las que se rige su interpretación y aplicación y teniendo debidamente en cuenta las explicaciones a que se hace referencia en la Carta, que indican las fuentes de dichas disposiciones"[232].

Por tanto, desde el momento en que Tratado ha entrado en vigor la Carta pasó a tener fuerza obligatoria.

### 3.5. El Derecho derivado: políticas comunitarias sobre vivienda

Se ha puesto de manifiesto que la Unión Europea no tiene competencias directas sobre la política de vivienda[233]. La falta de actuación directa en este sector se basa en el Principio de Subsidiariedad consagrado en el Artículo 5 (antiguo artículo 5 TCE) que dice:

> "1....El ejercicio de las competencias de la Unión se rige por los principios de subsidiariedad y proporcionalidad" y "3...En virtud del principio de subsidiariedad, en los ámbitos que no sean de su competencia exclusiva, la Unión intervendrá sólo en caso de que, y en la medida en que, los objetivos de la acción pretendida no puedan ser alcanzados de manera suficiente por los Estados miembros, ni a nivel central ni a nivel regional y local, sino que puedan alcanzarse mejor, debido a la dimensión o a los efectos de la acción pretendida, a escala de la Unión".

Con esta disposición se pretende que las decisiones adoptadas se realicen lo más cerca posible del ciudadano, comprobándose constantemente que la acción

[232] Versión consolidada del Tratado de la Unión Europea, DOUE, 9/05/2008, C 115/13.
[233] PUYOL y GHÉKIERE (2004): 3.

que vaya a emprenderse a escala comunitaria se justifica en relación con las posibilidades que ofrece el nivel nacional, regional o local.

Concretamente, implica que la Unión, salvo en sus ámbitos de competencia exclusiva, sólo interviene en la medida en que ello resulte más eficaz que una actuación a nivel nacional, regional o local. Además, está vinculado a los principios de proporcionalidad y de necesidad, según los cuales la acción de la Unión no debe exceder de lo necesario para alcanzar los objetivos del Tratado.

### 3.5.1. La Euroestrategia de Lisboa

Ahora bien, en el Consejo Europeo de Lisboa, desarrollado en marzo de 2000, los jefes de Estado de la Unión Europea adoptaron la Estrategia de Lisboa, refrendada posteriormente en el Consejo Europeo de Niza, en diciembre de 2000. La Estrategia es un proceso de trabajo entre todos los Estados comunitarios, con objetivos comunes entre 2000 y 2010, para hacer de la Unión "la economía más competitiva y dinámica del mundo, basada en la gestión del conocimiento y la innovación, capaz de un crecimiento económico sostenible, con más y mejores puestos de trabajo y mayor cohesión social".

Se propusieron cuatro metas principales: desarrollo económico sustentable; más y mejores empleos; cohesión social y sostenibilidad medioambiental. Además, se estableció la elaboración de los Planes Nacionales de Acción para la Inclusión Social (PNAIn) como medio para que los Estados miembros trasladaran los objetivos comunes a las políticas nacionales.

Entre los trabajos desarrollados en el marco de esta Estrategia, la vivienda ha estado presente constantemente. Una idea básica que se destacaba era la creación de un espacio para la lucha contra la exclusión social, en el que habría de reconocerse, además del empleo, la importancia de otros factores tales como la vivienda, la educación, la salud, etc.[234]

De hecho, uno de estos objetivos del PNAIn era facilitar la participación en el empleo y el acceso a los recursos, derechos, bienes y servicios y el mismo se centraría en el acceso a un empleo de calidad y a los derechos en áreas tales como protección social adecuada para "vivir la vida con dignidad", la renta, la vivienda, la salud, la educación[235]. Además, la Comisión Europea y el Consejo analizan y evalúan de forma conjunta los PNAIn remitidos por los Estados miembros. Particularmente los informes de 2003 y 2005 coinciden en señalar la necesidad de "conseguir vivienda digna para todos" y "garantizar una vivienda digna".

También se pone de manifiesto que en algunos Estados miembros se están atendiendo a la mejora de las condiciones de vivienda; en otros, a la necesidad de abordar la escasez de viviendas sociales para grupos vulnerables y que varios Estados miembros desarrollan enfoques más generales para evitar que haya personas sin hogar.

### 3.5.2. La vivienda social

Se ha dicho que la vivienda social no puede ser excluida del debate europeo bajo el pretexto de que las competencias jurídicas de la Unión no le atañen directamente[236]. Por tanto, se ha de exponer que son varias las políticas desarrolladas o encaradas por la Unión Europea que tienen efecto sobre la vivienda.

Así, por ejemplo, la Política común de inmigración, debido a que la llegada de inmigrantes ejerce una gran presión sobre el stock de viviendas sociales.

---

[234] Además, se establecieron como ideas clave: las sinergias con los logros en materia de empleo y de crecimiento económico; el papel estratégico de los sistemas de protección social; el aprovechamiento de las tecnologías de la información y la comunicación y el análisis, comprensión y desarrollo de conciencia social.

[235] Los otros objetivos de los PNAIn son: prevenir los riesgos de exclusión; actuar a favor de los más vulnerables y movilizar a todos los agentes sociales.

[236] PUYOL y GHÉKIERE (2004): 4.

Además, se ha de evitar la marginalización, pues existe una tendencia al reagrupamiento étnico y cultural en áreas determinadas.

Por otra parte, se encuentra la Política de lucha contra la discriminación para la que el Consejo Europeo adoptó una Directiva en junio de 2000, que entró en vigor en julio de 2003. Se establece el principio de igualdad de trato, que significa la prohibición de cualquier discriminación, ya sea directa o indirecta, basada en causas raciales o étnicas y es aplicable al acceso a los derechos sociales, incluyendo la vivienda.

Asimismo, el Programa de Actuación Especial de Ámsterdam (ASAP) del Banco Europeo de Inversiones[237], iniciado a finales de 1997 permitió que parte de los programas de regeneración y renovación urbana accedieran a la financiación por medio de la citada entidad. Los proyectos incluyen la rehabilitación de barrios en crisis, la creación de centros comerciales que revitalicen la economía y la cohesión social de las poblaciones involucradas.

En lo que se refiere a la regeneración urbana, se han puesto en marcha notables proyectos sobre vivienda social en Alemania, Finlandia, Suecia, y Reino Unido. Los mismos actúan sobre solares y edificios abandonados haciendo un mejor uso del espacio interior de las ciudades, revitalizando áreas históricas, etc. En España, el ejemplo es la renovación del barrio antiguo de Barcelona y en Portugal la rehabilitación de catorce de los más degradados bloques de vivienda social en Lisboa.

### 3.5.3. La Cohesión económica, social y territorial

La cohesión económica y social constituye una expresión de la solidaridad entre los Estados miembros y las regiones de la Unión Europea. Favorece el

[237] Sobre los Proyectos de cohesión y convergencia de las regiones de la Unión Europea desarrollados por el Banco Europeo de Inversiones véase en: http://www.eib.org/projects/topics/cohesion_and_convergence/index.htm - Última consulta: 06/06/2009.

desarrollo equilibrado del territorio comunitario, la reducción de las diferencias estructurales entre las regiones de la Unión y la verdadera igualdad de oportunidades entre las personas. Se materializa a través de diversas intervenciones financieras, en particular las de los Fondos Estructurales y el Fondo de Cohesión[238].

La política regional de la Unión Europea constituye la segunda partida presupuestaria más importante de la misma. Las sucesivas ampliaciones alteraron considerablemente la situación, ya que alrededor del 60 % de las regiones menos desarrolladas se sitúan ahora en los nuevos Estados miembros y, por tanto, el centro de actuaciones de la política regional se ha desplazado hacia el Este.

Durante el periodo 2000-2006 los Fondos Estructurales se destinaron a la mejora de la eficiencia de las políticas regionales comunitarias dirigidas a áreas urbanas y su reglamento incluía la preparación y la implantación de políticas de desarrollo urbano por medio de cuatro iniciativas comunitarias. Una de ellas fue URBAN II[239], impulsada entre 2000 y 2006, que se enfocaba a la regeneración económica y social de las ciudades y barrios[240].

Los objetivos del proyecto incluían: la renovación de edificios y de las áreas en decaimiento para facilitar actividades económicas y sociales, la integración de los excluidos, las iniciativas locales para aumentar el empleo, y el desarrollo de un sistema de transportes integrado. Aunque la gestión de los proyectos se hacía a través de los Estados miembros en coordinación con las autoridades loca-

[238] La cohesión económica y social se aplica esencialmente a través de la política regional de la Unión Europea. Junto con la reforma de la política agrícola común y la ampliación a los países de Europa Central y Oriental en 2004, la política regional ha constituido uno de los principales puntos de la Agenda 2000, que cubría el período 2000-2006, debido fundamentalmente a sus repercusiones financieras. Véase Reglamento (CE) Nº 1083/2006 del Consejo, de 11 de julio de 2006, por el que se establecen las disposiciones generales relativas al Fondo Europeo de Desarrollo Regional, al Fondo Social Europeo y al Fondo de Cohesión y se deroga el Reglamento (CE) Nº 1260/1999, disponible en: http://eur-lex.europa.eu/LexUriServ/LexUriServ.do?uri=OJ:L:2006:210:0025:0078:ES:PDF – Última consulta: 06/06/2009.

[239] Véase al respecto en: http://ec.europa.eu/regional_policy/urban2/towns_prog_en.htm - Última consulta: 06/06/2009.

[240] Sobre el Programa URBAN I desarrollado entre 1994 y 1999 véase en: http://ec.europa.eu/regional_policy/urban2/urban/initiative/src/frame1.htm - Última consulta: 06/06/2009.

-les y regionales, ha sido la Comisión Europea quien fijó las reglas generales.

No obstante, debido al aludido ingreso de nuevos miembros, se produjo una reforma de los fondos estructurales para el periodo 2007-2013. En esta etapa la cohesión económica y social se concentrará más en los principales problemas de desarrollo en materia de crecimiento económico y empleo, aunque, seguirá respaldando a las regiones que todavía no han cumplido el proceso de convergencia real.

### 3.5.4. El Desarrollo Urbano Sostenible

Reconociendo la importancia del desarrollo urbano sostenible, en el marco de la Unión Europea se ha elaborado la Comunicación de la Comisión al Consejo, al Parlamento europeo, al Comité Económico y Social Europeo y al Comité de las Regiones, de 11 de febrero de 2004, denominada "Hacia una estrategia temática sobre el medio ambiente urbano"[241] y la Comunicación de la Comisión al Consejo y al Parlamento Europeo sobre una "Estrategia temática para el medio ambiente urbano"[242].

La primera de ellas señala que el ruido, la contaminación del aire, la densidad del tráfico, la mala gestión del medio ambiente y la falta de planificación estratégica son factores que generan problemas sanitarios y provocan un descenso de la calidad de vida de los ciudadanos europeos que mayoritariamente viven en zonas urbanas. Por tanto, con el objetivo de encontrar solución a la situación señalada se ha elaborado la estrategia y temática sobre el medio ambiente urbano[243] que asume como temas prioritarios la gestión urbana sostenible, el transporte urbano sostenible, la construcción sostenible y el urbanismo sostenible.

[241] Diario Oficial C 98, de 23/04/2004.

[242] COM (2005) 718 final. No publicada en el Diario Oficial.

[243] Adoptado en el marco del Sexto Programa de Acción de la Comunidad Europea en materia de Medio Ambiente denominado "Medio Ambiente 2010: el futuro está en nuestras manos", por Decisión N° 1600/2002/CE del Parlamento Europeo y del Consejo, de 22/07/2002.

Entonces, se reconoce que las zonas urbanas proporcionan vivienda, empleo, bienes y servicios, actividades culturales e interacción social y, para cumplir con todo eso, requieren elementos como edificios, infraestructuras, espacios verdes, terrenos baldíos o abandonados, así como transporte, agua, aire, energía y residuos. Tal es así, que se cuenta con instrumentos sobre evaluación y gestión de la calidad del aire ambiente[244], evaluación y gestión del ruido ambiental[245] y el que establece un marco comunitario de actuación en el ámbito de la política de aguas[246].

Por otra parte, en relación a los trasportes sostenibles se encuentra la normativa sobre mejora de la calidad técnica de los auto vehículos, entre ellas las Directivas que han limitado las emisiones de diferentes categorías de vehículos y han fijado normas de calidad para los combustibles[247]; las Directivas que establecen límites para las emisiones sonoras[248] y la Directiva que establece normas sobre inspecciones técnicas[249].

Asimismo, se hace referencia a la construcción sostenible, cuyo carácter prioritario se justifica por el hecho de que las edificaciones en general son los elementos que determinan el entorno urbano. La calidad de las construcciones influye en la calidad del medio ambiente urbano y, por tanto, mejorarla ha de contribuir en la optimización de los resultados económicos y medioambientales de las ciudades y de la calidad de vida de los ciudadanos urbanos.

Las iniciativas comunitarias vigentes en esta materia se traducen en va-

---

[244] Directiva 96/62/CE del Consejo, de 27 de septiembre de 1996 (DO N° L 296 de 21/11/1996).

[245] Directiva 2002/49/CE del Parlamento Europeo y del Consejo, de 25 de junio de 2002 (DOCE de 18/07/2002).

[246] Directiva 2000/60/CE del Parlamento Europeo y del Consejo, de 23/10/2000 (DOCE de 22/12/2000).

[247] Directiva 98/69 de 13/10/1998; Directiva 98/70 de 13/10/1998; Directiva 99/96 de 13/12/1999; Directiva 2001/1 de 22/01/2001; Directiva 2001/27 de 10/04/2001; Directiva 2002/51 de 19/07/2002 y la Directiva 2002/80 de 03/10/2002.

[248] Directiva 70/157; Directiva 92/61; Directiva 92/97; Directiva 97/24; Directiva 2000/14 y la Directiva 2001/43.

[249] Directiva 96/96/CE del Consejo, de 20 de diciembre de 1996 (DOCE de 17/02/1997).

-rias disposiciones, como la relativa a la aproximación de las disposiciones legales, reglamentarias y administrativas de los Estados miembros sobre los productos de construcción[250]. La misma, entre otras disposiciones, marca como objetivo garantizar la libre circulación de todos los productos de construcción en la Unión mediante la armonización de las legislaciones nacionales relativas a los requisitos esenciales de estos productos en materia de salud, seguridad y bienestar.

Además, atendiendo al medio ambiente y al ahorro energético, se han aprobado varias Directivas que tratan particularmente sobre este aspecto[251]. También se ha de indicar que la Comisión Europea encargó al Comité Europeo de Normalización (CEN) la elaboración de los Eurocódigos Estructurales[252], que constituyen un conjunto de 10 normas europeas esencialmente buscan uniformizar los niveles de seguridad en las construcciones utilizando métodos comunes para calcular la resistencia mecánica de los elementos que desempeñan una función estructural en las obras[253].

Finalmente, el urbanismo sostenible, que se refiere a las pautas y a la forma en que el suelo es utilizado en las zonas urbanas, resulta ser un factor fundamental para el carácter de una ciudad, para su eficiencia medioambiental y para la calidad de vida de los ciudadanos. Es sabido que la mala utilización del suelo provoca la creación de zonas urbanas poco atractivas para vivir y produce formas de asentamiento no sostenibles.

Sobre la materia existen iniciativas como la Perspectiva Europea de Or-

---

[250] Directiva 89/106/CEE del Consejo, de 21 de diciembre de 1988 (DOCE de 11/02/1989).

[251] Se trata de la Directiva 2002/91/CE del Parlamento Europeo y del Consejo, de 16 de diciembre de 2002 (DOUE de 4/01/2003), sobre la eficiencia energética de los edificios; la Directiva 92/42/CEE del Consejo, de 21 de mayo de 1992 (DOUE de 22/06/1992), relativa a los requisitos de rendimiento para las calderas nuevas de agua caliente alimentadas con combustibles líquidos o gaseosos y la Directiva 96/57/CE del Parlamento Europeo y del Consejo de 3 de septiembre de 1996 (DOCE de 18/09/1996), respecto a los requisitos de rendimiento energético de los frigoríficos, congeladores y aparatos combinados eléctricos de uso doméstico.

[252] Véase sitio oficial disponible en: http://eurocodes.jrc.ec.europa.eu/home.php - Última consulta: 15/03/2009.

[253] La Comisión Europea ha insistido en la importancia de los Eurocódigos a través de la Recomendación de 11 de diciembre de 2003 (DOUE de 19/12/2003).

-denación Territorial (PEOT), elaborada en 1999 y que establece los objetivos y orientaciones para un desarrollo territorial equilibrado y sostenible. Asimismo, varias Directivas guardan relación con el uso del suelo urbano, como las que regulan la evaluación de las repercusiones de determinados proyectos públicos y privados sobre el medio ambiente[254]; la evaluación de los efectos de determinados planes y programas en el medio ambiente[255] y por la que se establece un marco comunitario de actuación en el ámbito de la política de aguas[256].

Por otra parte, la segunda comunicación indicada inicialmente expresa que las zonas urbanas desempeñan un importante papel en el cumplimiento de los objetivos de la Estrategia de la Unión Europea para un desarrollo sostenible. Se reconoce la inquietud existente respecto al estado del medio ambiente urbano europeo, ya que, si bien en las ciudades se concentran las actividades económicas, también enfrentan muchos problemas medioambientales que repercuten negativamente en la salud y en la calidad de vida de los habitantes.

Además, manifiesta que la deficiente calidad del aire, niveles elevados de circulación y congestión y de ruido ambiental, un entorno construido de mala calidad, emisiones de gases de efecto invernadero, crecimiento urbano desordenado y generación de residuos y de aguas residuales son dificultades comunes a todas las zonas urbanas. Por todo ello se hace hincapié en la necesidad de prestar apoyo y animar a las autoridades locales para que adopten un enfoque integrado de la gestión urbana a fin de mejorar la calidad y comportamiento ambiental.

[254] Directiva 85/337/CEE del Consejo, de 27 de junio de 1985. Modificada por la Directiva 97/11/CE

[255] Directiva 2001/42/CE del Parlamento Europeo y del Consejo, de 27 de junio de 2001.

[256] Directiva 2000/60/CE del Parlamento Europeo y del Consejo, de 23 de octubre de 2000, (DOCE de 22/12/2000)

# CAPITULO III
# EL DERECHO A LA VIVIENDA EN EL DERECHO COMPARADO: FRANCIA Y PORTUGAL

## 1. Francia

### 1.1. Antecedentes

En 1945 millones de europeos se encontraron en medio de las ruinas causadas por la Segunda Guerra Mundial, particularmente en los hogares de poblaciones civiles. Se calcula que en Francia quedaron destruidos aproximadamente cuatrocientos sesenta mil edificios y casi dos millones fueron dañados. En esta época se crea en el aludido país el Fondo Nacional para la Mejora del Hábitat (FNAH) a fin de resolver el problema de mantenimiento de los inmuebles que se encontraban bastante deteriorados[257].

La situación señalada se sumó al estado de necesidad habitacional existente ya antes de la guerra, debido a la falta de mantenimiento de las viviendas que, a su vez, respondía a las políticas de congelación de los precios de alquileres que no motivaban a los propietarios a la mejora de sus inmuebles. Además, se inicia el desplazamiento de los refugiados y se reanuda la inmigración extranjera, circunstancias que hacen de la cuestión habitacional un tema central para buscar el retorno a la normalidad de la sociedad europea en general[258].

Entonces, comienza la reconstrucción pagada por el Estado en base a las

[257] CZISCHKE (2006): 14.
[258] TRILLA BELLART (2001): 173-174 y FOURCART (2006): 8.

disposiciones de la Ley Nº 46-2389, de 28 de octubre de 1946[259], que estableció el principio de plena indemnización por los daños directos causados por hechos de guerra a los bienes muebles e inmuebles, personales y profesionales. La gestión estuvo a cargo del Ministerio de Reconstrucción y Vivienda.

Las políticas se concentraron en fomentar el acceso a la propiedad y promover la construcción de viviendas de alquiler social subvencionada por el Estado, actividad que cobra mayor impulso a partir de los años 50 y 60 para acompañar el acelerado proceso de industrialización que creó la necesidad de construir nuevas viviendas en áreas metropolitanas. No obstante, éstas resultaron obsoletas en poco tiempo y debieron ser rehabilitadas antes de trascurridos veinte años de su construcción[260].

En 1957 surge la figura de la Vivienda de Alquiler a Precio Moderado (HLM)[261], con el objetivo de recuperar los centros urbanos. En estas viviendas se alojaba a las clases obreras sin encajonarlas en un grupo específico de la población. Más tarde, desde los años 70, el Estado se concentró en otorgar ayudas para la construcción de casas individuales en propiedad destinadas a la clase media en zonas suburbanas alejadas de los centros.

Pero entre 1966 y 1968 se produce la reforma de la financiación de las HLM, provocando un endurecimiento de las condiciones de los préstamos cuando los bancos entran en el mercado inmobiliario y promueven el colapso de la promoción pública a partir de 1976.

En 1977, se aprueba la Ley de Vivienda y Vida Social (HVS) en base al Informe Barre del año 1976, considerado muy crítico con la orientación social de la política de vivienda francesa[262]. Se propuso prestar mayor atención a la ayuda

[259] *Loi sur les dommages de guerre*, denominada también Loi Billoux debido a François Billoux, Ministro de Reconstrucción y Urbanismo francés que impulsó la aprobación de la señalada ley.

[260] TRILLA BELLART (2001): 174.

[261] *Habitation à Loyer Modéré* (HLM).

[262] TRILLA BELLART (2001): 183 y 184.

selectiva a los hogares, los inquilinos y al acceso a la propiedad, en detrimento de las ayudas a la piedra a fin de obtener un mercado más fluido. El nuevo sistema reducía la inversión estatal, incrementaba el papel del mercado y se centraba en la rehabilitación, haciendo intervenir tanto la vivienda nueva como la vieja[263].

Uno de los instrumentos creados por la ley de 1977 fue la Ayuda Personalizada a la Vivienda (APL)[264], que tenía dos objetivos, por un lado, rehabilitar las viviendas en malas condiciones, ya fueran públicas o privadas, sin expulsar a los inquilinos de rentas bajas que no pudiesen asumir el aumento del alquiler y, por otra parte, ayudar a los inquilinos con ingresos bajos a convertirse en propietarios de sus viviendas unifamiliares[265].

### 1.2. Normativa

La Constitución francesa de 4 de octubre de 1958 no contiene un catálogo de derechos fundamentales. La protección que otorga a estos derechos es considerada deficiente, ya que únicamente en su Preámbulo hace referencia a otros textos sobre la materia, expresando que:

> "El pueblo francés proclama solemnemente su compromiso con los derechos humanos y los principios de soberanía nacional, tal como se definen en la Declaración de 1789, confirmada y completada por el Preámbulo de la Constitución de 1946 y los derechos y los derechos previstos en la Carta del Medio Ambiente de 2004".

Debido a que las orientaciones contenidas en el Preámbulo no integran el articulado constitucional, se han planteado dudas acerca de su validez como norma. Al respecto, Bacelar Gouveia expresa que, de hecho, no ha sido sino a través del trabajo del Consejo Constitucional como se logró conceder al Preámbulo fuerza constitucional y, consecuentemente, a todo su contenido en el reconocimiento

[263] TRILLA BELLART (2001): 184 y FOURCART (2006): 12.
[264] *Aide Personalisée au Logement* (APL).
[265] TRILLA BELLART (2001): 173, 174 y 183.

de los derechos fundamentales. Es decir, se corrige con la actividad para-judicial lo que no se puede hacer por vía legal-constitucional[266].

No obstante, realizando una interpretación extensiva se podría considerar que cierta protección del derecho a la vivienda deriva de los apartados 10 y 11 del Preámbulo de la Constitución de 1946 que expresan:

> "10. La Nación dará al individuo y a la familia las condiciones necesarias para su desarrollo".
> "11. Se garantiza a todos, especialmente a los niños, las madres y los trabajadores de más edad, la protección de la salud, la seguridad material, el descanso y la recreación. Todo ser humano que, en razón de su edad, física o mental, de su situación económica, no está en condiciones de trabajar tiene derecho a obtener de la comunidad lo medios adecuados para su existencia".

Sin embargo, diferentes leyes se han referido específicamente al derecho a la vivienda como un derecho fundamental, así, la primera en hacerlo ha sido la Ley Nº 82-526, de 22 de junio de 1982[267], sobre los derechos y obligaciones de los locatarios e inquilinos, Ley Quilliot, y posteriormente la Ley Nº 89-462, de 6 de julio de 1989[268], ley de mejoramiento de informes de alquiler, Ley Mermaz[269]. El artículo 1 de ambas normas estaba redactado en términos idénticos y establecía que:

> "El derecho a la vivienda es un derecho fundamental, que se ejerce según las leyes que lo rigen"[270].

La Ley Quilliot mencionaba el "derecho al hábitat" y agrega que su ejercicio implicaba la libertad de toda persona de elegir la forma de su vivienda y su

266 BACELAR GOUVEIA (2005): 323-327.
267 JORF de 23/06/1982.
268 JORF de 08/07/1989.
269 La Ley Quilliot utiliza la expresión el derecho al hábitat (droit à l'habitat) y la Ley Mermaz el derecho al alojamiento (droit au logement). En relación a esta diferencia se ha dicho que el derecho al hábitat tiene un sentido mucho más amplio y de acentuado matiz ecológico, porque abarca el medio ambiente natural de la vida elegida por la persona. Véase PINTO FURTADO (1992): 527.
270 Texto original: "Le droit à l'habitat est un droit fondamental; il s'exerce dans le cadre des lois qui le régissent".

localización mediante el mantenimiento y desarrollo de un sector de alquiler y de un sector de acceso a la propiedad abierto a todas las categorías sociales.

En tanto, la siguiente normativa utiliza la expresión "derecho al alojamiento" y amplía la disposición con vistas a evitar discriminaciones dejando sentado que el origen, nombre, apariencia física, sexo, estado civil, raza, religión, costumbres, orientación sexual, etc. de una persona no puede ser causa para negársele el alquiler de una vivienda.

Por otra parte, la Ley Nº 90-449, de 31 de mayo de 1990[271], de aplicación del derecho a la vivienda, Ley Besson, en su artículo 1 determinaba que:

> "Garantizar el derecho a la vivienda constituye un deber de solidaridad para toda la nación. Toda persona o familia con particulares dificultades, a causa de insuficiencia de sus recursos o de sus condiciones de existencia, tiene el derecho a una ayuda de la comunidad, según las condiciones fijadas por la presente ley, para acceder a una vivienda decente e independiente y mantenerse. El Consejo Nacional de la Vivienda está encargado de realizar cada año un balance de las acciones realizadas que se harán públicas"[272].

Asimismo, el *Conseil Constitucionnel*, no ha quedado ajeno respecto al tema de la vivienda. En su *Décision* Nº 94-359 DC, de 19 de enero de 1995[273], sobre la Ley Nº 95-74, de 21 de enero de 1995[274], relativa a la diversidad de la vivienda, ha considerado que la preservación de la dignidad humana contra toda forma de degradación es un principio de valor constitucional que se infiere del Preámbulo de la Constitución de 1946 y que del mismo se desprende que la capa-

[271] JORF Nº 127, de 02/06/1990.

[272] Texto original: "Garantir le droit au logement constitue un devoir de solidarité pour l'ensemble de la nation. Toute personne ou famille éprouvant des difficultés particulières, en raison notamment de l'inadaptation de ses ressources ou de ses conditions d'existence, a droit à une aide de la collectivité, dans les conditions fixées par la présente loi, pour accéder à un logement décent et indépendant ou s'y maintenir. Le Conseil national de l'habitat est chargé d'établir chaque année un bilan de l'action engagée qui est rendu public".

[273] JORF Nº 18, de 21/01/1995.

[274] JORF Nº 20, de 24/01/1995.

cidad de toda persona a tener una vivienda decente es un objetivo constitucional[275].

## 1.3. Contexto actual

Francia desarrolla una política de vivienda basada en tres pilares: el acceso a la propiedad, el alquiler social y la rehabilitación. A partir del año 2004 su mercado residencial ha crecido de manera considerable y, hasta el año 2008, se calificaba como el más efervescente de la Unión Europea. Asimismo, la subida de precios se ha prolongado de manera excepcional, aunque no ha alcanzado los máximos de países como España, los Países Bajos, Irlanda y el Reino Unido. Además, este *boom* propició un cambio en el sistema residencial, pasando del arrendamiento hacia la propiedad[276].

La financiación pública es responsabilidad del Gobierno Central; las autoridades locales controlan la planificación urbana dentro de su área administrativa, así como la política de vivienda local. Además, desde el año 2005 las autoridades locales tienen plena autonomía para la organización financiera dentro de sus áreas operativas[277]. Tal es así, que existen diversos tipos de ayudas estatales que se analizan desde el punto de vista objetivo y subjetivo, es decir, las ayudas a la piedra y las ayudas personales, además, de las ayudas fiscales[278].

Entre los incentivos a la piedra se encuentran los Préstamos para la Promoción de Alquiler Social (PLUS)[279], que tienen como objetivo ayudar a los organismos HLM y a las empresas públicas para financiar la producción de viviendas de alquiler social. Se puede adquirir suelo y construir en él, solamente construir viviendas o bien adquirir viviendas para su rehabilitación.

[275] *Décision* Nº 94-359, apartados 6 y 7.
[276] RICS (2007): 7 y RICS (2006): 10.
[277] CZISCHKE (2006): 16
[278] Sobre todos los préstamos otorgados por el Estado véase: http://www.logement.gouv.fr/rubrique.php3?id_rubrique=1314 - Última consulta: 29/06/2009.
[279] *Prêt locatif à usage social* (PLUS).

Igualmente se dispone de los Préstamos para la Promoción de Alquiler de Ayuda para la Integración Social (PLA-I)[280], que son destinados a los hogares en los que se combinan dificultades económicas y sociales y que, de hecho, se encuentran excluidos de las clásicas asignaciones atribuidas a las viviendas. Se trata de proporcionar una solución de vivienda permanente, adaptada a sus dificultades y, si es necesario, realizar un acompañamiento social a fin de favorecer su integración.

Además, se cuenta con las Subvenciones para la Mejora de las Viviendas destinadas al Alquiler (PALULOS)[281] que trata de ayudar a los organismos HLM y a las sociedades de economía mixta y a los organismos que colaboran con las viviendas destinadas a personas desfavorecidas. Se trata de mejorar las construcciones que estén destinadas al alquiler social y de las ellas mismas son propietarias o gestoras.

En el mismo grupo de ayudas a la piedra se han establecido los Préstamos a Tasa Cero (PTZ)[282], que son complementarios y sin intereses, destinados a los hogares de primer acceso que no hayan sido propietarios de ninguna residencia principal en los dos años precedentes. Se puede financiar: la construcción de una vivienda; la adquisición de una antigua vivienda y, en su caso, los trabajos de mejora necesarios; y la adquisición de una vivienda en alquiler-acceso, a excepción de las viviendas financiadas por los préstamos de alquiler-acceso social (PSLA).

Se requiere que las viviendas sean ocupadas como residencias principales durante la duración del préstamo y los mismos son adjudicados por las entidades de crédito que han suscrito un acuerdo con el Estado y otorgados según la apreciación que se haga de la responsabilidad, solvencia y las garantías de reembolso ofrecidas por los interesados[283].

[280] *Prêt locatif aidé à financement très social* (PLA-I).
[281] *Prime à l'amélioration des logements à usage locatif* (PALULOS).
[282] *Prêt à taux zéro* (PTZ).
[283] MINISTERE DU LOGEMENT ET DE LA VILLE, *Rapport* (2008b).

Asimismo, la adquisición de una residencia principal se puede financiar a través del Préstamo Convenido[284] que permite, según los recursos, beneficiarse de las ayudas personalizadas para la vivienda. En cuanto los hogares con ingresos modestos, los mismos pueden disponer de los Préstamos de Alquiler-Acceso Social (PSLA)[285]. Se trata de un préstamo convenido que pretende satisfacer la demanda de dicho sector y permite beneficiase de deducciones y exoneraciones fiscales. Consta de dos etapas, la primera de alquiler y luego la fase de acceso a la propiedad que se encontraba sometida a alquiler.

Además, cabe señalar la existencia de los Préstamos para Alquiler Social (PLS)[286], destinados a financiar los créditos otorgados a aquellas familias con ingresos superiores a los requeridos para el acceso a los Préstamos para la Promoción de Alquiler Social (PLUS) y que tienen dificultades para encontrar una vivienda, especialmente en las zonas de parque residencial reducido.

Al igual que los Préstamos para Alquileres Intermedios (PLI)[287] que tienen por objetivo ayudar a las personas físicas o jurídicas a financiar la construcción de viviendas donde el alquiler es intermedio entre las viviendas sociales y las del mercado libre. Posibilita a los hogares, cuyos ingresos no les permiten acceder a una vivienda social, a alquilar otra pero a un precio inferior a aquel existente en el mercado.

Y, finalmente, se han de mencionar las Ayudas de la Agencia Nacional para la Mejora del Hábitat (ANAH)[288], que están destinadas a promover y ayudar a la ejecución de obras para mejorar las viviendas del parque privado concediendo subvenciones a los propietarios y, según la disposición de recursos, a los propietarios ocupantes que realicen obras de mejora o transformación en vivienda de un

[284] *Le prêt conventionnê.*
[285] *Prêt Social de Location Accession* (PSLA).
[286] *Prêt locatif social* (PLS).
[287] *Prêt locatif intermédiaire* (PLI).
[288] *Aides de l'Agence Nationale de l'habitat* (ANAH). La ANAH es un organismo del Estado dotado de personalidad jurídica y autonomía financiera, que funciona bajo la doble tutela del Ministerio de la Vivienda y del Ministerio de Economía. Véase sitio web oficial disponible en: http://www.anah.fr/index.htm - Última consulta: 29/06/2009.

local que inicialmente no haya sido destinado a uso residencial. Las mismas están destinadas a ser ocupadas como residencia principal.

Por otra parte, en cuanto a las ayudas a la persona, se conocen dos tipos principales, el Subsidio de Vivienda (AL)[289], que se subdivide en Subsidio de Vivienda de Carácter Familiar (ALF)[290] y Subsidio de Vivienda de Carácter Social (ALS)[291] y, la Ayuda Personal a la Vivienda (APL)[292]. Todas se conceden según los recursos disponibles pero teniendo en cuenta parámetros distintos.

La Ayuda Personal a la Vivienda[293] fue creada en 1977 y se concibió como una prestación de carácter social y familiar destinada a ayudar al pago de los gastos de la vivienda en función a los recursos de los ocupantes, el tamaño del hogar y el coste del alquiler, pero también como una prestación de carácter económico con el objetivo de desarrollar el acceso a la propiedad y la rehabilitación de antiguas viviendas.

La financiación de esta ayuda es asumida por el Fondo Nacional de Vivienda (FNH)[294], cuyos ingresos están constituidos por las contribuciones del Fondo nacional de prestaciones familiares (FNPF)[295], del Fondo Nacional de Ayuda a la Vivienda (FNAL)[296] y del Presupuesto Anexo a las Prestaciones Sociales Agrícolas (BAPSA)[297]; y de una subvención pagada por el Estado y adscripta al presupuesto del Ministerio de la Vivienda.

El Subsidio de Vivienda de Carácter Familiar (ALF) nació con el objetivo de ayudar a las familias a compensar los aumentos de alquiler que la Ley de

[289] *L'allocation de logement* (AL).
[290] *Allocation de logement à caractère familial* (ALF), creado por Ley de 01/09/1948.
[291] *Allocation de logement à caractère social* (ALS), creado por Ley N° 71-582, de 16/07/1971.
[292] *Aide Personnalisee au Logement* (APL).
[293] Respecto a la Ayuda Personal a la Vivienda (APL) véase: MINISTERE DU LOGEMENT ET DE LA VILLE, *Rapport* (2008c).
[294] *Fonds national de l'habitation* (FNH).
[295] *Fonds national des prestations familiales* (FNPF).
[296] *Fonds national d'aide au logement* (FNAL).
[297] *Budget annexe des prestations sociales agricoles* (BAPSA).

1948 autorizó respecto al parque existente y permitirles soportar los efectos de la liberalización de los alquileres de las viviendas nuevas. Se atribuye principalmente a los hogares con personas dependientes, ya sean niños o ancianos, que no viven en un parque de viviendas con derecho a la Ayuda Personal a la Vivienda (APL) y las mismas son financiadas por el Fondo Nacional de Ayuda a la Vivienda (FNAL), a través de fondos del Estado y un aporte de los empleadores.

El Subsidio de Vivienda de Carácter Social solventa a las personas y a los hogares que no tienen derecho a la Ayuda Personal a la Vivienda ni al Subsidio de Viviendas de Carácter Familiar y son financiadas por el Fondo Nacional de Prestaciones Familiares (FNPF) mediante los aportes de las asignaciones familiares de los empleadores.

Finalmente, las ayudas fiscales consisten principalmente en la reducción de tasas[298] aplicables a la construcción, rehabilitación y obras. Se trata de construir viviendas para alquiler social, rehabilitar viviendas de alquiler convenido y realizar obras en viviendas de alquiler privado. Además, existen deducciones sobre el impuesto a la renta para los propietarios privados[299] buscando incentivar la inversión en viviendas de alquiler e impulsar la construcción a fin de dar respuestas a las necesidades del mercado de alquiler en determinadas zonas.

Asimismo, se han establecido deducciones por grandes gastos[300] realizados para la modernización y rehabilitación de viviendas existentes destinadas al alquiler; y se ha dispuesto el otorgamiento de crédito fiscal en favor del desarrollo sostenible de los gastos de equipamiento de la vivienda principal[301] y crédito fiscal en favor de ayudas a personas para los gastos de equipamiento de la vivienda principal[302].

[298] *Taux réduit* (TVA)
[299] *Statut bailleur privé.*
[300] *Revenus fonciers (dépenses).*
[301] *Crédit d'impôt (entretien).*
[302] *Déduction d'impôt (travaux).*

## 1.4. Vivienda social

Es innegable la existencia de una crisis en el sector de la vivienda, básicamente se trata de la insuficiente oferta, sobre todo en las grandes ciudades y en el sector de las viviendas sociales. A su vez, esto genera el aumento de los precios, tanto para la adquisición en propiedad como para los alquileres y por ello no sólo las clases modestas, sino también las clases medias se han alejado del centro de las ciudades[303]. Durante los años 2006 y 2007 se incrementó el interés del gobierno respecto a los problemas habitacionales de las personas con escasos recursos y ello ha reactivado la construcción de viviendas sociales[304].

El parque social francés de viviendas resulta bastante importante y en él se produce la concentración de población con rentas bajas, constituyendo un problema social, así como de gestión[305]. Sin embargo, se ha de destacar que este tipo de viviendas persiguen un doble objetivo; por un lado, satisfacer las necesidades habitacionales de la población con escasos recursos y, además, servir como medio de lucha contra las concentraciones de pobreza en los barrios considerados críticos. Tal es el fin de lo que se denomina mixtura social y se apoya en la premisa de lograr el equilibrio entre una categoría de vivienda y una categoría de población.

Pero también es cierto que la realidad se aleja considerablemente del plan trazado, ya que la falta de trasparencia en los procedimientos de adjudicación, la obligatoriedad de permanencia de los inquilinos sin tener en cuenta el aumento de sus ingresos y la desproporción del parque existente sobre el territorio en general, dificultan alcanzar el objetivo final de equivalencia antes indicado[306].

No obstante, corresponde al Estado buscar respuestas a las necesidades habitacionales de la población con escasos recursos y podría afirmarse que esa es una de las principales preocupaciones de las políticas de vivienda desarrolladas en

[303] JÉGOUZO (2006): 1534 y 1535.
[304] RICS, Informe (2007): 7 y (2006): 10.
[305] TRILLA BELLART (2001): 176.
[306] DRIANT (2002): 39.

el vecino país, teniendo en cuenta la intensa labor legislativa desplegada y que se traduce en varios textos que plantean el problema de manera más o menos directa[307].

Entre los primeros antecedentes en la materia se puede señalar la Ley Nº 91-662, de 13 de julio de 1991[308], de orientación para la ciudad. La misma manifestaba que con el fin de aplicar el derecho a la ciudad, los municipios, otras autoridades locales y sus agrupaciones, el Estado y las instituciones públicas aseguraban a todos los habitantes de las ciudades las condiciones de vida y el hábitat favorable para la cohesión social y, así, evitar o eliminar los fenómenos de segregación. Además, asumía la política urbana como un elemento de la política de ordenación del territorio.

Por otra parte, relativamente más reciente es la Ley Nº 2000-1208, de 13 de diciembre de 2000[309] sobre la solidaridad y renovación urbana[310], denominada Ley SRU[311]. La misma refuerza el enfoque de la Ley Besson otorgando un papel esencial a la vivienda de alquiler social y reafirmando la importancia de los organismos HLM al servicio del derecho a la vivienda y de la mixtura social.

Además, determina la obligatoriedad del propietario de entregar al inquilino una vivienda decente que no presente riesgos evidentes para la seguridad física o la salud de quien la ocupa, que esté dotada de los elementos necesarios y en consonancia con el uso de la habitación.

Igualmente, se ha aprobado la Ley Nº 2005-32, de 18 de enero de 2005, de programación para la cohesión social[312] que gira alrededor de veinte programas de acción y tres pilares: el empleo, la vivienda y la igualdad de oportunidades. En relación a la vivienda se fijó el objetivo de desarrollar un programa de 500.000

[307] JÉGOUZO (2006): 1535.
[308] JO de 19/07/1991. Modificada a la fecha por la Ley Nº 2000-1208, de 13 de diciembre de 2000 y la Ley Nº 2006-872, de 13 de julio de 2006.
[309] JORF Nº 289, de 14/12/2000.
[310] JORF Nº 289, de 14/12/2000.
[311] *Solidarité et au Renouvellement Urbains* (SRU).
[312] JORF Nº 15, de 19/01/2005.

viviendas de alquiler social en 5 años; el retorno al mercado de 100.000 viviendas vacías del parque privado y el fortalecimiento de las casas y refugios de emergencia. Además, previó la creación de instituciones públicas que permitiesen al Estado controlar el costo y la disponibilidad de la tierra.

Posteriormente, se dictó la Orden Nº 2005-1566, de 15 de diciembre de 2005, relativa a la lucha contra la vivienda insalubre y peligrosa[313] y que desarrolló la Ley Nº 2005-32, de 18 de enero de 2005, antes señalada. Su objetivo era simplificar y acelerar los procedimientos de reparación y, en su caso, de expropiación de los inmuebles que no se encontraran en condiciones de ser habitados.

Al mismo tiempo pretendía mejorar la protección de los ocupantes de viviendas insalubres o peligrosas estableciendo el derecho de realojamiento en caso de necesidad de expulsión y el fortalecimiento de las sanciones contra los propietarios que no cumplen con las normas de salubridad.

También se dicta la Ley Nº 2006-872, de 13 de Julio de 2006[314], que establece el compromiso nacional para la vivienda. Promulgada sin haber sido sometida al Consejo constitucional[315], ha sido criticada por ser extensa y poco clara, razón que no ayuda a comprender sus determinaciones. No obstante, se destaca el objetivo buscado por aquellos que crearon la ley: encontrar el equilibrio entre el compromiso del Estado y la descentralización, entre el derecho a la vivienda y los objetivos de mixtura social, entre la prioridad al acceso a la propiedad y el desarrollo de viviendas de alquiler social[316].

Por otra parte, si bien esta normativa refuerza los instrumentos en la lucha contra la vivienda insalubre y peligrosa, pues ratifica la importante orden de

---

[313] JORF Nº 292, de 16/12/2005.

[314] JORF Nº 163, de 16/07/2006. *Loi Engagement national pour le logement* (ENL). Modifica la Ley Nº 98-657, de 29 de julio de 1998, de orientación relativa a la lucha contra las exclusiones (JORF Nº 175, de 31/07/1998).

[315] Jacquot opina que de esta forma la Ley ENL ha escapado a la regla de *l´entonnoir* o regla del embudo. Véase JACQUOT (2006): 1521.

[316] JÉGOUZO (2006): 1534.

15 diciembre de 2005, también ha provocado cierta confusión sobre la delimitación exacta del concepto de vivienda indigna, según lo ha indicado Brouant[317].

La aludida Ley 872 de 2006 incluye disposiciones para aumentar la oferta de suelo destinado a la construcción de viviendas, simplificar los procedimientos de venta de terrenos por el Estado y aumentar su capacidad de iniciativa. Esta última atribución implica la concesión directa por parte del Estado, en nombre del interés nacional, de los permisos de construcción sustituyendo de esta forma a los Alcaldes.

Se prevé el aumento de la dotación de los préstamos sin intereses para facilitar el acceso social a la propiedad, la aplicación de un tipo reducido de IVA para el acceso social a la propiedad en áreas sujetas a renovación urbana y la unificación de la situación de la vivienda pública y la ampliación de las funciones de la Agencia Nacional de Mejoramiento de la Vivienda (ANAH) en el parque de alquiler privado. Además, se dispone respecto a la asignación de viviendas sociales para personas que provengan de los refugios de emergencia y para aquellas que se reincorporan al ambiente laboral después de un largo periodo de desempleo.

Finalmente, se cuenta con la Ley Nº 2009-323, de 25 de marzo de 2009, de movilización a favor de la vivienda y la lucha contra la exclusión[318]. La llamada Ley Boutin contiene disposiciones para el desarrollo de una nueva oferta la vivienda; la movilidad del parque existente; la lucha contra la exclusión y el acceso a la vivienda.

Sin embargo, de todas las medidas adoptadas por la aludida normativa se han de destacar las tendientes a lograr una recalificación nacional de los antiguos barrios degradados, pues pretende al mismo tiempo promover la mezcla social, la búsqueda de un equilibrio entre el hábitat y las actividades y la mejora de la eficiencia energética de los edificios.

[317] BROUANT (2006): 1554 y 1556.
[318] JORF Nº 0073, de 27/03/2009.

El programa se ha de desarrollar en las áreas donde exista gran concentración de viviendas indignas y viviendas degradadas vacías, donde las condiciones económicas y sociales de las personas sean particularmente difíciles y exista un desequilibrio significativo entre la oferta y la demanda de vivienda.

Las acciones pueden incluir, entre otras, la rehabilitación de los parques de viviendas degradadas mediante la adquisición y venta de tierras, edificios o solares vacíos; el traslado de los residentes, con prioridad de su mantenimiento en el mismo barrio recalificado; la producción de viviendas sociales de alquiler; la mejora de la eficiencia energética de los edificios; el mejoramiento de los espacios y equipamientos público; la reorganización o la creación de actividades económicas y comerciales, los servicios públicos y los servicios de salud y el apoyo social a los habitantes.

### 1.4.1. La Ley DALO

Se hace una referencia particular a la Ley Nº 2007-290, de 5 de marzo de 2007, que establece el derecho a una vivienda exigible y diversas medidas a favor de la cohesión social[319] porque a través de ella Francia ha realizado un importante avance en la protección del derecho a la vivienda y se ha adelantado a otros países de la región.

Respecto a la misma, cabe recordar que ha sido impulsada principalmente por la asociación denominada "Los Hijos de Don Quijote" que durante el año 2006 ha denunciado los problemas de acceso a la vivienda en el vecino país, causando un gran impacto social.

Pues bien, el artículo 1 de la aludida normativa determina que el Estado garantiza el derecho a un alojamiento decente e independiente a todas las personas que tengan la nacionalidad francesa o sean residentes regulares en el territorio

[319] JORF Nº 55, de 06/03/2007. *Droit au Logement Opposable* (DALO).

francés y que no hayan logrado acceder por sus propios medios a una vivienda[320].

Además, se establecen como prioritarios a los requirentes que se encuentren en una de las siguientes condiciones: falta de vivienda, es decir, sin domicilio fijo o albergados por otra persona; amenazados de expulsión sin posibilidad de realojamiento; alojados temporalmente en un establecimiento o en una vivienda de transición; alojados en locales inadecuados para la habitación o que presente caracteres insalubres y peligrosos; alojados en un local claramente sobreocupado o no decente, con la condición de estar a cargo de al menos un menor o una persona discapacitada o de presentar su propia discapacidad.

Asimismo, se exige que se trate de un demandante de vivienda de alquiler social y que cuente con un certificado del registro de la solicitud y que no haya recibido ninguna propuesta que se adapte a su situación después de un plazo excesivamente largo.

Se determinan dos tipos de recursos, el de mediación y el contencioso. El primero de ellos se presenta ante la Comisión de Mediación Departamental[321] que se encuentra en funcionamiento desde el 1 de enero de 2008 y, en tal caso, se adjuntan todas las pruebas que demuestren el cumplimiento de las exigencias requeridas.

La decisión que ha de valorar la prioridad del pedido tendrá que adoptarse en el plazo de tres a seis meses a partir de la fecha de recepción, pudiendo ser favorable o no. En el supuesto de que la Comisión estime que la situación no re-

[320] Textualmente el artículo 1 de la Ley DALO dice: "Le droit à un logement décent et indépendant, mentionné à l'article 1er de la loi n° 90-449 du 31 mai 1990 [Ley Besson] visant à la mise en oeuvre du droit au logement, est garanti par l'Etat à toute personne qui, résidant sur le territoire français de façon régulière et dans des conditions de permanence définies par décret en Conseil d'Etat, n'est pas en mesure d'y accéder par ses propres moyens ou de s'y maintenir".

[321] Según el artículo 7 de la Ley DALO, la Comisión estará compuesta por representantes del Estado; representantes del departamento, las instituciones públicas de cooperación intermunicipal, representantes de los organismos donantes y los organismos responsables de la gestión de un alojamiento, una institución o de vivienda de transición, la vivienda-casa o un hotel residencial de carácter social que trabajan en el departamento; representantes de asociaciones de inquilinos y asociaciones cuyo objetivo sea la integración a la vivienda de las personas desfavorecidas, que trabajan en el departamento.

quiere tratamiento prioritario tendrá que notificarse a los interesados por escrito indicando la motivación de la misma.

Por otra parte, si la demanda es declarada urgente y prioritaria, se comunicará al Prefecto indicando las características que habrá de reunir la vivienda que tendrá que ser entregada en el plazo de tres a seis meses según el departamento. Posteriormente, a partir del 1 de diciembre de 2008, si a pesar del informe positivo de la Comisión no se ha producido el realojo en el plazo de 3 a 6 meses, el demandante puede iniciar un recurso contencioso ante la jurisdicción administrativa y la Administración podría ser condenada a pagar una multa.

Asimismo, igual derecho se hará extensivo a todas las personas que tengan dificultades para encontrar una vivienda a partir del año 2012, según lo estipula el artículo 9 de la Ley DALO. No obstante, cabe mencionar que sobre el recurso aludido se plantea la interrogante de cuál es su verdadera naturaleza, ya que el objetivo no es obtener la anulación o reparación de un hecho sino la declaración de un derecho para así poder exigir al Estado la ejecución de las consecuencias de él derivadas[322].

Ahora bien, la vivienda propuesta podría ser de las gestionadas por el sistema de Vivienda de Alquiler Moderado (HLM), perteneciente a un propietario privado que tenga convenio firmado con la Agencia Nacional del Hábitat (ANAH) o un alojamiento para ser subarrendado a aquellos que tengan derecho al mismo.

Por otra parte, el artículo 13 de la Ley DALO establece una Comisión de Seguimiento para supervisar la aplicación del derecho a la vivienda exigible. La misma ha sido reglamentada por Decreto Nº 2007-295, de 5 de marzo de 2007, cuyo artículo 1 determina que le corresponde formular propuestas sobre la aplicación del derecho a la vivienda, dar su opinión sobre cualquier asunto que el Go-

[322] BROUANT (2008): 507.

bierno considere necesario, preparar un informe anual al Presidente de la República, el Primer Ministro y el Parlamento.

Se ha de destacar que la ley exige que la vivienda reúna dos características: decente e independiente. Por tanto, según expresa Ruíz Rico[323], las políticas sociales tendrán que orientarse en dicho sentido ya que la disposición no será cumplida de manera efectiva si se facilita un alojamiento básico, provisional o temporal que no permita desplegar completamente la autonomía individual ni los derechos elementales de la persona.

Tal es así, que mediante un documento elaborado por el Ministerio de la vivienda se pueden identificar los tres principios que permiten evaluar el cumplimiento de las características de decencia de una vivienda. Se trata de que en ella no se evidencien riesgos manifiestos para la seguridad física de sus ocupantes, para la salud de los mismos y ha de estar siempre provista del equipamiento necesario para ser habitada normalmente[324].

Finalmente, cabe mencionar que la Ley DALO ha sido recibida con cierto escepticismo ya que, según expresa Brouant, no determina propiamente un derecho a la vivienda, sino que ofrece nuevas soluciones, amistosas y contenciosas, a las personas que no cuenten con una vivienda o se encuentren mal alojadas, además de tratarse de una ayuda para mejorar el tratamiento de las solicitudes de asignación de viviendas sociales para los desfavorecidos[325].

En el mismo sentido, Ruíz Rico llama la atención sobre la finalidad asistencial de la normativa, pues entiende que su objetivo es hacer frente a situaciones

---

[323] RUÍZ RICO (2008): 17.

[324] (2007): Qu'est-ce qu'un logement décent?, Direction genérate de l'Urbanisme, de l'Habitat et de la Construction, Ministere du logement et de la ville, République Française, juin. Disponible en: http://www.logement.gouv.fr/IMG/pdf/Plaq_logt_decent_8_juin_07.pdf - Respecto al tema ha dicho Brouant que indecente es un concepto que no se limita a lo inconfortable, sino que también guarda relación con la salud o la seguridad física del inquilino. Asimismo, sobre la distinción entre alojamiento indecente y vivienda indigna véase BROUANT (2006): 1554-1558.

[325] BROUANT (2008): 510.

vitales de necesidad que padecen determinados colectivos marginales antes que establecer un derecho universal a favor de las personas[326].

## 2. Portugal

### 2.1. Antecedentes

En Portugal, al igual que en España, las situaciones higiénicas de las viviendas originaron las primeras actividades estatales con vistas a solucionarlo y Lisboa y Oporto representaban las ciudades más industrializadas del país y con graves problemas habitacionales. Las formas de alojamiento para la clase trabajadora que predominaban en Oporto eran la sobreocupación de viejos edificios y la construcción de nuevas habitaciones, denominadas islas. Estas consistían en filas de pequeñas e insalubres casas de piso único construidas en los patios de las antiguas casas burguesas y que albergaban a familias enteras.

Sin embargo, en Lisboa, debido al mayor desarrollo industrial y el mejor nivel de salarios, el mercado habitacional para los trabajadores fue adecuadamente estructurado y se permitía el acceso a viviendas de mejor calidad. La inversión en el sector aumentó y se originaron los edificios de habitación colectiva destinados a las clases populares[327].

Tras el establecimiento de la República en 1910, la habitación se convirtió en un tema político de gran importancia. En el mismo año se publicó la Ley del inquilinato que congeló los alquileres y evitó los desalojos que hasta entonces eran frecuentes. No obstante, al instalarse el Estado Nuevo en 1933, se devuelven a los propietarios los privilegios que habían perdido y una de las primeras medidas fue la actualización de los precios de los alquileres de las casas.

[326] RUÍZ RICO (2008): 15-17.
[327] TEIXEIRA (1992): 66, 67, 70, 76 y 79.

En el mismo año se aprueba el Decreto-Ley Nº 23052, de 23 de septiembre de 1933 que crea el Programa de Casas Económicas, con el que se inicia un proceso diferente en la cuestión habitacional y en el que se destaca la intervención estatal[328]. Las construcciones estaban destinadas a funcionarios públicos o a trabajadores afiliados a los sindicatos nacionales patrocinados por el régimen. Sin embargo, el bajo número de casas construidas, las dificultades de acceso y los precios cobrados hicieron que no tuviera gran repercusión y los colectivos de menores recursos no pudieron beneficiarse.

Entonces, se publica el Decreto-Ley Nº 28912, de agosto de 1938, que establece el Programa de Casas Desmontables. A través del mismo se proporcionaba una posibilidad a las poblaciones sin recursos económicos que vivían en chabolas en condiciones deplorables. Se trataba de una fase intermedia de alojamiento en la que se podrían ocupar este tipo de viviendas a título precario para posteriormente acceder a las casas económicas. A continuación, se sanciona la Ley Nº 2007/45, del 7 de mayo de 1945 que aprueba el Programa de las Casas de Renta Económica. La misma tuvo por objetivo alojar a la clase media que había quedado excluida de las casas económicas por razones no económicas[329].

Posteriormente, a fin de establecer un instrumento que contribuya a la solución de los problemas habitacionales, por Decreto-Ley Nº 49033, de 28 de mayo de 1969, se crea el Fondo de Fomento de la Habitación (FFH). Sus objetivos principales fueron: el estudio sistemático del problema residencial; la coordinación de las iniciativas del sector y la ejecución de las medidas de política habitacional estatal[330].

Varios programas fueron desarrollados por el señalado organismo, entre ellos, la Promoción directa, que abarcaba todas las fases como estudios, proyectos, construcción de focos y gestión de emprendimientos; las Coparticipaciones en obras, creado en 1945 por el Decreto Ley Nº 34486, a través del cual el Estado

[328] ANDRADE (2005b): 56.
[329] ANDRADE (2005a): 37.
[330] ANDRADE (2005b): 57.

concedía coparticipaciones a los municipios, las Misericordias y a otras instituciones sin fines lucrativos destinadas a la construcción de viviendas económicas; la Promoción cooperativa, ya existentes pero reglamentadas en 1974, cuando pasan a recibir apoyo del Estado que crea el Sector de Apoyo a las Cooperativas (SCH) para coordinar las actividades que desempeñaban[331].

Para comprender mejor la evolución de la situación habitacional portuguesa se ha de tener en cuenta que en la década de los años 60 se produjo un crecimiento económico, no obstante, también se inició una etapa de emigración del interior del país hacia el litoral y el resto de Europa. Dicho proceso no pudo ser controlado y trajo como consecuencias la degradación de las condiciones de vida en la ciudad, visible no sólo en la urbanización ilegal y en la formación de los barrios de chabolas, sino en la agravación de los problemas sociales.

Por tanto, se hacía necesario una reorientación de las actividades a fin de buscar soluciones a los problemas que se planteaban. Es así que el 31 de julio de 1974 se presenta el Programa de Acciones Prioritarias para el sector habitacional y como cuerpo técnico especializado del Fondo de Fomento de la Habitación (FFH) se crea el Servicio de Apoyo Ambulatorio Local (SAAL).

El objetivo del mismo era rehabilitar las zonas más degradadas de alojamiento implantando nuevos barrios a través de un proceso en el que participasen sus habitantes, organizados en Asociaciones o Cooperativas. Sin embargo, el organismo enfrentó dificultades para el logro de sus metas, especialmente en la adquisición de terrenos para la construcción debido a la tardanza en la aprobación de expropiaciones, llegando a extinguirse en 1976[332].

Además, cabe señalar la creación, en marzo de 1976, de la Comisión para el Alojamiento de Refugiados (CAR) con el objetivo de construir viviendas para alojar a los que retornaban de las ex colonias, provisoriamente instalados en hote-

[331] ANDRADE (2005a): 39-41.
[332] ANDRADE (2005a): 42-44.

les, pensiones, edificios religiosos, colonias de vacaciones, etc. Se trataba de un Programa Habitacional Extraordinario que, dada la situación, fue lanzado con carácter de emergencia y no dio buenos resultados.

Posteriormente, en mayo de 1978 fue integrado a las actividades del Fondo de Fomento a la Habitación (FFH), causando a éste graves problemas para su propio desarrollo. Igualmente, se establecieron los programas de Autoconstrucción, Préstamos a las Cámaras Municipales, la Promoción privada (CDH), el Programa de Recuperación de Inmuebles Degradados (PRID) [333].

El Fondo de Fomento de la Habitación (FFH) centró sus actividades en la construcción a gran escala y en febrero de 1976, con la creación del Ministerio de la Habitación, Urbanismo y Construcción (MHUC), se produjo un cambio en la política habitacional. Se percibió que la estructura del FFH resultaba pesada y deficitaria y, por tanto, se obstaculizaron algunos programas y ciertos servicios fueron eliminados.

Finalmente, en 1978, las actividades de fomento habitacional fueron bloqueadas por el estrangulamiento financiero dictado por el acuerdo con el Fondo Monetario Internacional (FMI), contribuyendo con la progresiva desactivación del Fondo que se extinguió según lo dispuso el Decreto-Ley Nº 214/82, de 29 de mayo[334].

## 2.2. La Constitución de 1976

La recuperación del régimen democrático en Portugal, con la consecuente sanción de una nueva Constitución en 1976, cambió las perspectivas en términos de reconocimiento de derechos y libertades fundamentales[335]. La parte I del

---

[333] ANDRADE (2005a): 45-49.

[334] ANDRADE (2005b): 58-61.

[335] Sobre los derechos fundamentales en Portugal existe uma extensa literatura, véase a modo de ejemplo: MIRANDA (1986) y (1993); GÓMES CANOTILHO y MOREIRA (1991);

texto vigente, dedicada a los derechos y deberes fundamentales, abarca 68 artículos bien extensos y, según lo indica Miranda, ello demuestra la preocupación tanto de enumerar los derechos como de definir su contenido, reduciendo al mínimo la discrecionalidad del legislador ordinario, así como de establecer sus garantías y condiciones de efectividad[336].

Los ya mencionados derechos y deberes fundamentales se agrupan en dos clases. La primera, en el Título II, sobre derechos, libertades y garantías y la segunda, en el Título III, sobre los derechos y deberes económicos, sociales y culturales.

En esta segunda clasificación está el artículo 65, sobre habitación y urbanismo, que establece:

> "1. Todos tienen derecho, para sí y para su familia, a una habitación de dimensión adecuada, en condiciones de higiene y comodidad y que preserve la intimidad personal y la privacidad familiar.
> 2. Para asegurar el derecho a la habitación, corresponde al Estado:
> a. Programar y ejecutar una política de habitación inserta en los planes de ordenamiento general del territorio y apoyada en planes de urbanización que garanticen la existencia de una red adecuada de transportes y de equipamiento social.
> b. Promover, en colaboración con las regiones autónomas y con las autarquías locales, la construcción de habitaciones económicas y sociales;
> c. Estimular la construcción privada, con subordinación a los intereses generales, y el acceso a la habitación propia o arrendada;
> d. Incentivar y apoyar las iniciativas de las comunidades locales y de la población, tendientes a resolver los respectivos problemas habitacionales y a fomentar la creación de cooperativas de habitación y la autoconstrucción.
> 3. El Estado adoptará una política tendente a establecer un sistema de alquiler compatible con la renta familiar y de acceso a la habitación propia.

(2007); PINHEIRO FARINHA (1994); REBELO DE SOUSA e MELO ALEXANDRINO (2000); BACELAR GOUVEIA (2005); MOTA PINTO (2006); MELO ALEXANDRINO (2006).

[336] MIRANDA (1986): 112 y (1993): 128. Además, hay que considerar lo señalado por el artículo 16.2 CRP que dice: "Los preceptos constitucionales y legales relativos a los derechos fundamentales deben ser interpretados e integrados en armonía con la Declaración Universal de Derechos Humanos".

4. El Estado, las regiones autónomas y las autarquías locales definen las reglas de ocupación, uso y transformación de los suelos urbanos, determinados a través de instrumentos de planeamiento, en el sentido establecido por las leyes sobre ordenamiento del territorio y urbanismo, y proceden las expropiaciones de los suelos que se revelan necesarias para la satisfacción de fines de utilidad pública urbanística.
5. Se garantiza la participación de los interesados en la elaboración de los instrumentos de planeamiento urbanístico y de cualquier otro instrumento de planeamiento físico del territorio"[337].

La doctrina portuguesa señala que el derecho a la habitación presenta una doble naturaleza. Por un lado se trata del derecho a obtener una vivienda por vía de la propiedad o arrendamiento, traduciéndose en la exigencia de las medidas y prestaciones estatales adecuadas para realizar tal objetivo. Por tanto, el derecho a una morada digna es un "derecho fundamental de naturaleza social"[338].

Así lo ha expresado el Tribunal Constitucional manifestando que: "La vertiente más significativa del derecho a la habitación como "derecho económico, social y cultural" está contenido en su dimensión positiva, es decir, en el derecho de los ciudadanos a las medidas y prestaciones estatales adecuadas para la concreción del objetivo ahí enunciado – el derecho a obtener una habitación adecuada y digna..."[339].

Por otro lado, consiste en el derecho a no ser arbitrariamente privado de la habitación o a no ser impedido de obtener una[340]. En tal sentido, reviste la forma de derecho negativo y "se traduce en un mero deber de abstención del Estado y de terceros en no practicar actos que puedan perjudicar la efectiva realización de ese derecho"[341].

Sin embargo, quisiera resaltar el aspecto positivo del derecho que aquí se trata y, sobre todo, llamar la atención respecto a la jurisprudencia del Tribunal

[337] Texto final tras las revisiones constitucionales de 1989, 1997 y 2004.
[338] AcTC Nº 130/92, de 01/04/92 y AcTC Nº 131/92, de 01/04/92. En el mismo sentido GOMES CANOTILHO y MOREIRA (2007): 833-834.
[339] AcTC Nº 101/92, de 17/03/92.
[340] GOMES CANOTILHO y MOREIRA (1991): 833.
[341] AcTC Nº 101/92, de 17/03/92.

Constitucional portugués que se expresa en términos semejantes o, tal vez, idénticos a la doctrina española. Pues bien, se reconoce que el derecho a la vivienda es un derecho a acciones o prestaciones del Estado y que están listadas en el artículo 65.2 CPR[342].

También se ha indicado que el contenido del derecho debe ser concretizado mediante el legislador ordinario, y "cuya efectividad está dependiendo de la llamada "reserva de lo posible", en término políticos, económicos y sociales"[343]. Por tanto, el derecho a la habitación no confiere al ciudadano "un derecho inmediato a una prestación efectiva, ya que no es directamente aplicable ni exigible por el mismo"[344].

No obstante, corresponde señalar ciertas observaciones realizadas por Gómes Canotilho y Moreira en el sentido de que las mismas podrían eventualmente ser aplicadas en España a fin de proporcionar mayor eficacia al derecho a la vivienda. Los autores mencionados han indicado que las normas que consagran derechos económicos, sociales y culturales, como el derecho a la habitación, son normas jurídicas y aunque no otorguen al ciudadano el derecho a su prestación efectiva, posee importantes efectos jurídicos[345].

En primer lugar implican la interpretación de todas las normas legales en el sentido de dar mayor eficacia a las normas de contenido social. En segundo lugar, se trata de la inercia del Estado en cumplir la obligación constitucional que da lugar a la inconstitucionalidad por omisión y puede y debe desencadenar los mecanismos de fiscalización regulados por el artículo 283 CRP[346].

---

[342] AcTC Nº 130/92, de 01/04/92; AcTC Nº 131/92, de 01/04/92 y AcTC Nº 212/2003, de 28/04/2003.

[343] AcTC Nº 130/92, de 01/04/92; AcTC Nº 131/92, de 01/04/92.

[344] AcTC Nº 130/92, de 01/04/92; AcTC Nº 131/92, de 01/04/92.

[345] GOMES CANOTILHO y MOREIRA (1991): 131 y (2007): 834.

[346] El artículo 283 CRP sobre Inconstitucionalidad por omisión establece que: "1. A requerimiento del Presidente de la República, del Proveedor de Justicia o, con fundamento en violación de derechos de las regiones autónomas, de los presidentes de las Asambleas Legislativas de las regiones autónomas, el Tribunal Constitucional aprecia y verifica el no cumplimiento de la Constitución por omisión de las medidas legislativas necesarias para hacer exigibles las normas constitucionales. 2. Cuando el Tribunal Constitucional verifique la inexistencia de inconstitucionalidad por omisión, dará conocimiento de ello al órgano legislativo competente". Cabe mencionar

Por último, han manifestado que los preceptos sobre derechos económicos, sociales y culturales implican la inconstitucionalidad de las normas legales que realizan un derecho en términos diferentes de los constitucionalmente previstos o que sean contrarios a la realización legal anteriormente alcanzada[347].

Es decir, no pueden revisarse las medidas adoptadas para promover el derecho a la habitación en sentido regresivo o, en todo caso, debería justificarse con la realización de un equilibrado balance de los derechos en conflicto y sin efectos retroactivos[348]. En tal sentido se ha expresado el TC diciendo que "solamente podría hablarse en rigor de "retroceso social" cuando haya habido disminución o afectación por alguna norma de cualquier derecho adquirido en términos que implique violación del principio de protección de la confianza y seguridad de los ciudadanos en el ámbito económico, social y cultural"[349].

Además, resulta muy interesante que la doctrina portuguesa señale la relevancia jurídico-constitucional indirecta que tienen los derechos sociales. Se trata de la limitación del ejercicio de ciertos derechos constitucionales a fin de realizar otros, en los casos que la ley fundamental lo haya previsto. Igualmente, debido a que se trata de derechos a acciones o prestaciones públicas, ellos justifican y exigen del Estado la necesaria intervención en el campo económico, social y cultural y, por último, se ha indicado que los derechos sociales imponen la acción del Estado contra la desigualdad económica, ya que la realización de muchos de ellos depende de la disponibilidad de recursos económicos y financieros[350].

en este sentido una breve expresión de FERNÁNDEZ RODRIGUEZ (1998b): 340, quien dice: "El ordenamiento del país vecino supone uno de los de mayor relevancia en el campo del instituto considerado. Y ello no sólo por su consagración expresa en el terreno positivo, inhabitual en nuestro marco cultural, sino también por la propia e interesantísima evolución de este reconocimiento positivo, por la labor jurisprudencial y por la destacadísima producción doctrinal". Véase a modo de ejemplo la literatura en español sobre el tema: FERNÁNDEZ SEGADO (1996); GÓMEZ PUENTE (1997); VILLAVERDE MENÉNDEZ (1997); FERNÁNDEZ RODRÍGUEZ (1998a); TAJADURA TEJADA (2002); RUIZ MIGUEL (2004b).

[347] Esta es la aplicación del principio de no regresividad de los derechos sociales promovido por el PDESC. Véase al respecto el Capítulo I, apartado 3.3 del presente trabajo.

[348] GOMES CANOTILHO y MOREIRA (2007): 836.

[349] AcTC Nº 101/92, de 17/03/92.

[350] GOMES CANOTILHO y MOREIRA (1991): 131-132.

Corresponde también destacar que el derecho a la habitación no se reduce al derecho a la vivienda propia, pues así se transformaría en un caso de derecho a la propiedad, sino que también puede realizarse por medio del derecho de arrendamiento[351]. De hecho, según el TC, el arrendamiento habitacional constituye uno de los instrumentos de satisfacción o de concreción del derecho fundamental a la habitación[352].

Sin embargo, se ha generado cierto conflicto entre los dos derechos mencionados, habiendo el Tribunal manifestado que "El artículo 62, nº 1, de la Ley Fundamental no protege de forma absoluta e ilimitada el derecho a la propiedad privada, que es un derecho fundamental de naturaleza económica" y, por tanto, "el mismo ha de ser compatibilizado con otro derecho fundamental de naturaleza social, el derecho a la habitación"[353].

Finalmente, corresponde mencionar que también el derecho a la habitación guarda relación con otros derechos. Tal es así que no se trata solamente de un derecho individual sino que constituye un derecho de las familias ya que, según ha manifestado el TC, el derecho a la habitación garantizado por el artículo 65 CRP es una de la formas de dar efectividad a la protección a la familia establecida en el artículo 67 CRP[354].

Además, es una garantía del derecho a la intimidad de la vida privada y familiar prevista por el artículo 26 CRP y también engloba un derecho a los equipamientos sociales adecuados –agua, saneamiento, electricidad, transportes, etc.- que permiten su funcionamiento. Por estas razones el derecho a la habitación implica una política urbana global que está directamente relacionado con el territorio y el ambiente[355].

[351] GOMES CANOTILHO y MOREIRA (2007): 836.
[352] AcTC Nº 130/92, de 01/04/92 y AcTC Nº 131/92, de 01/04/92.
[353] AcTC Nº 004/96, 16/01/96.
[354] AcTC Nº 280/1993, de 30/03/1993; AcTC Nº 829/1996, de 26/06/1996.
[355] GOMES CANOTILHO y MOREIRA (2007): 835.

## 2.3. Contexto actual

Ahora bien, es menester indicar que Portugal ha comenzado tarde en la búsqueda de soluciones para los problemas habitacionales, que se agravaron considerablemente después del 25 de abril con la llegada de millones de personas desde las ex colonias. Tal es así que, cuando los demás países europeos se cuestionaban la viabilidad del Estado del bienestar, el Gobierno portugués se enfrentaba con la necesidad de crear sus propias políticas públicas de bienestar.

Las mismas se tradujeron en una débil intervención pública compensada por la iniciativa privada, tanto a nivel familiar por medio de la autoconstrucción como por la promoción a nivel empresarial[356]. Por tanto, no es sino a partir de 1996 cuando la vivienda se ha convertido en un factor importante para el desarrollo de Portugal.

Los informes sobre el mercado inmobiliario residencial europeo han destacado que el mercado portugués de la vivienda no ha seguido el mismo ritmo que los demás, permaneciendo estancado mientras otros crecían aceleradamente. Desde el año 2003 el mercado de la vivienda ha contribuido a que la economía emergiera de la recesión con las alzas de precios, ya que las actividades del sector se han renovado movidas por los bajos tipos de interés hipotecarios y una creciente confianza de los consumidores, al menos hasta la crisis económica en que en este momento nos encontramos inmersos[357].

El apoyo del Estado para la compra de vivienda es quizás la política pública más permanente en el tiempo y, desde el punto de vista de las familias, el acceso a la vivienda por vía de adquisición es la medida de ahorro más racional, si bien el interés en la compra de hecho está asociada a la escasa oferta de vivienda social[358].

---

[356] INSTITUTO NACIONAL DE HABITAÇÃO, Plan Estratégico (2007): 15.
[357] RICS, Informe (2005): 13
[358] INSTITUTO NACIONAL DE HABITAÇÃO, Plan Estratégico (2007): 18.

Por tanto, atendiendo a la necesidad de aumentar el parque de viviendas sociales, se financian diversos programas habitacionales promovidos por sectores públicos, cooperativos y privados y, tras la extinción del Fondo de Fomento de la Habitación en el año 1982, se crea el Fondo de Apoyo a la Inversión Habitacional (FAIH). El mismo contaba con medios económicos, sin embargo, no logró financiar ninguna iniciativa durante sus dos años de existencia, siendo extinguido en 1984.

Ante tal circunstancia, por Decreto-Ley 177/84, de 25 de mayo, se crea el Instituto Nacional de la Habitación (INH), que asume las competencias del FAIH y que contaba con personalidad jurídica, autonomía administrativa y financiera y patrimonio propio. Sus atribuciones fueron las de asegurar la administración habitacional y las intervenciones de naturaleza financiera en el sector habitacional que correspondiese al Estado. Para el efecto podía: estudiar la situación habitacional a fin de sugerir medidas legislativas; preparar el plan nacional de la habitación y los planes anuales y plurianuales de inversión en el sector[359].

Además, podía coordinar y preparar las medidas de política financiera del sector y contribuir para la financiación de programas habitacionales de interés social; acompañar la ejecución de los programas de promoción habitacional, de acuerdo con los planes y normativas aprobadas y prestar apoyo técnico a los promotores.

Por otra parte, la extinción del Fondo de Fomento de la Habitación creó un vacio orgánico en materia de conservación y conservación del patrimonio habitacional. Si bien es cierto que al Estado le resultaba interesante poseer un conjunto de viviendas en buen estado de conservación para afrontar las necesidades de familias carenciadas, las mismas deberían ser limitadas porque era un medio transitorio de acceso a otras soluciones habitacionales y, esencialmente, porque resultaba oneroso y difícil administrar un parque habitacional extenso[360].

---

[359] ANDRADE (2005b): 61.
[360] ANDRADE (2005b): 65.

Debido a ello, por Decreto-Ley Nº 88/87, de 27 de febrero, se crea el Instituto de Gestión y Conservación del Patrimonio Habitacional del Estado (IGAPHE). Sus funciones principales fueron: la gestión, conservación y alienación del parque habitacional, equipamiento y suelo, que constituyen su patrimonio, en el cumplimiento de la política definida para la habitación social.

Asimismo, le correspondía conceder apoyo técnico a autarquías locales y otras instituciones promotoras de habitación social, en el dominio de la gestión y conservación del parque habitacional y apoyar al gobierno en la definición de políticas de arrendamiento social y en la alienación del parque habitacional público.

Posteriormente, se hizo necesario racionalizar las actividades y medios en la política habitacional. Por tanto, se dispuso la fusión y, consecuentemente, la extinción del Instituto de Gestión y Alienación del Patrimonio Habitacional del Estado con el Instituto Nacional de la Habitación. La casi totalidad de atribuciones, competencias y patrimonio fueron transferidas al INH y el IGAPHE continuó con atribuciones reducidas, para poder proceder a la regularización de sus finanzas y transferir su parque habitacional edificado y equipamiento[361].

Actualmente, en Portugal, el desarrollo y la implantación de la política de vivienda es básicamente responsabilidad del Gobierno Nacional a través del Instituto de la Habitación y la Rehabilitación Urbana (IHRU)[362]. Se trata de un organismo tutelado por el Ministerio del Ambiente, del Ordenamiento del Territorio y del Desarrollo Regional. En principio fue conocido como Instituto de la Habitación, hasta que, en el marco del Programa de Reestructuración de la Administra-

[361] ANDRADE (2005b): 68.

[362] CZISCHKE (2006): 24. Véase sitio oficial del Instituto da Habitação e Reabilitação Urbana (IHRU), disponible en: http://www.portaldahabitacao.pt/pt/ihru/ - Última consulta:08/06/2009.

ción del Estado desarrollado por el gobierno portugués, recibió la denominación actual, de acuerdo con el Decreto-Ley Nº 223/2007, de 30 de mayo[363].

### 2.4. Programas de apoyo

#### 2.4.1. Habitación

Las actividades del Instituto de la Habitación y la Rehabilitación Urbana están enfocadas principalmente hacia la habitación, ya sea mediante la elaboración de normas, certificación de proyectos, fiscalización de obras y gestión y financiamiento de programas para los municipios, cooperativas, empresas y particulares. Concretamente, se desarrollan a la fecha el Programa Especial de Realojamiento (PER) y el Programa de Financiamiento para el Acceso a la Habitación (PROHABITA).

El primero de ellos, creado por Decreto-Ley Nº 163/93, de 7 de mayo[364], y modificado por última vez a través del Decreto-Ley Nº 271/2003, de 28 de octubre[365], se aplica especialmente en las áreas metropolitanas de Lisboa y Oporto. Su objetivo es la concesión de apoyos financieros para la construcción, adquisición o arrendamiento de viviendas destinadas al realojamiento de familias que residen precariamente.

Asimismo, se pueden obtener fondos para la rehabilitación de predios deteriorados, propiedad de entidades de beneficencia o para la adquisición de edificios deteriorados y pagos de costos de las respectivas obras de recuperación cuando esas construcciones se destinen también al realojamiento.

Tienen derecho al financiamiento del PER los Municipios adheridos al

[363] El IHRU, además, recibió las competencias de dos organismos que se extinguieron, el Instituto de Gestión y Conservación del Patrimonio Habitacional del Estado (IGAPHE) y la Dirección General de los Edificios y Monumentos Nacionales (DGEMN).

[364] Diário da República I – Série A Nº 106, de 07/05/1993.

[365] Diário da República I – Série A Nº 250, de 28/10/2003.

mismo y las respectivas empresas públicas municipales, así como las instituciones particulares de solidaridad social, las personas colectivas de utilidad pública administrativa que persigan fines asistenciales, las cooperativas de habitación y construcción y las familias registradas en el censo efectuado por los municipios.

Por otra parte, el Programa de Financiamiento para el Acceso a la Habitación fue establecido por Decreto-Ley 135/2004, de 3 de junio[366], y se concretiza mediante la celebración de acuerdos de colaboración entre los municipios o asociaciones de municipios y el Instituto de la Habitación y de la Rehabilitación. El mismo tiene como objetivo la resolución global de las situaciones de grave carencia habitacional de familias residentes en el territorio nacional.

Al efecto, son consideradas como tal los casos de familias que residen permanentemente en edificaciones, partes de edificaciones o estructuras provisorias, caracterizadas por graves deficiencias de solidez, seguridad, salubridad o hacinamiento. También se atienden las situaciones de necesidad de alojamiento urgente, definitivo o temporario de familias en virtud de la destrucción total o parcial de sus viviendas o de la demolición de las estructuras provisorias en las que habitaban.

Además, PROHABITA permite la concesión de apoyos para la construcción de nuevas viviendas o rehabilitación de viviendas propias y permanentes, cuando esta haya sido total o parcialmente destruida por desastres naturales. De la misma forma, es posible el pago de alquileres de habitaciones, el precio de establecimientos hoteleros o similares a los que recurran, por necesidad de alojamiento urgente y temporal motivado por la inexistencia de locales para que residan las familias que no consten en los censos realizados para el PER y que hayan sido desalojadas a causa de la demolición efectuada en ejecución de este programa.

Cabe señalar que, además, se aplican beneficios fiscales traducidos en deducciones sobre intereses y amortizaciones de préstamos bancarios otorgados a

[366] Diário da República I – Série A Nº 135, de 03/06/2004.

propietarios que hayan contraído la deuda por la adquisición o construcción de inmuebles para vivienda propia y permanente o alquiler debidamente comprobado para la habitación permanente del arrendatario.

Asimismo, se benefician los contratos celebrados con cooperativas habitacionales o en el ámbito del régimen de compras en grupos, para la adquisición de inmuebles destinados a la habitación propia y permanente o alquiler para la habitación permanente del arrendatario. Por último, se efectúan deducciones de rentas a los arrendatarios de predios urbanos destinados a habitación permanente.

En cuanto a los incentivos para el aumento del parque de viviendas para alquiler se puede indicar que a la fecha se encuentra vigente la Ley Nº 6/2006, de 27 de febrero, que aprueba el nuevo régimen de arrendamientos urbanos (NRAU). La normativa tiene como finalidad la actualización gradual de las rentas antiguas, la minimización de los conflictos entre las partes y la creación de mecanismos de solución para los mismos.

### 2.4.2. Rehabilitación Urbana

Se reconoce que las ciudades portuguesas están deterioradas y progresivamente las estructuras de sus edificios y espacios exteriores se ven aún más degradadas. Ello es consecuencia del envejecimiento de las construcciones y del mal uso que se les ha dado debido a los nuevos modos de vida. Por tanto, es imprescindible el desarrollo sostenible de procesos de rehabilitación urbana integrada que requiere, además, la participación activa y financiera de los particulares.

Efectivamente, se encuentran en desarrollo el Régimen Especial de Coparticipación en la Recuperación de Inmuebles Arrendados (RECRIA); el Régimen de Apoyo para la Recuperación Habitacional de Áreas Urbanas Antiguas (REHABITA); el Régimen Especial de Coparticipación y Financiamiento para la

Recuperación de Predios Urbanos en Régimen de Propiedad Horizontal (RECRIPH); y el programa denominado SOLARH.

El Régimen Especial de Coparticipación en la Recuperación de Inmuebles Arrendados (RECRIA), creado por Decreto-Ley Nº 4/88, de 14 de enero y modificado por última vez según Decreto-Ley Nº 197/92, de 22 de setiembre[367], tiene por objetivo financiar la ejecución de las obras de conservación que permita la recuperación de inmuebles degradados mediante la concesión de incentivos por parte del Estado y los Municipios.

Se incluyen obras de conservación ordinaria, extraordinaria y aquellas que por acuerdo expreso con el propietario no den lugar al aumento de los alquileres. Los incentivos no son acumulables con otros subsidios, coparticipaciones o bonificaciones concedidas por la Administración, excepto las que se atribuyan en el ámbito del Programa SOLARH.

Por otra parte, el Régimen de Apoyo para la Recuperación Habitacional de Áreas Urbanas Antiguas (REHABITA), determinado por Decreto-Ley Nº 105/96, de 31 de julio[368], consiste en una extensión del Programa RECRIA y busca exclusivamente apoyar financieramente a las Municipios en la recuperación de zonas urbanas antiguas.

Por tanto, el mismo está destinado a la ejecución de obras de conservación y de reconstrucción de edificios habitacionales y a los realojamientos provisionales o definitivos que sean necesarios como consecuencia de dichas actividades. El acceso a REHABITA presupone la celebración de acuerdos de colaboración entre el IHRU, los Municipios y otras instituciones de crédito autorizadas.

El Régimen Especial de Coparticipación y Financiamiento para la Recuperación de Predios Urbanos en Régimen de Propiedad Horizontal (RECRIPH)

[367] Diário da República I – Série A Nº 219, de 22/09/1992.
[368] Diário da República I – Série A Nº 176, de 31/07/1996.

fue establecido por el Decreto-Ley Nº 106/96, de 31 de julio[369], y viene a ser una nueva aplicación del Programa RECRIA debido a la necesidad de encontrar soluciones legales que permitan a los propietarios de fracciones autónomas en edificios sometidos al régimen de propiedad horizontal realizar obras de recuperación en los mismos.

El programa denominado SOLARH, creado por Decreto-Ley Nº 7/99, de 8 de enero, y regulado actualmente por Decreto-Ley Nº 39/2001, de 9 de febrero[370], tiene como objetivo la concesión de un apoyo financiero especial a través de préstamos sin intereses a ser concedidos por el IHRU a familias de escasos recursos económicos de manera que tengan la posibilidad de realizar obras de conservación ordinaria y extraordinaria en las viviendas de las que son propietarios y que constituyen su residencia permanente.

Asimismo, es necesario hacer referencia a las actividades desarrolladas en el marco de la Iniciativa Jessica[371]. La misma es impulsada por la Unión Europea y permite que los Estados Miembros utilicen los recursos atribuidos por los Fondos Estructurales para la creación de Fondos de Desarrollo Urbano (FDU), destinados a apoyar operaciones sostenibles de rehabilitación urbana, insertas en el contexto del programas integrados de desarrollo urbano y en los que han de participar organismos públicos nacionales, así como instituciones privadas.

El Banco Europeo de Inversiones apoya la iniciativa mencionada a través de consultorías técnicas y mediante la concesión de préstamos para el desarrollo de los proyectos y el IHRU representa a Portugal en el Grupo de Peritos creado para auxiliar a los Estados Miembros en la implementación del programa.

Por último, se ha de mencionar la elaboración de un documento denomi-

[369] Diário da República I – Série A Nº 176, de 31/07/1996.
[370] Diário da República I – Série A Nº 35, de 11/02/2001.
[371] JESSICA, denominación que responde a sus siglas en inglés, *Joint European Support for Sustainable Investment in City Areas*. Véase sitio oficial disponible en: http://ec.europa.eu/regional_policy/funds/2007/jjj/jessica_en.htm - Última consulta: 26/03/2009.

-nado Plan Estratégico Habitacional para el periodo 2007/2013[372] que plantea una serie de objetivos, tales como el análisis regionalizado de las necesidades habitacionales en el contexto de las dinámicas del mercado de alojamientos y el análisis crítico de las políticas habitaciones desarrolladas en los últimos años.

Además, procura la elaboración de propuestas estratégicas detalladas para el diseño, implementación, monitorización y evaluación de políticas habitacionales en el campo del alojamiento social, de la rehabilitación y del arrendamiento; la concreción de los objetivos anteriores de forma participada con los diversos actores sociales a fin de que las propuestas no solamente sean exigibles, sino además incorporadas por los diversos colaboradores sociales a lo largo del proceso[373].

[372] El documento ha sido elaborado en forma conjunta por el Instituto Nacional de la Habitación (INH); el Instituto Superior de Ciencias del Trabajo y de la Empresa (ISCTE) y la Universidad de Oporto. Véase sitio web oficial disponible en: http://www.portaldahabitacao.pt/pt/ihru/estudos/plano_estrategico/planoestrategicohabitacao.html - Última consulta: 29/06/2009.

[373] Plan Estratégico Nacional (2007): 3.

# CAPITULO IV
# EL DERECHO A LA VIVIENDA EN LA CONSTITUCIÓN ESPAÑOLA DE 1978

## 1. Los antecedentes: normativa anterior a la Constitución de 1978

### 1.1. Consideraciones preliminares

Para iniciar este breve examen de la evolución normativa española sobre vivienda se han de aclarar dos cuestiones. La primera, que me centraré en las actividades desarrolladas desde el inicio del siglo XX, dejando, por tanto, las primeras manifestaciones que existieron al respecto desde mediados del siglo XIX[374].

Y la segunda, que alrededor de la vivienda se ha configurado un entramado legislativo nada sencillo: leyes sancionadas que no derogan las anteriores, leyes sin reglamentaciones que obligan a recurrir a normas supletorias, que mucho más tarde adquieren validez propia.

Por tanto, debido a esta circunstancia, no exclusiva de la materia, se encontrarán superposición de fechas y/o de normas. Pero, pese a todo, intentaré presentar los datos de la manera más clara posible. Asimismo, en el análisis se mencionarán los aspectos más relevantes que, a mi criterio, hayan presentado las diversas leyes y, en otros casos, los puntos novedosos respecto a la normativa anterior.

La legislación sobre vivienda se desarrolla de manera inescindible de la política económica que, a su vez, viene determinada por la situación política que

[374] Véase VILLAR EZCURRA (1981).

viva el país. En la actualidad, inclusive, ya no se puede considerar únicamente la situación interna del Estado, sino del contexto regional o mundial que, por su parte, también ejercen gran influencia en este subsector que tiene un indiscutible peso en la economía española.

## 1.2. El sistema de Casas baratas

Las necesidades de las clases obreras han sido la motivación de las primeras intervenciones del Estado en materia de vivienda. Debido a la revolución industrial se produjeron traslados de mano de obra que hacían necesario crear una estructura habitacional para los trabajadores. Al principio fueron las empresas privadas las que soportaron dicha situación, recibiendo por parte del Estado cierto apoyo que se traducía en exenciones y bonificaciones fiscales[375].

Por tanto, resultaba evidente la necesidad de que las cuestiones sociales fuesen reguladas. Y es así, que el Real Decreto de 23 de abril de 1903[376], crea el Instituto de Reformas Sociales, encaminado a mejorar las condiciones de vida de los trabajadores. Es este organismo el que presenta el primer proyecto de ley de casas baratas en 1908[377], documento que inspira la Ley de 12 de junio de 1911, de Casas Baratas[378].

Este texto constituye el primer precedente normativo sobre vivienda en el que interviene directamente la Administración Pública[379] y a partir del cual se puede estudiar su evolución para intentar aclarar el enrevesado sistema que fue

[375] VILLAR EZCURRA (1981): 36.

[376] Gaceta de Madrid Nº 120, de 30/04/1903. Reglamentado el 15 de agosto del mismo año (Gaceta de Madrid Nº 230, de 18/08/1903).

[377] Juan de la Cierva y Fernando Merino, Conde de Sagasta, también presentaron otros proyectos que no recibieron mayor atención.

[378] Gaceta de Madrid Nº 164, de 13/06/1911. Reglamentada el 11 de abril de 1912 (Gaceta de Madrid Nº 106, de 15/04/1912). Esta normativa fue modificada por: Ley de 29 de diciembre de 1914 (Gaceta de Madrid Nº 364, de 30/06/1914); Ley de 4 de enero de 1917 (Gaceta de Madrid Nº 6, de 6/01/1917); Ley de 29 de enero de 1932 (Gaceta de Madrid Nº 33, de 2/02/1932); Ley de 27 de agosto de 1932, (Gaceta de Madrid Nº 241, de 28/08/1932) y la Ley de 14 de mayo de 1921 (Gaceta de Madrid Nº 144, de 24/05/1921).

[379] VILLAR EZCURRA (1981): 69.

surgiendo. Según la ley se consideraban casas baratas las construidas o que se intenten construir por los particulares o colectividades para alojamiento exclusivo de cuantos perciben emolumentos modestos como remuneración de trabajo.

Los beneficiarios de la ley de 12 de junio eran personas de la clase obrera en general, se individualizaba a los jornaleros del campo, pequeños labradores, empleados, dependientes de comercio, y a cuantos viven principalmente del trabajo, percibiendo honorarios, jornales o sueldos modestos u otra clase de emolumentos, así como a quienes perciban pensiones por razón de servicios prestados al Estado, la Provincia, el Municipio o los particulares.

Cabe señalar que es innegable la importancia de la ley de 1911, ya que la misma, tal como lo indica Villar Ezcurra, "abrió la brecha en un sector hasta entonces inédito"[380]. Ahora bien, la misma no resultó eficaz porque los incentivos no atrajeron al capital privado, las Cooperativas no respondieron a las expectativas y las Cajas de Ahorro y el Banco Hipotecario tampoco colaboraron en la medida de lo requerido.

Posteriormente, se dicta la Ley de 10 de diciembre de 1921[381], identificada como la segunda Ley de Casas Baratas, que no deroga la anterior sino que más bien la amplía. Esta norma estableció un concepto más preciso de casas baratas y se percibe nuevamente la preocupación sobre el aspecto higiénico de las viviendas.

Sin embargo, como punto negativo se ha de indicar que algunas disposiciones ya permitían el uso de material de menor calidad, al determinar que los arquitectos y peritos adoptaran los procedimientos más económicos para el proyecto de las casas.

Como novedad introducida por la normativa se ha de mencionar la fija-

---

[380] VILLAR EZCURRA (1981): 77.

[381] Gaceta de Madrid Nº 345, de 11/12/1921. Reglamentada por el Real-Decreto de 8 de julio de 1922 (Gaceta de Madrid Nº 209, de 28/07/1922).

-ción de garantías de la renta a los propietarios de casas edificadas para alquilarlas, que al final no tuvieron la efectividad esperada, y el establecimiento de sanciones a todos los que infringieren la ley y su reglamento. La construcción podía ser realizada por el Estado, los Ayuntamientos y demás corporaciones oficiales, las sociedades de todas clases y los particulares.

A continuación, tras la Conferencia Nacional de Edificación desarrollada en Madrid en 1923, se sanciona el Real-Decreto de 10 de octubre de 1924, sobre Casas Baratas[382]. El concepto de casas baratas no se modifica, esta ley es básicamente la misma de 1921, salvo, por lo que se restringe a las nuevas construcciones que se realicen.

El sistema de financiación fue modificado y tras varios años de frustradas iniciativas por parte de la Administración es el momento en el que comienzan los resultados positivos, considerando la cantidad de viviendas edificadas. Además, la estabilidad económica y social de aquellos años y la flexibilización de la normativa contribuyó para dicho resultado positivo.

Seguidamente, el Real Decreto-Ley de 29 de julio de 1925[383], de Casas Económicas, extiende el régimen legal de casas baratas a la clase media e introduce el concepto de casas económicas. Se trataba de nuevas construcciones para darlas en arrendamiento o para ser adquiridas en propiedad, que habrían de ser reconocidas oficialmente como tales por reunir las condiciones técnicas, higiénicas y económicas exigidas por el mencionado Decreto-Ley de 29 de julio.

Se ha visto hasta ahora que el objetivo básico de toda la normativa sancionada era satisfacer las necesidades habitacionales existentes. Sin embargo, a raíz de la grave crisis laboral que sobrevino en España durante los primeros años de la década del treinta, se aprueban la Ley de 7 de julio de 1934[384], relativa al

[382] Gaceta de Madrid Nº 289, de 15/10/1924. Reglamentada por el Real-Decreto de 30 de octubre de 1925 (Gaceta de Madrid Nº 309, de 5/11/1925). Sustituyó los capítulos IV, V y VI del reglamento de 8 de julio de 1922.

[383] Gaceta de Madrid Nº 217, de 5/08/1925.

[384] Gaceta de Madrid Nº 189, de 08/07/1934.

paro obrero y la Ley de 25 de junio de 1935[385], para remediar el paro involuntario, conocida también como Ley Salmón[386], que es continuación de la primera.

A través de estas leyes se pretendió impulsar el mercado de la construcción y así ocupar a los obreros desempleados. Entonces se ordenó la realización de diferentes obras, no solo de viviendas particulares, sino también de edificios públicos. Se instó a los diferentes organismos públicos la elaboración de un volumen de obra proyectada, la construcción de edificios públicos con cargo a los fondos previstos por estas leyes y se estableció la concesión de primas, exenciones tributarias y subvenciones a fondo perdido.

No obstante, las disposiciones mencionadas no arrojaron los resultados positivos esperados debido a la escasez de fondos. Además, Cotorruelo manifiesta, que si se realiza un comparativo con el poder adquisitivo de la época, se comprobará que los precios de alquileres no eran tan bajos como se pretende hacer creer. Remarca el mismo autor que, en todo caso, el mérito ha de ser reconocido a la Ley de 31 de diciembre de 1946, de Arrendamientos Urbanos, que dispuso el congelamiento del precio de los alquileres.[387].

### 1.3. Las Viviendas protegidas: 1939

Al finalizar la guerra civil, el déficit de vivienda era muy elevado. Si al inicio de la contienda ya existía cierta carestía habitacional y considerando que durante la misma no se realizaron construcciones, la situación en 1939 era bastante preocupante. El país contaba con un enorme patrimonio inmobiliario deteriorado, existían zonas totalmente destruidas y la demanda no estaba capacitada para la adquisición.

Ante estas circunstancias se imponía el desarrollo de un gran esfuerzo

[385] Gaceta de Madrid Nº 177, de 26/06/1935.
[386] Debido al nombre de Federico Salmón Amorío, Ministro de Obras Públicas que impulsó la sanción de esta ley.
[387] COTORRUELO SENDAGORTA (1960): 58

constructor, sin embargo, la política económica desarrollada por el nuevo gobierno durante sus primeros años provocó una situación de claro estancamiento que imposibilitó la concreción de cualquier plan, dada la escasez de ciertos materiales de construcción, como hierro y cemento y las dificultades que para su importación se presentaban[388].

Se sanciona la Ley de 19 de abril de 1939[389], que estableció el régimen de protección a la vivienda de renta reducida, creó el Instituto Nacional de la Vivienda y derogó la legislación vigente sobre casas baratas, económicas y para funcionarios. El mismo texto criticaba el sistema anterior, manifestando que el fin social fue olvidado ante el fin comercial y que el Estado había gastado enormes sumas de dinero en construcciones mal acabadas empleando material defectuoso.

De esta forma, se produce el nacimiento de un nuevo grupo normativo que marca una diferencia y corta con el pasado. La diferencia principal ha sido puesta de manifiesto por Villar Ezcurra, quien advierte que "la protección pública toma una orientación diferente"[390], el régimen se basa en la imperiosa necesidad de construir viviendas en una ciudad devastada por la guerra, que prácticamente no contaba con un parque inmobiliario, donde las constructoras adquieren preeminencia y al beneficiario no se le exige el cumplimiento de mayores requisitos.

Se instituyó un régimen de protección a las entidades y particulares que construyesen casas de renta reducida y que recibieron la denominación de viviendas protegidas. Según la Ley de 19 de abril, se entendía por "viviendas protegidas las que, estando incluidas en los planes generales formulados por el Instituto Nacional de la Vivienda (INV), se construyan con arreglo a proyectos que hubiesen sido oficialmente aprobados por este, por reunir las condiciones higiénicas, técnicas y económicas determinadas en las Ordenanzas comarcales que se dictarán al efecto".

[388] MAESTRE YENES (1979): 12; FERNÁNDEZ CARBAJAL (2003): 640 y 641 y FERNÁNDEZ CARBAJAL (2004): 146 y 147.
[389] BOE Nº 110, de 20/04/1939.
[390] VILLAR EZCURRA (1981): 136.

Las actividades desarrolladas al amparo de la Ley de 1939[391] no cubrieron el déficit habitacional existente, principalmente, por falta de recursos económicos. Para el financiamiento de las construcciones se recurrió a créditos del propio INV aunque, ante la insuficiencia de los mismos, se recibió la cooperación del Banco de Crédito Local y el Instituto de Crédito para la Reconstrucción Nacional.

No obstante, como destaca Cotorruelo, el capital privado falló una vez más y no existió coordinación dentro de la actividad productora[392]. El final del Régimen de Viviendas Protegidas no se produce hasta su derogación por la Ley de Viviendas de Renta Limitada de 15 de julio de 1954, a la que se hará referencia más abajo.

### 1.4. Las Viviendas de clase media o bonificables: 1944

El 25 de noviembre de 1944[393] se sanciona la Ley de Viviendas de Clase Media, considerada la continuación de la Ley Salmón de 25 de junio de 1935. Se produjo un intento por revivir la normativa anterior, adaptarla a las necesidades de la época y, además, presentarla como una realización del nuevo sistema.

A continuación, se aprueba el Decreto-Ley de 19 de noviembre de 1948[394], sobre viviendas bonificadas, que deroga la de 25 de noviembre de 1944. Sin embargo, es menester precisar que la denominación de bonificables ya aparecía en el texto de 1944[395]. Las regulaciones se realizan, esencialmente, mediante

[391] Durante esta etapa, también es sancionada la Ley de 23 de septiembre de 1939, que dispuso la entrega al Instituto Nacional de la Vivienda de las casas baratas o económicas incautadas en virtud de la ley de Responsabilidades Políticas (Boletín Oficial del Estado Nº 44, de 13/02/1939).

[392] COTORRUELO SENDAGORTA (1960): 57 y 58.

[393] BOE Nº 332, de 27/11/1944. Desarrollada por el Decreto de 28 de mayo de 1945 (BOE Nº 159, de 8/06/1945) y por la Orden de 14 de abril de 1948 (BOE Nº 111, de 20/04/1948).

[394] Boletín Oficial del Estado Nº 348, de 13/12/1948.

[395] En este sentido, COTORRUELO SENDAGORTA (1960), inclusive, expresa que el sistema de viviendas bonificables se establece en virtud del Decreto-Ley de 1944, omitiendo la expresión de clases medias. En el mismo sentido PEREIRA GIL (2006).

el Decreto-Ley de 7 de julio de 1950[396] sobre primas a la construcción de viviendas bonificables hasta que, finalmente, se dicta la Orden de 10 de julio de 1954, que aprueba el Texto Refundido de viviendas bonificables.

Se ha de manifestar que este tipo de viviendas cumplieron sus objetivos de incrementar el parque inmobiliario, fomentando el mercado de la oferta y disminuyendo, en definitiva, las cifras del paro. Sin embargo, también se ha de puntualizar que la intervención administrativa en el sector de las viviendas protegidas se redujo notablemente, dejando de atender su finalidad específica. Dicho de otro modo, el grupo accesorio, de viviendas bonificables, absorbió al grupo principal, de viviendas protegidas[397].

Al respecto, Fernández Carbajal manifiesta que el tipo de promotor de las viviendas constituye la diferencia principal entre los dos tipos de construcciones. De hecho, las protegidas fueron mayormente promovidas por entidades públicas o semipúblicas, destacando el papel del INV y la Delegación Nacional de Sindicatos, ésta última a través de la denominada Obra Sindical del Hogar. Mientras que las de clase media y bonificables fueron las preferidas por la iniciativa privada en detrimento de las anteriores[398].

### 1.5. Las Viviendas de renta limitada: 1954

A partir de 1954 se produce un giro importante en el contexto económico español. Lentamente se inicia la apertura del Gobierno y se reciben las primeras ayudas que permiten reequipar el sector industrial. En este periodo se crea el Ministerio de la Vivienda[399] y se incorpora la iniciativa privada a la construcción de viviendas, sin embargo, se mantiene el criterio de ayudar directamente a la construcción.

[396] Desarrollado por la Orden de 29 de julio de 1950 (BOE Nº 224, de 12/08/1950) y por el Decreto-Ley de 27 de julio de 1951 (BOE Nº 238, de 26/08/1951).
[397] VILLAR EZCURRA (1981): 184.
[398] FERNÁNDEZ CARBAJAL (2003): 642
[399] BOE Nº 57, de 26/02/1957.

La ley de 15 de julio de 1954 de Renta limitada[400], estableció la nueva categoría de viviendas y creó el Consejo Nacional de la Vivienda, al que correspondería la dirección de la política general de la vivienda, bajo la presidencia del Ministro de Trabajo. Esta normativa intenta sistematizar todo el régimen de ayudas oficiales en materia de vivienda y sienta en buena medida las bases de la política de ayudas a la vivienda que se desarrollará hasta 1975[401].

La normativa señalaba que "se entenderán por viviendas de renta limitada las que, estando incluidas en los planes generales formulados al efecto, se construyan con arreglo al anteproyecto aprobado por el Instituto Nacional de la Vivienda por reunir las condiciones que se señalen en el Reglamento o en la Ordenanzas que se dicten para ello".

Cabe destacar que a partir de esta normativa se consolida la figura del promotor, que ya aparecía en instrumentos anteriores, sin recibir dicha denominación. Además, se ha reconocido que, pese a la proliferación de disposiciones, algunas veces contradictorias, la legislación de viviendas de renta limitada tuvo un resultado positivo porque aumentó la oferta de viviendas. Sin embargo, no se otorgaron suficientes ayudas a las clases de renta más baja y al mercado de las viviendas en régimen de alquiler.

## 1.6. Los sistemas complementarios

A través de la Ley de 14 de mayo de 1954[402] se encargó al Instituto Nacional de la Vivienda la ordenación, financiación y dirección de un amplio plan de viviendas de "tipo social", con el objetivo de sanear las zonas suburbanas de las grandes capitales y zonas industriales[403]. Estaba destinada preferentemente a las

[400] BOE Nº 197 de 16/07/1954. Desarrollada por Decreto de 24 de junio de 1955 (BOE Nº 197, de 16/07/1955).
[401] FERNÁNDEZ CARBAJAL (2003): 643.
[402] BOE Nº 168, de 17/06/1954.
[403] MAESTRE YENES (1979): 12.

familias que migraban del campo a la ciudad y que debido al escaso poder económico y la inestabilidad laboral que soportaban, las mismas no podían siquiera ser beneficiadas con los sistemas de protección de viviendas que en ese momento el Gobierno desarrollaba.

El Decreto de 8 de marzo de 1957[404] autorizó al Instituto Nacional de la Vivienda la tramitación de proyectos de construcción de viviendas presentados por promotores en un régimen que recibió la denominación de Poblados Dirigidos y que habrían de estar situados en el término municipal de Madrid. Se simplificaron los trámites administrativos a fin de evitar la dilación excesiva para el inicio de los trabajos de construcción y el mismo INV estaba facultado a efectivizar los auxilios económicos[405].

Paralelamente al desarrollo del Programa de Poblados Dirigidos se aprueba la Ley de 13 de noviembre de 1957[406], sobre Plan de Urgencia Social de Madrid, que sentó las bases para que posteriormente se desarrollaran planes semejantes en otras zonas del país, tales como Barcelona, Bilbao, Asturias y Vizcaya. España atravesaba una difícil situación habitacional, una vez más, a causa de los procesos migratorios del campo a la ciudad que tienen como efecto un crecimiento descontrolado y que requirió la urgente intervención pública.

El artículo 10 de la mencionada Ley de 13 de noviembre creó la categoría de viviendas subvencionadas, como un tipo específico de vivienda de renta limitada, implantada años atrás por la Ley de 15 de julio de 1954. Este tipo de construcciones se caracterizaron, principalmente por la subvención a fondo perdido que se otorgaba; las exenciones y bonificaciones tributarias; los préstamos complementarios y el derecho a la expropiación forzosa de terrenos edificables.

---

[404] BOE Nº 91, de 01/04/1957.

[405] A fin de optimizar la operatividad de este sistema, se dictaron diversas disposiciones, como el Decreto Nº 81/1959, de 15 de enero, sobre Organización de los Poblados Dirigidos (BOE Nº 18, de 21/01/1959); la Orden de 10 de febrero de 1959 y sobre Poblados dirigidos de Madrid (BOE Nº 401, de 16/02/1959) y el Decreto Nº 2160/1960, de 17 de noviembre, sobre Cesión de servicios complementarios y locales comerciales por Gerencias de Poblados Dirigidos (BOE Nº 285, de 28/11/1960).

[406] BOE Nº 286, de 14/11/1957.

Este nuevo tipo de construcción fue regulada por el Decreto de 22 de noviembre de 1957 y por otras complementarias como la Orden de 3 de diciembre de 1957, normas sobre viviendas subvencionadas; la Orden de 1 de marzo de 1958, sobre alquiler mensual de las viviendas subvencionadas, cuantía de los préstamos y paso de la renta limitada a subvencionadas; la Orden de 12 de julio de 1958, normas en relación con la enajenación de viviendas subvencionadas y el Decreto de 5 de marzo de 1959, clasificación de las viviendas subvencionadas.

### 1.7. Los Planes de Vivienda

En virtud del artículo décimo de la Ley de 19 de abril de 1939, que, además de establecer el régimen para viviendas de renta reducida, creaba el Instituto Nacional de la Vivienda, se dispuso que este organismo formulara el Plan general y los Planes comarcales de la construcción de núcleos de viviendas para el periodo 1944-1954.

Según manifiesta Cortés Alcalá[407], el Anteproyecto elaborado era igual a los desarrollados en la época en los países europeos del bloque fascista. Sin embargo, la Dirección General de Arquitectura lo aprobó, aunque nunca llegó a plasmarse en ninguna disposición de carácter normativo.

El denominado Plan Nacional de Vivienda para el decenio 1944-1954, que se utilizó como una guía o instrucción interna para el Instituto Nacional de la Vivienda, aparece en un momento peculiar en el que se carecía de fuentes de información estadística y las disponibles tenían poca fiabilidad[408]. Este Plan nunca obtuvo fuerza vinculante y sus previsiones no fueron aplicadas, razón por la que no entraré a analizar su contenido.

Posteriormente, la Ley de 15 de julio de 1954, de Viviendas de Renta

[407] CORTÉS ALCALÁ (1995): 271.
[408] FURONES FERRERO y MARTÍN JADRAQUE (1988): 50.

Limitada, dispuso la elaboración del Plan Nacional de Vivienda para el período 1956-1960 y a criterio de Cortés Alcalá[409] fue uno de los efectos prácticos más importantes dicha normativa. Se determinó la construcción de viviendas en ciertas zonas geográficas de manera preferente, como eran Madrid, Barcelona, Sevilla, Valencia, Vizcaya, Oviedo y su área minera, Zaragoza, Campo de Gibraltar y Málaga.

El desarrollo del Plan requirió la aprobación de nuevas normas que, actualmente, vistas en conjunto, representan un desconcierto legislativo, tal como lo indica Villar Ezcurra y que, por otro lado, es una situación que se arrastra desde el inicio de este análisis. Sin embargo, el mismo autor señala que tales disposiciones cobran sentido si se tiene en cuenta que dependían de la evolución de una realidad excesivamente cambiante. Como mérito se reconoce, además, que el Plan de 1955 sentó las bases para introducir la idea de planificación en las sucesivas actuaciones de la Administración en el sector de la Vivienda[410].

También creo oportuno destacar algunas consideraciones realizadas por Cotorruelo respecto al Plan 1955-1960, debido a que él mismo las redactó al tiempo de su desarrollo. El autor manifiesta que la elaboración del primer Plan Nacional de la Vivienda supuso un esfuerzo planificador nunca antes desarrollado, en el que se previeron varios aspectos, desde la cantidad de viviendas a construir y los medios financieros para enfrentar tal iniciativa, hasta las más mínimas especificaciones sobre calidad y dimensiones de los alojamientos[411].

Sin embargo, se presentaron diversas dificultades que obstaculizaron el éxito del mismo. La falta de coordinación de un Plan de Vivienda con la política económica general conduce a la escasez de productos básicos para la edificación, situación que se había presentado en aquel momento. Por tanto, sugería, para eli-

[409] CORTÉS ALCALÁ (1995): 273.
[410] VILLAR EZCURRA (1981): 207 y 208.
[411] Estas medidas se adoptaron, en principio, mediante 40 Ordenanzas técnicas y normas constructivas, aprobadas por Orden de 12 de julio de 1955 (BOE Nº 197, de 16/07/1955).

minar dicho inconveniente, la disminución en el ritmo de edificación o que el Estado impulsara la expansión de los factores de producción.

Igualmente, se refirió a una necesidad que hasta la fecha se plantea y, de hecho, se acentúa aceleradamente, el desarrollo de un Plan de Vivienda requiere coordinación con los planes de ordenación urbana, porque se ha de tener en cuenta la localización adecuada de las construcciones y las cuestiones referentes a la dimensión óptima de las ciudades[412].

Posteriormente, el 20 de octubre de 1961 el Consejo de Ministros aprobó el Plan Nacional de la Vivienda para el periodo 1961-1976 y el Ministerio de la Vivienda fue autorizado para el desarrollo y ejecución del mismo[413]. El Plan resultaba ambicioso, pues hasta 1976 pretendía acabar con el déficit habitacional y normalizar el mercado de la vivienda[414], sin embargo, en el mismo texto se reconocía que el plazo de dieciséis años podría parecer excesivo. Dicha circunstancia se justificó en base a que, en un espacio breve de tiempo no se pueden alcanzar soluciones definitivas.

Se fijaron las medidas complementarias necesarias para la eficacia del Plan, entre ellas: la realización de una política de suelo; las reformas administrativas que garantizasen la coordinación de los departamentos públicos y permitiesen mayor eficacia en el desarrollo del Plan y la imposición de sanciones penales y administrativas por las infracciones que se cometieran en la construcción y administración de las viviendas.

Sin embargo, se ha puesto de manifiesto que la realidad económica y social del país evidenció rápidamente que las insuficiencias eran mucho más elevadas que las calculadas, si bien las cifras eran aproximadas solamente la financiación del primer cuatrienio comprendido entre 1961-1965, fue el que llegó a cuan-

[412] COTORRUELO SENDAGORTA (1960): 171 y 172.
[413] Autorizado por Ley 84/1961, de 23 de diciembre (BOE Nº 310, de 28/12/1961).
[414] FURONES FERRERO y MARTÍN JADRAQUE (1988): 52.

tificarse realmente[415]. Aún así, la primera revisión no se efectuó hasta 1967 y otras más se llevaron a cabo con ocasión de los Planes de Desarrollo Económico Social, en los que los que el Plan de Vivienda 1961-1976 se había integrado[416].

Sobre los resultados del Plan se destaca el incremento de viviendas que posibilitó la reducción del déficit existente[417]. No obstante, la mayoría eran viviendas libres y no de promoción oficial, lo que dejó a la vista que las familias con bajos ingresos no se habían beneficiado y, por tanto, el problema en relación a estas subsistía. Una de las causas principales fue el solapamiento con los diferentes Planes de Desarrollo[418] que fueron impulsados en el mismo periodo de tiempo.

## 1.8. Las Viviendas de Protección Oficial: 1963

Coincidiendo con los primeros años de vigencia del Plan Nacional de Vivienda 1961-1976 se sanciona un nuevo régimen de protección pública a la vivienda. El Decreto 2131/1963, de 24 de julio[419], aprueba el Texto Refundido de la Legislación sobre Viviendas de Protección Oficial, reglamentada cinco años más tarde por el Decreto 2114/1968, de 24 de julio[420].

De esta forma se derogó una extensa lista de disposiciones y, además, sometieron a la misma determinados aspectos de las viviendas acogidas a otros sistemas. Se establecieron diferentes clases de viviendas en base a la superficie de las mismas y el coste del material utilizado, buscando de esta forma ajustarse a las condiciones económicas de aquellos que no podían acceder al mercado libre de viviendas[421].

Durante la vigencia del Plan se percibió una disminución del paro obrero,

[415] VILLAR EZCURRA (1981): 278.
[416] FURONES FERRERO y MARTÍN JADRAQUE (1988): 54.
[417] MAESTRE YENES (1979): 12.
[418] Fueron tres planes, 1964-1967, 1968-1971, y 1972-1975.
[419] BOE Nº 214, de 06/09/1963.
[420] BOE Nº 216, de 07/09/1968.
[421] MAESTRE YENES (1979): 12.

absorbido por la construcción, pues, en este periodo las ayudas continuaron destinándose a los promotores, provocando el aumento de la oferta de viviendas de protección pública. Sin embargo, el error más importante fue, una vez más, dejar de lado a los sectores que realmente dependían de una ayuda para acceder a una residencia.

La etapa de expansión del sector de la construcción de viviendas en España alcanza sus puntos máximos entre los años 1973-1975[422], aún así, el problema de acceso no encontraba solución. Hasta entonces las personas nunca habían constituido el centro de atención de las políticas elaboradas a través de no pocas leyes y las actuaciones gubernamentales obviaron sistemáticamente las circunstancias particulares de los sujetos, ignorando los principios de una política social[423]. A partir de entonces se inicia una situación de inestabilidad, tanto política y económica, que se acentúa particularmente desde 1973.

Para hacer frente a estos problemas, se aprueba el Decreto-ley 13/1975[424], de 17 de noviembre, que estableció un programa especial de financiación de viviendas y adoptó algunas medidas en relación al paro y sus consecuentes problemas económicos. Una vez más intentaron remediar el desempleo fomentando la construcción de VPO, a cuyo fin se estableció el programa trienal para la financiación de viviendas que habría de sumarse a las actuaciones ya existentes.

Sin embargo, esta legislación no afectó en nada al régimen de protección oficial establecido, fue una norma típicamente coyuntural[425] y, según García Valdecasas[426], aunque sus efectos consiguieron frenar en gran medida la marcha negativa del sector, su corta vigencia, hasta junio de 1976, no permitió mejores resultados.

[422] RODRÍGUEZ LÓPEZ (1979): 35.
[423] VILLAR EZCURRA (1981): 353 y 354.
[424] BOE Nº 276, de 18/11/1975.
[425] VILLAR EZCURRA (1980): 353.
[426] GARCÍA VALDECASAS (1979): 55.

## 1.9. Las Viviendas sociales: 1975

Al inicio de la etapa democrática se apuesta por un nuevo enfoque de la política habitacional, tratando de combinar las ayudas a los promotores con la vista puesta en el usuario de las viviendas[427]. A la sazón, se aprueba el Real Decreto-Ley 12/1976, de 30 de julio[428], que establece el nuevo sistema de Viviendas Sociales.

Posteriormente, se dictaron otras disposiciones, como la Orden de 24 de noviembre de 1976[429], sobre Viviendas sociales y el Real Decreto 2960/1976, de 12 de noviembre[430], texto refundido de la legislación de viviendas de protección oficial. Este conjunto de leyes intentó remediar las omisiones de los sistemas anteriores, sin embargo, fue rápidamente derogado. Aunque, la intención del programa fue el apoyo a la demanda menos solvente, no se puede obviar que el mismo se formuló en un momento de transición política y en plena crisis económica, sin una cuantificación previa de necesidades.

Para ser beneficiario se tenían en cuenta los ingresos familiares, con un trato especial para las familias numerosas; y la carencia de una vivienda o, que la ocupada, no reuniese los requisitos de habitabilidad o sea insuficiente para las necesidades de sus habitantes. Dicha circunstancia, según expresa Cortés Alcalá, motivó la presentación de una cantidad de solicitudes que al año había desbordado las reales posibilidades del INV, organismo responsable de recogerlas[431].

Las pretensiones del Programa se calificaron de muy ambiciosas y despertaron grandes expectativas entre la población que, posteriormente, resultó frustrada ante los logros[432], ya que en sus dos años de vigencia no consiguió ninguno

[427] CORTÉS ALCALÁ (1995): 276.

[428] BOE Nº 186, de 04/08/1976. Desarrollado por Real Decreto 2278/1976, de 16 de septiembre (BOE Nº 235, de 30/09/1976).

[429] BOE Nº 286, de 29/11/1976.

[430] BOE Nº 311, de 28/12/1976.

[431] CORTÉS ALCALÁ (1995): 276.

[432] JORDÁN y FUENTES (1986): 408.

de los objetivos previstos y contribuyó en gran medida a la depresión que posteriormente sobrevino. Favorecieron para el fracaso el difícil contexto económico y la tramitación administrativa complicada, que provocó el recelo de los promotores tradicionales, y tampoco resultó fácil cumplir con las exigencias técnicas de diseño y calidad.

Tras las elecciones del 15 de junio de 1977 el Gobierno adopta medidas de política monetaria encaminadas a liberalizar el sistema financiero y para el sector de la vivienda las mismas no fueron nada beneficiosas. La principal consecuencia fue la disminución de los circuitos privilegiados de crédito y los tipos de interés sufrieron aumentos elevados, lo que significó el estrangulamiento absoluto del sistema[433].

Es importante manifestar que en este periodo se firman los Pactos de la Moncloa, el documento que registra las medidas que habrían de ser adoptadas por el gobierno con el objetivo de superar la difícil situación económica que enfrentaba el país. En el contexto del Acuerdo sobre el programa de saneamiento y reforma de la economía se dedicó un capítulo a la política de suelo, urbanismo y vivienda.

El desarrollo del plan, en general, fue muy lento, y en lo que a vivienda se refiere, no tuvo grandes efectos inmediatos. La escasez y alto coste de los recursos financieros disponibles, la abrumadora legislación existente en materia de viviendas y la ausencia de un plan con suficiente horizonte temporal, fueron las dificultades que imposibilitaron su aplicación adecuada[434].

Por tanto, ante esta circunstancia se produjo un replanteamiento total de la política de vivienda, que quedó plasmada en el Decreto-Ley 31/78, desarrollado por el Real Decreto 3148/1978, de 10 de noviembre.

[433] MAESTRO YENES (1979): 14 y 15 y RODRIGUEZ LÓPEZ (1979): 35 y 41.
[434] JORDÁN y FUENTES (1986): 411.

## 1.10. La Etapa de transición

### 1.10.1. El contexto socioeconómico

El sector inmobiliario creció de manera considerada durante el buen momento económico vivido en los años sesenta y los primeros de la década del setenta. Sin embargo, debido a la intensa crisis que se desató, la demanda disminuyó en el momento en que se pusieron a la venta las construcciones realizadas en la etapa anterior. Ello significó un exceso de oferta en el mercado libre de viviendas, que a su vez paralizó las nuevas promociones[435].

No obstante, lo más destacable fue el déficit cualitativo de viviendas, es decir, por un lado, existía un número importante de viviendas terminadas y no vendidas, y, por otro, estaban las familias de rentas medias y bajas que no contaban con la solvencia necesaria para comprar a los precios de mercado existentes en la época y que vivían, por lo general, en viviendas de vieja construcción[436].

Las actuaciones de la Administración no lograban invertir la situación y si durante 1977 se percibieron los efectos negativos del fracasado Plan de Viviendas Sociales, es en 1978 cuando se observaron las verdaderas repercusiones del mismo. En este año todos los datos fueron negativos: retrocedieron los proyectos, descendieron de forma notable las viviendas terminadas y por quinto año consecutivo, disminuyó el número total de viviendas iniciadas.

Por tanto, hacía falta reorientar la política gubernamental en un sentido muy distinto al que se había desarrollado hasta la fecha. Para salir de la crisis no se podía seguir con la política tradicional, sino potenciar la demanda, asegurando ciertos volúmenes de financiación para aquellos sectores de población necesitados de vivienda y que sólo pueden adquirirla a costa de hipotecar un porcentaje exce-

[435] FERNÁNDEZ CARBAJAL (2004): 148.
[436] RODRÍGUEZ LÓPEZ (1979): 31 y 32.

-sivo de su renta disponible[437].

Además, la liberalización iniciada en 1977 se realizó en ausencia de un mercado hipotecario plenamente operativo y en condiciones de aportar volúmenes importantes de financiación. Entonces, una política desacertada unida a unas medidas económicas que, aunque presumiblemente correctas, no se tomaron en el momento adecuado, condujeron al subsector a una situación que justificó el hecho de que los años 1977-1978 se conociesen como el "bienio negro" de la construcción[438].

Por otra parte, se llama la atención sobre el hecho de que para desarrollar las medidas adoptadas en los Pactos de la Moncloa, el Gobierno respondió con una dotación presupuestaria exigua y una inadecuada regulación legislativa de la política de vivienda[439].

### 1.10.2. La Unificación del sistema de protección: Real Decreto-Ley 31/1978 y Real Decreto 3148/1978

En este contexto, se aprueba el Real Decreto-Ley 31/1978 de 31 de octubre[440], sobre política de vivienda de protección oficial desarrollado por el Real-Decreto 3148/1978, de 10 de noviembre[441]. Se ha de destacar la importancia de ambos instrumentos, ya que con ellos se inició una nueva etapa en las actuaciones de protección en materia de vivienda por parte de los poderes públicos que pretendían instrumentar una política basada en la ayuda a las personas y no a la "piedra"[442]. Además, se encuentran vigentes hasta la fecha y representan la normativa estatal sustantiva en lo referente a vivienda.

El Real Decreto-Ley 31/1978 estableció la unificación de las diferentes

[437] RODRÍGUEZ LÓPEZ (1979): 33 y 35 y JORDÁN y FUENTES (1986): 411 y 412.
[438] RODRÍGUEZ LÓPEZ (1979): 42 y GARCÍA VALDECASAS (1979): 56.
[439] GAGO y LEIRA (1979): 8.
[440] BOE Nº 267, de 08/11/1978.
[441] BOE Nº 14, de 16/01/1979.
[442] MAESTRE YENES (1979): 15.

categorías de viviendas que subsistían, denominadas desde entonces como Viviendas de Protección Oficial. De esta forma se materializa la idea, según expresa Maestre Yenes[443], de que la vivienda de protección oficial debe ser la misma, independientemente a la capacidad económica de quien acceda a ella.

Asimismo, el decreto aludido delineó los aspectos más relevantes, que serían desarrollados más tarde por la correspondiente normativa. En tal sentido, sus disposiciones se refieren al ámbito de aplicación, promotores, propietarios, entidades financieras, ayuda económica personal, beneficios, régimen de disfrute e infracciones y determina que el régimen legal de protección durará treinta años a partir de su calificación.

El preámbulo expresa en breves líneas una realidad que se ha venido constatando a lo largo del presente trabajo, es decir, la pluralidad de normas que una tras otra fueron creando diferentes sistemas de fomento y protección y que no llegaron a solucionar los problemas habitacionales del país. Todo ello, sumado a la ausencia de un sistema financiero, ha determinado el deterioro de la oferta de viviendas de protección oficial.

Se estableció el concepto de VPO, indicando que es aquella que, destinada a domicilio habitual y permanente, tenga una superficie útil máxima de noventa metros cuadrados, cumpla los requisitos establecidos en el RD 3148/1978 y en las disposiciones que lo desarrollen, y sea calificada como tal por el Estado o por otros entes públicos territoriales a los que se atribuya esta competencia.

Asimismo, se conceptualizaron ciertas expresiones como "habitual", "permanente" y "superficie útil", a fin de comprender mejor el alcance de la legislación. La habitualidad en la ocupación de la vivienda requería que ella no quedase desocupada más de tres meses seguidos al año, salvo justa causa. Como domicilio permanente se identifica la misma residencia del titular, sea como propietario

[443] MAESTRE YENES (1979): 15. Lo que no se contradice con las ayudas personales para el acceso a la vivienda que la misma normativa regula y sobre la que se hará referencia líneas abajo.

o arrendatario; y superficie útil es la del suelo de la vivienda, cerrada por el perímetro definido por la cara interior de sus cerramientos con el exterior o con otras viviendas o locales de cualquier uso.

La programación de nuevas viviendas de promoción pública estatales habría de tender a dos objetivos: eliminación de chabolismo y de la infravivienda, es decir, aquella que no reúne las condiciones de habitabilidad legalmente establecidas, y construcción de viviendas derivadas de operaciones de remodelación inmobiliaria de grupos de viviendas promovidos por el INV, la Administración del Patrimonio Social Urbano y otros Entes públicos. En cuanto a la financiación, que es siempre el aspecto más resaltante de los programa de incentivo que se desarrollan en este sector, se determinaron una variedad de préstamos dependientes de la calificación de la vivienda, ya sea provisional o definitiva.

Esta nueva normativa estableció cantidad y tipo de ayuda según las características subjetivas de los posibles beneficiarios, acercándose de esta manera a la filosofía inicial de las viviendas sociales[444]. Se autorizó como entidades financieras para la promoción y acceso de VPO, concediendo préstamos cualificados, al Banco Hipotecario de España, al Banco de Crédito a la Construcción, a los bancos inscritos en el registro de bancos y banqueros, a las cajas de ahorro confederadas, a la Caja Postal de Ahorros y a las cooperativas de crédito.

El régimen jurídico-financiero de los préstamos, las operaciones realizables a fin de captar recursos para el cumplimiento de los objetivos y los programas anuales de financiación de viviendas de protección oficial de promoción privada, serían regulados y establecidos por el Gobierno, a propuesta del Ministerio de Economía. Asimismo, el Ministerio de Obras Públicas y Urbanismo, a través de la Dirección general de Arquitectura y Vivienda, establecerá un programa anual de promoción de vivienda de protección oficial adecuado al programa de financiación aprobado por el Gobierno.

[444] VILLAR EZCURRA (1981): 415.

No se puede obviar el contenido de la Disposición final primera del Real Decreto 3148/1978, que derogó cuantas disposiciones se opusiesen lo previsto en este nuevo texto normativo, aplicándose en las materias no reguladas en dicha disposición las normas establecidas en la legislación de viviendas de protección oficial, texto refundido de 12 de noviembre de 1976 y Reglamento de Viviendas de Protección Oficial de 24 de julio de 1978. A la fecha, lo señalado implica que ambas normas siguen vigentes y constituyen la normativa estatal sustantiva complementaria sobre VPO.

Como aspectos positivos de la nueva normativa se destacaron al tiempo de su aprobación el hecho de haber unificado el concepto de vivienda de protección oficial, así como, la simplificación de los trámites administrativos; la limitación de la superficie máxima de las viviendas; la separación determinada entre la vivienda y la ayuda económica personal, ya que en la vivienda social estaban vivienda y apoyo financiero ligados inseparablemente.

Además, las entidades de crédito autorizadas eran oficiales y habrían de financiar a las familias sin la suficiente solvencia económica como para ser cliente atractivo de las entidades privadas de crédito[445]. Se indició que el régimen de las VPO se había utilizado también como factor de reactivación económica y no solamente para realizar política social y permitir el acceso a una vivienda digna a las familias de bajas rentas. Sin embargo, el verdadero objetivo no se lograba a costa de que aquellos a quienes fundamentalmente estaban destinadas las ayudas no accediesen a las mismas[446].

Rebolledo Varela reconoce los avances que se produjeron en cuanto a las VPO, sin embargo, llama la atención sobre el hecho de que la simplificación legislativa que se buscaba con la unificación de los diversos regímenes, no se ha alcanzado. El mismo no atribuye tal hecho a la configuración de las Comunidades Autónomas y la correspondiente asunción de competencias de parte de las mis-

[445] MAESTRE YENES (1979): 16 y 17.
[446] CORTÉS ALCALÁ (1995): 277.

mas, sino a que la normativa reglamentarista, fragmentaria y confusa legislación se ha mantenido[447].

## 2. La Constitución española de 1978. El artículo 47: derecho a una vivienda digna y adecuada

### 2.1. La elaboración del artículo

La elaboración del artículo 47 CE no generó muchas discusiones durante el proceso constituyente. Es así que el artículo 40 del Anteproyecto constitucional[448] consagraba el derecho a una vivienda dentro del Capítulo Tercero, entonces denominado de los Principios Rectores y Derechos económicos y sociales. En el Congreso de los Diputados se presentaron dos votos particulares al respecto, del Grupo Parlamentario de la Minoría Catalana y del Grupo Parlamentario socialistas del congreso, centrados en la especulación y la regulación del suelo.

La redacción propuesta por los catalanes era:

> "Todos los españoles tienen derecho a disfrutar de una vivienda digna y adecuada. Los poderes públicos promoverán las condiciones para hacer efectivo este derecho y regularán la utilización del suelo de acuerdo con el interés general".

Mientras que, por su parte, los socialistas plantearon la siguiente modificación:

> "... Este derecho y regulará la utilización del suelo de acuerdo con el interés general..." por "... Este derecho y regularán una utilización del suelo que excluya la especulación y acorde con el interés general..."[449].

---

[447] REBOLLEDO VARELA (1995): 138 y 139.
[448] BOC N° 44, de 05/01/1978, pág. 676.
[449] BOC N° 44, de 05/01/1978, págs. 709 y 715, respectivamente.

En su momento y para ser estudiadas por la Ponencia, se presentaron ocho enmiendas al Anteproyecto. La número 35 expresaba que:

> "Debe decir: "Todos los españoles tienen derecho a disfrutar de una vivienda digna y adecuada. Los poderes públicos promoverán las condiciones necesarias y establecerán las normas adecuadas para hacer efectivo este derecho, regulando la utilización del suelo de acuerdo con el interés general, así como la participación de la comunidad en las plusvalías que genere la acción urbanística del territorio realizada en los entes públicos". Nos parece que queda muy reforzada la significación social de la política de vivienda y de suelo con el complemento y proponemos establecer como final de este artículo"[450].

La enmienda 63 indicaba que:

> "Debe suprimirse la frase "los poderes públicos... interés general". Se justifica porque es una simple declaración de intenciones, y lo que se refiere al suelo o es una tácita invitación a la racionalización del mismo, o no es materia constitucional"[451].

Con la enmienda 64 el Grupo Parlamentario Mixto se adhería al voto particular presentado por el Grupo Parlamentario Socialista[452] y a través de la enmienda 140 se proponía una nueva redacción:

> "Todos los españoles tienen derecho a disfrutar de una vivienda digna y adecuada. Los poderes públicos promoverán las condiciones para hacer efectivo este derecho y regularán la utilización del suelo, de acuerdo con el interés general, y con adscripción a la comunidad de las plusvalías generadas por la calificación urbanística"[453].

Por otra parte, la enmienda 493 expresaba que:

---

[450] Firmada por Don Licinio de la Fuente y de la Fuente de la Alianza Popular. *Constitución española, Trabajos Parlamentarios*, pág. 149.

[451] Firmada por Gonzalo Fernández de la Mora, *Constitución española, Trabajos Parlamentarios*, págs. 163 y 164.

[452] Firmada por Francisco Letamendía Belzuce, *Constitución española, Trabajos Parlamentarios*, pág. XX

[453] Firmado por el Grupo Parlamentario de la Minoría Catalana. *Constitución española, Trabajos Parlamentarios*, pág. 207.

> "Debe añadirse la expresión "mediante la socialización del suelo" entre "este derecho" y "y regulación". Motivación: Se introduce la socialización del suelo como única forma de poder materializar el derecho a disfrutar de una vivienda digna y adecuada"[454].

La enmienda 614 decía:

> "Se propone añadir lo siguiente: "...las condiciones para hacer efectivo este derecho y regulará el control y la utilización del suelo de acuerdo con el interés general". Justificación: La introducción del concepto de control del suelo es necesaria para posibilitar una política que tienda a eliminar las prácticas especulativas"[455].

Con la enmienda 693 se propuso una nueva redacción en los siguientes términos:

> "Todos tienen derecho a disfrutar de una vivienda digna y adecuada. Los Poderes Públicos promoverán las condiciones para hacer efectivo este derecho y regularán la utilización del suelo de acuerdo con el interés general y con adscripción a la comunidad de las plusvalías generadas por la calificación urbanística". Motivación: Razones de equidad, para poner coto constitucionalmente a una dimensión especulativa de excepcionales dimensiones en la historia más reciente; también por razones técnicas"[456].

Y, por último, la enmienda 779 expresaba que:

> "Los poderes públicos promoverán las condiciones para que todos los españoles puedan disfrutar de una vivienda digna y regularán la utilización del suelo de acuerdo con el interés general"[457].

---

[454] Firmado por Manuel Sánchez Ayuso y Raúl Morodo Leoncio del Grupo Parlamentario Mixto. *Constitución española, Trabajos Parlamentarios*, pág. 328.

[455] Firmada por el Grupo Parlamentario Vasco. *Constitución española, Trabajos Parlamentarios*, pág. 371.

[456] Firmada por Ramón Tamanes Gómez del Grupo Parlamentario Comunista. *Constitución española, Trabajos Parlamentarios*, pág. 416.

[457] Firmada por la Unión de Centro Democrático. *Constitución española, Trabajos Parlamentarios*, pág. 489.

Tras estudiar todas estas alternativas y, según lo manifiesta Bassols Coma[458], logrando armonizar distintas enmiendas, la Ponencia presentó su informe[459]. En el mismo se indicó que, por mayoría, se aceptaban las sugerencias del Sr. de la Fuente de la Fuente, de la Minoría Catalana y del Sr. Tamames Gómez. Por tanto, las demás propuestas fueron rechazadas y se realizó la nueva redacción, en la que el anterior artículo 40 pasa a ser el artículo 43, y dice:

> "Todos los españoles tienen derecho a disfrutar de una vivienda digna y adecuada. Los poderes públicos promoverán las condiciones necesarias y establecerán las normas adecuadas para hacer efectivo este derecho, regulando la utilización del suelo de acuerdo con el interés general, con participación de la comunidad en las plusvalías que genere la acción urbanística de los entes públicos".

No obstante, es en el Senado donde se desarrolló el debate, de cierta manera minucioso[460]. Martín-Retortillo Baquer manifestó que: "...el texto del artículo 43, tal y como nos ha venido del Congreso, es un conglomerado desordenado, por lo que la enmienda 33 del Grupo de Progresistas y Socialistas Independientes pretende que se desdoble el precepto en dos apartados. El primero se referiría al derecho a la vivienda. El segundo, en íntima conexión con lo anterior, pero matizando que se trata de algo distinto, se refiere al tema de las plusvalías y especulación del suelo".

Por su parte Xirinacs Damians, proponía una corrección respecto a la última parte del texto: "En vez de decir: "regulando la especulación del suelo de acuerdo con el interés general" que se diga: "regulando la municipalización y otras modalidades de socialización más amplias del suelo edificable, a fin de impedir la especulación". Asimismo, indicaba que el urbanismo es un problema grave con consecuencias sociales y que la adopción de medidas socializantes a nivel

[458] BASSOLS COMA (1984): 313.

[459] BOC Nº 82, de 17 de abril, Anteproyecto de Constitución: Informe de la Ponencia, págs. 1547 y 1548.

[460] Véase Diario de Sesiones del Senado Nº 46, de 30 de agosto de 1978, págs. 2097 a 2099.

municipal o a niveles más amplios podría solucionar el problema de la escasez de viviendas.

Posteriormente, Pérez-Maura de Herrera solicita la modificación del texto señalando que: "La razón principal de esta enmienda es que se dice que todo español tiene derecho al disfrute de una vivienda digna y adecuada. Entendemos que este derecho no es un derecho a un objeto material, puesto que una Constitución no atribuye objetos materiales a los ciudadanos, sino que establece las vías legales adecuadas y establece los mandamientos adecuados a los Gobiernos y al Estado para que a los ciudadanos se les den aquellos bienes necesarios a su bienestar espiritual y material".

Pues bien, finalizada la presentación de enmiendas y la solicitud de correcciones gramaticales hechas por Martín-Retortillo Baquer y Villar Arregui, se pasa a la votación y se aprueba por unanimidad el texto final como artículo 43, que en el Dictamen de la Comisión de Constitución del Senado[461] recibe una nueva numeración, artículo 47, confirmado por el Pleno del Senado[462]:

> "Todos los españoles tienen derecho a que se les facilite su acceso a una vivienda digna y adecuada. Los poderes públicos promoverán las condiciones necesarias y establecerán las normas pertinentes para hacer efectivo este derecho, regulando la utilización del suelo de acuerdo con el interés general para impedir la especulación.
> La comunidad participará en las plusvalías que genere la acción urbanística de los entes públicos".

Por último, la Comisión Mixta Congreso-Senado[463] realiza una modificación en la parte inicial del texto trascrito, redacción que finalmente pasa a formar parte del Título Primero, de los derechos y deberes fundamentales, Capítulo Tercero, de los principios rectores de la política social y económica, de la Constitu-

[461] BOC Nº 157, de 06/10/1978, pág. 3423.
[462] BOC Nº 161, de 13/10/1978, pág. 3564.
[463] BOC Nº 170, de 28/10/1978, pág. 3709.

ción aprobada, ratificada en referéndum y sancionada en 1978[464]. El vigente artículo 47 establece:

> "Todos los españoles tienen derecho a disfrutar de una vivienda digna y adecuada. Los poderes públicos promoverán las condiciones necesarias y establecerán las normas pertinentes para hacer efectivo este derecho, regulando la utilización del suelo de acuerdo con el interés general para impedir la especulación. La comunidad participará en las plusvalías que genere la acción urbanística de los entes públicos."

Cabe indicar que este reconocimiento tiene como precedente más cercano el artículo 65 de la Constitución portuguesa[465] y que a partir de la CE de 1978, por primera vez en España un texto constitucional reconoce expresamente el derecho a disfrutar de una vivienda digna y adecuada. Además, para su estudio se debe considerar que ha sido configurado como Principio Rector y, por tanto, ha de ser analizado teniendo a la vista las disposiciones del artículo 53.3 CE, sobre las Garantías de las Libertades y Derechos Fundamentales.

## 2.2. El contenido del artículo

Es posible realizar un análisis del contenido del derecho a la vivienda partiendo de una única idea. Se trataría del derecho a obtener frente a otro una construcción adherida al suelo, es decir, un objeto físico o patrimonial. Efectivamente, al hablar de vivienda se hace referencia a una construcción o una edificación, fijada al suelo y que sirve como habitación para uso personal o familiar.

Sin embargo, es preciso una visión de conjunto en el momento de la interpretación constitucional, teniendo en cuenta, además, los principios informadores, institucionales y técnico-jurídicos. Mediante este procedimiento, se lograría desarrollar y profundizar una idea del derecho a la vivienda distinta a aquella única señalada, según lo ha propuesto Bassols Coma. El mismo autor agrega que de

---

[464] Boletín Oficial del Estado, Gaceta de Madrid Nº 311, de 29/12/1978.

[465] En relación al artículo 65 de la CRP véase el Capítulo III, apartado 2.2. del presente trabajo.

este modo se evitaría que el sistema constitucional resulte en un modelo rígido y podrían encontrarse nuevas soluciones jurídicas, ya sea innovando nuevas instituciones, bien reelaborando su funcionalidad[466].

Es así que, en base a este razonamiento, Bassols Coma plantea valorar el fin social contenido en el artículo 47 CE, que no es otro sino la satisfacción de la necesidad colectiva de alojamiento o habitabilidad y en la que el inmueble-vivienda es un instrumento. La norma determina que los poderes públicos habrán de promover las condiciones para hacer efectivo el derecho y tal disposición ha de materializarse en la elaboración de políticas que establezcan las medidas pertinentes para el acceso a la vivienda[467].

Por tanto, dicho de otro modo, la verdadera obligación impuesta por el artículo 47 CE es la articulación de prestaciones administrativas que proporcionen a los interesados las condiciones para acceder a la vivienda y, de esta forma, hacer efectivo el derecho. Entonces es incorrecto entender que el artículo 47 obliga al Estado a proporcionar gratuitamente vivienda a todos los ciudadanos que carezcan de ella, ya sea como propietarios, arrendatarios, o bajo cualquier otro título.

Lo que sí se exige es una legislación que determine, de forma general y particular, las actuaciones públicas, respecto a la vivienda misma y a los posibles destinatarios. Por un lado, se llama legislación general u objetiva a aquella que regula materias como la especulación del suelo; diseño, calidad y seguridad en la construcción; responsabilidad de promotores, constructores y arquitectos; ordenación administrativa de las entidades de crédito y financiación; condiciones de los contratos de compraventa, alquiler o arrendamiento, etc.

Por otra parte, se ha de dictar una normativa particular o subjetiva, es decir, aquella que fije el mecanismo para la satisfacción del derecho teniendo en cuenta ciertas situaciones personales. En este supuesto, se trata de familias con

[466] BASSOLS COMA (1982): 784 y 785.
[467] BASSOLS COMA (1982): 786 y GÁLVEZ MONTES (2001): 928.

ingresos económicos insuficientes para participar en el mercado libre; personas de la tercera edad; personas con discapacidad, etc., que por sus circunstancias especiales requieren una protección singular[468].

En base a esta configuración, expresa Bassols Coma, que el artículo 47 habilita a los poderes públicos para establecer una ordenación administrativa objetiva en todo el sector de producción y uso de la vivienda, la que a su vez permitirá, según las condiciones subjetivas de cada ciudadano, acceder al disfrute de la vivienda[469]. En conjunto toda esta normativa que tiene como finalidad hacer efectivo el derecho a la vivienda es lo que constituye un verdadero servicio público.

### 2.3. El artículo 47 como principio rector

Ya se ha señalado que el artículo 47, que establece el derecho a una vivienda digna y adecuada, ha sido configurado en la Carta Magna vigente, igual que la mayoría de las normas de contenido social, dentro del Capítulo III, Título I, de los Principios Rectores de la Política Social y Económica.

Asimismo, se encuentran incluidos en dicho grupo otros derechos sociales de los llamados prestacionales, como los de seguridad social, salud, medioambiente, etc. Sin embargo, no todos los derechos de prestación forman parte del Capítulo III del Título I y no todos los que están pertenecen a dicha clasificación, según lo expresa Prieto Sanchís[470].

La ubicación de estos derechos, considerada "claramente devaluadora", sería el resultado de una prudencia extrema e injustificada por parte de los redactores de la constitución de 1978[471], quienes no establecieron un régimen jurídico uniforme para los mismos. Tal circunstancia no hace más que dificultar la inter-

[468] En relación a las dificultades de determinados colectivos, véase el Capítulo VI, apartado 3.2 del presente trabajo.
[469] BASSOLS COMA (1982): 787.
[470] PRIETO SANCHÍS (1995): 38.
[471] CASTRO CID (1993): 169 y 170; (1998b): 43 y (2001): 72.

pretación y aplicación por parte de quienes se ocupan de analizar las disposiciones del mencionado capítulo[472].

De hecho, Lucas Verdú se ha manifestado en el mismo sentido indicando que los intérpretes de los Principios Rectores pueden sentirse perplejos al comprobar "la impericia o pereza del constituyente en la redacción de esas disposiciones"[473], ya que por un lado el mismo epígrafe del Capítulo III habla de principios rectores pero en diversos artículos se los denominan derechos, tal como sucede con el artículo 47 CE que establece el derecho a la vivienda.

Además, se reconoce que los términos empleados por la CE no contribuyen a fijar el alcance y eficacia de los principios rectores. Es cierto que los vocablos son variados, asegurar, promover, mantener, velar, realizar, regular, etc. y que, de hecho, solamente los artículos 43 y 47, salud y vivienda respectivamente, utilizan la palabra derecho.

Sin embargo, la peculiar redacción no es fundamento suficiente para considerar que los mismos carecen absolutamente de valor jurídico[474], o sea, la formulación lingüística de un precepto no puede ser la razón "para separar el Derecho de las buenas intenciones"[475].

### 2.3.1. La eficacia de los principios rectores. El artículo 53.3 CE

Ahora bien, respecto al Capítulo III del Título I, la doctrina ha vertido no pocas y diferentes opiniones, fundadas, generalmente, en las interpretaciones que se han hecho del artículo 53.3 CE. Antes que nada, conviene aclarar, que el artículo 27 CE (derecho a la educación) y el artículo 35 CE (derecho al trabajo), aún consagrando derechos sociales de prestación, forman parte del Capítulo II del Título I y su protección está garantizada por el artículo 53.2, razón por la que los

[472] CASCAJO CASTRO (1988): 97.
[473] LUCAS VERDÚ (1996): 346-347.
[474] PRIETO SANCHÍS (1990): 192 y 193.
[475] PRIETO SANCHÍS (1995): 39.

mismos quedan fuera de los cuestionamientos a los que en el presente trabajo se formularán en adelante.

Así pues, el artículo 53.3 CE, que tiene una redacción poco feliz o desafortunada y que parece ser la fuente de todas las discordias, porque su interpretación es problemática[476], dice:

> "El reconocimiento, el respeto y la protección de los principios reconocidos en el Capítulo tercero informarán la legislación positiva, la práctica judicial y la actuación de los poderes públicos. Sólo podrán ser alegados ante la Jurisdicción ordinaria de acuerdo con lo que dispongan las leyes que los desarrollen".

De esta forma, según expresa García de Enterría, se ha establecido una distinción entre derechos de significado básico y con protección reforzada, de aquellos que requieren para su efectividad un desarrollo técnico mediante las leyes[477]. De la norma señalada se han de tener en cuenta dos expresiones; por un lado, que los principios rectores "informarán la práctica judicial", que ha de ser interpretada como un reconocimiento de las determinaciones del Estado y que no son únicamente normas programáticas sin aplicabilidad judicial.

Pero, por otro lado, el mismo artículo 53 también determina que los principios rectores, "sólo podrán ser alegados ante la jurisdicción ordinaria de acuerdo con lo que dispongan las Leyes que los desarrollen", expresión que no puede ser interpretada como una prohibición de alegación y menos de aplicación, pues sería una contradicción respecto al párrafo anterior[478].

No obstante, la mayoría de los autores[479] coinciden en señalar que los

[476] Coinciden en estas apreciaciones: FERNÁNDEZ RODRÍGUEZ (1982): 29; GARCÍA DE ENTERRÍA (2001): 69 y 70; SERRANO (1987): 117; PRIETO SANCHÍS (1990): 194 y 197; GARCÍA MACHO (1998): 365 y FERNÁNDEZ-MIRANDA CAMPOAMOR (2003): 159.

[477] GARCÍA DE ENTERRÍA (2001): 68.

[478] GARCÍA DE ENTERRÍA (2001): 69 y en el mismo sentido SERRANO MORENO (1987): 117.

[479] PECES-BARBA MARTINEZ (1979): 41; GARRIDO FALLA (1980): 581; SERRANO MORENO (1987): 103; PRIETO SANCHÍS (1990): 192 y sgtes.; CARMONA CUENCA (1992): 106; GARCÍA MACHO Y SOLER (1994): 16; LÓPEZ GONZÁLEZ (1997): 164

principios rectores, entre ellos el derecho a una vivienda digna y adecuada, no suponen derechos propiamente dichos, que no son derechos por sí solos, que son derechos aparentes, que no dan lugar al surgimiento de derechos subjetivos, que no son verdaderos derechos o, inclusive, que no son derechos fundamentales.

Se apoyan en la necesidad de una ley de desarrollo para reconocer eficacia a las disposiciones contenidas en los artículos 39 a 52 de la CE, aunque, como expresa Prieto Sanchís[480], la falta de desarrollo legislativo de un principio rector no lo convierte en un enunciado jurídicamente inexistente. Dicho de otro modo, por el mismo autor, "no es cierto que allí donde falta un supuesto de hecho o una consecuencia jurídica perfectamente delimitados falte una norma jurídica[481].

La división de opiniones dentro del sector antes indicado, se produce cuando una parte de ellos no admite otorgar otro valor a esas normas y les niegan cualquier efecto posible. La postura más extrema, en sentido negativo, se encuentra en lo expresado por Garrido Falla, para quien es importante la estructura lógica de la norma. Es decir, una declaración constitucional no adquiere carácter de norma constitucional con su sola inclusión en la Carta Magna, sino que ha de implicar también una orden, mandato o prohibición, con su correspondiente sanción. Por tanto, según el mismo autor, sin la aludida estructura lógica nos encontramos ante retórica constitucional y no ante derechos[482].

Respecto a esta opinión se ha manifestado que la misma resulta sorprendente, ya que en base a ella sólo podrían ser consideradas normas constitucionales los enunciados de derechos, entendido este en el sentido más tradicional de la expresión. Por tanto, según esta idea, la Constitución recoge muchas declaraciones retóricas y pocas normas[483].

Afortunadamente, tal como lo expresa Calvo Poyatos, existen discrepan-

---

[480] PRIETO SANCHÍS (1995): 51.
[481] PRIETO SANCHÍS (1995): 39. En el mismo sentido CARMONA CUENCA (1992): 110.
[482] GARRIDO FALLA (1980): 579 y 580.
[483] COSSIO DÍAZ (1989): 252 y 253.

-cias sobre la idea desarrollada por Garrido. La misma autora manifiesta que, aunque sea cierto que la Constitución contiene disposiciones algo imprecisas, no se puede decir que de ella no deriven derechos directamente invocables y protegidos. De hecho, no se puede realizar una interpretación de la constitución a la luz de la vieja teoría privatista[484].

Sin embargo, en esa misma dirección negativa está Jiménez Campos, quien se refiere a los principios rectores como derechos prometidos, derechos aparentes o "pretensiones comunitarias que la Constitución incorpora a fin de imponer o, cuando menos, de justificar determinadas políticas públicas"[485]. Asimismo, refiriéndose ya en forma exclusiva al derecho a la vivienda, se manifiesta Martínez Estay al decir que el mismo es "...más bien una aspiración o programa de política social, que eventualmente alcanzará virtualidad jurídica cuando sea desarrollada por el legislador...".[486].

Por otra parte, existen autores que sí reconocen, y con los que coincido, el valor de estas normas e interpretan la manera en que las mismas deberían ser aplicadas. El primer exponente dentro de este sector ha sido García de Enterría, quien ha realizado una apreciación de la Constitución en conjunto, otorgándole un valor al cuerpo completo del texto, con ciertas matizaciones, pero sin consideraciones negativas o pesimistas.

En tal sentido, ha señalado que, en principio, se han de tener claras tres premisas: primero, que toda la Constitución tiene valor normativo inmediato y directo; segundo, que la Constitución es parte del ordenamiento jurídico y tercero, que la vinculación normativa de la Constitución afecta a todos los ciudadanos y a todos los poderes públicos, sin excepción, no se hace referencia exclusiva a un determinado sector de la Administración[487].

[484] CALVO POYATOS (1996): 131.
[485] JIMÉNEZ CAMPOS (1999): 23, 24 y 123.
[486] MARTÍNEZ ESTAY (1997): 327.
[487] GARCÍA DE ENTERRÍA (2001): 63 y 64. En el mismo sentido SERRANO MORENO (1987): 95 y 116; COBREROS MENDAZONA (1987): 27 y 34; CARMONA CUENCA (1992): 110.

Aunque es cierto, según el mismo autor lo manifiesta, que "no todos los artículos de la Constitución tienen un mismo alcance y significación normativas, pero todos, rotundamente, enuncian efectivas normas jurídicas, sea cual sea su posible imprecisión o indeterminación"[488]. Respecto a los principios rectores expresa que los mismos han de orientar la acción del Estado y los fines determinados de su misión[489].

Por tanto, si se reconoce a la Constitución como el instrumento normativo básico y fundamental y la misma proclama ampliamente la socialidad del Estado[490], garantiza la igualdad y propugna la dignidad humana como fundamentos del orden político y la paz social, no cabe, de manera alguna, restarles importancia a los principios rectores en ella contenidos.

En este sentido, se ha expresado que: "los Principios Rectores son la más importante concreción de los enunciados generales del Preámbulo de la Constitución, de los valores superiores del ordenamiento reconocidos en el artículo 1.1 CE, especialmente el valor igualdad, y son concreción de la idea de Estado social, expresado por el artículo 1"[491].

Tal es así que se habla de Estado social como aquel que está comprometido con la promoción del bienestar de la sociedad y, especialmente con la de aquellos sectores más desfavorecidos. Así lo ha manifestado Pérez Royo y, además, agrega, que un "Estado democrático tiene que convertirse en Estado social, en la medida en que tiene que atender y dar respuesta a las demandas de todos los sectores de la sociedad y no exclusivamente a las de una parte de la misma"[492].

[488] GARCÍA DE ENTERRÍA (2001): 68. Coincide con el autor COBREROS MENDAZONA (1987): 27 y 30.
[489] GARCÍA DE ENTERRÍA (2001): 70.
[490] CARMONA CUENCA (1992): 103.
[491] SERRANO MORENO (1987): 96 y 97. En el mismo sentido COBREROS MENDAZONA (1987): 30; GARRIDO (1994): 227; LÓPEZ PINA (1996): 26; GARCÍA MACHO (1998): 365 y 366: GONZÁLEZ ORDOVÁS (2004): 972.
[492] PÉREZ ROYO (2006): 202.

Si bien los miembros de una sociedad son titulares de derechos civiles y políticos así como de derechos sociales, cuando se habla de las demandas que la misma realiza, generalmente se está tratando de derechos sociales, especialmente los prestacionales, que en la CE de 1978 están incluidos mayoritariamente en el capítulo dedicado a los Principios Rectores.

### 2.3.2. La aplicación de los principios rectores

Ahora bien, ¿cuál será la aplicación práctica de los principios rectores?, es decir, ¿qué función cumplen o les es atribuible? La respuesta está en el mismo artículo 53.3 CE que vincula a todos los poderes públicos, especial y predominantemente al legislador, al cumplimiento de lo dispuesto en el Capítulo III, Título I, es decir, queda establecido un mandato de desarrollo y concreción de los objetivos propuestos[493].

Así lo ha manifestado López González[494], para quien el legislador deberá favorecer el cumplimiento de los objetivos de carácter socioeconómico, no pudiendo actuar de forma que dificulte la consecuencia de los mismos. Además, los principios rectores han de ser tenidos en cuenta en el momento de interpretar la Constitución en su conjunto, sin hacer diferencias entre partes de la misma[495].

Entonces, los Principios Rectores son mandatos dirigidos al legislador para que el mismo complete la estructura prevista en la Constitución y dote a los derechos sociales, constitucionalmente incompletos, de operatividad inmediata. Para Fernández Rodríguez ese es el evidente sentido del artículo 53.3 CE, se trata de una expresa obligación que no puede obviarse en base a la libertad de configuración.

---

[493] GARCÍA MACHO (1998): 365.
[494] LÓPEZ GONZÁLEZ (1997): 164.
[495] LÓPEZ GONZÁLEZ (1997): 166 y SERRANO MORENO (1987): 118. En el mismo sentido PÉREZ LUÑO (2005): 187 y sgtes.

De hecho, indica el citado autor, en términos técnico-jurídico ese es el significado de "desarrollo" en el marco de toda operación de remisión normativa[496]. Asimismo, señala Carmona Cuenca[497] que se trata, sobre todo, de la orden de promulgar las leyes necesarias para el ejercicio de determinados derechos, particularmente los derechos de prestación.

Pues bien, a partir de esta noción sobre las obligación del legislador, se han de verificar las dos posibilidades que podrían presentarse al respecto, cumplir o no con la misma. En el supuesto de que el legislador no dicte las leyes correspondientes, estaría incumpliendo o inaplicando[498] la propia Constitución. Sin embargo, esta omisión no tendría mayores consecuencias, al no existir un medio coercitivo para que desempeñe sus funciones, ya que la Constitución española no prevé la inconstitucionalidad por omisión[499]. Pero, por otro lado, sí podría aprobarse una ley que, en su totalidad o parte de ella, viole las disposiciones constitucionales.

En tal caso, el incumplimiento de la Carta Magna se habrá materializado a través de un acto del legislador y ante el mismo cabe la declaración de inconstitucionalidad de dicha ley[500]. Lo expresado significa que los principios rectores son perfectamente alegables ante el Tribunal Constitucional cuando se trate de procedimientos de control de la constitucionalidad, es decir, es posible examinar a la luz de las normas del Capítulo III, Título I CE la constitucionalidad de las leyes y de cualquier norma o acto de los poderes públicos que son los destinatarios de los

[496] FERNÁNDEZ RODRÍGUEZ (1997): 464 y 468.
[497] CARMONA CUENCA (1992): 108.
[498] COBREROS MENDAZONA (1987): 50.
[499] Al respecto señala FERNÁNDEZ-MIRANDA CAMPOAMOR (2003): 159, que la vía de la inconstitucionalidad sería indeseable en una Constitución democrática y pluralista. Por otra parte la Constitución portuguesa sí establece la Inconstitucionalidad por omisión en el artículo 283 que dice: 1. A requerimiento del Presidente de la República, del Defensor del Pueblo o, por razón de violación de derechos de las regiones autónomas, de los presidentes de las asambleas legislativas regionales, el Tribunal Constitucional examina y comprueba el no cumplimiento de la Constitución por omisión de las medidas legislativas necesarias para hacer efectivas las normas constitucionales. 2. Cuando el Tribunal Constitucional compruebe la existencia de inconstitucionalidad por omisión, dará conocimiento de ello al órgano legislativo competente.
[500] CARMONA CUENCA (1992): 108 y 119.

mandatos de hacer contenidos en esos preceptos[501].

De hecho, estas normas son directamente invocables y aplicables en cualquier controversia jurídica, salvo como derechos subjetivos accionables ante los tribunales[502]. De todos modos, se mantiene el impedimento del artículo 53.2. CE, por el cual el único procedimiento en el que los artículos 39 a 52 no podrán ser invocados como fundamento principal es el recurso de amparo. Sin embargo, existe una opinión que, aunque solitaria, es importante mencionar por cuanto hace al objeto de esta investigación.

La misma ha sido delineada por Prieto Sanchís, para quien lo establecido en el artículo 53.3 no significa que los principios no puedan ser considerados, hasta por el propio el Tribunal Constitucional por cualquier camino procesal, incluido el amparo, si el mismo resulta viable a través de otro derecho[503]. Como ejemplo manifiesta que "un derecho al mínimo vital podría constituirse a partir del derecho a la vida, del principio de Estado social, conectado a la dignidad de la persona y, en fin, de algún principio rector, como el derecho a la salud, a una vivienda digna, etc."[504].

La situación de inacción del legislador también se ha producido en otros Estados. Por ejemplo, en el caso italiano, la Corte constitucional, ha optado por emitir recomendaciones a los órganos legislativos. Sin embargo, la doctrina española ha señalado al respecto que una actividad excesiva del juez constitucional representa un peligro, porque podría llegar a suplantar al legislador, que es el órgano legitimado para desarrollar la Constitución[505]. Igualmente se ha expresado que si el Tribunal Constitucional interviene y corrige una omisión legislativa, todo

---

501 SERRANO MORENO (1987): 103; LÓPEZ PINA (1996): 24; LÓPEZ GONZÁLEZ (1997): 166. Véase comentario de GARRIDO (1994) sobre la STC 222/1992, de 11 de diciembre, que utiliza como fundamento para declarar la inconstitucionalidad del art. 58 de la Ley de Arrendamientos Urbanos, además del art. 14, dos principios rectores, art. 39.1, protección social, económica y jurídica de la familia y el art. 47, derecho a una vivienda digna y adecuada.

502 PRIETO SANCHIS (1995): 44

503 Lo cierto es que no he podido encontrar jurisprudencia del TC que aplique directamente el artículo 47 CE.

504 PRIETO SANCHIS (1995): 46.

505 En el mismo sentido LÓPEZ GONZÁLEZ (1997): 166.

el principio de separación de poderes se vería violado y se incumpliría la reserva de ley[506].

Sin embargo, hay quien se pronuncie a favor de las actuaciones realizadas en el vecino país. En tal sentido, Carmona Cuenca[507] manifiesta que en casos concretos de notoria despreocupación del legislador por cumplimentar los mandatos constitucionales, aquellas medidas podrían resultar "una útil llamada de atención sobre la importancia de los principios contenidos en la norma fundamental". Además, tal como lo indica Cobreros Mendazona "el Tribunal Constitucional es el que no puede quedar impasible ante el incumplimiento de la Constitución"[508].

Aunque hasta ahora se ha insistido en la obligación impuesta al legislador por el artículo 53.3 respecto a los Principios Rectores de la Política Social y Económica, cabe recordar que el artículo mencionado hace alusión a todos los poderes públicos. Por tanto, la Administración tiene también una importante labor que desempeñar respecto al Capítulo III, Título I de la Constitución. Para que la misma contribuya en la implementación de los Principios Rectores se ha de realizar un desarrollo concreto determinando objetivos claros y específicos.

Sobre el tema, García Macho dice que la Administración tiene una función de concreción con libertad de configuración, hasta tal punto que en determinadas situaciones implica su desarrollo sin la mediación del legislador. Como ejemplo, presenta justamente lo ocurrido con artículo 47 CE, recordando que la política de vivienda de protección oficial y los correspondientes planes se realizan en base al Real Decreto 31/1978, de 31 de octubre, sobre política de viviendas de protección oficial[509].

Es evidente que se pueden suscitar dificultades de carácter dogmático en cuanto a la consideración jurídica de estos principios rectores pero esta cuestión

---

506 COBREROS MENDAZONA (1987): 45.
507 CARMONA CUENCA (1992): 123.
508 COBREROS MENDAZONA (1987): 48.
509 En relación al Real Decreto 31/1978, de 31 de octubre, véase el apartado 1.10.2 del presente capítulo.

no puede resultar en modo alguno insalvable, pues resultaría más ajustado al ordenamiento jurídico entender que también son derechos constitucionales merecedores de protección los aludidos principios rectores de la política económica y social, entendido en sentido genérico el concepto de derechos constitucionales.

Es por ello que el mandato constitucional recogido en el artículo 47 de la Carta Magna adquiere toda su real dimensión como parámetro interpretativo de lo que estos principios rectores significan en el conjunto del ordenamiento constitucional[510].

Asimismo, se podría otorgar mayor valor al artículo 47 CE si se aplicara el principio de no regresividad de las conquistas sociales establecido por el Pacto Internacional de Derechos Económicos, Sociales y Culturales, tal como lo interpretan Abramovich y Courtis[511]. Inicialmente, el Estado no debe sancionar normas jurídicas ni aprobar políticas que empeoren la situación de la población en cuanto al ejercicio del derecho a la vivienda se trate. Es decir, está prohibido reducir los niveles de protección ya existentes porque es obligatorio lograr progresivamente la plena efectividad del derecho aludido[512].

## 2.4. Los titulares del derecho a la vivienda

### 2.4.1. Consideraciones generales

Cuando se hace referencia a la titularidad de un derecho, se trata de determinar la cualidad y atribución concreta que el ordenamiento realiza a favor de un individuo, tal como lo manifiesta Bastida. El mismo autor agrega que de ese modo se conciben las diferentes posiciones jurídicas en las que ese individuo se encuentra en relación con el poder público y con otros particulares. De ahí que la

[510] RODRÍGUEZ (1995): 130 y 131.
[511] ABRAMOVICH y COURTIS (2004): 92.
[512] Respecto al principio de no regresividad véase el Capítulo I, apartado 3.3 del presente trabajo.

titularidad o ejercicio de determinados derechos fundamentales puedan estar sujetos a requisitos internos o externos, personales o temporales[513].

Respecto a la vivienda, el artículo 47 CE dice que todos los españoles tienen derecho a la misma, circunstancia sobre la que Bassols Coma llama la atención pues, dentro del Capítulo III del Título I, es el único caso en el que se subordina la efectividad de un principio rector a ostentar la nacionalidad española[514]. En el mismo sentido, González Ordovás[515] ha expresado que, según la CE, todos tienen derecho a la educación (art. 27), a la sanidad (art. 41), al medio ambiente (art. 45), sin embargo, el derecho a la vivienda se consagra para todos los que sean españoles.

Por tanto, está clara la redacción de la norma, en principio, a todos los españoles se les reconoce el derecho a disfrutar de una vivienda digna y adecuada. Sin embargo, también se ha de admitir que la titularidad no implica necesariamente el disfrute, es decir, que tener derecho a algo dista muchas veces de estar ejerciendo tal derecho. Lo dicho se evidencia al observar lo que la realidad social muestra, que no todos los españoles acceden libremente y sin dificultades a una vivienda digna y adecuada.

Se podría hablar de tres sectores bien diferenciados entre los titulares del derecho. El primero de ellos, está compuesto por personas con ingresos relativamente suficientes o altos que recurren directamente al mercado y hacen realidad el derecho garantizado por el artículo 47 CE, sin requerir para ello de la intervención del Estado[516].

El segundo sector, mayoritario si cabe, lo conforman aquellos que por carecer de los ingresos económicos suficientes demandan la acción de los poderes públicos para acceder y disfrutar de una vivienda. Son los que necesitan un trata-

513 BASTIDA FREIJEDO (2004): 84 y 85.
514 BASSOLS COMA (1982): 778.
515 GONZÁLEZ ORDOVÁS (2004): 977.
516 MUÑOZ CASTILLO (2000): 75.

miento diferenciado que se instrumentaliza a través de los proyectos de apoyo financiero.

Y, en último término, se debe considerar a un tercer sector constituido por españoles afectados por graves problemas de infravivienda y de marginalidad social, escaso nivel de renta, o bien problemas específicos de integración social. Estos son los que precisan de una política de prestaciones directas, de servicio público o de operaciones especiales para hacer efectivo lo dispuesto por el artículo 47 de la CE, ya que no tienen capacidad para acceder a ella a través del mercado, o requieren de ofertas singulares[517].

Además, sin obviar la clasificación mencionada, la propia Constitución indica algunos colectivos específicos para los que se demanda una preferencia de las acciones públicas, según palabras de Bassols Coma. Entre los mismos se destacan los españoles de la tercera edad, ya que el artículo 50 CE establece que los poderes públicos promoverán su bienestar mediante un sistema de servicios sociales que atenderán sus problemas específicos de vivienda.

Igualmente, los "disminuidos físicos, sensoriales y psíquicos" porque el artículo 49 de la CE ordena a los poderes públicos una política y una atención especializada y que los amparen singularmente para el disfrute de los derechos que el Titulo I de la CE otorga a todos los ciudadanos, entre los que se encuentra el derecho a disfrutar de una vivienda[518].

Conviene remarcar que las personas arriba individualizadas, representan un sector social para el cual la adecuación de la vivienda y su entorno cobra un sentido más especial. Las mismas enfrentan limitaciones que las colocan en una situación de mayor vulnerabilidad, razón por la que en este contexto el concepto de habitabilidad cobra su mayor significado[519].

[517] MUÑOZ CASTILLO (2000): 78 y 79.
[518] BASSOLS COMA (1982): 778 y 779.
[519] Respecto a las dificultades de determinados colectivos, véase el Capítulo VI, apartado 3.2 del presente trabajo.

Por tanto, se habrán de aprobar normas en las que se fijen las características suficientes para facilitar el acceso, así como el desenvolvimiento normal de las necesidades motrices y la integración en el núcleo en que habiten, eliminar barreras arquitectónicas, reservar porcentajes de viviendas públicas para discapacitados[520], etc.

Por su parte, Muñoz Castillo considera que existen más beneficiarios especiales. La protección de la familia está garantizada por el artículo 39 CE; una remuneración por el trabajo que ha de ser suficiente para satisfacer las necesidades del trabajador y las de su familia, como la vivienda, está prevista por el artículo 35 CE; y, por último, se determina que el Estado oriente la política de retorno de los trabajadores españoles, por lo que el acceso a la vivienda será uno de los pilares de dicha política[521].

Para este grupo de ciudadanos, españoles o no, y para todos aquellos que no pueden satisfacer esa necesidad básica mediante los productos del mercado inmobiliario que conciben la vivienda como una mercancía y su producción como un negocio, es preciso que se desarrollen e implementen políticas eficaces de protección acordes con la "medida primaria para resolver los problemas y conflictos sociales desde la perspectiva de la justicia social inspirada por la dignidad de la persona"[522].

### 2.4.2. La situación de los extranjeros

Pues bien, se ha señalado reiteradamente que todos los españoles son ti-

[520] En este sentido se puede citar la Ley 13/1982, de 7 de abril, de integración social de los minusválidos; el Real Decreto 355/1980, de 25 de enero, que ya recogía porcentajes de reserva, al tiempo que la Orden de 3 de marzo de 1980 determina la normativa técnica que debe cumplir el proyecto técnico sobre eliminación de las barreras arquitectónicas; el Real Decreto 248/1981, de 5 de febrero, que regula el procedimiento para la distribución de la reserva de viviendas destinadas a minusválidos y la Ley 38/1999, de 5 de noviembre, de Ordenación de la Edificación, incluye entre los requisitos básicos relativos a la funcionalidad en los edificios (art. 3), la accesibilidad para las personas con movilidad y comunicación reducidas, de tal forma que les permita el acceso y la circulación por el edificio, potenciando de manera evidente la orientación de la política de vivienda y de ciudad hacia este grupo social de preferencia constitucional.

[521] MUÑOZ CASTILLO (2000): 82.

[522] GONZÁLEZ ORDOVÁS (2004): 978.

-tulares del derecho a una vivienda digna y adecuada. Sin embargo, cabe cuestionarse si la política de protección en esta materia se extiende o no a los extranjeros. Para intentar aclarar dicho planteamiento, resulta oportuno remitirnos a lo dispuesto por el artículo 13.1 CE según el cual "los extranjeros gozarán en España de las libertades públicas que garantiza el presente título en los términos que establezcan los tratados y la ley".

Al respecto, expresa López Guerra[523], que la CE habilita al legislador para delimitar el contenido de los derechos y, al mismo tiempo, lo limita materialmente, pues la propia CE determina quiénes pueden ser titulares de cada derecho. La idea central es que cualquier persona es titular de los derechos fundamentales, sin embargo, nada obsta a que el ejercicio de los mismos por parte de los extranjeros sea atemperado o, incluso, limitado[524].

Por otra parte, el Tribunal Constitucional[525] ha reconocido que "los extranjeros pueden ser titulares de los derechos fundamentales a residir y a desplazarse libremente que recoge la Constitución en su artículo 19", aunque considera "lícito que las leyes y los tratados modulen el ejercicio de esos derechos en función de la nacionalidad de las personas".

En definitiva, el órgano jurisdiccional ha entendido que "los extranjeros que, por disposición de una ley o de un tratado o por autorización concedida por una autoridad competente, tienen derecho a residir en España gozan de la protección que brinda el artículo 19 CE, aun cuando no sea necesariamente en idénticos términos que los españoles, sino en los que determinen las leyes y tratados a los que se remite el artículo 13.1. CE".

A juicio de Muñoz Castillo, esta sentencia abre "la posibilidad de acceso a las medidas de fomento y a los procedimientos que faciliten el disfrute de una

[523] LÓPEZ GUERRA (2007): 170.

[524] En tal sentido véase la STC 99/85, de 30 de septiembre; STC 115/87, de 7 de julio y STC 265/2007, de 20 de diciembre.

[525] STC 94/1993, de 22 de marzo.

vivienda digna y adecuada, en los términos que establezcan los Tratados y la Ley"[526]. Efectivamente, es la Ley Orgánica 2/2009, de 11 de diciembre[527], de reforma de la Ley Orgánica 4/2000, de 11 de enero[528], sobre derechos y libertades de los extranjeros en España y su integración social, la que establece en su artículo 13 que:

> "Los extranjeros residentes tienen derecho a acceder a los sistemas públicos de ayudas en materia de vivienda en los términos que establezcan las leyes y las Administraciones competentes. En todo caso, los extranjeros residentes de larga duración tienen derecho a dichas ayudas en las mismas condiciones que los españoles".

La norma trascrita no establece el derecho a disfrutar de una vivienda, sin embargo, podría entenderse que si se permite el acceso al sistema de ayudas públicas también se promueve el disfrute de una vivienda digna por los extranjeros[529]. Ahora bien, sobre el contenido de la disposición transcrita, es imprescindible realizar ciertas acotaciones.

En primer lugar, con las diversas modificaciones que se han realizado a la ley de Extranjería se ha estrechado el sector que tenía derecho a las ayudas en materia de vivienda, pues la Ley 4/2000, de 11 de enero, también contemplaba como beneficiarios a aquellos residentes habituales empadronados en el municipio correspondiente. Posteriormente, la Ley 8/2000, de 22 de diciembre, ya se refería únicamente a los extranjeros residentes sin distinción. Por último, la reciente modificación ha determinado que no todos los extranjeros son beneficiarios de las ayudas en materia de vivienda, sino aquellos con residencia de larga duración[530].

En segundo lugar, cabe mencionar que con esta normativa el Estado está legislando respecto a un sistema de subvenciones que, en la mayoría de los casos,

[526] MUÑOZ CASTILLO (2000): 84.
[527] BOE Nº 299, de 12/12/2009
[528] BOE Nº 10, de 12/01/2000.
[529] AGUADO I CUDOLÀ (2005): 86.
[530] Véase el art. 31 (Situación de residencia temporal) y el art. 32 (Residencia de larga duración) de la Ley 2/2009, de 11 de diciembre.

es competencia autonómica y que, por tanto, habría de entenderse que se refiere únicamente a las ayudas estatales existentes en la materia[531].

Finalmente, se ha dicho sobre la situación de los extranjeros que, tras el reconocimiento jurídico de sus derechos, es necesario lograr que los mismos se materialicen. Y, en dicho sentido, se asegura que "salvo en muy contadas ocasiones, la no posesión de la nacionalidad española, se entiende, le lleva al inmigrante a quedar fuera de los cupos escasos de acceso a una vivienda de promoción pública o de régimen especial[532].

## 2.5. Los obligados por el derecho a la vivienda

### 2.5.1. Los poderes públicos implicados

Al establecer el contenido del derecho a la vivienda, se ha afirmado que el fin perseguido por el mismo no es el de proveer morada a toda persona, ciudadano, nacional o extranjero, que carezca de la misma, sino que se trata de arbitrar las medidas y proporcionar las condiciones para que el individuo se encuentre en situación de acceder a la vivienda[533]. En tal sentido, el artículo 47 CE hace referencia a los poderes públicos, señalando que son estos los que, estableciendo las normas pertinentes y aplicándolas, lograrán hacer efectivo el derecho a una vivienda.

Pues bien, en el concepto de poderes públicos se incluyen la Administración del Estado y las Comunidades Autónomas, configuradas a partir de la CE de 1978 y son los artículos 148 CE y 149 CE los que determinan las diferentes mate-

[531] Así lo ha manifestado SANTOLAYA MACHETTI (2000): 4, realizando un comentario que, si bien se refería a la Ley 4/2000, de 11 de enero, se ajusta totalmente al contexto que presentamos porque la nueva normativa continua aludiendo a las ayudas en materia de vivienda. Inclusive, el mismo autor ha puesto en duda la constitucionalidad de la mencionada disposición. En el mismo sentido, respecto a la normativa de extranjería y el reparto competencial véase SANTOLAYA MACHETTI (2007a): 159-169.

[532] LEAL y MAYEUR (1997): 128.

[533] BASSOLS COMA (1982): 786.

rias que le competen a cada una de ellas. Además, en este contexto hay que considerar el papel significativo que las Administraciones locales desempeñan como parte de la estructura administrativa y al que se hará referencia más adelante.[534]

Tal es así que, partiendo de las disposiciones constitucionales en cuanto a la distribución de competencias, principalmente entre el Estado y las Comunidades Autónomas, se identificarán las actuaciones que las mismas han de desarrollar con vistas a hacer efectivo el derecho a la vivienda. Cabe adelantar que hay desacuerdos en cuanto a la distribución competencial o el alcance de la normativa existente, sin embargo, no se pretende realizar un análisis exhaustivo de la problemática desarrollada en dicho sentido, sino, tal como lo ha expresado Muñoz Castillo, dejar constancia de su existencia[535].

Entonces, para conocer la distribución competencial en relación al artículo 47 CE, por una parte, se ha de tener en cuenta que según el artículo 148.1.3 CE:

> "1. Las Comunidades Autónomas podrán asumir competencias en las siguientes materias:...3ª Ordenación del territorio, urbanismo y vivienda".

Por tanto, las Comunidades Autónomas, en uso de estas atribuciones, han asumido la competencia sobre vivienda[536], de forma exclusiva, según lo determinan sus respectivos Estatutos.

Mientras que, por otro lado, el artículo 149.1 CE dispone que:

> "El Estado tiene competencia exclusiva sobre las siguientes materias: "...11ª... bases de la ordenación de crédito..." y "...13ª Bases y coordinación de la planificación general de la actividad económica".

[534] MUÑOZ CASTILLO (2000): 75.
[535] MUÑOZ CASTILLO (2003): 153.
[536] Respecto a las competencias asumidas por cada una de las Comunidades Autónomas, véase el Capítulo V, apartado 2 del presente trabajo.

Se ha señalado que el aludido carácter de exclusividad, en un principio, puede plantear la idea errónea de que el Estado ha perdido toda atribución en el sector[537]. Sin embargo, en base a los artículos citados, 149.1.11 CE y 149.1.13 CE, queda claro que el mismo sí puede intervenir en las políticas de vivienda.

En efecto, señala Sánchez Morón que "...resultaría anacrónico entender o pretender que un Estado, es decir, una unidad política soberana, dejara de establecer políticas de ordenación de los distintos sectores productivos...". Además, agrega el mismo autor que "...ningún Estado puede dejar de hacerlo, pues de lo contrario peligraría la unidad económica que subyace a (y sostiene) la propia unidad política..."[538].

No obstante, Santolaya realiza una observación justamente respecto al artículo 149.1.13 CE. Para el autor, esta disposición otorga al Estado una atribución que encaja mal en un sistema tradicional de reparto de competencias en cuanto que incide sobre una pluralidad de sectores concretos de ámbitos competenciales diversos y que tiene en sí misma virtualidad suficiente para convertir en concurrentes gran parte de las actividades asumidas con el carácter de exclusivas por los Estatutos[539].

Además, cabe recordar la línea marcada por la jurisprudencia del Tribunal Constitucional, en el sentido de que el Estado puede incidir en política de vivienda, porque, "...autonomía no equivale a soberanía" e "...incluso las competencias autonómicas exclusivas han de situarse siempre dentro del marco constitucional (art. 147 de la CE)..."[540].

### 2.5.2. La STC 152/88, de 20 de julio

Los conflictos de competencia planteados fueron resueltos a través de la

[537] IGLESIAS GONZÁLEZ (2000): 87 y BELTRÁN DE FELIPE (1997): 430.
[538] SÁNCHEZ MORÓN (1990): 145.
[539] SANTOLAYA MACHETTI (1985): 415 y 416.
[540] STC 69/1982, de 23 de noviembre. Fj. 1. Ponente: don Francisco Tomás y Valiente.

STC 152/88, de 20 de julio[541]. La misma determinó el alcance de las atribuciones que cada Administración tiene en cuanto a la vivienda, marcando de esa forma el inicio de una nueva etapa en la consolidación del Estado de las Autonomías.

Se indicó que la finalidad de promoción que persiguen las medidas arbitradas por el Gobierno y la Administración del Estado consta de cuatro aspectos que son inherentes a las mismas. El primero es sobre "...la definición misma de las actuaciones protegibles", como núcleo de las medidas consideradas..." y el segundo es "...la forma de protección...", en cuyo caso se refiere a la regulación de las fórmulas de financiación que se pueden adoptar. Se trataría de créditos cualificados, subsidiación de préstamos y subvenciones y sin las que el fomento de actuaciones carece de eficacia, así como la finalidad específica de las mismas.

A continuación el tercer aspecto es "... el nivel de protección...", ya que la razón esencial por las que se adoptan las medidas es la de proteger a los destinatarios de las mismas, también se ha determinar el nivel que se intenta alcanzar u ofrecer en cada caso. Y por último se trata de "...la aportación misma de recursos estatales...", a fin de realizar las correspondientes actuaciones, pues el aspecto financiero es indispensable.

Asimismo, agrega la señalada sentencia que "...la regulación estatal de cada uno de estos cuatro aspectos no invade competencia autonómica alguna, pues se halla legitimada por lo dispuesto en el art. 149.1.13 de la Constitución, así como, por lo que hace a la financiación privada de tales actuaciones, en virtud de lo dispuesto en el art. 149.1.11, puesto que se traduce en la disciplina de uno de los préstamos de regulación especial computables por las entidades financieras"[542].

Por otra parte, la Sentencia enumeró las actuaciones protegibles en cuanto a vivienda que pueden ser desarrolladas por las CCAA, ya que las mismas no han quedado desprovistas de atribuciones. Estas podrán "... definir y llevar a cabo

[541] Ponente: don Antonio Truyol y Serra. Voto particular formulado por don Francisco Rubio Llorente. Véase el análisis realizado de la STC 152/88 en SÁNCHEZ MORÓN (1990).

[542] STC 152/88, de 20 de julio, Fj. 4.

una política de vivienda propia...", de tal forma que así complementarán las actuaciones de protección y promoción previstas por el Estado con cargo a sus propios recursos.

También tienen potestad para "... aplicar las medidas estatales adaptándolas a las peculiares circunstancias de su territorio...", considerando un margen de libertad de decisión, pero sin perjuicio del respeto debido a los elementos indispensables que las normas estatales arbitran para alcanzar los fines de política económica general propuestos[543].

Por tanto, este ha sido el modo a través del cual se ha logrado conciliar el ejercicio de las competencias del Estado sobre la planificación y coordinación en el sector económico de la vivienda, incluida la utilización instrumental de sus competencias sobre las bases de ordenación del crédito, con las competencias autonómicas en materia de vivienda.

Asimismo, se ha de mencionar lo que establece la STC 152/88 respecto a la garantía de la igualdad en el ejercicio de los derechos constitucionales contenidos en el artículo 149.1.1 a favor de todos los españoles. Dice que "esta función de garantía básica, en lo que atañe al derecho a disfrutar de una vivienda digna, es la que puede y debe desempeñar el Estado al instrumentar sus competencias sobre las bases y coordinación de la planificación económica del subsector vivienda y sobre las bases de ordenación del crédito".

Es decir que "...la persecución del interés general -en este caso, el relativo a la garantía de una vivienda adecuada para todos los españoles- se ha de materializar "a través de", no "a pesar de" los sistemas de reparto de competencias articulados en la CE"[544]. Esta actitud adoptada por el Tribunal Constitucional re-

[543] STC 152/88, de 20 de julio, Fj. 4.

[544] En el mismo sentido STC 251/2006, de 25 de julio; STC 146/1986, de 25 de noviembre. Al respecto ha dicho SÁNCHEZ MORÓN (1990): 141 y 142, que la actitud adoptada por el Tribunal Constitucional revelaría la prudencia con que el mismo utiliza "...un precepto tan indeterminado en su contenido y de tanta capacidad expansiva...", como sería el contenido en el

velaría la prudencia con que el mismo utiliza "...un precepto tan indeterminado en su contenido y de tanta capacidad expansiva..."[545], como sería el contenido en el artículo 149.1.1 y que para los Magistrados se trataría de un argumento complementario de los anteriores.

Ahora bien, resulta indispensable señalar el alcance que tienen las atribuciones que corresponden al Estado según las disposiciones constitucionales. Por un lado, respecto a la ordenación del crédito dispuesta por el artículo 149.1.11 CE, se ha indicado que a través del mismo le corresponde establecer mecanismos de fomento o protección de la actividad crediticia. Es decir, articular líneas de crédito especialmente diseñadas para el fomento de determinados sectores económicos y ponerlas a disposición de las entidades que deseen gestionarlas a favor de los ciudadanos.

A los efectos señalados es indiferente que los créditos cualificados sean otorgados por entidades de crédito, públicas o privadas. También es cierto, que la concesión de financiación privilegiada podría enmarcarse dentro de la planificación general de la actividad económica, no obstante, Iglesias González sugiere la utilización de la competencia de ordenación del crédito en razón de su especialidad[546].

En tanto que, la atribución estatal relativa a la planificación general de la actividad económica, determinada por el artículo 149.1.13 CE, es otra vía que permite al Estado ejercer competencias en materia de vivienda. La facultad señalada se sustenta en el principio de unidad en el orden económico, que abarca numerosos títulos competenciales estatales, ligados por la especificidad del ámbito económico.

En tal sentido la STC 152/1988 expresa que "...dentro de la competencia

artículo 149.1.1 y que para los Magistrados se trataría de un argumento complementario de los anteriores.

[545] SÁNCHEZ MORÓN (1990): 141 y 142.

[546] IGLESIAS GONZÁLEZ (2000): 119, 123 y 124.

de dirección de la actividad económica general tienen cobijo también las normas estatales que fijen las líneas directrices y los criterios globales de ordenación de sectores económicos concretos, así como las previsiones de acciones o medidas singulares que sean necesarias para alcanzar los fines propuestos dentro de la ordenación de cada sector…"[547].

Asimismo, señala que: "Este razonamiento es también aplicable al sector de la vivienda, y en particular, dentro del mismo, a la actividad promocional, dada su muy estrecha relación con la política económica general, en razón de la incidencia que el impulso de la construcción tiene como factor del desarrollo económico y, en especial, como elemento generador de empleo"[548].

Y por último manifiesta que, indudablemente, determinadas actuaciones de construcción y rehabilitación de viviendas de protección oficial desarrolladas dentro del subsector económico de la vivienda pueden ser comprendidas en la competencia del Estado a que se refiere el art. 149.1.13 CE. Por ello el mismo asume la regulación de los correspondientes instrumentos de financiación en el ámbito definido, "…ya que con ello se trata de asegurar el mantenimiento de unas inversiones fundamentales desde el punto de vista de la política económica general que, en otro caso, se revelaría difícilmente viable…"[549].

### 2.5.3. El reparto competencial

Pues bien, una vez aclarada la cuestión, se comprende que tanto el Estado como las Comunidades Autónomas ostenten competencias en relación a la vivienda. Por ello, es básico evitar enfrentamientos entre las administraciones, pues el gran y único perjudicado podría ser el ciudadano que requiere de las prestaciones por ellas otorgadas para acceder a una habitación. Entonces, al situarse en el marco de responsabilidades de un Estado compuesto, como lo es España, se hace ne-

[547] STC 152/88. Fj. 2.
[548] STC 152/88. Fj. 2.
[549] STC 152/88. Fj. 4.

cesario aplicar técnicas de coordinación y de cooperación para que, de esta forma y según expresa Muñoz Castillo, se logre un grado deseable de entendimiento[550].

Efectivamente, al interpretar las normas específicas sobre reparto competencial se han de considerar otros principios constitucionales. Así lo expresa Sánchez Morón refiriéndose a la igualdad, utilizada con cautela por el Tribunal Constitucional; la cooperación, inherente al sistema de las autonomías, aunque la Constitución no lo consagre expresamente; la coordinación, al igual que la anterior, si bien ésta sí se encuentra establecida por la Carta Magna con carácter general para todo el sistema administrativo.

Y finalmente se refiere el autor mencionado sobre los principios de descentralización y eficacia administrativa que se enlazan con los dos aspectos anteriormente aludidos. Se destaca que los mismos han sido poco utilizados por el Tribunal Constitucional, lo que no significa que no hayan sido tenidos en cuenta[551].

Los artículos 149.1.11 CE y 149.1.13 CE permiten al Estado intervenir en las políticas de vivienda. De hecho, respaldado por estas disposiciones, elabora los Planes Estatales que resultan ser la normativa básica de financiación en la materia. Mientras que, a través del artículo 148.1.3 CE, las Comunidades Autónomas y las ciudades de Ceuta y Melilla, también pueden ejercer atribuciones en materia de vivienda y, efectivamente, la actividad que desarrollan no es menos intensa, tal como se verá en las siguientes líneas.

Ahora bien, conviene referirse a las actividades desarrolladas por el Estado para la elaboración de los Planes arriba indicados. Tal es así, que buscando el mayor consenso posible y la atención a las demandas autonómicas, en primer lugar se desarrollan las Conferencias sectoriales y las Conferencias multilaterales,

[550] MUÑOZ CASTILLO (2000): 97 y 98.
[551] SÁNCHEZ MORÓN (1990): 74-79.

además, de este modo se facilita el enlace de la normativa de ambas administraciones.

Básicamente, en los Planes se definen las actuaciones protegibles mínimas y sus límites, los mecanismos de financiación cualificada y su regulación, los beneficiarios de las actuaciones protegibles y los requisitos que estos han de cumplir para acceder a la financiación cualificada; asimismo, se determina el precio básico a nivel nacional y la cuantía mínima de las ayudas establecidas, entre otras medidas.

En cuanto a las CCAA, sus competencias exclusivas se desarrollan de manera amplia a través de una diversidad de acciones, como la elaboración de su propia normativa en materia de vivienda y ordenación del territorio; la definición y desarrollo de su política de vivienda; la programación, ejecución, control y seguimiento de las promociones públicas; la administración de su patrimonio de viviendas; la calificación de protección de las promociones privadas y el control y gestión de la financiación cualificada de las actuaciones de viviendas protegidas, rehabilitaciones o urbanización del suelo.

No obstante, es menester recordar que la ejecución de la normativa estatal por parte de las administraciones autonómicas se apoya en dos tipos de Convenios que suscribe el Ministerio de Vivienda (anterior Ministerio de Fomento). Por un lado, lo hace con las entidades de crédito y, por otro, con las Administraciones autonómicas, exceptuando al País Vasco y Navarra. Se trata de instrumentos que son considerados la piedra angular del sistema normativo nacido de los Planes estatales de vivienda y suelo[552].

Actualmente, los que se concretizan en colaboración con las entidades de crédito pretenden garantizar una oferta suficiente de préstamos convenidos y la gestión del pago de la subsidiación de dichos préstamos y de otras ayudas a los prestatarios a los que correspondan tales apoyos financieros.

[552] MUÑOZ CASTILLO (2003): 45.

Mientras que, aquellos firmados con las Comunidades Autónomas y ciudades de Ceuta y Melilla han de establecer como mínimo, el número de actuaciones protegidas financiables durante la vigencia del convenio; los compromisos presupuestarios a asumir, en su caso, por parte de cada Administración respecto de las modalidades de actuaciones protegidas que se acuerde cofinanciar; los mecanismos de seguimiento y control del cumplimiento de los objetivos, y de comunicación e información entre ambas Administraciones.

Asimismo, debe contener los compromisos en materia de gestión del Plan, expresando los instrumentos y medidas a adoptar por parte de cada Administración para su ejecución, y las subvenciones que correspondan a la creación y mantenimiento de ventanillas únicas de vivienda, oficinas de rehabilitación y registros de demandantes y los protocolos de información y comunicación a los ciudadanos sobre la participación de las Administraciones en la financiación de las actuaciones protegidas del Plan[553].

En la actualidad la política de vivienda de cada Comunidad Autónoma tiene su propia dinámica, sin embargo, se pueden distinguir dos etapas en el desarrollo de las mismas. La primera comienza con el traspaso de competencias en la materia a las CCAA y finaliza con la STC 152/1988, de 20 de julio, a la que ya se ha hecho referencia. Durante ese tiempo las políticas estatales fueron preeminentes, percibiéndose resistencia a la descentralización, según expresa Iglesias González[554]. Las Comunidades Autónomas solamente gestionaban las políticas sin participar en la definición de las mismas y dictaban ciertas disposiciones de carácter complementario de las estatales[555].

---

[553] Artículo 16, Real Decreto 2066/2008, de 12 de diciembre, Plan Estatal de Vivienda y Rehabilitación 2009-2012.

[554] IGLESIAS GONZÁLEZ (2000): 68 y 69..

[555] NARBONA RUIZ (1993): 17. La autora recuerda que la excepción a este contexto la constituyó el País Vasco, que fue el único en aprobar medidas públicas de protección a la promoción y adquisición de viviendas. Sin embargo, manifiesta la autora, la diferenciación no supone una delimitación rígida entre estas CCAA y el Estado, ya que la política de vivienda de Euskadi y de Navarra, coincide, en sus principales parámetros, con la del gobierno central.

La segunda etapa se inicia con la publicación de la STC 152/1988 que, por un lado, refuerza las competencias estatales y, por otro, advierte sobre la necesidad de coordinar las actuaciones de protección de la promoción y adquisición de viviendas entre las CCAA y el Estado. De hecho, esta Sentencia dará lugar a la concertación de las políticas de vivienda del Estado y las de la mayoría de las Comunidades Autónomas a través de los dos instrumentos jurídicos que se han comentado líneas arriba, las Conferencias Sectoriales de Vivienda y los Convenios entre el Estado y cada Comunidad Autónoma[556].

No obstante, es imprescindible mencionar que la normativa estatal de protección existente antes de que se produjese la transferencia de competencias a las CCAA y a las ciudades de Ceuta y Melilla, que se ha analizado en el apartado 1 del presente capítulo, constituye actualmente el Derecho estatal supletorio para cubrir los supuestos de vacío normativo autonómico en la materia[557].

### 2.5.3.1. Las Entidades Locales

Ya se ha puesto de manifiesto que entre los obligados al cumplimiento de las disposiciones del artículo 47 CE se encuentran las Administraciones locales. Asimismo, indica Muñoz Castillo que tal idea adquiere fuerza mediante lo establecido por el mismo artículo 148.1.3 CE, según el cual las Comunidades Autónomas pueden asumir competencias en "ordenación del territorio, urbanismo y vivienda" que, en base a sus respectivos Estatutos, son desarrolladas en colaboración con los Ayuntamientos.

Además, existen otras disposiciones que van delineando las atribuciones municipales en materia de vivienda. En tal sentido, la Ley 7/1985, de 2 de abril[558], de Régimen Local, en su artículo 25.2.d determina que:

---

[556] IGLESIAS GONZÁLEZ (2000): 69 y 70.

[557] MUÑOZ CASTILLO (2000): 95-99, indica que dicha legislación supletoria es una legislación "dispersa y fragmentada", pero conocida y asumida por las autonomías, aunque de difícil comprensión y muy reservada a expertos.

[558] BOE Nº 80, de 03/04/1985.

> "El Municipio ejercerá en todo caso, competencias en los términos de la legislación del Estado y de las Comunidades Autónomas en:...d) Ordenación, gestión, ejecución y disciplina urbanística; promoción y gestión de viviendas...".

Sobre la norma citada, se quiere llamar la atención hacia la promoción y gestión, vocablos utilizados para indicar las competencias municipales y que tienen significados muy amplios. Iglesias González indica que con ellos se permitiría el despliegue de una serie de actuaciones en relación a la vivienda y que en términos generales los Ayuntamientos ejercen con habitualidad competencias relativas a la promoción y gestión de viviendas. Sin embargo, su alcance está condicionado por las competencias que, en materia de vivienda, desarrollan Estado y Comunidades Autónomas[559].

Por otra parte, el artículo 28 de Ley mencionada dice que:

> "Los Municipios pueden realizar actividades complementarias de las propias de otras Administraciones públicas y, en particular las relativas a la educación, la cultura, la promoción de la mujer, la vivienda, la sanidad y la protección del medio ambiente".

Finalmente el Real Decreto Legislativo 781/1986, de 18 de abril, por el que se aprueba el texto refundido de las disposiciones legales vigentes en materia de Régimen Local, ha establecido en el artículo 96 que:

> "La iniciativa de las Entidades locales para el ejercicio de actividades económicas cuando lo sea en régimen de libre concurrencia, podrá recaer sobre cualquier tipo de actividad que sea de utilidad pública y se preste dentro del término municipal y en beneficio de sus habitantes"

Tal como se ha sostenido en el presente trabajo la vivienda es un sector inseparablemente unido a la actividad económica y la disposición citada estaría

[559] IGLESIAS GONZÁLEZ (2000): 410-416.

determinando una capacidad genérica de la Administración local para intervenir en las dichas actividades[560]. A todo ello se han de sumar las atribuciones en la formación y gestión de los Patrimonios Municipales de Suelo y, por tanto, concluir que las Entidades locales se encuentran comprometidas de forma importante para el cumplimiento del artículo 47 CE[561]. Además, la política de vivienda se encuentra íntimamente unida a la política urbanística y en dicho contexto la competencia municipal adquiere especial importancia.

De esta forma se destaca una vez más la necesidad de que los poderes públicos, es decir, las distintas Administraciones, coordinen sus intervenciones sobre la vivienda. Lo dicho alude a la elaboración de normativa básica y financiación a cargo del Estado, el desarrollo de la política de vivienda, definiendo actuaciones protegibles y asignando el reparto de los fondos entre las mismas, que corresponde a las Comunidades Autónomas y por último, pero no menos importante, la aportación del suelo y la gestión del proceso de urbanización y edificación que queda a cargo de los Municipios[562].

No obstante, el alcance real de las competencias municipales en materia de vivienda será finalmente establecida por el legislador sectorial, estatal o autonómico y, en cualquier caso, los Municipios tienen que participar, respetando de ese modo lo establecido por el artículo 140 CE[563] respecto a la autonomía garantizada a los Ayuntamientos.

### 2.5.3.2. La situación particular del País Vasco y Navarra

El País Vasco y Navarra son las Comunidades Autónomas que tienen un

[560] IGLESIAS GONZÁLEZ (2000): 407.
[561] MUÑOZ CASTILLO (2000): 75 y 76.
[562] VALLS I SERRA (1993): 59 y 60 y BELTRÁN DE FELIPE (1997): 432.
[563] El artículo 140 CE dice: "La Constitución garantiza la autonomía de los municipios: Estos gozarán de personalidad jurídica plena. Su gobierno y administración corresponde a sus respectivos Ayuntamientos, integrados por los Alcaldes y los Concejales. Los Concejales serán elegidos por los vecinos del municipio mediante sufragio universal igual, libre, directo y secreto, en la forma establecida por la Ley. Los Alcaldes serán elegidos por los Concejales o por los vecinos. La Ley regulará las condiciones en las que proceda el régimen del concejo abierto".

régimen especial de Concierto Económico con el Estado, aprobados por Ley 12/1981, de 13 de mayo y Ley 28/1990, de 26 de diciembre[564], respectivamente. Por esta razón las CCAA mencionadas tienen normativa propia de financiación y, por tanto, sus competencias son ejercidas de un modo diferente a las demás.

Las mismas recaudan sus impuestos, lo integran a su propio presupuesto y se articula la participación de las mismas en los gastos generales del Estado a través de una aportación económica a las arcas generales configurando de este modo el mencionado Concierto económico[565].

Inicialmente el País Vasco aplicaba la legislación estatal pero la ruptura de las relaciones sobre protección a la vivienda con el sistema normativo establecido por el Estado se produce a partir de la finalización del Plan Cuatrienal Estatal 1984-1987. Ello ocurría a pesar de que durante la ejecución de este instrumento estatal fuese la propia Comunidad Autónoma la que aportase los fondos económicos precisos para su ejecución.

En este período, el País Vasco se limitó, en el ámbito de la protección a la promoción privada, a complementar la normativa estatal y a establecer nuevas figuras protegidas, situación que contrasta con la aprobación de normas en otros ámbitos normativos relativos a la vivienda en las que se produce un notable alejamiento e incluso contradicción con la normativa estatal.

El marco jurídico de protección pública a la vivienda en el territorio del País Vasco, se configura con la aprobación del Decreto 144/1988, de 17 de marzo[566]. De esta forma, se deja de aplicar definitivamente la normativa estatal, aunque, según Iglesias González, el contenido del Decreto mencionado sea prácticamente idéntico a la legislación del Estado vigente en ese momento[567].

---

[564] BOE Nº 127, de 28/05/1981 y BOE Nº 310, de 27/12/1990.
[565] IGLESIAS GONZÁLEZ (2000): 290.
[566] BOPV Nº 116, de 16/06/1988.
[567] IGLESIAS GONZÁLEZ (2000): 290-293

Progresivamente, las leyes del País Vasco se separan de los criterios seguidos por la legislación estatal, aunque se afirma el respeto de la misma. En todo caso, tras esta primera disposición vasca, le sucederán otras que adecuarán las medidas de protección pública a la promoción privada, no sólo a la realidad socioeconómica en general, sino también a las especiales circunstancias de la Comunidad Autónoma aludida[568].

Actualmente se encuentra vigente el Decreto 39/2008, de 4 de marzo[569], sobre régimen jurídico de viviendas de protección pública y medidas financieras en materia de vivienda y suelo, desarrollado por varias Órdenes, entre las que se puede mencionar las del 16 de abril de 2008, sobre procedimientos de adjudicación de viviendas de protección oficial y sobre circunstancias de necesidad de vivienda[570]; la del 15 de mayo de 2008, sobre determinación de precios máximos de viviendas de protección oficial[571]; la del 08 de septiembre de 2008, de actualización de ingresos anuales ponderados exigibles para acceso a vivienda de protección oficial[572].

Por su parte, la Comunidad Foral de Navarra, a partir de su desvinculación de la normativa estatal, establece su propia regulación en el ámbito de la vivienda sin que quede sometida a las bases estatales. Antes de esta fecha, se encontraba en las mismas condiciones que las demás autonomías, es decir, con financiación común. De ese modo, asumía los gastos de sus actuaciones en materia de vivienda con las cantidades que recibía del Estado y, además, suscribía convenios con la Administración Estatal.

Con la aprobación del Convenio económico con el Estado se dejaron de suscribir los correspondientes Convenios de financiación de actuaciones protegibles entre la Administración Estatal con la Comunidad Foral, cesando, práctica-

[568] Sobre la normativa vasca vigente, véase el Capítulo V, apartado 2.17 del presente trabajo.
[569] BOPV Nº 59, de 28/03/2008.
[570] BOPV Nº 88, de 12/05/2008
[571] BOPV Nº 100, de 28/05/2008.
[572] BOPV Nº 70, de 08/09/2008.

mente, la transferencia de fondos públicos de una Administración a otra en materia de vivienda. De este modo, la Comunidad Navarra se ha visto obligada a prescindir de los fondos estatales para financiar su política de vivienda aunque ha venido aplicando, a pesar de todo, la normativa estatal, al menos hasta la efectiva finalización de la transferencia de recursos estatales[573].

Desde el momento del traspaso de competencias y hasta la plena separación de la normativa estatal, la Comunidad Foral de Navarra ha aprobado toda una Normativa discordante con la estatal en el ámbito de la promoción pública de viviendas, la rehabilitación e, incluso, de la protección de la formación de patrimonios municipales de suelos. Por el contrario, en el ámbito de la protección a la promoción y adquisición de viviendas, la actuación de la Comunidad Foral se reduce a aprobar normas que complementan las medidas protectoras estatales.

Posteriormente, se produjo el cese de transferencias de fondos por parte del Estado para la financiación de la política navarra de vivienda y ello provocó una radical y progresiva separación con respecto a la normativa estatal relativa a la protección a la promoción privada de viviendas y su adquisición.

La separación con respecto al modelo estatal de protección a la vivienda comienza, en realidad, con la promulgación de la Ley Foral 14/1992, de 21 de diciembre, en la que se pueden encontrar los rasgos distintivos con respecto a la normativa estatal.

Actualmente, están vigentes tanto la Ley Foral 8/2004, de 24 de junio[574], de Protección Pública a la Vivienda, como la Ley Foral 35/2002, de Ordenación del Territorio y Urbanismo, que se consideran innovadoras en sus propuestas y han sido referentes para otras Comunidades.

[573] IGLESIAS GONZÁLEZ (2000): 300-302
[574] BON de 2/07/2004 y BOE Nº 172, de 17/07/2004.

# CAPITULO V
# NORMATIVA ESPAÑOLA POSTCONSTITUCIONAL ESTATAL Y AUTONÓMICA SOBRE VIVIENDA

## 1. Estatal[575]

### 1.1. Sustantiva o supletoria

Tras la sanción de la Constitución de 1978, la consecuente transferencia de competencias a las Comunidades Autónomas y a las ciudades de Ceuta y Melilla y los resultados de la STC 152/88, de 20 de julio, se puede hablar de un sistema mixto de protección[576]. Si bien, el Estado no puede elaborar una ley general y sustantiva sobre vivienda, lo que aquí resulta imprescindible mencionar es que la normativa estatal de protección que se encontraba vigente hasta la sanción de la CE de 1978 actualmente comprende el Derecho estatal supletorio en cuanto al régimen jurídico propio de las viviendas de protección oficial, su ámbito de aplicación, uso, conservación, aprovechamiento y régimen sancionador, toda vez que exista vacío normativo autonómico[577].

Entre dichas normas se encuentran el Real Decreto-Ley 31/1978, de 31 de octubre, sobre política de viviendas de protección oficial, el Real Decreto 3148/1978, de 10 de noviembre, que lo desarrolla. Asimismo, se integra con el

[575] Se ha de aclarar que el complejo sistema de distribución competencial existente, no contribuye en ordenar de manera clara y sencilla la legislación sobre la vivienda. En el presente trabajo se ha optado por considerar el sujeto como criterio de clasificación, es decir, según cuál sea la Administración actuante, al igual que MUÑOZ CASTILLO (2003): 135.

[576] CES, Informe (2002): 106.

[577] MUÑOZ CASTILLO (2000): 99.

Decreto 2114/1968, de 24 de julio[578], Reglamento de Viviendas de Protección Oficial y el Real Decreto 2960/1976, de 12 de noviembre[579], texto refundido de la legislación de viviendas de protección oficial, en lo que no se oponga al Real Decreto 3148/1978.

### 1.2. De financiación: Planes de Vivienda

#### 1.2.1. Plan Trienal 1981-1983

A través del Real Decreto 2455/1980, de 7 de noviembre[580], sobre financiación y seguimiento del Programa 1981-83 de Construcción de Viviendas de Protección Oficial, desarrollado por Orden de 13 de Noviembre de 1980[581], se comienza a utilizar la técnica planificadora para periodos de tiempo más reducidos que los desarrollados en la etapa preconstitucional.

Esta norma, al igual que en su oportunidad se hizo con el Programa de Viviendas Sociales, fue formulada en un momento de transición política y en plena crisis económica. Por un lado, culminaba el proceso de cambio institucional y, por otro, el paro crecía debido al fuerte descenso de la población ocupada en la construcción que se trasladó a otros sectores económicos subsidiarios.

Cabe mencionar que antes de la aprobación del presente Plan se dictó el Real Decreto-Ley 12/1980, de 26 de septiembre[582], para impulsar las actuaciones del Estado en materia de vivienda y suelo. Esta norma creó el Instituto para la

[578] BOE Nº 216, de 07/09/1968.
[579] BOE Nº 311, de 28/12/1976.
[580] BOE Nº 273, de 13/11/1980. Se aprobaron disposiciones adicionales complementarias a esta normativa, como el Real-Decreto 1610/1981, de 3 de julio (BOE Nº 182, de 31/07/1981) que extendió los préstamos subsidiados a las viviendas para construcciones iniciadas antes del 1 de enero de 1981 y con arreglo a los regímenes a extinguir; el Real Decreto 372/1982, de 12 de febrero, sobre subsidiación de intereses a determinadas viviendas de protección oficial del Plan Trienal y el Real Decreto 373/1982, de 12 de febrero (BOE Nº 53, de 03/03/1982), que extiende el ámbito de aplicación de la financiación del programa 1981-83 de construcción de viviendas de protección oficial.
[581] BOE Nº 273, de 13/11/1980.
[582] BOE Nº 238, de 3/10/1980.

Promoción Pública de la Vivienda (IPPV), que se convertiría en la figura básica de la política del sector durante la primera mitad de los años 80.

Tal es así que el Plan Trienal, formulado aún de modo centralizado, se impone, una vez más, como estrategia para superar los problemas económicos. De hecho, mediante la construcción de viviendas se pretendía luchar contra el desempleo y movilizar una importante cantidad de recursos del sistema financiero para proporcionar a los adquirentes de VPO subvenciones con cargo a los recursos públicos.

Para hacer frente a las necesidades financieras del Programa se requería la asistencia del Estado a través del presupuesto del Ministerio de Obras Públicas y Urbanismo y de las dotaciones de las Entidades Oficiales de Crédito, como la aportación de fondos de las Entidades Privadas de Crédito.

Se suscribieron Convenios con Entidades Financieras Públicas y Privadas para que subvencionasen con cargo a sus consignaciones presupuestarias el tipo de interés de los préstamos que las mismas concediesen para la financiación de las VPO de promoción privada. Los préstamos otorgados en el marco de estos Convenios ofrecían condiciones ciertamente preferentes en cuanto a las sumas entregadas, así como, el tipo de interés, inferior a los vigentes en el mercado[583].

Según Villar Ezcurra[584] la aludida subsidiación de intereses por parte del Estado implicaba un riesgo que se redujo en cierta forma mediante la Orden de 13 de Noviembre de 1980. Esta determinó el tipo de interés sobre el que se formalizarían los Convenios, así como las condiciones de los préstamos, tanto en el caso de que correspondiesen a Convenios, como si se tratara de préstamos con tipos de interés subvencionables.

Durante este período se sancionó la Ley 2/1981[585], de regulación del

[583] TINAUT ELORZA (1988a): 78.
[584] VILLAR EZCURRA (1981): 465.
[585] BOE Nº 90, de 15/04/1981.

mercado hipotecario, desarrollada por el Real Decreto 685/1982, de 17 de marzo, que constituyeron instrumentos capitales para la financiación de la vivienda, tanto pública como privada. Asimismo, se inició la diversificación de actuaciones protegibles introduciendo la figura de la rehabilitación de viviendas a través del Real Decreto 375/1982, de 12 de febrero[586] y el Real Decreto 2329/1983, de 28 de julio[587].

La normativa estuvo motivada por el deterioro del patrimonio inmobiliario y la pérdida de calidad ambiental del espacio habitado, aunque los resultados en esta materia fueron más bien escasos[588]. Se dispuso como objetivo la protección y financiación de rehabilitación de viviendas y su equipamiento, incluidas o no en áreas integradas, así como el régimen y funcionamiento de dichas áreas.

En cuanto a los resultados obtenidos con estos Planes, se ha dicho que son aceptables o bastante satisfactorios. En lo que respecta a la promoción pública de viviendas se alcanzó casi el 100% de los objetivos y se estabilizó el número de viviendas protegidas. No obstante, se pudo solamente contener en forma parcial el derrumbe del sector de viviendas libres[589].

### 1.2.2. Plan cuatrienal 1984-1987

Tras el fin del Plan 1981-1983, se aprueba el Real-Decreto 3280/1983, de 14 de diciembre[590], sobre financiación de actuaciones protegibles en materia de vivienda, que instrumenta el Plan Cuatrienal de Viviendas de Protección Oficial 1984-1987. Tras el largo ciclo de crisis acaecido, en el año 1985 la economía española comienza una etapa de expansión y tal circunstancia repercute positiva-

586 BOE Nº 53, de 03/03/1982.
587 BOE Nº 214, de 07/09/1983.
588 FERNÁNDEZ CARBAJAL (2004): 151.
589 FERNÁNDEZ CARBAJAL (2004): 153 y JORDÁN y FUENTES (1986): 413.
590 BOE Nº 4, de 05/01/1984. Otras disposiciones complementarias de este programa fueron la Orden de 27 de enero de 1984 (BOE Nº 27, de 01/02/1984), sobre condiciones de financiación y la Orden de 12 de abril de 1984 (BOE Nº 103, de 30/04/1984), sobre tramitación de subsidiación y subvenciones para la adquisición de VPO.

mente en el mercado de la vivienda, pues se produce un crecimiento de la construcción.

Además, en aquellos momentos varios Estatutos de las Comunidades Autónomas habían sido aprobados y las competencias en vivienda fueron asumidas por las mismas. Estos factores contribuyeron a que las directrices del Plan se encuadraran dentro de un nuevo planteamiento de política de vivienda[591].

La financiación de las actuaciones podría hacerse mediante préstamos cualificados; subsidiación de los tipos de intereses y subvenciones personales a los adquirentes y usuarios y una vez más, el crédito oficial desarrolló en este periodo un importante papel[592]. Por otro lado, se elimina la tramitación de la ayuda económica personal debido a la experiencia negativa con la misma, pero se implementan dos tipos de ayudas más personalizadas. Se trataba de la subvención personal a los adquirentes y la subsidiación de los tipos de interés.

Cabe destacar que esta etapa estuvo marcada por el conflicto positivo de competencia planteado por el País Vasco ante el Tribunal Constitucional en relación al Plan establecido por el Real Decreto 3.280/1983, así como contra otros instrumentos que lo desarrollaban. Los representantes de la Comunidad Autónoma mencionada alegaban que la titularidad de las competencias que el Estado asumía en la normativa, a excepción del artículo 2 y la Disposición adicional sexta, les correspondía.

Por tanto, se solicitó la nulidad de las disposiciones legales mencionadas por insuficiencia de rango y vulneración de mandatos constitucionales. Este proceso finalizó con la STC 152/1988, de 20 de julio, cuyos resultados ya fueron comentados, fecha en que ya se encontraba vigente otro Plan estatal de vivienda, que

[591] FURONES FERRERO y MARTÍN JADRAQUE (1988): 58. Una consecuencia de la culminación de traspaso de competencias a las Comunidades Autónomas fue la desaparición del Instituto para la Promoción Pública de la Vivienda (IPPV), creado en 1980 con el objetivo de construir viviendas de promoción pública. JORDÁN y FUENTES (1986): 418.

[592] TINAUT ELORZA (1988a): 79.

se analizará en el siguiente apartado[593].

En cuanto a la política que se desarrollaba, es importante señalar la poca atención prestada hasta ese momento al alquiler. Efectivamente, España estaba totalmente volcada a la tenencia de vivienda en propiedad y las medidas legislativas contribuían a ello. El Real Decreto 2/1985, de 30 de abril[594], conocido como Decreto Boyer, liberalizó los alquileres y permitió contratos temporales propiciando que el parque de alquileres fuese prácticamente marginal comparando con el de otros países del entorno europeo[595].

Asimismo, se modificó el Decreto 4104/1964[596], de Arrendamientos Urbanos, vigente en aquella fecha y para los contratos posteriores a su fecha de aprobación se eliminó la prórroga forzosa, beneficio del que disfrutaban los inquilinos y se estableció en un año la duración mínima del contrato.

En cuanto a los resultados finales, se puede señalar que, tras el Plan 1984-1987, se ha producido una mejora de la situación en materia de vivienda. No obstante, caben algunas especificaciones que caracterizaron a cada año en particular. En 1984 se considera que el sector tocó fondo, especialmente por causa de las viviendas de promoción pública, cuya construcción no alcanzó los mínimos previstos. La diferencia se encontró en las viviendas de protección oficial de promoción privada, que ya con el Plan anterior habían sido impulsadas.

En tanto que en 1985 las condiciones cambian y empieza el repunte del sector para todo tipo de viviendas. Asimismo, la rehabilitación se dinamiza por fin, arrojando resultados bastante satisfactorios[597]. Finalmente, se ha de mencionar que, debido a la mejora de las condiciones económicas, la oferta comienza a reestructurarse a favor de la vivienda libre. La situación resulta comprensible desde el

[593] Respecto a la STC Nº 152, de 20 de julio, véase el Capítulo IV, apartado 2.5.2 del presente trabajo.
[594] BOE Nº 111, de 09/05/1985.
[595] GONZÁLEZ ORDOVÁS (2004): 982.
[596] BOE Nº 312, de 29/12/1964.
[597] JORDÁN y FUENTES (1986): 418 y 419.

punto de vista de los constructores, ya que, como comerciantes, aprovecharon las oportunidades de aumentar sus ingresos[598].

### 1.2.3. Plan 1987-1991

En este periodo se consolida la etapa de expansión económica iniciada en 1985, incidiendo en ello el ingreso de España en la Comunidad Económica Europea. No obstante, se planteó una particularidad, que se explicará detalladamente en las siguientes líneas. En principio, a través del Real Decreto 1494/1987[599], de 4 de diciembre, sobre medidas de financiación de actuaciones protegibles en materia de vivienda, desarrollado por la Orden de 12 de febrero de 1988[600], entra en vigencia un nuevo Plan Estatal.

Sin embargo, tras la STC 152/88, de 20 de julio, que resuelve los conflictos positivos de competencia planteados por el Gobierno Vasco en mayo de 1984, se tuvo que adecuar la política estatal de vivienda a los efectos de la citada Sentencia. Entonces, se aprueba el Real Decreto 224/1989, de 3 de marzo[601], sobre medidas de financiación de actuaciones protegidas en materia de viviendas, que deroga el anterior Plan.

Pues bien, en cuanto al mercado de vivienda en particular, se produce un incremento en la demanda debido a los cambios en la financiación. Tal circunstancia ha permitido a un importante número de familias adquirir una vivienda, pues se las ha dotado de la solvencia económica que en años anteriores no era posible, según lo ha expresado Rafols[602]. Por tanto, no podía ocurrir sino el exceso de demanda que provoca un aumento de precios sin precedentes, iniciándose en este momento uno de los llamados *booms* inmobiliarios que duraría hasta 1991. Se coincide en afirmar que el sistema de ayudas no llega a configurar un verdade-

---

[598] RAFOLS I ESTEVE (1988): 43-46.
[599] BOE Nº 297, de 12/12/1987.
[600] BOE Nº 44, de 20/02/1988.
[601] BOE Nº 57 de 8/3/1989.
[602] RAFOLS I ESTEVE (1989): 90 y 91.

ro plan, sino que se trata de la definición de medidas específicas, como los cupos anuales de actuaciones a financiar y los recursos disponibles al efecto[603].

Sin embargo, diversos factores perjudicaron los efectos del programa, como la falta de financiación suficiente debido al escaso interés de las entidades financieras en comprometer recursos en esta materia[604]. Asimismo, el excesivo costo del suelo dificultó la construcción de viviendas con precios que no superasen los límites establecidos para ser consideradas VPO y la falta de colaboración entre la Administración del Estado y la de las Comunidades Autónomas también representaron obstáculos para el buen desarrollo del programa.

Todo ello se traducirá en la escasa construcción, incrementándose notablemente los problemas de acceso a la vivienda de la población con bajos ingresos. Sin embargo, estos no serán los únicos afectados, ya que el aumento de los precios dificulta la compra en el mercado libre, inclusive, a los que poseen ingresos de nivel medio. En lo que respecta a los alquileres, el ya mencionado Decreto Boyer de 1985 aprobado a fin de fomentar el alquiler no surte los efectos esperados, pues los costos no se abarataron[605].

Se puede afirmar que este periodo fue bastante agitado, se inicia con auge inmobiliario, se aprueba una nueva ley que modifica el programa en desarrollo y se produce nuevamente un cambio en el ciclo económico, en el momento en que salen al mercado los inmuebles iniciados cuando la situación era aún favorable. Estas circunstancias provocan el exceso de oferta y con ello llega a su fin el *boom* inmobiliario[606].

### 1.2.4. Plan 1992-1995

En la segunda mitad de la década de los 80 la situación económica en

[603] CORTÉS ALCALÁ (1995): 287 y 288; MUÑOZ CASTILLO (2000): 47 y FERNÁNDEZ CARBAJAL (2004): 153.
[604] PANIAGUA CAPARRÓS (1990): 283.
[605] FERNÁNDEZ CARBAJAL (2004): 154.
[606] FERNÁNDEZ CARBAJAL (2004): 155.

España mejora y el mercado inmobiliario evoluciona provocando el excesivo precio del suelo que, a su vez, generó la burbuja especulativa, imposibilitando el acceso a una vivienda, especialmente a los jóvenes sin patrimonio y asalariados de la clase media[607].

Por tanto, se hacía necesario adoptar disposiciones para corregir el *boom*, razón por la que el Gobierno pone en marcha un paquete de medidas y criterios a adoptar para establecer la nueva política de vivienda. Las decisiones señaladas quedan determinadas en un documento aprobado por Acuerdo del Consejo de Ministros de 10 de mayo de 1991, cuyo objetivo principal era facilitar el acceso a quienes no podían hacerlo en las condiciones que el mercado ofrecía.

Pues bien, el Plan estatal de vivienda se aprueba a través del Real Decreto 1932/1991, de 20 de diciembre[608], que entra en vigor el 15 de enero de 1992 e inaugura un nuevo modelo de política de vivienda en el que quedan integradas por vía de Convenio las distintas Comunidades Autónomas que ostentan la competencia en esta materia[609].

Se plantea la adecuación de la oferta y la demanda de vivienda; la atención especial a los demandantes de vivienda que acceden por primera vez a la propiedad; el fomento de la oferta de viviendas en alquiler a precios moderados como alternativa deseable para un amplio espectro de demandantes de vivienda y la coordinación de las actuaciones entre las Administraciones públicas para que las medidas que se adopten se vuelvan operativas.

En esta etapa se dictan varias normas que afectan directamente a los componentes del mercado residencial. Tal es así que, se aprueba el Real Decreto 1668/1991, de 15 de noviembre[610], sobre financiación de actuaciones protegibles en materia de suelo con destino preferente a viviendas de protección oficial. Asi-

[607] MASSIEU VERDUGO (1992): 465.
[608] BOE Nº 12, de 14/12/1992. Entra en vigor el 15 de enero de 1992.
[609] BASSOLS COMA (1984): 331 y 332.
[610] BOE Nº 281, de 23/11/1991.

mismo, se creó una nueva figura de apoyo fiscal para las personas que vivían en alquiler a través de la Ley 18/1991, de 6 de junio[611], sobre el IRPF.

Además se reformó la normativa de Arrendamientos Urbanos que constituye un elemento necesario para mejorar el parque de viviendas en alquiler. Sin embargo, tal reforma debería ir acompañada de medidas complementarias de carácter fiscal. Al respecto, expresa Narbona Ruiz[612] que los aspectos fiscales son claramente favorecedores a la vivienda en propiedad y ello representa un factor que frena el aumento de vivienda en alquiler[613].

Igualmente, se aprueba el Real Decreto 1512/1992, de 14 de diciembre[614], por el que se regula la Comisión General para la Vivienda y la Edificación. Esta circunstancia merece ser destacada teniendo en cuenta que la función principal de la aludida figura es el control de calidad de la edificación, lo que contribuye a dar seguridad y lograr la adecuación de las viviendas a las necesidades e intereses de sus ocupantes.

Como aspectos negativos, Muñoz Castillo menciona que la personalización de las ayudas y la variedad de supuestos establecidos por el Plan vigente supusieron una gestión detallista y complicada que obligó a las Comunidades Autónomas a realizar un esfuerzo de tramitación muy elevado[615]. Agrega el autor que el verdadero talón de Aquiles del Plan fue la línea de financiación para la rehabilitación.

A modo de evaluación general del Plan se puede señalar que en 1992 y 1993 los precios de las viviendas descendieron ligeramente, sin embargo, en 1994 y 1995 volvieron a subir. Esto motivó que las expectativas de las familias más débiles se vean frustradas, ya que no se produjo un incremento de la renta disponible por las mismas. Por tanto, si bien el Plan 1992-1995 favoreció la recupera-

611 BOE Nº 136, de 07/06/1991.
612 NARBONA RUÍZ (1993): 20.
613 RODRÍGUEZ LÓPEZ (1995d): 508.
614 BOE Nº 314, de 31/12/1992.
615 MUÑOZ CASTILLO (2000): 53.

ción de la demanda que se tradujo en el aumento de las inversiones de vivienda y de la obra construida, siguió existiendo un sector con ingresos bajos y para quienes la oferta no se adaptaba.

La accesibilidad se mantuvo como un grave problema que, tal como indica Rodríguez López, se percibió ante la alta relación precios/ingresos familiares y el abandono de los centros urbanos hacia la periferia. Asimismo, sugería el autor, la elaboración de políticas que incentiven el alquiler; el incremento de la financiación de la rehabilitación y que se favorezca el retroceso del peso del coste del suelo en el precio de venta de las viviendas[616].

### 1.2.5. Plan 1996-1999

A través del Real Decreto 2190/1995, de 28 de diciembre[617], sobre medidas de financiación de actuaciones protegibles en materia de vivienda y suelo se establece el Plan de Vivienda para el periodo 1996-1999. Este inicia su desarrollo enfrentando las dificultades dejadas por el plan anterior, particularmente, la limitada oferta de viviendas en alquiler y los precios inadecuados de las que existían. Además, los recursos económicos de los jóvenes resultaban insuficientes para pretender acceder a una vivienda y los procesos de rehabilitación no habían sido abordados con la intensidad y amplitud necesarias.

El Ministerio de Obras Públicas, Transportes y Medio Ambiente y las Comunidades Autónomas decidieron prolongar la vigencia del Plan 1992-1995, con ciertas modificaciones. Estas tendían a mejorar la eficacia social de las actuaciones, especialmente, los mecanismos de apoyo a la vivienda en alquiler, a la rehabilitación y al desarrollo de suelo destinado preferentemente a viviendas protegidas.

[616] RODRÍGUEZ LÓPEZ (1995d): 513. Cabe señalar que es prácticamente unánime la idea de que el precio del suelo es la causa principal del precio excesivo de las viviendas. Para estudiar las causas de este problema se ha constituido el Comité de Expertos sobre Urbanismo que ha presentado sus conclusiones y recomendaciones. Al respecto véase FERNÁNDEZ ORDÓNEZ (1994) y RODRÍGUEZ LÓPEZ y LOZANO PEÑA (1995).

[617] BOE Nº 312, de 30/12/1995.

Las variantes consistían en las rehabilitaciones de áreas urbanas, la promoción conjunta del gobierno central con los gobiernos autonómicos de viviendas de promoción pública, las figuras de viviendas protegidas a diseñar por cada gobierno autonómico y el reforzamiento de las ayudas para el primer acceso.

Se mantuvieron los regímenes de protección especial y general y se introdujeron dos nuevas actuaciones protegibles que, desde entonces, formarán parte de los siguientes programas estatales. Se trata de viviendas calificadas como protegibles por la normativa propia de la Comunidad Autónoma y que fueran destinadas a arrendamiento u otras formas de explotación justificadas por razones sociales, que constituyan fórmulas intermedias entre la vivienda individual y la residencia colectiva. La financiación cualificada se haría mediante préstamos cualificados; ayudas económicas directas y otra ayuda establecida por el gobierno[618].

Ahora bien, tal como se ha manifestado líneas arriba, el Plan 1996-1999 fue una prórroga, con ciertas modificaciones, del anterior Programa, el del periodo 1992-1995. Sin embargo, habían sobrevenido profundos cambios, tales como la notable mejoría de la economía del país, especialmente desde 1997, la ampliación de la oferta de viviendas, el aumento de los préstamos hipotecarios a tipos de interés con niveles muy bajos y la política de vivienda perdía trascendencia dentro del mercado inmobiliario en lo que a apoyo al acceso para los hogares más carenciados se refiere[619].

La adaptación del Plan anterior mediante actualización de medidas recibió varias críticas, pues debería haberse desarrollado una reestructuración total de la política adaptándola a los nuevos tiempos[620]. Además, la política económica general llevada a cabo en orden al cumplimiento por parte de España de los crite-

[618] Se ha manifestado que la política de vivienda desarrollada entre 1996 y 1999 tuvo como único propósito el estimulo de la construcción. Se percibía claramente la necesidad de suelo edificable en cantidad suficiente y con precios moderados, especialmente en entornos urbanos, para que el precio de las viviendas sea realmente asequible y a ese efecto se pretendía canalizar parte de la financiación privilegiada. Véase RODRÍGUEZ LÓPEZ (1995c): 907.

[619] RODRÍGUEZ LÓPEZ (1997c): 709. En el mismo sentido ALCONCHEL PÉREZ y ANTÓN GÓMEZ (1999): 29.

[620] RODRÍGUEZ LÓPEZ (1996b): 810.

rios de convergencia exigidos para el acceso a la Unión Económica y Monetaria europea contribuyó a la alteración del entorno económico-financiero que existía en la época de aprobación del vigente marco de medidas estatales de financiación.

Por tanto, las circunstancias exigían al Gobierno adoptar las nuevas medidas relacionadas con el tema y, por todo esto, el Plan tuvo su vigencia disminuida, siendo derogado por el Real Decreto 1186/1998, de 12 de junio, que se analizará en el siguiente apartado.

### 1.2.6. Plan 1998-2001

El Real Decreto 1186/1998, de 12 de junio[621], sobre medidas de financiación de actuaciones protegidas en materia de vivienda y suelo, entró en vigor el 27 de junio de 1998 y sustituyó al anterior plan, que no llegó a completar el periodo para el cual fue aprobado.

A partir de 1996 se inició una etapa de recuperación de la economía española que se consolidó en los años siguientes. Se produjo un incremento en la creación de empleo, así como en la demanda de viviendas, especialmente a partir de 1998. A su vez, esto significó el aumento de los precios de las construcciones y la inclinación de los promotores del sector hacia las viviendas libres.

Además, tal como ya se ha mencionado, el Plan 1996-1999 no era sino una prórroga del anterior Programa 1992/1995, es decir, mantuvo un sistema que ya requería ser reestructurado a fin de adaptarlo a los nuevos tiempos[622] y, por otra parte, la Unión Europea exigía a España el cumplimiento de los criterios de convergencia para el ingreso en la Unión Económica y Monetaria.

Entre los objetivos se plantearon mejorar la estructura del mercado residencial facilitando a las familias con ingresos medios y bajos el acceso a la prime-

[621] BOE Nº 152, de 26/06/1998.
[622] RODRÍGUEZ LÓPEZ (1996b): 810.

ra vivienda en propiedad; aumentando la oferta de alquiler; estimulando la actividad rehabilitadora del parque existente y propiciando la generación de suelo urbanizado con repercusiones moderadas en el precio final de nuevas viviendas, a fin de anticipar y reforzar los efectos de la recientemente aprobada Ley 6/1998, de 13 de abril[623], sobre régimen del suelo y valoraciones.

En cuanto a los regímenes de protección, desaparece la distinción entre especial y general y se establece una nueva separación. Por un lado las viviendas calificadas de protección oficial al amparo del Real Decreto-Ley 31/1978, de 31 de octubre, y normas de desarrollo, excepto las de promoción pública y, por otro, las demás viviendas con protección pública calificadas o declaradas como protegidas a los efectos del Real Decreto 1186/98, según la normativa propia de las Comunidades Autónomas o de las Ciudades de Ceuta y Melilla.

Cabe destacar que dentro de este periodo se promulgó la Ley 38/1999, de 5 de noviembre[624], de Ordenación de la Edificación, de notable importancia, pues, siendo la edificación uno de los principales sectores económicos que inciden en la sociedad, la misma carecía de una normativa acorde. Indudablemente se requería de un marco general para fomentar la calidad de los edificios y el compromiso de fijar las garantías suficientes a los usuarios frente a los posibles daños.

Asimismo, el Plan fue modificado por el Real decreto 115/2001, de 9 de febrero[625], que introdujo medidas complementarias de apoyo a la adquisición de viviendas y estableció y desarrolló la ayuda estatal directa a la entrada. La misma supuso una alternativa aplicable a quienes se acogiesen al sistema específico de ayudas para el primer acceso a la vivienda en propiedad, como fórmula alternativa al sistema vigente de ayudas estatales.

---

[623] BOE Nº 89, de 14/04/1998. La norma señalada sustituyó al Real Decreto legislativo 1/1992, de 26 de junio, texto refundido de la Ley sobre Régimen de Suelo y Ordenación Urbana (BOE Nº 156, de 30/06/1992), la que había quedado derogada en buena parte por STC 61/1997, de 10 de marzo (BOE 25/4/1997) y a la que se consideró fracasada. RODRÍGUEZ LÓPEZ (1999b): 102.

[624] BOE Nº 36, de 10/02/2001.

[625] RODRÍGUEZ LÓPEZ (1999b): 108.

Finalmente, creo interesante recordar la llamada de atención formulada por Rodríguez López, quien al inicio del Plan 1998-2001, insistía en la necesidad de buscar soluciones específicas para las dificultades en el acceso a la vivienda, de los jóvenes. Resulta que, tal como es sabido, posteriormente el problema se acentuó de manera considerable debido a la escasez de viviendas para alquiler y la notable precariedad de los nuevos empleos, circunstancia que inevitablemente se presenta como obstáculo a la hora de obtener financiación.

Los resultados del Plan 1998-2001 han sido, en general, bastantes negativos. Solamente se alcanzaron las dos terceras partes de los objetivos establecidos en cuanto a viviendas protegidas. Fundamentalmente se debe a que este tipo de construcción no es atractiva para el sector privado pues no produce la rentabilidad necesaria y tampoco arrojó resultados significativos la figura de la ayuda económica de entrada. Se recomendó la conveniencia de consensuar un acuerdo entre las diferentes administraciones públicas, estatal, autonómica y local, para promover un mayor volumen de construcción de vivienda protegida, especialmente para alquiler[626].

### 1.2.7. Plan 2002-2005

Real Decreto 1/2002, de 11 de enero, sobre medidas de financiación de actuaciones protegidas en materia de vivienda y suelo del Plan 2002-2005[627], entró en vigor el 13 de enero de 2002. Esta etapa se caracteriza por las buenas condiciones de la economía, que implica mayor empleo y poder adquisitivo de las familias, sumado a los favorables tipos de interés de los préstamos hipotecarios, que han provocado un fuerte empuje de la demanda y, por tanto, culminado en el ya previsible incremento de precios.

La situación señalada ha producido un fuerte incremento en la edifica-

---

[626] RODRÍGUEZ LÓPEZ (2003b): 728.

[627] BOE Nº 11, de 12/01/2002. El Real Decreto 1/2002, de 11 de enero, fue modificado por el Real Decreto 1042/2003, de 1 de agosto que creó un nuevo tipo de municipio singular a los efectos de la adquisición protegida de viviendas (BOE Nº 198, de 19/08/2003).

-ción residencial para el mercado libre, sin embargo, la producción de las viviendas protegidas de nueva construcción ha sufrido un enorme retroceso. Por tanto, siguen existiendo grupos de población con niveles medios y bajos de ingresos, especialmente los jóvenes, que se encuentran en peores condiciones para acceder a viviendas en propiedad a precios moderados, problema que a corto plazo no será solucionado.

Efectivamente, el mayor obstáculo que se presenta constantemente es la falta de financiación suficiente para enfrentar los altos precios del mercado. De ahí que el objetivo de la política de vivienda tendría que consistir en mayores y mejores ayudas para permitir el acceso a las mismas y no centrarse únicamente en los números de construcciones o rehabilitaciones que se realicen[628].

Se trata de un Plan sencillo y claro para el ciudadano y en el que se han tenido en cuenta la heterogeneidad existente en España respecto a la vivienda, pues, se establecen ayudas especiales para jóvenes hasta 35 años; para unidades familiares formada únicamente por el padre o la madre y los hijos o que haya personas con minusvalías o que se tenga a cargo a alguna persona de más de sesenta y cinco años[629].

También se ha de resaltar la aprobación de la Ley 51/2003, de 2 de diciembre[630], de igualdad de oportunidades, no discriminación y accesibilidad universal a través de la cual se trata de cumplir con ciertas condiciones para que los entornos, productos y servicios sean comprensibles, utilizables y practicables por todas las personas, pues, así se evitaría una forma sutil, pero muy eficaz, de discriminación indirecta.

Por otra parte, tras el cambio de gobierno acaecido en 2004, se realizaron modificaciones normativas a fin de adaptarlas en cierta forma a la nueva ideología que asumía la dirección del país. Una de las primeras medidas fue la creación, a

[628] RODRÍGUEZ LÓPEZ (2003b): 744.
[629] SASTRE (2002): 5.
[630] BOE Nº 289, de 03/12/2003.

través del Real Decreto 553/2004, de17 de abril[631], del Ministerio de la Vivienda[632], con competencias en materia de vivienda y de suelo.

Además, ligada al Ministerio señalado, se crea la Entidad Pública Empresarial de Suelo (SEPES) que constituye un instrumento de actuación directa en el ámbito del suelo. Su función es urbanizar suelo residencial para destinarlo a la promoción de viviendas sujetas a algún régimen de protección pública y de suelo industrial para posibilitar la instalación de empresas.

Posteriormente, se aprobó el Real Decreto 1721/2004[633], denominado Plan de choque de Vivienda. El mismo introdujo nuevas actuaciones protegidas encaminadas a favorecer el acceso a la vivienda en forma de alquiler y subió el precio básico nacional de las viviendas protegidas.

Siguiendo con las medidas relacionadas al alquiler, el 8 de abril de 2005, se autorizó la creación de la Sociedad Pública de Alquiler[634] (SPA). Esta entidad surge con el objetivo de fomentar el arrendamiento del importante parque de viviendas vacías existente en España mediante la reducción de costes de transacción en la tramitación de los contratos y el refuerzo en la seguridad jurídica de los arrendadores.

Resulta que, en numerosas ocasiones, el propietario de una vivienda opta por mantenerla vacía ante la inseguridad en cuanto al cobro del alquiler y al mantenimiento de la calidad de la construcción[635]. No obstante, se ha criticado esta

[631] BOE Nº 94, de 18/04/2004. Además, se dictó el Real Decreto 562/2004, de 19 de abril, por el que se aprueba la estructura orgánica básica de los Departamentos Ministeriales y el Real Decreto 1718/2004, de 23 de julio, por el que se desarrolla la estructura orgánica básica del Ministerio de Vivienda.

[632] Véase sitio web oficial del Ministerio de Vivienda. Disponible en: http://www.mviv.es/es/ - última consulta: 17/abril/2010.

[633] BOE Nº 181, de 28/07/2004.

[634] Véase Sitio Web de la Sociedad Pública de Alquiler. Disponible en: www.spalquiler.com

[635] RODRÍGUEZ LÓPEZ (2005b): 527.

iniciativa afirmando que no se ha negociado ni consensuado satisfactoriamente con los sectores afectados y, además, los resultados arrojados son muy pobres[636].

Al finalizar la vigencia del presente 2002-2005 se destacó el desarrollo del nuevo auge inmobiliario y el problema de la accesibilidad. El descenso de los tipos de interés de los préstamos-vivienda y el aumento de los plazos de los mismos fueron los factores que contribuyeron a ese efecto. El esfuerzo de accesibilidad ha sido especialmente elevado en las zonas más urbanas y en las principales aglomeraciones poblacionales, en las que los precios han crecido por encima del resto del territorio nacional[637].

### 1.2.8. Plan 2005-2008

Tal como se ha indicado en el apartado anterior en los últimos años en España se ha producido un gran aumento de precios en el sector de la vivienda libre, alcanzando niveles hasta entonces desconocidos y dificultando el acceso a un número cada vez mayor de personas pertenecientes a diversos colectivos. Asimismo, aumentó la construcción residencial y eso originó un parque inmobiliario en el que se destacaron las viviendas vacías que sumado a la especulación complicó aún más las condiciones del sector.

Estas circunstancias, según expresa Alonso Timón, crearon una verdadera alarma social, llevando a las Administraciones Públicas a ofrecer ingeniosas soluciones[638]. En este contexto se aprobó el Real Decreto 801/2005, de 1 de julio[639], que estableció el Plan Estatal 2005-2008, para favorecer el acceso de los ciudadanos a la vivienda.

[636] ALONSO TIMÓN (2006): 154.
[637] RODRÍGUEZ LÓPEZ (2004a): 682-684.
[638] ALONSO TIMÓN (2006): 147. El autor también destaca que el nuevo Plan Estatal de vivienda 2005-2008 no solamente sustituye el anterior, sino que representa una arriesgada apuesta del gobierno al crear un Ministerio exclusivo para el sector.
[639] BOE Nº 166, de 13/07/2005, modificado por Decreto 14/2008, de 11 de enero (BOE Nº 11, de 12/01/2008).

El Plan giró alrededor de los siguientes ejes: ampliar el peso de la vivienda protegida en los mercados dirigida a las personas con problemas para acceder al mercado libre; obtener un mayor equilibrio entre las formas de tenencia, alquiler y propiedad; impulsar las actuaciones en materia de suelo edificable destinado preferentemente a viviendas protegidas y prestar atención específica a los colectivos con mayores dificultades en el acceso a una vivienda, como los jóvenes; las familias numerosas y las monoparentales; los mayores de 65 años; las personas con discapacidad y sus familias y las víctimas de la violencia de género y del terrorismo.

Además, se pretendía adaptar los tipos de vivienda a las necesidades de los hogares, atendiendo a las nuevas formas de vida y estructuras familiares y a los requerimientos de accesibilidad para las personas mayores y los discapacitados, Y, por último, se planteó lograr la concertación y cooperación institucional entre todas las Administraciones Públicas y con los agentes sociales y económicos.

Cabe indicar que el fomento del arrendamiento fue uno de los principales objetivos del Real Decreto 801/2005 pues, dicho mercado no ha logrado desarrollarse adecuadamente y España se mantiene como uno de los países con menores índices de viviendas en alquiler. Se indica que tal situación responde a dos motivos, por un lado, la propia mentalidad de las personas que prefieren la propiedad y, por otro, los bajos tipos de interés que deben pagar por los préstamos hipotecarios a plazos que van 25 a 35 años[640].

Seguidamente, se aprueban diversas normas relacionadas con la edificación y que contribuye a lograr la adecuación de las viviendas. En tal sentido se aprueba el Código Técnico de la Edificación[641], con el objetivo de mejorar la cali-

[640] Al respecto se ha manifestado que las medidas adoptadas por las administraciones no se han ocupado de dos normas fundamenta que podrían hacer crecer el índice de alquiles, se trata de la Ley de Arrendamientos Urbanos y la Ley de Enjuiciamiento Civil. Véase ALONSO TIMÓN (2006): 153 y 154.

[641] Real Decreto 314/2006, de 17 de marzo (BOE Nº 74, de 28/03/2006). Véase al respecto el apartado 1.2.3 del presente Capítulo.

dad de la edificación y promover la innovación y la sostenibilidad. Asimismo, se crea el Consejo para la Sostenibilidad, Innovación y Calidad de la Edificación[642] y, por último, se aprueba el Procedimiento básico para la certificación de eficiencia energética de edificios de nueva construcción, así como de los proyectos y de los edificios terminados[643].

También se dictó el Real Decreto 1472/2007, de 2 de noviembre[644], por el que se regulaba la Renta Básica de Emancipación de los jóvenes. Se trata de un apoyo económico para el pago del alquiler de la vivienda que constituye el domicilio habitual y permanente del solicitante, en las condiciones y requisitos que establece la mencionada normativa. La medida ha sido muy bien acogida por este sector con especiales dificultades en el acceso a la vivienda, ya que representa un incentivo para su emancipación y mayor movilidad laboral.

Durante la vigencia del Plan 2005-2008, saltó a la luz en los Estados Unidos una práctica que se venía desarrollando en varios mercados hipotecarios, los denominados créditos *subprime*. Básicamente, consistía en la emisión de bonos respaldados por créditos para compra de vivienda otorgados con escaso o nulo rigor a clientes sin la solvencia suficiente y que eran comercializados por las entidades financieras.

Tal circunstancia ha generado desconfianza y escasez de liquidez a nivel mundial y ha repercutido directamente en el sector de la vivienda en España que, tras una prolongada etapa de crecimiento, ha decaído desde 2007[645].

Por tanto, el Plan llegó a su fin durante la aludida crisis financiera a la que siguió una recesión severa de la economía, tal como se había pronosticado. En su momento la medida más destacada fue lograr que los bancos concedieran préstamos, a fin de recuperar la actividad en el mercado interbancario, ya que ello

[642] Real Decreto 315/2006, de 17 de marzo (BOE Nº 74, de 28/03/2006).
[643] Real Decreto 47/2007, de 19 de enero (BOE Nº 27, de 31/01/2007).
[644] BOE Nº 267, de 07/11/2007.
[645] RODRIGUEZ LÓPEZ (2007b): 758 y RODRÍGUEZ LÓPEZ y FELLINGER JUSUÉ (2008): 3.

contribuiría a que el sector de vivienda mejorara de alguna manera, considerando que el mismo se caracteriza por la búsqueda del acceso a la propiedad y para lo cual se requiere de financiación crediticia[646].

### 1.2.9. Plan 2009-2012

Por Real Decreto 2066/2008, de 12 de diciembre[647], se regula el Plan Estatal de Vivienda y Rehabilitación 2009-2012, aprobado en especiales circunstancias. Por un lado persisten las dificultades de acceso a la vivienda para un sector de la población, como consecuencia del largo período de alzas de precios que se ha vivido desde 1996 hasta 2007. Y por otra parte el duro escenario económico, en el que se evidencia la disminución de la demanda y de la oferta de viviendas.

En este contexto se destaca la necesidad de que toda actividad económica se desarrolle en un marco de sostenibilidad y eficiencia. Entonces, para responder a los requerimientos de la población se deben utilizar las viviendas ya existentes, sin olvidar la importancia de mantener la producción suficiente para cubrir las carencias habitacionales y que, por ello, deben establecerse actuaciones tendentes a evitar estrangulamientos de oferta a medio y largo plazo en el sector.

El documento señala una larga lista de beneficiarios con derecho a protección preferente a las unidades familiares con ingresos mínimos[648], se trata de las personas que acceden por primera vez a la vivienda; los jóvenes menores de 35 años; las personas mayores de 65 años; las mujeres víctimas de la violencia de género; las víctimas del terrorismo; los afectados por situaciones catastróficas y las familias numerosas.

Igualmente se incluye a las familias monoparentales con hijos; las personas dependientes o con discapacidad oficialmente reconocida, y las familias que

[646] RODRÍGUEZ LÓPEZ (2008c): 751-752.

[647] BOE Nº 309, de 24/12/2008.

[648] El Indicador Público de Renta de Efectos Múltiples (IPREM) no excederá, para el acceso en alquiler de 1,5 veces y para acceso en propiedad de 2,5 veces el mismo indicador.

las tengan a su cargo; las personas separadas o divorciadas; las personas sin hogar o procedentes de operaciones de erradicación del chabolismo y otros colectivos en situación o riesgo de exclusión social determinados por las Comunidades Autónomas.

Las ayudas financieras previstas consisten en los subsidios de préstamos convenidos; la ayuda estatal directa a la entrada (AEDE) y las subvenciones. Además, se prevé la participación de los Ayuntamientos para financiar actuaciones protegidas en: áreas de urbanización prioritaria de suelo; áreas de rehabilitación integral y áreas de renovación urbana. Igualmente, podrán conceder ayudas para la erradicación del chabolismo; la promoción de alojamientos para colectivos especialmente vulnerables u otros colectivos específicos en suelo de titularidad municipal.

El Plan consta de 6 ejes básicos y son ellos: la Promoción de Viviendas Protegidas; las Ayudas a Demandantes de Vivienda; las Áreas de Rehabilitación Integral y Renovación Urbana; las Ayudas RENOVE; las Ayudas para Adquisición y Urbanización de Suelo para Vivienda Protegida y las Ayudas a Instrumentos de Información y Gestión del Plan. Además, se determinaron 12 programas a ser desarrollados en relación con los ejes temáticos para cumplir con sus objetivos (ver cuadro 1).

**Cuadro 1:** Ejes básicos y programas del Plan Estatal de Vivienda 2009-2012.

| EJES | PROGRAMAS |
|---|---|
| EJE 1. PROMOCIÓN DE VIVIENDAS PROTEGIDAS. | a. Viviendas para alquiler<br>b. Vivienda para venta.<br>c. Alojamientos para colectivos especialmente vulnerables y otros colectivos específicos. |
| EJE 2. AYUDAS A DEMANDANTES DE VIVIENDA. | a. Ayudas a inquilinos.<br>b. Ayudas a adquirentes de nuevas viviendas protegidas y de viviendas usadas. |
| EJE 3. ÁREAS DE REHABILITACIÓN INTEGRAL Y RENOVACIÓN URBANA. | a. Áreas de rehabilitación integral de centros históricos, centros urbanos, barrios degradados y municipios rurales (ARIS).<br>b. Áreas de renovación urbana (ARUS).<br>c. Programa de ayudas para la erradicación del chabolismo. |

| | |
|---|---|
| EJE 4. AYUDAS RENOVE A LA REHABILITACIÓN Y EFICIENCIA ENERGÉTICA. | a. Ayudas RENOVE a la rehabilitación.<br>b. Ayudas a la eficiencia energética en la promoción de viviendas. |
| EJE 5. AYUDAS PARA ADQUISICIÓN Y URBANIZACIÓN DE SUELO PARA VIVIENDA PROTEGIDA. | a. Ayudas para adquisición y urbanización de suelo para vivienda protegida. |
| EJE 6. AYUDAS A INSTRUMENTOS DE INFORMACIÓN Y GESTIÓN DEL PLAN. | a. Ayudas a la gestión de los Planes de Vivienda e información al ciudadano. |

## 1.3. Complementaria

### 1.3.1. Suelo y Urbanismo

De lo expresado hasta el momento, queda de manifiesto la importancia del suelo como elemento clave en el marco de actuaciones, tanto estatales como autonómicas, respecto a la vivienda. En dicho sentido, a la fecha se encuentra vigente Real Decreto Legislativo 2/2008, de 20 de junio[649], por el que se aprueba el texto refundido de la ley de suelo. Dicha medida ha resultado importante a fin de unificar una legislación que en los últimos años ha sido constantemente alterada y que requería una renovación profunda y no solamente retoques o correcciones[650].

Como primera novedad cabe destacar que no se trata de una ley urbanística, sino que la misma regula las condiciones básicas que garantizan la igualdad en el ejercicio de los derechos y en el cumplimiento de los deberes constituciona-

---

649 BOE Nº 154, de 26/06/2008. Los antecedentes de la señalada normativa se encuentran en el Real Decreto 1346/1976, de 9 de abril, por el que se aprueba el Texto Refundido de la Ley sobre Régimen del Suelo y Ordenación Urbana, desarrollada por los Reglamentos de Planeamiento, Gestión y Disciplina Urbanística de 1978; el Real Decreto Legislativo 1/1992, de 26 de junio, por el que se aprueba el Texto Refundido de la Ley sobre Régimen del Suelo y Ordenación Urbana (en sus artículos no anulados por la STC 61/1997 y no derogados por la Ley 6/1998); la Ley 6/1998, de 13 de abril, sobre Régimen del Suelo y Valoraciones; la Ley 10/2003, de 20 de mayo, de medidas urgentes de liberalización en el sector inmobiliario y transportes y la Ley 8/2007, de 28 de mayo, de Suelo (BOE Nº 128, de 26/05/2007).

650 La nueva normativa de suelo ha generado diversos trabajos que la han analizado detenidamente, al respecto véase, a modo de ejemplo, PAREJO ALFONSO y ROGER FERNÁNDEZ (2007); MARTÍNEZ CALVO (2007); GONZÁLEZ PÉREZ (2007) y (2008) y DÍAZ LEMA (2008).

les relacionados con el suelo en todo el territorio estatal[651]. Además, establece las bases económicas y medioambientales de su régimen jurídico, su valoración y la responsabilidad patrimonial de las Administraciones Públicas en la materia.

Asimismo, debido a que el crecimiento urbano es necesario, las políticas públicas relativas a la regulación, ordenación, ocupación, transformación y uso del suelo deben responder a los principios del desarrollo sostenible[652], ya que se trata de un recurso económico que es también un recurso natural escaso y no renovable.

En tal sentido, se ha indicado que la nueva ley entra en vigor en el momento en que se produce el cambio de perfil del ciclo de la vivienda y su objetivo claro es racionalizar el proceso de urbanización. La misma defiende el uso adecuado de los recursos naturales, atendiendo al interés general e impulsando la construcción de más viviendas protegidas[653].

Se debe destacar la medida adoptada en relación a reserva de suelo residencial para la vivienda protegida, considerada por Santolaya como una de las novedades más importantes de la ley[654]. De hecho, se ha impuesto a los promotores en las operaciones de transformación urbanística "la significativa obligación"[655] de entregar el 30% de suelo a la Administración que habrá de ser destinado a la construcción de viviendas sujetas a algún régimen de protección públi-

[651] Sobre los principios y derechos reconocidos en la Constitución española relativos al suelo véase VAQUER CABALLERÍA (2007).

[652] "El derecho al desarrollo debe ejercerse en forma tal que responda equitativamente a las necesidades de desarrollo y ambientales de las generaciones presentes y futuras", Principio 3 de la Declaración de Río sobre el Medio Ambiente y el Desarrollo, adoptada en la Cumbre de las Naciones Unidas para el Medio Ambiente y el Desarrollo, Río de Janeiro, Brasil, junio, 1992.

[653] RODRÍGUEZ LÓPEZ (2007a): 481-489 y (2007b): 765. El cambio en el ciclo de vivienda se refiere a que hasta entonces se había desarrollado el fuerte y prolongado aumento de los precios y un gran volumen de construcción a causa de las beneficiosas condiciones de financiación. En su momento, García-Montalvo consideró que de ningún modo rebajar la disponibilidad de suelo producirá la desaceleración de los precios, sino al contrario, aumentaría, siempre que la demanda se mantuviera. No obstante, agregó que la ley contaba con la ventaja de que su aprobación coincidiría con la rápida desaceleración de los precios, y se argumentaría que dicha desaceleración es consecuencia del efecto de la ley. Véase GARCÍA-MONTALVO (2007): 152.

[654] SANTOLAYA MACHETTI (2007b): 117 y 118.

[655] RODRÍGUEZ LÓPEZ (2007a): 484 y (2007b): 764.

ca[656], independiente al título jurídico con el que se habita la vivienda, ya sea en propiedad, alquiler o concesión administrativa[657].

### 1.3.2. Edificación

Teniendo en cuenta a la vivienda en su aspecto de producto edificatorio o constructivo, se ha de considerar que, tanto para los intereses públicos como privados, la misma debe reunir unas garantías de seguridad. Tal es la afirmación de Bassols Coma[658], quien agrega que la preocupación por la calidad y reducción de costes, el perfeccionamiento de los materiales de construcción, los riesgos de la vida moderna, etc., han determinado la aparición de una legislación específica de carácter eminentemente técnico.

Además, el gran aumento de nuevas construcciones ha provocado una transformación en el ámbito inmobiliario y, tratándose de uno de los principales sectores económicos del país, los problemas prácticos surgidos consecuentemente exigen una respuesta legal que logre ordenar la situación, según lo ha indicado Del Olmo Alonso[659].

Como elemento necesario para ello se ha aprobado la Ley 38/1999, de Ordenación de la Edificación[660], de indiscutible valor en cuanto a adecuación de la vivienda se refiere. Es sabido que el sector de la edificación tiene evidentes repercusiones en el conjunto de la sociedad y, sin embargo, carece de una regulación acorde con esta importancia.

El objetivo de la norma es regular los aspectos esenciales del proceso de

---

[656] Artículos 16.1.b; 38 y 39.

[657] SANTOLAYA MACHETTI (2007b): 117 y 118.

[658] BASSOLS COMA (1984): 320.

[659] DEL OLMO ALONSO (2002): 19.

[660] BOE Nº 266, de 06/11/1999. La misma ha sido modificada por la Ley 24/2001, de 27 de diciembre, de Medidas Fiscales, Administrativas y del Orden Social (BOE Nº 313, de 31/12/2001) introduciendo el artículo 3.1.a.4 y por la Ley 53/2002, de 30 de diciembre, de Medidas Fiscales, Administrativas y del Orden Social (BOE Nº 31, de 31/12/2002), en relación a la disposición adicional segunda.

la edificación, estableciendo las obligaciones y responsabilidades de los agentes intervinientes, como el promotor, el proyectista, el constructor, el director de obra, el director de ejecución de la obra, las entidades y los laboratorios de control de calidad de la edificación, los suministradores de productos y los propietarios y usuarios.

También, se determinan las garantías necesarias para el adecuado desarrollo de la construcción, con el fin de asegurar la calidad mediante el cumplimiento de los requisitos básicos relativos a la funcionalidad, seguridad y habitabilidad de los edificios que se terminarán de implantar una vez que se apruebe el Código Técnico de la Edificación[661].

Con el mismo fin se ha determinado la creación del Libro del Edificio que será entregado a los usuarios finales de la edificación y que constará del proyecto, incorporando las modificaciones si las hubiese[662] y a ello se agregará el acta de recepción, la relación identificativa de los agentes que han intervenido en el proceso de edificación, así como la relativa a las instrucciones de uso y mantenimiento del edificio y sus instalaciones.

En tanto que, en cumplimiento de la disposición final segunda de la Ley 38/1999, se ha sancionado el Real Decreto 314/2006, de 17 de marzo[663], por el que se aprueba el Código Técnico de la Edificación. La Exposición de Motivos del la norma expresa que durante la segunda mitad del siglo XX se ha edificado con el fin de satisfacer las necesidades básicas de la población, no obstante, la calidad de dichas construcciones es bastante cuestionable.

Actualmente, debido a la tendencia de hacer sostenible los procesos edificatorios y urbanizadores, en la triple dimensión ambiental, social y económica,

---

[661] Sobre la relación existente entre la Ley de Ordenación de la Edificación y los derechos del consumidor véase GONZÁLEZ POVEDA (2005).

[662] Esta documentación debe entregarla el director de obra al promotor para la realización de los respectivos trámites administrativos.

[663] BOE Nº 74, de 28/03/2006. La Orden VIV/984/2009, de 15 de abril, ha modificado determinados documentos básicos del Código Técnico de la Edificación.

se requieren mejores edificaciones. Por tanto, el mismo regula las exigencias de calidad que deben satisfacer los edificios, incluidas sus instalaciones, para cumplir con los requisitos básicos de seguridad y habitabilidad.

Mediante este Código se armoniza la reglamentación nacional con las disposiciones de la Unión Europea vigentes en la materia. En primer lugar, con las relativas a la libre circulación de productos de construcción dentro del mercado único europeo y, principalmente, con la Directiva 89/106/CEE del Consejo, de 21 de diciembre, relativa a la aproximación de las disposiciones legales, reglamentarias y administrativas de los Estados Miembros sobre los productos de construcción.

En segundo lugar ha de considerarse la Directiva 2002/91/CE del Parlamento Europeo y del Consejo, de 16 de diciembre, relativa a la eficiencia energética de los edificios, en virtud de la cual se han incorporado al Código Técnico de la Edificación tales exigencias, según se establecen en los artículos 4, 5 y 6 de esta Directiva.

Asimismo, es interesante mencionar que la política estatal de vivienda ha de abordar temas como la sostenibilidad, la innovación y la calidad de la edificación, garantizando de manera muy especial el respeto a los valores medioambientales. Por tanto, como elemento necesario para alcanzar los objetivos de calidad de los edificios que persigue la Ley de Ordenación de la Edificación y promover medidas que permitan un desarrollo sostenible en la construcción, por Real Decreto 315/2006, de 17 de marzo[664], se ha creado el Consejo para la Sostenibilidad, Innovación y Calidad de la Edificación, adscrito al Ministerio de Vivienda.

Finalmente, cabe hacer referencia a las Normas Tecnológicas de la Edificación (NTE), que resultan ser recomendaciones sin carácter obligatorio, y que regulan cada una de las actuaciones que intervienen en el proceso edificatorio: diseño, cálculo, construcción, control, valoración y mantenimiento.

[664] BOE Nº 74, de 28/03/2006.

## 2. Autonómica

### 2.1. Consideraciones preliminares

Así como se ha expresado en el Capítulo 4, apartado 2.5.1, las competencias en materia de vivienda han sido asumidas de forma exclusiva por las Comunidades Autónomas. Por tanto, las mismas pueden elaborar su propia normativa; definir y desarrollar una política de vivienda, con cargo a sus propios recursos; programar, ejecutar y controlar las promociones públicas; administrar su patrimonio residencial; y controlar y gestionar la financiación cualificada de las actuaciones de viviendas protegidas, rehabilitaciones o urbanización del suelo, etc.

Efectivamente, la labor normativa autonómica es considerada importante y variada. Tal es así que existen normas complementarias y de gestión de los Planes estatales; creadoras de nuevas formas de viviendas protegidas; otras con rango de ley, así como una gran variedad de normativa de carácter reglamentario[665].

Pues bien, previamente a revisar dichas disposiciones autonómicas vigentes en la materia, corresponde señalar que algunos de los Estatutos de Autonomía han sido modificados en los últimos años y la intensidad y alcance del derecho a la vivienda no es el mismo en todos ellos. Menciona Ruíz Rico que se ha ampliado la concepción original de vivienda como materia competencial. Por un lado, ha quedado configurada como derecho subjetivo de todos los ciudadanos de la Comunidad y, por otra parte, se le reconoce como principio rector de las políticas públicas autonómicas[666].

En principio, de acuerdo al reparto competencial establecido en la CE de 1978 al Estado le correspondía un papel subsidiario en relación a las atribuciones

[665] MUÑOZ CASTILLO (2000): 99 y MUÑOZ CASTILLO (2003): 134.

[666] RUÍZ RICO (2008): 70. Sobre la situación de las competencias autonómicas respecto a la vivienda previa a la aprobación sus respectivos estatutos véase RÁFOLS I ESTEVE y ROMERO (1979).

de las Autonomías. Sin embargo, en base a los artículos 149.1 y 149.13 CE se ha logrado que las instituciones estatales elaboren las políticas sobre vivienda y que las Comunidades Autónomas las apliquen, sin perjuicio de que estas mismas también desarrollaran sus propios planes.

## 2.2. Andalucía

La Comunidad Autónoma de Andalucía ha asumido las competencias exclusivas en materia de vivienda en los términos del artículo 56 de la Ley Orgánica 2/2007, de 19 de marzo[667], de reforma del Estatuto de Autonomía.

Además, se trata de una de las Comunidades que ha introducido ciertas disposiciones referidas exclusivamente al derecho a la vivienda. En tal sentido el artículo 25 expresa:

> "Para favorecer el ejercicio del derecho constitucional a una vivienda digna y adecuada, los poderes públicos están obligados a la promoción pública de la vivienda. La ley regulará el acceso a la misma en condiciones de igualdad, así como las ayudas que lo faciliten".

Asimismo, en el Capítulo III, de los Principios Rectores de las Políticas Públicas, se encuentra el artículo 37 que establece:

> "...22º El uso racional del suelo, adoptando cuantas medidas sean necesarias para evitar la especulación y promoviendo el acceso de los colectivos necesitados a viviendas protegidas"

Como crítica al nuevo artículo 25 se ha expresado que el mismo no contiene más que una nueva versión positiva del principio de igualdad. Además, el derecho a la vivienda no figura en la lista de grandes compromisos estatutarios generales indicados en el Título Preliminar, es decir, no ha sido incluido como objetivo básico para la Comunidad. Sin embargo, a criterio de Ruíz Rico, la ver-

[667] BOE Nº 68, de 20/03/2007.

dadera finalidad del aludido artículo se logra comprender cuando se lee el artículo 37 ya citado, pues este es enunciado como principio rector de las políticas públicas en materia de vivienda[668].

Corresponde destacar que, de forma pionera, la Junta de Andalucía ha aprobado la Ley 1/2010, de 8 de marzo[669], Reguladora del Derecho a la Vivienda en Andalucía. En dicho instrumento se establecen las facultades y deberes que integran este derecho, así como las actuaciones que habrán de desarrollar, tanto la Administración Pública como las entidades públicas y privadas que actúan en este ámbito, para hacer efectivo el derecho[670].

Se determina que, a los efectos de ser considerada una vivienda digna y adecuada, deberá tratarse de una edificación fija y habitable y que sea accesible. Además, tendrán que incorporar parámetros de sostenibilidad y eficiencia, tales como los relativos a minimización de impactos ambientales, reducción del ruido, gestión adecuada de los residuos generados, ahorro y uso eficiente del agua, etc.

Asimismo, se estipula que los ayuntamientos deberán aprobar en un plazo máximo de dos años, contados desde la entrada en vigor de la Ley, sus respectivos planes de vivienda y suelo. Transcurrido dicho plazo las personas que acrediten interés legítimo podrán reclamar ante la correspondiente Administración municipal el cumplimiento del deber de aprobar el Plan Municipal de Vivienda y Suelo y promover activamente la ejecución de la programación prevista en el mismo, en caso de que este haya sido aprobado.

Se trata de un mecanismo que puede contribuir a potenciar la justiciabilidad del derecho a la vivienda, pero será preciso observar cual es su aplicación práctica en el futuro.

[668] RUÍZ RICO (2008): 75 y 77.

[669] BOJA Nº 54, de 19/03/2010.

[670] A la fecha de sanción de la Ley 1/2010, de 8 de marzo también se encuentra vigente en Andalucía el Decreto 395/2008, de 24 de junio, que aprobó el Plan Concertado de Vivienda y Suelo 2008-2012 (BOJA Nº 130, de 02/07/2008). El mismo deberá adaptarse a las condiciones establecidas por la ley señalada en el plazo máximo de un año desde su aprobación.

### 2.3. Aragón

La Comunidad Autónoma de Aragón ha asumido las competencias exclusivas en materia de vivienda en los términos del artículo 71 de la Ley Orgánica 5/2007, de 20 de abril, reforma del Estatuto de Autonomía[671]. Además, la reforma estatutaria ha introducido otras disposiciones referidas exclusivamente al derecho a la vivienda. El artículo 24, sobre la protección personal y familiar, establece que:

> "Los poderes públicos aragoneses orientarán sus políticas de acuerdo con los siguientes objetivos: ... f) Favorecer la emancipación de los jóvenes, facilitando su acceso al mundo laboral y a la vivienda".

Asimismo, el artículo 27 señala que:

> "Los poderes públicos de la Comunidad Autónoma promoverán, de forma efectiva, el ejercicio del derecho a una vivienda digna, facilitando el acceso a ésta en régimen de propiedad o alquiler, mediante la utilización racional del suelo y la promoción de vivienda pública y protegida, prestando especial atención a los jóvenes y colectivos más necesitados".

La Ley de Cortes de Aragón 24/2003, de 26 de diciembre[672], de medidas urgentes de política de vivienda protegida, modificada por Ley 9/2004, de 20 de diciembre[673], estableció las bases de la política de vivienda para esta Comunidad Autónoma que sigue vigente hasta la fecha.

Por otra parte, se encuentra el Decreto 225/2005, de 2 de noviembre[674], del Gobierno de Aragón, regulador del plan aragonés para facilitar el acceso a la vivienda y fomentar la rehabilitación 2005-2009. El mismo gira en torno a ciertos ejes estratégicos, entre los que cabe mencionar, el análisis y diversificación de las

[671] BOE Nº 97, de 23/04/2007.
[672] BOA Nº 156, de 31/12/2003 y BOE Nº 14, de 16/01/2004.
[673] BOA Nº 151, de 27/12/2004 y BOE Nº 42, de 18/02/2005.
[674] BOA Nº 131, de 05/11/2005.

áreas de precios máximos en la Comunidad Autónoma; la diversificación de las tipologías de vivienda protegida de nueva construcción para venta; la potenciación del alquiler y la puesta en marcha y difusión de las políticas de rehabilitación aislada de edificios y viviendas y en áreas de rehabilitación integral.

El Decreto 225/2005 ha sido modificado por diferentes Órdenes del Departamento de Obras Públicas, Urbanismo y Transportes, como la de 12 junio de 2006[675], de 17 enero de 2007[676], de 1 de febrero de 2008[677] y por el Decreto Nº 317/2007, de 18 de diciembre[678], del Gobierno de Aragón.

### 2.4. Asturias

Las competencias en materia de vivienda han sido asumidas por el Principado de Asturias en los términos del artículo 10.1.3 de la Ley Orgánica 7/1981, de 30 de diciembre, por la que se aprueba el Estatuto de Autonomía[679].

Por otro lado, las ayudas para favorecer el acceso de los ciudadanos a la vivienda en el ámbito del Plan Asturiano de Vivienda 2006-2008[680] están reguladas a través del Decreto 130/2006, de 21 de diciembre. Esta norma señala que el marco estatal de actuaciones ha de ser complementado por las Comunidades Autónomas. Se trata de la gestión y trámite de las ayudas concedidas con cargo a los Presupuestos del Ministerio de Vivienda y, además, se ha de realizar el aporte económico necesario con cargo a los Presupuestos del Principado a fin de cubrir las necesidades no atendidas por el Plan Estatal.

Asimismo, en el marco de actuaciones relacionadas con la vivienda y en cumplimiento de las disposiciones de la Ley 38/1999, de 5 de noviembre, de Ordenación de la Edificación, se ha dictado el Decreto 40/2007, de 19 de abril, por el

[675] BOA Nº 77, de 07/07/2006.
[676] BOA Nº 10, de 24/01/2007.
[677] BOA Nº 19, de 15/02/2008.
[678] BOA Nº 153, de 28/12/2007.
[679] BOE Nº 09, de 11/01/1982.
[680] BOPA de 08/01/2007.

que se aprueba el Libro de la Vivienda en el Principado de Asturias[681], que resulta ser un complemento del Libro del Edificio. Se trata del conjunto de documentos que el promotor o propietario está obligado a proporcionar al adquirente, consumidor o usuario de cada vivienda, salvo en el supuesto de viviendas unifamiliares.

Este Libro de la Vivienda es obligatorio en todas las edificaciones de carácter permanente, públicas o privadas, que tengan la consideración de vivienda y se ubiquen en el ámbito de la Comunidad Autónoma y habrá de estructurarse en tres apartados específicos: documentación básica de la vivienda; documentación relativa a la construcción y documentación relativa al uso, mantenimiento y conservación.

### 2.5. Canarias

La Comunidad Autónoma de Canarias ha asumido las competencias exclusivas en materia de vivienda a través del artículo 29.11 de la Ley Orgánica 10/1982, de 10 de agosto[682], por la que se aprueba su Estatuto de Autonomía.

En cuanto a la normativa vigente en la comunidad de referencia se ha de decir que el Parlamento Canario dictó la Ley 2/2003, de 30 de enero[683], de Vivienda de Canarias que indica como objetivo la regulación de las acciones que permitan hacer efectivo el derecho a una vivienda digna y adecuada previsto por la CE. Entre los principios que habrán de guiar la intervención autonómica se citan: la promoción y fomento del acceso de los ciudadanos canarios a una vivienda digna y adecuada, especialmente de aquellos que disponen de menos recursos; la protección de los derechos de quienes acceden a una vivienda y la garantía de seguridad, habitabilidad y calidad de las viviendas en las islas.

En el mismo sentido, se menciona la integración de la vivienda en el en-

[681] BOPA de 10/05/2007.
[682] BOE Nº 195, de 16/08/1982.
[683] BOC Nº 27, de 10/02/2003.

-torno, con especial atención a los instrumentos de ordenación de los recursos naturales y el territorio; el acercamiento de la gestión pública en materia de vivienda a los ciudadanos, teniendo en cuenta el hecho insular y la simplificación y racionalización de la actuación administrativa sobre vivienda.

En base a la ley señalada se ha aprobado el Decreto 27/2006, de 7 de marzo[684], que regula las actuaciones del Plan de Vivienda vigente en Canarias. En el mismo se hallan comprendidas las actuaciones propias de la Administración Pública de la Comunidad Autónoma y aquellas otras previstas en el Real Decreto 801/2005, del Plan Estatal, que se incluyan, o puedan ser incluidas, en los objetivos que se han propuesto lograr en el convenio suscrito entre la Comunidad Autónoma y el Ministerio de Vivienda.

### 2.6. Cantabria

La Comunidad Autónoma de Cantabria ha asumido las competencias exclusivas en materia de vivienda en los términos del artículo 22.3 de la Ley Orgánica 8/1981, de 30 de diciembre, Estatuto de Autonomía[685].

Las medidas para favorecer el acceso de los ciudadanos a la vivienda en Cantabria están determinadas por el Decreto 12/2006, de 9 de febrero[686], que plantea proporcionar mayor atención a las personas que tienen dificultades para acceder al mercado inmobiliario libre. Entre ellos se encuentran los compradores que acceden por primera vez a la vivienda en propiedad; los jóvenes de hasta 35 años; las personas mayores de 65 años y sus familias; las víctimas de la violencia de género y víctimas del terrorismo; las familias numerosas; las familias monoparen-

[684] BOC Nº 48, de 10/03/2006. Posteriormente, tras la modificación parcial del Plan Estatal, la norma señalada ha sido igualmente modificada por el Decreto 185/2008, de 29 de julio (BOC Nº 160, de 11/08/2008), perfilando ciertas modalidades de actuaciones protegibles y algunos aspectos de las ayudas económicas estatales directas.

[685] BOE Nº 9, de 11/01/1982.

[686] BOC Nº 32, de 15/02/2006. Derogó el Decreto 66/2002, de 6 de junio, sobre actuaciones protegibles en materia de vivienda y suelo en Cantabria, excepto lo relativo al Título IV, Viviendas de promoción pública y el Decreto 37/2005, de 7 de abril, por el que se establecen incentivos al arrendamiento de viviendas en la Comunidad Autónoma de Cantabria.

tales; las personas con discapacidad y sus familias y otros colectivos en situación o riesgo de exclusión social.

Además, a las Viviendas de Protección Oficial de régimen especial y a las Viviendas Protegidas de régimen general se suman las Viviendas Protegidas de Precio Concertado. Asimismo, se establecen como actuaciones protegidas: la promoción de viviendas de nueva construcción destinadas a la venta, al arrendamiento, o al uso propio; la promoción, en régimen de cofinanciación, de las viviendas calificadas o declaradas como Viviendas Protegidas de Promoción Pública para alquilar; la compra de las viviendas de nueva construcción para venta, indicadas en el apartado a), así como la adquisición de viviendas usadas, para su tenencia en régimen de propiedad.

Finalmente, se menciona que las medidas adoptadas pretenden que los beneficios de la protección pública de la vivienda en régimen autonómico aprovechen al mayor número de personas posible, que aumente significativamente el parque inmobiliario protegido y logren la máxima eficacia en la moderación de los precios de las viviendas libres.

### 2.7. Castilla-La Mancha

Las competencias exclusivas en materia de vivienda han sido asumidas por la Comunidad de Castilla-La Mancha a través del artículo 31.1.b de la Ley Orgánica 9/1982, de 10 de agosto[687], que establece el Estatuto de Autonomía.

Las diversas modalidades de viviendas de protección pública en Castilla-La Mancha están determinadas por la Ley 2/2002, de 07 de febrero[688], desarrollada por el Decreto 3/2004, de 20 de enero, de régimen jurídico de las viviendas con protección pública[689].

---

[687] BOE Nº 195, de 16/08/1982.
[688] DOCLM Nº 23, de 22/02/2002 y BOE Nº 79, de 02/04/2002.
[689] DOCLM Nº 10, de 23/01/2004.

Por otra parte, el Decreto 38/2006, de 11 de abril de 2006[690], regula en el ámbito de la señalada Comunidad Autónoma el Plan Estatal de Vivienda 2005-2008 y desarrolla el IV Plan Regional de Vivienda y Suelo de Castilla-La Mancha horizonte 2010 en el que figura el conjunto de medidas y acciones específicas de la política regional hasta el año 2010.

Asimismo, se encuentra vigente el Decreto 65/2007, de 22 de mayo[691], que establece aspectos de régimen jurídico y normas técnicas sobre condiciones mínimas de calidad y diseño para las viviendas de protección pública y el Decreto 81/2007, de 19 de junio[692], por el que se regula el Libro del Edificio para edificios destinados a viviendas en aquella Comunidad.

## 2.8. Castilla y León

La Comunidad Autónoma de Castilla y León ha asumido las competencias exclusivas en materia de vivienda en los términos del artículo 70.1.6 del Estatuto de Autonomía reformado por Ley Orgánica 14/2007, de 30 de noviembre[693].

Además, la reforma estatutaria ha introducido disposiciones referidas exclusivamente al derecho a la vivienda. En tal, el sentido Capítulo IV sobre Principios Rectores de las Políticas Públicas de Castilla y León, en su artículo 16 dice:

> "Los poderes públicos de Castilla y León deben orientar sus actuaciones de acuerdo con los principios rectores que establecen la Constitución y el presente Estatuto. En el ejercicio de sus competencias, deben promover y adoptar las medidas necesarias para garantizar la plena eficacia de los siguientes objetivos:
> "... 12. La plena integración de los jóvenes en la vida pública y en la sociedad, facilitando su autonomía, en especial mediante el acceso a la formación, al empleo y a la vivienda".
> "... 14. El acceso en condiciones de igualdad de todos los castellanos y leoneses a una vivienda digna mediante la generación

[690] DOCLM Nº 79, de 14/04/2006. Deroga el Decreto 113/2002, de 27 de agosto, sobre ayudas en materia y suelo para el período 2002-2005.
[691] DOCM Nº 114, de 30/05/2007.
[692] DOCM Nº 131, de 22/06/2007.
[693] BOE Nº 288, de 01/12/2007.

> de suelo y la promoción de vivienda pública y de vivienda protegida, con especial atención a los grupos sociales en desventaja".

En cuanto a la normativa específica, aplicable en la Comunidad castellana, es el Decreto 64/2009, de 24 de septiembre[694], por el que se modifica el Decreto 52/2002, de 27 de marzo[695], de desarrollo y aplicación del Plan Director de Vivienda y Suelo de Castilla y León 2002-2009.

Este nuevo instrumento es aprobado con el objetivo de realizar las adaptaciones necesarias al Plan Estatal de Vivienda y Rehabilitación 2009-2012 y de recoger las novedades que resultan del Decreto 55/2008, de 24 de julio[696], por el que se regula la promoción, adquisición y arrendamiento protegido de la vivienda de precio limitado para familias en Castilla y León y la Orden FOM/1982/2008, de 14 de noviembre[697], por la que se regula el procedimiento para la selección de los adquirentes y arrendatarios de viviendas protegidas en la señalada Comunidad.

## 2.9. Cataluña

El Estatuto de Autonomía de Cataluña, reformado por Ley Orgánica 6/2006, de 19 de julio[698], contiene varias menciones en relación al derecho a la vivienda. En principio conviene señalar que la Comunidad ha asumido las competencias exclusivas según lo dispuesto por el artículo 137 que señala:

> "1. Corresponde a la Generalitat la competencia exclusiva en materia de vivienda, que incluye en todo caso: a) La planificación, la ordenación, la gestión, la inspección y el control de la vivienda de acuerdo con las necesidades sociales y de equilibrio territorial. b) El establecimiento de prioridades y objetivos de la actividad de fomento de las Administraciones públicas de Cata-

[694] BOCyL Nº 186, de 28/09/ 2009.
[695] BOCyL Nº 62, de 01/04/2002. El mencionado Plan fue aprobado mediante Acuerdo del Consejo de Gobierno de la Junta de Castilla y León de 17 de enero de 2002 (Suplemento al BOCYL Nº 44, de 04/03/2002).
[696] BOCYL Nº 146, de 30/07/2008.
[697] BOCYL Nº 224, de 19/11/2008.
[698] BOE Nº 172, de 20/07/2006.

> luña en materia de vivienda y la adopción de las medidas necesarias para su alcance, tanto en relación al sector público como al privado. c) La promoción pública de viviendas. d) La regulación administrativa del comercio referido a viviendas y el establecimiento de medidas de protección y disciplinarias en este ámbito. e) Las normas técnicas, la inspección y el control sobre la calidad de la construcción. f) Las normas sobre la habitabilidad de las viviendas. g) La innovación tecnológica y la sostenibilidad aplicable a las viviendas. h) La normativa sobre conservación y mantenimiento de las viviendas y su aplicación.
> 2. Corresponde a la Generalitat la competencia sobre las condiciones de los edificios para la instalación de infraestructuras comunes de telecomunicaciones, radiodifusión, telefonía básica y otros servicios por cable respetando la legislación del Estado en materia de telecomunicaciones".

Asimismo, el artículo 149, sobre la ordenación del territorio y del paisaje, del litoral y urbanismo, indica que:

> "5. Corresponde a la Generalitat, en materia de urbanismo, la competencia exclusiva, que incluye en todo caso: ... d) La política de suelo y vivienda, la regulación de los patrimonios públicos de suelo y vivienda y el régimen de la intervención administrativa en la edificación, la urbanización y el uso del suelo y el subsuelo".

Además, con la reforma estatutaria se han introducido ciertas disposiciones referidas exclusivamente al derecho a la vivienda. En tal sentido, el artículo 26 expresa:

> "Las personas que no disponen de los recursos suficientes tienen derecho a acceder a una vivienda digna, para lo cual los poderes públicos deben establecer por ley un sistema de medidas que garantice este derecho, con las condiciones que la ley determine".

Por otra parte, el artículo 40, sobre la Protección de las personas y de las familias, dice que:

> "...4. Los poderes públicos deben promover políticas públicas que favorezcan la emancipación de los jóvenes, facilitándoles el acceso al mundo laboral y a la vivienda para que puedan desarrollar su propio proyecto de vida y participar en igualdad de derechos y deberes en la vida social y cultural".

Y, finalmente, el artículo 47, dispone que:

> "Los poderes públicos deben facilitar el acceso a la vivienda mediante la generación de suelo y la promoción de vivienda pública y de vivienda protegida, con especial atención a los jóvenes y los colectivos más necesitados".

Al respecto, manifiesta Ruíz Rico que del artículo 26 se puede resaltar el especial énfasis que pone en la titularidad del derecho antes que en el objeto del mismo, refiriéndose de manera general a los colectivos que por razones socioeconómicas estarían más necesitados de un tratamiento preferencial. En el artículo 40.4 y 47 se hace alusión específica a los jóvenes como sector que habrá de recibir mayor atención[699].

Por otra parte, el Parlamento de Cataluña aprobó la Ley 18/2007, de 28 de diciembre, del derecho a la vivienda[700], que establece disposiciones respecto a diversos aspectos de la materia, como la planificación territorial y la programación en materia de vivienda; la calidad, conservación y rehabilitación del parque inmobiliario residencial, así como los requisitos exigibles a las viviendas y las medidas que han ser adoptadas en caso de utilización anómala de las mismas.

Además, se ha regulado sobre la protección de los consumidores y usuarios de vivienda en el mercado inmobiliario y respecto a la política de protección pública de la vivienda, se establecen los requisitos y trámites para la adjudicación y transmisión de las viviendas de protección oficial, así como para el desahucio de las mismas y, por último, se regula el régimen de control y el régimen sancionador.

Entre los aspectos referidos a la calidad del parque de viviendas se mencionan las normas orientadas al cumplimiento de las condiciones de funcionalidad, seguridad, salubridad y sostenibilidad de las viviendas, al igual que ciertas

[699] RUÍZ RICO (2008): 79.

[700] DOGC Nº 5044, de 09/01/2008. Un extenso análisis de la Ley 18/2007, de 28 de diciembre, en su contexto español, europeo e internacional, véase en PONCE SOLÉ y SIBINA TOMÁS (2008).

directrices a fin de introducir los criterios de cohesión social, ambiental y de eficiencia ecológica en el proceso de edificación, conservación y rehabilitación del parque inmobiliario.

Cabe destacar que todas las viviendas de nueva construcción deben cumplir las condiciones de accesibilidad y movilidad interior con la finalidad de facilitar el acceso y desplazamiento por su interior a personas con movilidad reducida sin tener que efectuar obras de difícil ejecución y elevado coste. Con estas disposiciones la Comunidad Catalana pretende que las edificaciones se ajusten a las exigencias de habitabilidad necesarias para alcanzar el objetivo de disponer viviendas adecuadas[701].

Además, se ha de resaltar lo relacionado a la utilización anómala de una vivienda o de un edificio de viviendas. Se considera tal en caso de desocupación permanente, sobreocupación[702] o infravivienda y la ley señala una serie de medidas que habrían de ser adoptadas para impedir tales circunstancias.

Por otra parte, se determina la obligatoriedad del uso del libro del edificio, como instrumento de información de la vida del edificio[703]. También se exige la Cédula de Habitabilidad y, en el caso de las viviendas de protección oficial, la calificación definitiva porque son los documentos específicos que acreditan que una vivienda cumple las condiciones de calidad establecidas por la normativa y que es apta para ser destinada a residencia[704].

---

[701] En relación al concepto de habitabilidad véase el Capítulo I, apartado 4.4 del presente trabajo.

[702] La disposición adicional undécima expresa, en relación a las viviendas sobreocupadas, que el Gobierno debe impulsar las actuaciones necesarias para que la Administración del Estado modifique la Ley del Estado 1/2000, de 7 de enero, de enjuiciamiento civil, para agilizar los procesos de desahucio en casos de inquilinos responsables de situaciones de sobreocupación de viviendas, existan o no subarrendamientos inconsentidos.

[703] La disposición adicional novena establece que el gobierno debe aprobar el reglamento del libro del edificio dentro de los seis meses posteriores a la fecha de publicación de la presente ley en el *Diari oficial de la Generalitat de Catalunya.*

[704] la disposición adicional décima expresa que el gobierno debe actualizar y adaptar el decreto de condiciones de habitabilidad a las exigencias de la presente ley en cuanto a los criterios de calidad y a los contenidos de la cédula de habitabilidad, dentro de los tres meses posteriores a la fecha de publicación de la presente ley en el *Diari oficial de la Generalitat de Catalunya*, y debe

Una medida que resulta interesante, y por ello se menciona particularmente, es la creación del Observatorio del Hábitat y la Segregación Urbana que debe servir de plataforma para planificar, estudiar y analizar el entorno y la realidad social y económica catalana en el sector de la vivienda y colaborar así en las tareas que cumpla el Consejo Asesor de la Vivienda y cualquier otro organismo público.

### 2.10. Extremadura

La Comunidad Autónoma de Extremadura ha asumido las competencias exclusivas en materia de vivienda en los términos del artículo 7.2 del Estatuto de autonomía reformado por la Ley Orgánica 12/1999, de 06 de mayo de 1999[705].

De conformidad con la Ley 3/2001, de 26 de abril[706], de la Calidad, Promoción y Acceso a la Vivienda de Extremadura y la Ley 6/2002, de 27 de junio[707], de medidas de apoyo en materia de autopromoción de viviendas, accesibilidad y suelo, el Plan de Vivienda de Extremadura es el instrumento de fomento público de la vivienda y de promoción pública de suelo. Este Plan ha sido aprobado por el Decreto 114/2009, de 21 de mayo[708], de modificación y adaptación del Plan de Vivienda y Suelo de Extremadura 2009-2012.

### 2.11. Galicia

La Comunidad Autónoma de Galicia ha asumido las competencias exclusivas en materia de vivienda en los términos del artículo 27.3 de la Ley Orgánica 1/1981, de 06 de abril de 1981[709], que aprobó su Estatuto de Autonomía.

---

determinar los contenidos y programas de la inspección técnica de los edificios a que se refiere el título III, dentro del año posterior a esta fecha.

[705] BOE Nº 109, de 07/05/1999.

[706] BOE Nº 152, de 26/06/2001.

[707] BOE Nº 201, de 22/08/2002.

[708] DOE Nº 101, de 28/05/2009.

[709] BOE Nº 101, de 28/04/1981.

El Decreto 18/2006, de 26 de enero[710], establece las ayudas públicas en materia de vivienda a cargo de la Comunidad Autónoma de Galicia y regula la gestión de las medidas previstas en el Plan Estatal aprobado para el período 2005-2008. El aludido documento, modificado por el Decreto 145/2006, de 27 de julio[711] y por el Decreto 179/2007, de 6 de setiembre[712], se remite al artículo 4º del Real Decreto 801/2005, de 1 de julio, para señalar las actuaciones protegidas, especificando que las mismas no superarán los cupos fijados en el Convenio firmado entre el Ministerio de Vivienda y la Comunidad Autónoma.

## 2.12. Islas Baleares

El artículo 12 del Estatuto de autonomía de las Islas Baleares, reformado por la Ley Orgánica 1/2007, de 28 de febrero, dice que:

> "3. Las instituciones propias de la Comunidad Autónoma de las Illes Balears, para cumplir las finalidades que les son propias y en el marco de las competencias que les atribuye este Estatuto, deben promover, como principios rectores de la política económica y social, el desarrollo sostenible encaminado a la plena ocupación, la cohesión social y el progreso científico y técnico de manera que asegure a toda la ciudadanía el acceso a los servicios públicos y el derecho a la salud, la educación, la vivienda, la protección social, el ocio y la cultura".

Además, el artículo 22 reconocer el derecho de acceso a una vivienda digna en los siguientes términos:

> "Las Administraciones públicas de las Illes Balears garantizarán el derecho de acceso a una vivienda digna de los ciudadanos de las Illes Balears. Por ley se regularán las ayudas para promover este derecho, especialmente a favor de los jóvenes, de las personas sin medios, de las mujeres maltratadas, de las personas dependientes y de aquellas otras en cuyo estén justificadas las ayudas".

En tanto que la normativa autonómica vigente sobre vivienda es el De-

710 DOG Nº 30, de 13/02/2006.
711 DOG Nº 174, de 8/09/2006.
712 DOG Nº 187, de 26/09/2007.

-creto 90/2005, de 29 de julio[713], por el que se aprueba el Plan joven de vivienda y las ayudas a la promoción y acceso a la vivienda de las Illes Balears 2005-2008. El objeto de este instrumento es establecer y regular la concesión de las ayudas que dispone el Gobierno Balear para favorecer el acceso a una vivienda digna, así como las ayudas para la eliminación de barreras arquitectónicas en edificios y viviendas destinadas a domicilio habitual y permanente de personas discapacitadas con cargo al presupuesto de la Comunidad Autónoma.

Además, se ha aprobado el Decreto 10/2009, de 13 de febrero[714], por el que se regula el Plan Especial de Rehabilitación de Edificios de Viviendas para el cumplimiento del Real Decreto ley 9/2008, de 28 de noviembre[715], por el que se crea, entre otros, un fondo especial del Estado para la dinamización de la economía y el empleo.

Finalmente, cabe mencionar que el 21 de mayo de 2008 representantes del Gobierno de Islas Baleares, el Presidente de la Confederación de Asociaciones Empresariales de Baleares y los Secretarios Generales de la Asociación Sindical de la Confederación Sindical de Comisiones Obreras y de la Unión General de Trabajadores, han firmado el Pacto por una Vivienda adecuada y asequible para dicha Comunidad Autónoma.

El documento marca como objetivo principal la realización de 20.000 actuaciones, de rehabilitación y nueva construcción, para proporcionar un mejor y más equitativo acceso a la vivienda. Las actuaciones propuestas se articularon en torno a cuatro campos, que son: la intervención sobre el patrimonio edificado existente; el impulso de una oferta de viviendas nuevas que propicie el desarrollo de una ciudad social y medioambientalmente sostenible; la mejora de los procesos de información a los solicitantes y usuarios de viviendas y la relación con otras administraciones.

[713] BOIB Nº 117, de 06/08/2005.
[714] BOIB Nº 25, de 17/02/2009.
[715] BOE Nº 290, de 21/12/2008.

## 2.13. La Rioja

La Comunidad Autónoma de La Rioja ha asumido las competencias exclusivas en materia de vivienda en los términos del artículo octavo – uno – ocho de la Ley Orgánica 2/1982, de 9 de junio de 1982[716], que aprobó su Estatuto de autonomía.

El Decreto 43/2008, de 27 de junio[717], aprueba el Plan de Vivienda de La Rioja y ha sido desarrollado por la Orden 4/2008, de 15 de septiembre[718]. Asimismo, tiene por objetivo complementar y gestionar en el ámbito territorial autonómico el Plan Estatal de Vivienda 2005-2008.

Como actuaciones protegidas, además de las mencionadas por el Plan Estatal 2005-2008, se considerarán en La Rioja: la promoción de viviendas protegidas en régimen de alquiler con opción de compra; el fomento de medidas para facilitar el acceso a viviendas libres, como la hipoteca joven de La Rioja o instrumentos similares y la potenciación y desarrollo de programas de fomento de alquiler, como la Bolsa de Vivienda en Alquiler de La Rioja.

## 2.14. Madrid

La Comunidad de Madrid ha asumido las competencias exclusivas en materia de vivienda a través del artículo 26.3 de su Estatuto de autonomía aprobado por la Ley Orgánica 3/1983, de 25 de febrero de 1983[719].

El Decreto 12/2005, de 27 de enero, que establece el Plan de Vivienda 2005-2008 es el que regula las ayudas económicas a la vivienda en la Comunidad

[716] BOE Nº 146, de 19/06/1982.
[717] BOLR Nº 87, de 1/07/2008. El mismo constituye una revisión del Decreto 10/2006, de 27 de enero que aprobó el primer Plan de Vivienda de la Rioja.
[718] BOLR Nº123, de 19/09/2008.
[719] BOE Nº 51, de 01/03/1983.

de Madrid[720]. También se ha de hacer referencia a las Viviendas con Protección Pública de la Comunidad de Madrid, creadas por la Ley 6/1997, de 8 de enero.

En relación a la mismas se encuentra vigente el Reglamento aprobado por el Decreto 11/2005, de 27 de enero[721], que establece tres clasificaciones. Por un lado, las Viviendas con Protección Pública para venta o uso propio; las Viviendas con Protección Pública para arrendamiento y, por último, las Viviendas de Integración Social (VIS).

## 2.15. Murcia

La Comunidad de Murcia ha asumido las competencias exclusivas en materia de vivienda a través del artículo 10.uno.2 de la Ley Orgánica 1/1998, de 15 de junio de 1998[722]. El Decreto 141/2005, de 30 de diciembre[723], constituye el marco normativo que ha regulado las actuaciones protegidas en materia de vivienda y suelo en el ámbito de la Región de Murcia para el cuatrienio 2005-2008.

Se establecieron los procedimientos para declarar o calificar como protegidas las actuaciones en materia de vivienda y suelo determinadas en el Convenio entre la Comunidad Autónoma de la Región de Murcia y el Ministerio de Vivienda para aplicación del Plan estatal de vivienda 2005-2008.

Asimismo, se estipularon las ayudas públicas con cargo a los Presupuestos Generales de la Comunidad Autónoma y la regulación y gestión de las ayudas financieras del Plan estatal 2005-2008.

---

[720] BOCM, de 14/02/2005. Modificado por Decreto 19/2006, de 9 de febrero, del Consejo de Gobierno, por el que se regula el proceso de adjudicación de viviendas del Instituto de la Vivienda de Madrid (BOCM, de 22/02/2006).

[721] BOCM, de 14/02/2005. Modificado por Decreto 19/2006, de 9 de febrero, del Consejo de Gobierno, por el que se regula el proceso de adjudicación de viviendas del Instituto de la Vivienda de Madrid (BOCM 22 de febrero de 2006).

[722] BOE Nº 143, de 16/06/1998.

[723] BORM Nº 19, de 24/01/2006. Modificado por el Decreto Nº 86/2008 de 9 de mayo (BORM Nº 111, de 14/05/2008) y por el Decreto Nº 192/2006, de 22 de septiembre.

## 2.15. Navarra

Navarra, al igual que el País Vasco, mantiene un régimen especial de Concierto Económico con el Estado aprobado por Ley 28/1990, de 26 de diciembre[724]. Este Concierto se basa en una normativa propia de financiación que permite el ejercicio de sus competencias de una manera diferente a las demás, tal como ya se ha señalado en el Capítulo IV, apartado 2.5.3.2. En cuanto a la asunción de competencias exclusivas en materia de vivienda, se ha realizado en los términos del Artículo 44.1 de la Ley Orgánica 13/1982, de 10 de agosto, de Reintegración y Amejoramiento del Régimen Foral de Navarra[725].

A la fecha se encuentra vigente la Ley Foral 8/2004, de 24 de junio[726], de Protección Pública a la vivienda en Navarra que señala entre sus objetivos la contribución para garantizar en Navarra el derecho a una vivienda digna y adecuada, regulando la oferta de vivienda protegida según las necesidades reales existentes. Además, se regulan otros aspectos como las medidas de fomento de la calidad de la construcción, de control y prevención del fraude y de defensa y restauración de la legalidad.

Por otra parte, cabe señalar que la Ley Foral 8/2004 ha sido desarrollada por el Decreto Foral 4/2006, de 9 de enero[727], que regula las actuaciones protegibles en materia de vivienda y el fomento de la edificación residencial. En el mismo se estipulan las características que habrán de reunir las viviendas protegidas, los precios máximos de las mismas, los requisitos generales de acceso, la tramitación de las actuaciones protegibles, las ayudas económicas, generales y las actuaciones protegibles en materia de rehabilitación.

Además, se cuenta con el Decreto Foral 142/2004, de 22 de marzo, por el que se regulan las condiciones mínimas de habitabilidad de las viviendas en la

[724] BOE Nº 127, de 28/05/1981 y BOE Nº 310, de 27/12/1990.
[725] BOE Nº 146, de 19/06/1982.
[726] BON Nº 79, de 2/07/2004.
[727] BON Nº 13 de 30/01/2006.

Comunidad Foral de Navarra[728], así como la regulación de los procedimientos de inspección y control de la construcción y utilización de las viviendas. Este instrumento señala que obligatoriamente toda vivienda ubicada en Navarra, para ser considerada como tal, deberá disponer de la cédula de habitabilidad en vigor.

Cabe mencionar que el Decreto Foral 322/2000, de 2 de octubre, sobre el libro del edificio[729], cumpliendo así con lo dispuesto por la Ley 38/1999, de 5 de noviembre, de Ordenación de la Edificación y, por otra parte, se aprobó la Ley Foral 35/2002, de 20 de diciembre[730], que regula la actividad de ordenación del territorio, la actividad urbanística y el régimen de utilización del suelo y de los instrumentos de intervención en el mercado del suelo, en la Comunidad Foral de Navarra.

Finalmente, es la Orden Foral 4/2008, de 14 de enero, del Consejero de Vivienda y Ordenación del Territorio, establece el procedimiento en la Comunidad Foral de Navarra para el reconocimiento de las disposiciones contenidas en el Real Decreto 1472/2007, de 2 de noviembre, que regula la renta básica de emancipación de los jóvenes.

### 2.17. País Vasco

Las competencias exclusivas en materia de vivienda han sido asumidas por el País Vasco a través del artículo 10.31 de la Ley Orgánica 3/1979, de 16 de diciembre de 1979[731]. Esta Comunidad Autónoma se encuentra en la misma situación que Navarra en el sentido de que no se rige por el Plan Estatal de Vivienda, sino que dispone de una normativa propia de financiación debido a su régimen de Concierto Económico[732].

[728] BON Nº 49 de 23/03/2004.
[729] BON Nº 129 de 25/10/2000.
[730] BON Nº 156 de 27/12/2002.
[731] BOE Nº 306, de 22/12/1979.
[732] Sobre la política de vivienda del Gobierno Vasco véase BURÓN CUADRADO (2005) y (2008).

El Consejo de Gobierno del País Vasco ha aprobado el 3 de octubre de 2006 el Plan Director de Vivienda 2006-2009. La misión del mismo es "atender de forma integral las necesidades de vivienda de la ciudadanía, especialmente de las personas más necesitadas, mediante medidas apropiadas a las diferentes situaciones de necesidad y con la participación de todos los agentes con responsabilidad en materia de vivienda".

Ahora bien, en lo referente a normativa vigente se ha de mencionar el Decreto 39/2008, de 4 de marzo, sobre régimen jurídico de viviendas de protección pública y medidas financieras en materia de vivienda y suelo[733]. La novedad que introduce la ley es la creación del Registro de Vivienda de Protección Pública, que deberá recoger todos los datos de las viviendas protegidas existentes en el País Vasco, con el fin de que sirva como elemento fiscalizador básico del cumplimiento de la legalidad vigente en materia de acceso y uso del parque de vivienda protegida.

Pues bien, el señalado Decreto 39/2008 ha sido desarrollado por varios documentos del Consejero de Vivienda y Asuntos Sociales, como la Orden de 16/04/2008, sobre procedimientos de adjudicación de viviendas de protección oficial[734] y la Orden de 16 de abril de 2008, sobre circunstancias de necesidad de vivienda[735].

Asimismo, se han dictado la Orden de 15/05/2008 sobre determinación de precios máximos de viviendas de protección oficial[736]; la Orden de 16 de abril de 2008, reguladora del Registro de Solicitantes de Vivienda[737]; y la Orden de 8 de septiembre de 2008, de actualización de ingresos anuales ponderados exigibles para acceso a vivienda de protección oficial[738].

[733] BOPV Nº 59, de 28/03/2008.
[734] BOPV Nº 88, de 12/05/2008.
[735] BOPV Nº 88, de 12/05/2008.
[736] BOPV Nº 100, de 28/05/2008.
[737] BOPV Nº 100, de 28/05/2008.
[738] BOPV Nº 170, de 08/09/2008.

## 2.18. Valencia

La Ley Orgánica 1/2006, de 10 de abril, de Reforma de la Ley Orgánica 5/1982, de 1 de julio, de Estatuto de Autonomía de la Comunidad Valenciana expresa en el Preámbulo que:

> "…. El derecho a gozar de unos servicios públicos de calidad, el derecho a disponer de una vivienda digna y al desarrollo sostenible son otros de los derechos que figuran en el nuevo Estatuto".

Asimismo, el artículo 16 del Estatuto de autonomía reformado expresa que:

> "La Generalitat garantizará el derecho de acceso a una vivienda digna de los ciudadanos valencianos. Por ley se regularán las ayudas para promover este derecho, especialmente en favor de los jóvenes, personas sin medios, mujeres maltratadas, personas afectadas por discapacidad y aquellas otras en las que estén justificadas las ayudas".

Ahora bien, la inclusión a nivel estatutario de un artículo específico sobre el derecho a la vivienda implica un avance por parte de la Comunidad Valenciana, sin embargo, Ruíz Rico critica la disposición señalando que no se trata de un verdadero derecho estatutario, sino de un principio rector que compromete al Gobierno autonómico a garantizar en el futuro una vivienda a los valencianos. No obstante, el autor también menciona de manera positiva la relación de colectivos a los que habría que prestar un tratamiento especial, indicando su "notable grado de proyección social"[739].

Por otra parte, y a fin de lograr los objetivos que derivan del mandato constitucional del artículo 47, la política de vivienda de Valencia se plasma, por un lado, en la Ley 8/2004, de 20 de octubre[740], de la *Generalitat*, de la Vivienda de la Comunidad Valenciana, y, por otro, en el Plan de Acceso a la Vivienda de la

[739] RUÍZ RICO (2008): 80 y 81.

[740] DOCV Nº 4867, de 21/10/2004. Modificado por el Decreto 82/2008, de 6 de junio (DOCV Nº 5782, de 11/06/2008).

Comunidad Valenciana. Asimismo, se ha aprobado el Decreto 41/2006, de 24 de marzo[741], del *Consell de la Generalitat*, por el que se que regulan las actuaciones protegidas para facilitar el acceso a la vivienda en la Comunidad Valenciana.

A su vez, el Decreto 75/2007, de 18 de mayo[742], del *Consell*, que aprueba el Reglamento de Protección Pública a la Vivienda, desarrolla la Ley 8/2004 y, por otra parte, el Decreto 76/2007, de 18 de mayo[743], del *Consell*, aprueba el Reglamento de Rehabilitación de Edificios y Viviendas.

Finalmente, se ha de hacer referencia al Decreto-Ley 1/2008, de 27 de junio[744], del *Consell*, de medidas urgentes para el fomento de la vivienda y el suelo. La misma resulta de la adaptación que hace Valencia de su normativa urbanística tras la aprobación de la nueva Ley de Suelo estatal. Se trata de medidas concretas para potenciar la construcción de viviendas sometidas a algún régimen de protección pública, como las necesarias para concretar el porcentaje de reserva de suelo que debe destinarse a dicho fin.

### 2.19. Ceuta y Melilla

En base al artículo 21.1.1° de la Ley Orgánica 1/1995 de 13 de marzo[745], por la que se aprueba el Estatuto de Autonomía se determina que la Ciudad de Ceuta ejercerá competencias, entre otras, sobre la ordenación del territorio, urbanismo y vivienda.

En tal sentido, se ha aprobado la Ordenanza sobre adjudicación de viviendas promovidas con subvención de la Ciudad Autónoma de Ceuta[746], que pretende actualizar el sistema de adjudicación simplificando el procedimiento de se-

[741] DOCV Nº 5228, de 28/03/2006.

[742] DOCV Nº 5517, de 22/05/2007. Modificado por el Decreto 82/2008, de 6 de junio (DOCV Nº 5782, de 11/06/2008).

[743] DOCV Nº 5519, de 24/05/2007. Modificado por Decreto 82/2008, de 6 de junio (DOCV Nº 5782, de 11/06/2008).

[744] DOCV Nº 5795, de 30/06/2008.

[745] BOE Nº 62, de 14/03/1995.

[746] BOCCE Nº 4571, de 06/10/2006.

lección de adjudicatarios. Asimismo, se ha dictado el Reglamento 1/2006, de 21 de septiembre[747], que regula las actuaciones protegidas en materia de vivienda y suelo en la Ciudad de Ceuta.

En cuanto a la ciudad autónoma de Melilla se ha de mencionar que Ley Orgánica 2/1995, de 13 de marzo[748], ha aprobado su Estatuto de Autonomía y en el artículo 21.1.1ª concreta la competencia exclusiva en materia de vivienda de la misma. Entre estas se incluye las facultades de administración, inspección y sanción y, en los términos que establezca la legislación general del Estado, el ejercicio de la potestad normativa reglamentaria.

Dicha atribución, se efectúa por medio de la Ordenanza sobre actuaciones protegibles en materia de vivienda[749], que regula y establece los criterios, requisitos y la tramitación administrativa para el acceso a las ayudas públicas en las actuaciones protegidas en materia de vivienda, con cargo a los presupuestos de la Ciudad Autónoma de Melilla, así como el desarrollo, la gestión y reconocimiento de la financiación cualificada y de las subvenciones del Estado establecidas por el Real Decreto 1/2002, de 11 de enero, sobre medidas de financiación de actuaciones protegidas en materia de vivienda y suelo del Plan 2002/2005.

Posteriormente, fue promulgado el Reglamento de adjudicación de Viviendas de Promoción Pública por Decreto Nº 1337, de 13 de junio de 2006[750], aplicable a todo el procedimiento de convocatoria, selección y adjudicación, tanto en primera como en segunda o sucesivas transmisiones, de viviendas de promoción pública que hayan sido transferidas por el Estado a la Ciudad Autónoma de Melilla, y de aquellas otras viviendas de éste régimen promovidas directamente, adquiridas o financiadas por ella.

---

[747] BOCCE de 19/10/2006.

[748] BOE Nº 62, de 14/03/1995.

[749] BOME Nº 3953, de 04/02/2003. Modificada por Ordenanza publicada en el BOME Nº 4087, de 18/05/2004.

[750] BOME Nº 4307, de 27/06/2006.

# CAPITULO VI
# REALIDAD ACTUAL DEL ACCESO A LA VIVIENDA EN ESPAÑA: LOGROS Y DIFICULTADES

## 1. El mercado de viviendas

El mercado de la vivienda es complejo y dinámico[751] y está compuesto por dos elementos, la demanda y la oferta de las mismas[752], debiendo existir estabilidad y equilibrio entre ellas. Sin embargo, hace bastante tiempo que el aludido mercado no se caracteriza por su eficiencia, sino más bien por su constante variabilidad.

Asimismo, se ha considerar que las viviendas son bienes muy heterogéneos en cuanto a su antigüedad, localización y características estructurales, como tamaño, diseño e instalaciones. Y, de hecho, esta diversidad implica cierta complejidad en el análisis económico de la vivienda[753].

La política económica desarrollada por el Estado influye de manera decisiva en el funcionamiento del mercado residencial, por tanto, la coyuntura favorable dinamiza el sector de la edificación. Tal circunstancia se traduce en rápidas elevaciones de los precios del sector que en los últimos años han alcanzado niveles irracionales[754].

[751] PANIAGUA CAPARRÓS (1990): 277.

[752] Se han realizado varios análisis respecto a la relación existente entre oferta y demanda de viviendas, a modo de ejemplo, véase BALL (2005): 27.

[753] Los estudios que tienen en cuenta la heterogeneidad del bien vivienda se inscriben bajo la denominación de enfoque hedónico o modelo de precios hedónicos. Véase al respecto: BOVER y VELILLA (2001) y TRÁNCHEZ MARTÍN (2001).

[754] RODRIGUEZ LÓPEZ (2005d): 108 y 109; (2007a): 763 y (2007b): 482.

Ésta realidad responde al hecho de que el mercado inmobiliario español ha vivido desde 1998 el ciclo expansivo más largo de los últimos cuarenta años. La situación fue decisiva y muchas familias optaron por endeudarse a fin de acceder a la compra de una residencia, que se ha visto facilitada por las condiciones de los préstamos, la duración de los mismos y la disminución de intereses[755]. Sin embargo, el último "boom inmobiliario" ha llegado a su fin tras el inicio de la crisis económica a nivel mundial originada en los Estados Unidos tras el descubrimiento de las denominadas hipotecas *subprime*[756].

Pues bien, cabe mencionar que la demanda de vivienda depende de un amplio conjunto de variables, entre las que se destacan la evolución de la renta disponible real de los hogares, el ritmo de creación de empleos y de hogares y la disponibilidad y coste de la financiación crediticia, es decir, que se ve afectada por factores demográficos[757], sociales y político-económicos.

Es sabido que la población del país ha crecido, especialmente tras la llegada de extranjeros que se asientan de forma definitiva. La estructura de los hogares y de las familias ha cambiado[758], influyendo en ello el aumento de separaciones y divorcios. Consecuentemente, los tipos de hogares que más han crecido son los hogares unipersonales, los hogares sin núcleo familiar de dos o más personas y los hogares monoparentales y, además, se mantiene un importante número de residencias secundarias y desocupadas.

Además, se han de tener en cuenta los incentivos fiscales para el ahorro y la adquisición de la vivienda habitual, que han favorecido el aumento de la demanda, cuando las ayudas públicas destinadas a subvencionar el alquiler para personas con recursos limitados son escasas. Efectivamente, se ha dicho que el prin-

---

[755] GARCÍA-MONTALVO (2007): 138.

[756] Tal circunstancia, a pesar del ser el resultado de una conducta irresponsable de los agentes financieros, no ha de ser considerada de manera individual, pues, se suma a otros factores, como el aumento de los precios del petróleo, que contribuyeron a que el panorama económico mundial se viera gravemente afectado.

[757] Respecto a la relación entre demografía y vivienda véase TRIGO PORTELA (2003): 20 y 21.

[758] Véase al respecto INURRIETA BERUETE (2007): 48-50.

cipal fallo del mercado de vivienda español es su inclinación constante hacia las viviendas en propiedad y los especialistas coinciden en destacar que el parque de residencias destinadas al alquiler es muy reducido.

Tal circunstancia obedece a dos razones principales, la escasa promoción de alquiler social por parte de las administraciones públicas y la falta de seguridad jurídica de los propietarios de viviendas desocupadas para sacarlas al mercado, teniendo en cuenta las dificultades del sistema a la hora de obligar a inquilinos morosos a pagar o a dejar la vivienda.

En cuanto a la oferta habitacional, que representa el otro lado del mercado, se caracteriza por la escasez de Viviendas de Protección Oficial, ya que las mismas no resultan rentables en comparación con las viviendas libres; un parque de viviendas antiguas sin rehabilitación y viviendas inadaptadas a ciertas necesidades especiales de las personas que las ocupan.

Por tanto, queda claro que las dinámicas familiares y vitales influyen en la demanda y oferta de la vivienda y en las características que éstas han de reunir. Tal es así que, el mercado debe adaptarse a las nuevas exigencias, sobre todo de los sectores con mayores dificultades en la accesibilidad.

Finalmente, es menester señalar la existencia de ciertos mitos o falacias dentro del mercado de vivienda y que, de alguna manera, han contribuido al proceso vivido en los últimos años. Se ha dicho que el precio de la vivienda no puede bajar y en España nunca ha ocurrido y que el suelo es cada vez más escaso y, por tanto, es más caro y esto implica que el precio de la vivienda seguirá subiendo.

Asimismo, se afirma que pagar una hipoteca es siempre mejor que pagar un alquiler y, por último, que todos los europeos del Norte quieren venir a jubilarse a España. Si bien es cierto que una parte de los compradores extranjeros vienen tras la jubilación, otros muchos han comprado una vivienda como inversión y no para residencia[759].

## 2. Las políticas de vivienda

### 2.1. Objetivos

Las políticas de vivienda tienen como objetivo satisfacer las necesidades de alojamiento, entendidas en sus aspectos cuantitativos y cualitativos, mientras que también se las utiliza como instrumento de política anticíclica en momentos de recesión económica. Así lo expresa Fernández Carbajal, quién, además, agrega que el logro de ambos objetivos no es una tarea fácil[760].

Sin embargo, lo expresado no implica construir viviendas para ser entregadas de forma gratuita a todas las personas que así lo solicitan, sino que se trata de favorecer el acceso a la misma. En dicho proceso se han de tener en cuenta las características propias de este bien, como su largo período de producción, el alto coste de construcción, así como el elevado precio de venta que alcanza; además de las diferencias cuantitativas, cualitativas y de ubicación del parque residencial y, finalmente las distintas formas de tenencia[761].

En este contexto, las diversas Administraciones públicas con competencias en la materia, a través de diferentes instrumentos, desarrollan un amplio conjunto de actuaciones, como el establecimiento de condiciones para la construcción de viviendas protegidas, la fijación de un sistema de ayudas cualificadas destinadas a financiar el acceso a la vivienda, la fijación de precios máximos de venta de

[759] GARCÍA MONTALVO (2007): 141-142.

[760] FERNÁNDEZ CARBAJAL (2003): 640.

[761] CES, Informe (2002): 105. Además, el Informe indica que adoptar la decisión de acceder a una vivienda conlleva un proceso en el que se sopesan diversos factores, como la estabilidad laboral, el volumen de ahorro previo, el nivel de precios de la vivienda, la financiación y la fiscalidad.

las viviendas protegidas, la estimulación de la oferta de viviendas de alquiler, la racionalización de las ayudas fiscales al acceso a la vivienda, etc[762].

De hecho, cabe destacar que la intervención de la Administración en el sector de la vivienda resulta común a prácticamente todos los países y se justifica en base a dos criterios, los ético-morales y los económicos. Por un lado, se trata la idea de vivienda como bien de primera necesidad a la que toda la población debe acceder y al Estado como el garante que debe de proporcionar alojamiento cuando el mercado no lo haga. Por otra parte, el argumento económico se respalda en el hecho de que la construcción arrastra a otros sectores de la economía y, sobre todo, contribuye en la generación de empleo[763].

### 2.2. Los componentes de la política de vivienda

Tal como se ya se expresado, el mercado de vivienda está directamente relacionado con la política económica que el Estado desarrolla. Para el efecto se utilizan diferentes vías llamadas componentes de la política de vivienda, como son la regulación del suelo, la regulación del alquiler, la financiación estatal, el tratamiento fiscal y las ayudas directas mediante el fomento de las Viviendas de Protección Oficial[764].

#### 2.2.1. Suelo

Cuando se habla de disponibilidad de vivienda, necesariamente se ha de hacer referencia al suelo como soporte de la construcción y que resulta uno de los pilares básicos de las políticas que se desarrollan para el acceso a una vivienda digna, ya sea en alquiler o en propiedad.

---

[762] RODRÍGUEZ LÓPEZ (1994c): 386; CES, Informe (2002): 106 y SÁNCHEZ MARTÍNEZ (2004): 353.

[763] MARTÍNEZ SERRANO; MAS IVARS; GARCÍA DELGADO y otros (1982): 133 y 134 y JORDÁN y FUENTES (1986): 403.

[764] RODRÍGUEZ LÓPEZ (2000e): 575.

Las competencias urbanísticas corresponden a los gobiernos autonómicos y locales, es decir, el Gobierno central establece la normativa básica, que luego ha de ser desarrollada por las Comunidades Autónomas[765]. Esto implica la necesidad de que las diferentes administraciones trabajen en colaboración y coordinación a fin de evitar conflictos y agilizar los trámites necesarios[766], porque la diversidad de organismos competentes en materia de suelo dificulta la eficiencia de su regulación. Por tanto, no sólo se requiere contar con la normativa sino con la voluntad política para aplicarla y así alcanzar el objetivo final de construir viviendas a precios asequibles[767].

Pues bien, la importancia de este componente radica en que su disponibilidad está estrechamente ligada al precio final que alcanzan las viviendas. Si bien es cierto que dicho costo está determinado por los gastos de producción de viviendas que incluye, además del suelo, los materiales y mano de obra para la construcción y la actividad de promoción inmobiliaria[768]. Por tanto, es un componente con fuerte peso en el precio de la vivienda, pero también se ha de prestar atención a la relación coste del suelo-precio de la vivienda, ya que son los altos precios de la vivienda y los volúmenes edificativos los que provocan el alto coste del suelo[769].

[765] La normativa vigente sobre la materia es la Ley 2/2008, de 20 de junio, tal como se ha indicado en el Capítulo V, apartado 1.3.1 del presente trabajo. Al respecto, CES, Informe (2002): 159, señala que la disparidad de normas existentes en la materia dificulta y alarga el desarrollo de todas y cada una de las fases de los procesos de urbanización y de edificación, debiendo simplificarse la misma como vía de solución.

[766] CES, Informe (2002): 159.

[767] BELTRÁN DE FELIPE (1997): 449 y RODRÍGUEZ LÓPEZ (2000e): 588. Respecto a la coordinación se ha de señalar que el Informe para una Nueva Política de Vivienda que sirvió de base al Plan de Vivienda 1992-1995 expresaba que: "El problema de la dispersión de los medios de intervención sobre la vivienda se extiende a los tres niveles administrativos, de manera que las cuestiones de fiscalidad y de suelo, por ejemplo, pueden ser competencia de las tres administraciones de forma complementaria. Esto supone, adicionalmente, que si no existe una voluntad de intervención coordinada entre ellas no puede llevarse a cabo una política coherente de vivienda".

[768] RODRÍGUEZ LÓPEZ (2000e): 587.

[769] RODRÍGUEZ LÓPEZ (2000e): 590. En el mismo sentido CES, Informe (2002): 77 y 78, que también menciona (pág. 79) la existencia de otros factores que condicionan la mayor o menor eficiencia del sector, como son el comportamiento del mercado inmobiliario, el margen que tienen las Administraciones públicas a la hora de desarrollar y aplicar la normativa, la propia configuración del territorio, o el impacto de otras actuaciones públicas, en especial las dirigidas a

Sin embargo, aunque el precio del suelo sea un factor añadido a la carestía de la vivienda, es básico comprender que no se trata de la escasez del mismo en general sino en la falta de disponibilidad en ciertas zonas[770], o sea, en la producción y oferta de suelo urbano o edificable[771]. La rigidez de dicha oferta está determinada por la exclusividad de la localización de una parcela; la posible carencia física para nuevas edificaciones; la agilidad existente en el proceso de generación de suelo urbano, que comprende un proceso administrativo y un proceso adicional de inversiones en infraestructuras[772] y la demora en el empleo del suelo para la edificación de viviendas.

Ahora bien, la idea de contar con suelo urbanizable debe ser comprendida adecuadamente, pues no es cuestión de aumentar inconsecuentemente la disponibilidad del mismo a fin de lograr una mayor oferta de viviendas y la estabilización de los precios[773], como se ha pretendido a través de normativas anteriores. Actualmente, a través de la nueva Ley de Suelo se ha cambiado ese enfoque, ya que la misma menciona que se trata de un recurso económico y, además, un recurso natural, escaso y no renovable[774].

### 2.2.2. Alquileres

Se ha indicado que la situación del mercado de alquileres español es del

mejorar la dotación de infraestructuras. No obstante, también existe quien relativiza la importancia de este componente; en tal sentido véase ROCH (2004): 31-34.

[770] El problema de la carestía del suelo se puede percibir especialmente en aquellas zonas con mayor densidad poblacional, como las áreas centrales de las ciudades. Véase CES, Informe (2002): 80.

[771] PANIAGUA CAPARRÓS (1990): 284; FERNÁNDEZ ORDÓÑEZ (1994): 458; CORTÉS ALCALÁ (1995): 299 y BELTRÁN DE FELIPE (1997): 433.

[772] En este sentido es imprescindible la actuación eficiente de los responsables en aplicar la normativa vigente y proceder a la calificación del suelo.

[773] TRIGO PORTELA (2003): 18, opina que: "El aumento de la oferta de suelo edificable, a pesar de su importancia, puede no afectar al precio de la vivienda si la demanda es alta y los promotores lo trasladan sin deterioro de su margen" y agrega que: "aunque la mayor oferta de suelo tiene un carácter necesario para el descenso de precios no siempre es suficiente".

[774] Respecto a la nueva normativa sobre suelo, véase RODRÍGUEZ LÓPEZ (2007a).

todo insatisfactoria[775]. Se caracteriza, principalmente, porque presenta la menor oferta dentro de la Unión Europea[776]. La tipología y calidad de las viviendas des--tinadas a dicho fin no se ajustan a lo que requieren los usuarios y el parque social es exiguo[777], constituyendo este último uno de los factores decisivos en cuanto a la incapacidad de movilidad en el mercado inmobiliario[778], tanto de familias en general como de jóvenes en particular[779].

Las circunstancias señaladas obedecerían a varias razones, entre las que cabe destacar: la gran variedad de contratos, que conlleva complejas realidades[780]; la falta de rentabilidad y de incentivos fiscales para este tipo de viviendas, que provoca el descenso de oferta de las mismas[781] y la inexistencia de planeamiento urbanístico que tenga en cuenta el tipo de hogares y ritmo de formación de los mismos[782], es decir, edificaciones adecuadas a la demanda existente[783].

Además, la normativa tampoco contribuye al desarrollo del sector porque no se han presentado opciones que convenzan a los interesados a inclinarse por esta alternativa antes que por la adquisición en propiedad. Si bien, no existe total acuerdo en tal sentido, ya que por un lado se ha dicho que es de las más equilibradas entre los derechos del arrendador y arrendatario, por lo que no cabe usarla como obstáculo para el desarrollo del mercado[784] y por otro, se la ha criticado,

---

775 BELTRÁN DE FELIPE (1997): 441. Respecto a la evolución del mercado de alquileres véase RODRÍGUEZ LÓPEZ (2000e) y CES, Informe (2002).

776 BETRÁN ABADÍA (2005): 44, expresa que la mayoría de las ayudas españolas se dirigen a la compra de vivienda y no al alquiler, resultando una proporción prácticamente inversa a la de la mayoría de los países de la Unión Europea.

777 CORTÉS ALCALÁ (1995): 303; CES, Informe (2002): 66 y PAREJA EASTAWAY y TURMO GARUZ (2004): 28.

778 CORTÉS ALCALÁ (1995): 303.

779 Respecto a la dificultad de los jóvenes para el acceso véase CES, Informe (2002): 156-158; INURRIETA BERUETE (2007): 59.

780 Sobre los efectos de las distintas regulaciones que han coexistido véase CES, Informe (2002): 62 y 63.

781 CORTÉS ALCALÁ (1995): 302; BELTRÁN DE FELIPE (1997): 443 y RODRÍGUEZ LÓPEZ (2000e): 587.

782 INURRIETA BERUETE (2007): 9.

783 INURRIETA BERUETE (2007): 9 y 47-56.

784 INURRIETA BERUETE (2007): 57.

afirmando que no proporciona seguridad jurídica, ni a inquilinos ni a propietarios[785].

Por tanto, con el objetivo básico de potenciar el mercado de los arrendamientos como pieza básica de una política de vivienda se sancionó la Ley 29/1994, de 24 de noviembre[786], de Arrendamientos Urbanos. La misma ha determinado medidas sobre dos de los aspectos que más reclamaciones genera en el mercado del alquiler: la duración del arrendamiento y las rentas de los mismos, que se estipularán libremente entre las partes. Además, se ha impuesto la obligación al arrendador de realizar las obras de conservación necesarias para que la vivienda se mantenga en condiciones de habitabilidad.

Asimismo, se han de destacar otras medidas incentivadoras adoptadas, como por ejemplo, la creación de la Sociedad Pública de Alquiler, adscrita al Ministerio de Vivienda, que intenta ofrecer nuevas garantías a los particulares que arrienden una vivienda y la proliferación de bolsas de viviendas en alquiler municipales y autonómicas.

Igualmente, se ha de valorar el establecimiento de ayudas directas a inquilinos menores de 35 años por parte del Ministerio de la Vivienda y las deducciones fiscales introducidas por ciertas Comunidades Autónomas por alquiler de vivienda a jóvenes menores de 35 años y la creación de ayudas al alquiler en forma de transferencias directas a los inquilinos y, finalmente, el establecimiento de incentivos fiscales a los arrendadores[787].

---

[785] BELTRÁN DE FELIPE (1997): 441, critica los efectos de la Ley de Arrendamientos Urbanos de 1964 y señala que con el llamado Decreto Boyer se produjo una fractura radical en el marco normativo de los arrendamientos urbanos. Respecto a la evolución de la normativa sobre arrendamientos urbanos véase RÁFOLS I ESTEVE (1979): 130-138 y CORTÉS ALCALÁ (1995): 301-303. Respecto a las consecuencias y efectos del control de alquileres véase RÁFOLS I ESTEVE (1979): 139-144 y LÓPEZ GARCÍA (2003): 234-240.

[786] BOE Nº 282, de 25/11/1994. Esta normativa deroga el Decreto Nº 4104/1964, de 24 de diciembre 1964, por el que se aprueba el Texto refundido de la Ley de Arrendamientos Urbanos.

[787] SÁNCHEZ MARTÍNEZ (2005): 136. Respecto a propuestas de mejora de la oferta de viviendas para alquiler véase CES, Informe (2002): 156-158 e INURRIETA BERUETE (2007): 59-61.

### 2.2.3. Financiación

El elevado precio de las viviendas lleva a la mayoría de las familias a solicitar una financiación mediante préstamos a largo plazo, cuyas condiciones son determinantes, a fin de acceder o no a la propiedad[788]. El nivel de esfuerzo que han de realizar las familias sobre sus ingresos para la satisfacción del crédito se determina teniendo en cuenta el precio de la vivienda, el coste de la financiación y el plazo de los préstamos. Además, los tipos de interés representan una cuestión importante, pues sumado a la oferta reducida de vivienda, llevan aparejado el estímulo de la demanda y esto, a su vez, el aumento de los precios de la vivienda[789].

En caso de recurrir a un préstamo hipotecario, se deberán cumplir las exigencias establecidas en la Ley 41/2007, de 7 de diciembre[790], que regula dicho mercado. En este contexto resulta significativo el cuestionamiento realizado por Orti Vallejo sobre la utilidad de la legislación hipotecaria, en cuanto a si la misma sirve o no al objetivo de dar efectividad al artículo 47 CE y hasta qué punto se concilia o si, por el contrario, priman otros intereses menos sociales, refiriéndose a los que tienen las entidades bancarias.

Si bien es cierto que el fin de las firmas comerciales es desarrollar actividades lucrativas, también se debe tener en cuenta que con los préstamos hipotecarios se trata de incrementar las posibilidades de acceder a la propiedad de una vivienda a las personas y familias que disponen de recursos económicos limitados. Sin embargo, para cumplir efectivamente con dichos objetivos tendría que dejar de ser prioridad el beneficio financiero y sí favorecer a las personas con dificultades para enfrentar el pago del crédito[791].

---

[788] PANIAGUA CAPARRÓS (1990): 295.

[789] LEAL MALDONADO (1992): 89 y 90 y PAREJA EASTAWAY y TURMO GARUZ (2004): 17.

[790] BOE Nº 294, de 08/12/2007. Modificatoria de la Ley 2/1981, de 25 de marzo, de Regulación del Mercado Hipotecario y otras normas del sistema hipotecario y financiero, de regulación de las hipotecas inversas y el seguro de dependencia y por la que se establece determinada norma tributaria (BOE Nº 90, de 15/04/1981).

[791] ORTI VALLEJO (1995): 86 y 133-134.

Por su parte, la Administración Pública trata de garantizar la referida financiación a los adquirentes de viviendas de rentas bajas adecuando las condiciones a sus capacidades y por ello representa uno de los principales instrumentos de la política económica[792]. Actualmente, los diferentes Planes Estatales de Vivienda que elabora el gobierno son los instrumentos que regulan las condiciones de financiación y se trata de préstamos convenidos, así como la subsidiación de los mismos; y de subvenciones[793].

El Plan de vivienda 2009-2012, vigente a la fecha, establece las condiciones bajo las cuales serán concedidos los préstamos convenidos. Además, para que los usuarios paguen un tipo de interés más bajo, el Ministerio de Vivienda determina la subsidiación de los mismos. De esta forma se ayuda directamente a los demandantes sin que las entidades financieras salgan perjudicadas, tal como lo manifiesta Cortés Alcalá. Si bien, agrega el autor, para estas supone riesgos evidentes que se asumen a fin de captar clientes que de otra manera les resultaría muy complicado hacerlo[794].

### 2.2.4. Fiscalidad

El tratamiento fiscal de la vivienda es un tema amplio y complejo[795], de hecho, se trata de una cuestión de carácter claramente económico, razón por la que me centraré en reseñar ciertas opiniones vertidas en cuanto a la relación entre fiscalidad y vivienda y señalar los tipos de impuestos que le son aplicables.

Es sabido que, a fin de impulsar la demanda y la oferta de la construcción, se pueden establecer medidas de carácter fiscal, también denominadas ayu-

[792] LEAL MALDONADO (1992): 89. Al respecto señala GONZALES ARRIETA (2005): 116, que: "...para ser viables y sostenibles, las opciones de financiamiento deben considerar, además, ofrecer rentabilidad a los agente financieros que participan en el mercado".

[793] Estos recursos se rigen básicamente por la Ley 38/2003, de 17 de diciembre, General de Subvenciones.

[794] CORTÉS ALCALÁ (1995): 306.

[795] Respecto a la relación fiscalidad-vivienda véase: CORTÉS ALCALÁ (1995): 317-318; BELTRÁN DE FELIPE (1997): 445-446; LÓPEZ GARCÍA (2003): 227-228.

das indirectas[796]. Eventualmente, lo que se reclama al respecto es que las mismas incentivan la adquisición de la propiedad[797], mientras que la renta derivada del alquiler de una vivienda es objeto de imposición, al igual que cualquier ganancia de capital de la vivienda arrendada[798].

Así lo ha señalado Rodríguez López, quien agrega, que el problema real es la discriminación que se realiza contra una u otra forma de tenencia, situación que podría ser diferente si se contase con un sistema tributario neutral respecto de la forma de acceso[799].

Pues bien, la vivienda es objeto de gravamen en su adquisición, en su uso y cuando existe un préstamo hipotecario. Si se trata de comprar una vivienda de nueva construcción se tributa el Impuesto al Valor Añadido[800] (IVA) y el Impuesto sobre Actos Jurídicos Documentados[801] (IAJD) y si la vivienda es usada se aplica solamente el Impuesto sobre Transmisiones Patrimoniales. No obstante, en todo acto de adquisición se ha proceder a liquidar la imposición municipal sobre el aumento del valor de los terrenos, denominado plusvalías.

Por otra parte, una vez en uso, la vivienda es gravada por el Impuesto sobre Bienes Inmuebles[802] (IBI), de carácter municipal y, en caso de estar cedida en arrendamiento, el propietario debe declarar en el Impuesto sobre la Renta de las Personas Físicas (IRPF) los ingresos reales obtenidos, de los que se pueden des-

---

[796] CORTÉS ALCALÁ (1995): 307.

[797] Sobre los efectos del tratamiento fiscal favorable de la vivienda en propiedad véase LÓPEZ GARCÍA (2003): 227.

[798] Propuestas para mejorar el tratamiento fiscal de las viviendas en alquiler véase CES, Informe (2002): 160-161.

[799] RODRÍGUEZ LÓPEZ (2000e): 590 y LÓPEZ GARCÍA (2003): 228.

[800] Regulado por la Ley Nº 37/1992, del Impuesto del Valor Añadido (BOE Nº 312, de 29/12/1992) y Reglamentado por Real Decreto Nº 1624/1992, de 29 de diciembre (BOE Nº 314, de 31/12/1992).

[801] Regulado por Real Decreto Legislativo Nº 1/1993, de 24 de septiembre (BOE Nº 251, de 20/10/1993).

[802] Regulado por el Real Decreto Legislativo Nº 2/2004, de 5 de marzo (BOE Nº 59/03/2004); el Real Decreto Legislativo Nº 1/2004, de 5 de marzo (BOE Nº 58, de 08/03/2004) y su Reglamento de desarrollo aprobado por Real Decreto Nº 417, de 7 de abril (BOE Nº 97, de 24/04/2006).

contar los gastos de mantenimiento y servicios[803]. Además, el préstamo hipotecario que se requiere para la compra es objeto de gravamen por el Impuesto de Transmisiones Patrimoniales[804].

Sin embargo, la ayuda más importante se ha centrado en las desgravaciones por compra de viviendas a través del Impuesto sobre la Renta de las Personas Físicas[805] (IRPF). Resulta que el Estado deja de ingresar de los contribuyentes una parte considerable de sus rentas al establecer deducciones por inversión en vivienda habitual, según las disposiciones del artículo 68 de la Ley del Impuesto sobre la Renta de las Personas Físicas[806].

No obstante, se coincide en llamar la atención sobre el hecho de que las ayudas más importantes sean fiscales, ya que ello tiene un carácter regresivo porque el más beneficiado es aquel que deduce mayor cantidad, lo cual dependerá del importe de la vivienda que esté comprando. Por tanto, se pone de manifiesto que el sistema aplicado contribuye a que grupos sociales bien situados inviertan en este bien[807].

En definitiva, indica Beltrán de Felipe, la fiscalidad de la vivienda en España está más encaminada al control de la Administración tributaria sobre los contribuyentes. Quizás por eso no se ha prestado atención a los efectos negativos sufridos por el mercado inmobiliario en general, indica el mismo autor, ya que al final de la línea se percibe que las desgravaciones incentivando la compra[808] y las

---

[803] Se debe aclarar que la Ley 4/2008, de 23 de diciembre, ha suprimido el gravamen del Impuesto sobre el Patrimonio que hasta entonces le era aplicable a la vivienda en base a su valor catastral (BOE Nº 310, de 25/12/2008).

[804] RODRÍGUEZ LÓPEZ (2000e): 590.

[805] Cabe mencionar que durante el año 2009 el Gobierno ha anunciado que se suprimirá la desgravación por hipoteca a las rentas más altas con posible efecto a partir del 1 de enero de 2011.

[806] Ley Nº 35/2006, de 28 de noviembre, del Impuesto sobre la Renta de las Personas Físicas y de modificación parcial de las leyes de los Impuestos sobre Sociedades, sobre la Renta de no Residentes y sobre el Patrimonio (BOE Nº 285, de 29/11/2006).

[807] CORTÉS ALCALÁ (1995): 308-309 y BETRÁN ABADÍA (2005): 49.

[808] Al respecto se ha indicado que la importancia de la intervención fiscal hace perder eficacia a los objetivos diseñados desde la política de vivienda de las ayudas directas. Véase CORTÉS ALCALÁ (1995): 317.

deducciones de intereses estimulando el mismo fin han provocado una doble consecuencia de abaratamiento del acceso a la vivienda y encarecimiento del precio de la misma[809].

### 2.2.5. Ayudas directas

Uno de los elementos esenciales de la intervención pública sobre la vivienda en España ha sido y continúa siendo la política de Viviendas de Protección Oficial, desarrollada a partir de la promulgación del los Reales Decretos-Ley 31/1978 y 3147/78[810]. Se trata de la utilización del gasto público para garantizar condiciones especiales de financiación a promotores y demandantes[811]. Es decir, se fomenta la promoción y venta o arrendamiento de las viviendas, que pueden ser de promoción privada o de promoción pública y, en conjunto, constituyen la manera en que los poderes públicos actúan directamente sobre el problema habitacional.

Al desarrollar la política de Viviendas de Protección Oficial se pretende mantener la actividad productiva del sector, asegurando el acceso a una vivienda digna a los colectivos sociales que, por tener menores recursos económicos, no pueden acceder a una vivienda en el mercado de segunda mano o en el de las viviendas libres de nueva construcción.

Cuando se trata de promoción pública se actúa al margen del mercado, pues las mismas no se venden o arriendan a quien quiere comprarlas o arrendarlas, sino que se adjudican a un precio muy inferior al de mercado. Según Beltrán de Felipe, este sería el elemento más importante de la política pública del sector, así como la vertiente más eficaz y progresiva desde el punto de vista social[812].

---

809 BELTRÁN DE FELIPE (1997): 448 y BETRÁN ABADÍA (2005): 49.

810 Respecto a los Reales Decretos-Ley 31/1978 y 3147/78 véase el Capítulo IV, apartado 1.10.2 del presente trabajo.

811 CORTÉS ALCALÁ (1995): 304 y BELTRÁN DE FELIPE (1997): 451.

812 BELTRÁN DE FELIPE (1997): 449. Sin embargo, el sistema de VPO también ha recibido críticas; desde una perspectiva de eficiencia en la consecución de su objetivo, se ven afec-

Sin embargo, el número de viviendas de promoción pública es insuficiente, debido a que representa una parte muy pequeña del gasto general invertido en viviendas protegidas. Sin dudas, esto responde a que las mismas son socialmente muy rentables pero, económicamente hablando, la promoción privada fortalece el sector y actúa como motor de la economía[813], priorizándose esta circunstancia antes que el verdadero fin de la actuación estatal, que no es otro, sino la contribución para la satisfacción del derecho a la vivienda.

## 3. La accesibilidad

El esfuerzo de acceso a la vivienda, en propiedad o en alquiler, se mide por medio de la intensidad de los pagos periódicos que debe hacer el hogar para mantener la ocupación de la misma, es decir, el grado de accesibilidad depende del esfuerzo al que las familias han de someter su presupuesto para hacer frente a un endeudamiento, generalmente a largo plazo.

Si se trata de vivienda en propiedad, adquirida habitualmente a través de un préstamo hipotecario, la intensidad de dichos pagos está ligada al reembolso del préstamo y de los intereses del mismo. Igualmente, se han de considerar variables relevantes como el precio de la vivienda; la renta familiar anual; el tipo de interés; el plazo de los préstamos y la fiscalidad de la vivienda en propiedad[814]. Mientras que, en el caso del alquiler, se deben relacionar las dos variables determinantes, la suma abonada en concepto de arrendamiento con el ingreso familiar, resultando de más fácil medida[815].

tadas por la que ha dado en denominarse paradoja de la construcción. Véase al respecto LÓPEZ GARCÍA (2003): 234.

[813] BELTRÁN DE FELIPE (1997): 450.

[814] Además, es preciso añadir el desembolso que se realiza a favor de seguros, reparaciones y de mantenimiento, así como el pago de la entrada, que implica un esfuerzo sustancial a realizar de una vez.

[815] RODRÍGUEZ LÓPEZ y FELLINGER JUSUÉ (2008): 1.

### 3.1. Dificultades

En el presente trabajo se ha puesto de manifiesto, en reiteradas ocasiones, que un gran sector de la población ha de superar diversos obstáculos para acceder a una vivienda, ya sea en propiedad o alquiler. La mayor dificultad es, indudablemente, el alto costo de los precios en el mercado libre, así como el número limitado de Viviendas de Protección Oficial y la escasez del parque residencial destinado al alquiler.

Además, directamente relacionado con el precio están otros factores, como los bajos ingresos y la alta inestabilidad laboral, en especial de los jóvenes. Asimismo, no menos importantes son los problemas presentados por la vivienda misma: se trata de situaciones de infravivienda, chabolismo, mal estado de las construcciones antiguas, inadecuación a las necesidades de quienes las ocupan y discriminación hacia ciertos colectivos.

Igualmente, se presentan nuevos conflictos como el causado por el acoso inmobiliario, también denominado "mobbing inmobiliario", que ha tenido su mayor efecto sobre las personas de la tercera edad. Se trata de la conducta del titular de un inmueble que busca lesionar los derechos del arrendatario con el objetivo de obtener la extinción del contrato o la situación posesoria, ya sea porque el afectado renuncia o porque se resuelve el vínculo contractual mediante una resolución judicial[816].

### 3.2. Las personas afectadas. Particular situación de los jóvenes

Las dificultades señaladas afectan con mayor frecuencia a los colectivos especialmente vulnerables, como las personas de la tercera edad, los inmigran-

[816] HERNÁNDEZ GARCÍA (2005): 45 y 46. Tal circunstancia ha estado estimulada por una legislación que permitió la imposición de condiciones alejadas de toda idea de equivalencia prestacional.

tes[817], las mujeres y los jóvenes. Todas ellas tienen en común, por lo general, la limitación económica de acceder al mercado libre y satisfacer el derecho según sus necesidades. Por tanto, el panorama que se presenta no es nada alentador y muestra que todavía queda mucho por hacer, básicamente se trata de respetar y proteger a las personas que no cuentan con una vivienda.

Ahora bien, realizando un breve repaso a cada uno de los colectivos afectados, se ha de indicar que las personas de la tercera edad se encuentran muy expuestas debido a dos razones fundamentales, las precarias condiciones socioeconómicas y las necesidades tipológicas, sanitarias y asistenciales específicas que responde a la lenta y constante pérdida de las facultades físicas y psíquicas que acompañan al proceso de envejecer.

En cuanto a los inmigrantes, también carecen de los recursos necesarios para ingresar directamente al mercado y requieren un tratamiento especial[818]. Las desventajas que enfrentan para acceder a una vivienda obedece a dos razones evidentes: porque ellos tienen mayor urgencia de encontrar alojamiento y disponen de menos información y porque supone un factor de riesgo, debido a que la provisionalidad o inestabilidad jurídica derivada de la situación administrativa de las familias inmigrantes conlleva inseguridad personal[819].

Por tanto, a fin de resguardarse, generalmente aceptan cualquier condición y pagan cualquier precio por un techo. Además, ciertos propietarios no alquilan a extranjeros o, en su caso, les exigen más requisitos que a la población autóctona, o les ofrecen viviendas circunscritas a determinados barrios[820].

---

[817] En relación a la situación de los inmigrantes véase JULIANO (1994); LUCAS MARTÍN (1994); (1996a); (1996b) y (2000); NAÏR y BIDEAU (1996); MARTÍNEZ VEIGA (1999); PAJARES ALONSO (2000); SOLANES CORELLA (2004); AGUADO I CUDOLÀ (2005); LERALTA PIÑÁN (2005) y LÓPEZ ULLA (2006).

[818] MUÑOZ CASTILLO (2000): 78 y 79.

[819] LERALTA PIÑÁN (2005): 162.

[820] LERALTA PIÑÁN (2005): 159 y 162. Inclusive, la situación es aún más grave para quienes se dedican a sectores donde prevalece la economía sumergida y la precariedad laboral, como la construcción, la hostelería, la agricultura o el servicio doméstico.

Siguiendo con el análisis, se llama la atención sobre el problema de la vivienda desde una perspectiva de género[821]. Las condiciones socioeconómicas de los hogares encabezados por una mujer son inferiores, sobre todo, porque las mismas aún padecen discriminación en el ámbito laboral. Es sabido que cuando de mujeres se trata aún existe mayor precariedad y paro y menos ingresos por la realización de actividades idénticas a las de los hombres.

Se trata, específicamente, de los hogares monoparentales con hijos, mujeres inmigrantes, mujeres mayores que viven en viviendas inadecuadas y antiguas, mujeres jóvenes que desean acceder a su primera vivienda y mujeres adultas que, después de un proceso de separación o divorcio o víctimas de malos tratos, buscan una nueva vivienda[822]. A estas deficiencias deberían responder las políticas estatales o autonómicas, aunque la discriminación de género y la lucha por la igualdad va mucho más allá de lo que en este trabajo se pueda analizar.

Finalmente, me referiré a los jóvenes, otro de los sectores con dificultades a la hora de acceder a una vivienda[823]. Las motivaciones de los mismos para iniciar la búsqueda de independencia residencial son múltiples, entre ellas la movilidad laboral, los estudios o la formación de un nuevo hogar. Y, aunque en ningún caso esto implique la necesidad de comprar una vivienda, nueva o de segunda mano, en España existe preferencia hacia la propiedad frente al alquiler[824].

En tal sentido, se enfrentan a diversas dificultades, especialmente cuando se trata de la primera vez que lo intentan, porque no disponen de recursos propios o capacidad objetiva de endeudamiento. Sumado a la extensión del periodo de formación y al retraso en la integración a la vida laboral activa, que en muchos

[821] En este sentido BOSCH I MEDA (2006a) ha manifestado que el problema de la vivienda no se ha estudiado desde una perspectiva de género.

[822] BOSCH I MEDA (2006a): 5.

[823] A la situación particular de los jóvenes se han dedicado varios estudios, intentando encontrar soluciones y realizando propuestas para superar los obstáculos que se presentan. Véase a modo de ejemplo:

[824] Informe CES (2002): 105. Así como existe preferencia frente a otras formas de alojamiento, entre los que se encuentran las residencias, los albergues juveniles y los pisos compartidos

casos están condicionados mutuamente, se ha de tener en cuenta que la dificultad de acceso a la vivienda es un factor determinante para la emancipación de los jóvenes[825].

El mercado residencial no proporciona una respuesta a la demanda de primer acceso de los jóvenes y, en el mejor de los casos, se restringe al ámbito de la vivienda protegida, por ello la autonomía económica tiene como principal objetivo el acceso a la vivienda. Asimismo, en el supuesto de optar por una vivienda en alquiler, que resulta una vía de acceso que requiere mucho menos ahorro previo, se encuentran con la escasez de dicho parque y con que la mayor parte de la oferta son viviendas privadas[826].

Por último, se debe llamar la atención sobre las consecuencias de la dificultad de emancipación, pues la misma tendrá efectos en la evolución demográfica e igualmente se aduce que el predominio de la forma de tenencia en propiedad frente al alquiler constituye un freno a la movilidad de la fuerza de trabajo, con repercusiones directas sobre la competitividad de la economía[827].

Justamente como paliativo de la situación señalada se puede mencionar el establecimiento de la Renta Básica de Emancipación[828], cuya gestión está a cargo de las Comunidades Autónomas.

### 3.4. Consecuencias: exclusión social

El objetivo del presente trabajo no es realizar un análisis de la exclusión social como fenómeno actual, sino llamar la atención sobre un problema que se está extendiendo sobre la sociedad, causando graves perjuicios al conjunto de la población, afectando su dignidad y para cuya realización el elemento vivienda

[825] Informe CES (2002): 153 y JURADO GUERRERO (2003): 114-115.

[826] Informe CES (2002): 155-156.

[827] LÓPEZ GARCÍA (2003): 226.

[828] Aprobada por el Real Decreto 1472/2007, de 2 de noviembre (BOE Nº 267, de 07/11/2007). Véase al respecto el Capítulo V, apartado 1.2.8 del presente trabajo.

tiene una trascendental incidencia, ya que se reconoce una gran diferencia entre quien tiene y no tiene vivienda.

No existe una definición oficial ni legislativa de exclusión, se trata de un término relativamente nuevo que viene siendo motivo de estudio por parte de sociólogos, psicólogos y ahora también por juristas[829]. Básicamente, el núcleo duro de este tema es la no participación en el conjunto de la sociedad[830] o, dicho de otra forma, cuando el individuo tiene serias dificultades para acceder a los mecanismos de desarrollo personal e inserción comunitaria[831].

Tal circunstancia puede darse por diversas razones e influyen diferentes factores, de entre los que cabe destacar la pobreza, ya que esta guarda una íntima relación con la exclusión social, es decir, los caminos que llevan a la exclusión, generalmente, son económicos. Tal es así que la privación de una vivienda constituye una de las manifestaciones más visibles de ambos factores[832].

La exclusión en vivienda se puede definir como el fracaso en la satisfacción del funcionamiento de dicho bien y se produce, al igual que la exclusión social, por el propio funcionamiento del mercado de la vivienda y su oferta de bienes y servicios. Las personas que no pueden participar en el mismo, debido a que los precios son muy elevados, quedan marginadas o excluidas. Entre ellos se encuentran aquellos a los que se ha hecho referencia en el apartado anterior, personas de la tercera edad, los inmigrantes, las mujeres y los jóvenes.

En general, al no existir un mercado que proporcione el bien requerido en las condiciones adecuadas, los afectados se ven abocados a ocupar espacios que se caracterizan por su aislamiento, en los que se encuentran excluidos porque la movilidad es reducida, el acceso a los servicios sanitarios y asistenciales es compli-

[829] A modo de ejemplo véase: LAPARRA NAVARRO; GAVIRIA LABARTA y AGUILAR (1998); PORRAS MUÑOZ (1999); TEZANOS (1999); MARCO FABRE (2000); MOLERO; NAVAS y MORALES (2001); CES, Informe (2001); SUBIRATS I HUMET, (2004) y (2005).

[830] LAPARRA NAVARRO; GAVIRIA LABARTA y AGRUILAR (1998): 25.

[831] LA CAIXA (2007): 29-30.

[832] NAVARRO (2005): 175.

cado y el desarrollo de la vida social se ve afectada, mermando considerablemente la calidad de vida de estas personas. Así lo considera Navarro, quien sugiere que otra forma de exclusión surge si se disfruta de una vivienda, pero sus condiciones son muy inferiores al mínimo para considerarse una vivienda digna[833].

Para los inmigrantes, particularmente, la imposibilidad de disfrutar de un alojamiento digno en el principal factor de exclusión social, porque un espacio físico propio, con el cual identificarse, es indispensable para la integración[834]. Aunque se reconozca la necesidad de integrarlos, se sitúa a dichas personas en condiciones de inferioridad de derechos respecto al resto de la población, lo que sirve para concluir que se sigue sin considerar plenamente a los inmigrantes como parte de la sociedad[835].

Por tanto, los problemas de acceso a la vivienda a los que me he referido ponen al descubierto importantes efectos sociales negativos del actual modelo español de mercado y de política habitacional. Es indiscutible que el acceso a una vivienda digna supone un importante problema social y que se ha de encontrar el modo de favorecer el alojamiento a los colectivos con dificultades para lograrlo por sus propios medios.

También es indispensable la interacción de diferentes ramas de estudio, como la Economía, la Sociología, el Urbanismo, etc., a fin de que los programas que se elaboren tengan en cuenta los diversos aspectos imprescindibles para proporcionar efectivamente vivienda adecuada a la población que la requiere.

[833] NAVARRO (2006): 25.
[834] JULIANO (1994): 91 y 100.
[835] PAJARES ALONSO (2000): 124.

# CONCLUSIONES

1. El derecho a la vivienda puede definirse como "el derecho de toda persona a acceder y mantener un hogar, en el que disponga de un espacio íntimo, adaptado al entorno y a la sociedad en que se encuentra, segura de poder vivir en paz y dignidad". Se trata de un derecho que guarda estrecha relación con el derecho a la intimidad, el derecho a la salud, el derecho al medio ambiente e, inclusive, con el derecho a la vida.

2. La vivienda es un bien necesario en un sentido social y como elemento para lograr calidad de vida, porque no se trata de cualquier vivienda sino de una que sea digna y adecuada. Indudablemente, la carencia de un techo adecuado y seguro atenta directamente contra la salud física y mental que, a su vez, incide en la calidad de vida. Por tanto, los conceptos de satisfacción de necesidades, calidad de vida y vivienda adecuada están indefectiblemente unidos. Existen aspectos o condiciones que caracterizan la adecuación de una edificación, tales como la seguridad jurídica de la tenencia; la disponibilidad de servicios, materiales, facilidades e infraestructura; los gastos soportables; la habitabilidad; la asequibilidad; el lugar y la adecuación cultural. Objetivamente sirven de parámetro para definir los casos en que una vivienda, habitación o residencia resulta digna y adecuada. El cumplimiento de estas condiciones variará según factores subjetivos que responden a la diversidad de la población en general, sobre todo, a cuestiones culturales y climatológicas.

3. El derecho a la vivienda es un derecho social de carácter prestacional. Implica la realización de prestaciones a favor de los ciudadanos, circunstancia que

se considera como la característica más definitoria de los derechos sociales. Los mismos suponen actuación e intervención y no mera abstención de los sujetos obligados y tienen un carácter positivo, de dar o hacer. Pero el mayor problema que plantea el derecho a la vivienda como derecho social prestacional es el de su eficacia, identificada como justiciabilidad. La justiciabilidad no solamente significa jurisdiccionalidad, ya que la inexistencia de garantías o medios procesales adecuados para reclamar las posibles violaciones de derechos sociales no implica la falta de la norma misma. Por tanto, es razonable no confundir derechos y garantías porque si se identifica un derecho con una garantía determinada, la falta de esta supone directamente la ausencia de aquel, en lugar de verificar que se trata de una laguna que el ordenamiento está obligado a llenar. Además, la falta de los medios procesales adecuados no significa que los mismos no puedan ser creados. La justiciabilidad de un derecho no es una cuestión de todo o nada, ya que también se han de admitir intervenciones jurisdiccionales preventivas, sancionatorias o de control y todas ellas con el objetivo común de evitar que la violación del mismo quede sin sanción.

4. Diversos documentos internacionales han reconocido al derecho a la vivienda. Sin embargo, el instrumento básico de protección de los derechos sociales es el Pacto Internacional de Derechos Económicos, Sociales y Culturales de 1966, cuyo artículo 11 parágrafo 1 consagra, al igual que la Declaración Universal de Derechos Humanos de 1948, el derecho de las personas y el de las familias a un nivel de vida adecuado, para el cual son considerados diversos criterios, tales como el de alimentación, vestido y vivienda adecuados. Además del reconocimiento del derecho a un nivel de vida adecuado, lo más destacado del PIDESC es el sistema de garantías establecido por el Consejo Económico y social (ECOSOC). Este organismo ha asumido la responsabilidad de vigilar el cumplimiento del Pacto y ha instituido el Comité de Derechos Económicos, Sociales y Culturales. A través de sus expertos independientes, el mencionado Comité, ha proporcionado orientaciones que permiten interpretar correctamente estos derechos y lo ha logrado revisando y debatiendo con los Estados los informes que deben ser presentados a los dos años de la aceptación del Pacto y luego cada cinco años. En

los informes se deben hacer constar los progresos realizados, así como las dificultades encontradas para su aplicación y, al final del estudio, el Comité formula sugerencias y recomendaciones.

5. En el ámbito del Consejo de Europa, ni el Convenio Europeo de Derechos Humanos ni ninguno de sus Protocolos adicionales han reconocido el derecho a una vivienda digna y adecuada o, en su caso, la protección de la misma. No obstante, a través de la jurisprudencia del Tribunal Europeo de Derechos Humanos los efectos del Convenio se han extendido a derechos no reconocidos expresamente en el mismo. Tal situación implica una ampliación de su contenido por conexidad, también denominada protección indirecta de derechos, por extensión o por efecto rebote, así como defensa cruzada de derechos. Cabe señalar ciertos casos en los que no se ha mencionado expresamente la protección de un inexistente para el Convenio "derecho a la vivienda" pero, argumentando en base al art. 8 CEDH (derecho a la vida privada y familiar), de facto se ha otorgado una protección del bien jurídico vivienda, con los requisitos de dignidad y adecuación que establecen los documentos internacionales que hemos visto (López Ostra c/ España; Giacomelli c/ Italia; Ledyayeva y otros c/ Rusia; Hatton y otros c/ Reino Unido y Novoseletskiy c/ Ucrania; entre otros).

6. Asimismo, dentro del Consejo de Europa se ha dictado la Carta Social Europea de 1961, revisada en 1996, que ha establecido el apoyo a la construcción de viviendas a través del fomento a la protección de la familia. Hasta la fecha se han presentado ante el Comité de Derechos Sociales, órgano encargado de controlar el cumplimiento del mencionado instrumento, dos reclamaciones colectivas fundadas en la violación del derecho a la vivienda. La primera, admitida el 19 de marzo de 2007 contra Francia, concluyó con el reconocimiento de la violación del artículo 31.1 de la Carta revisada. Se había constatado la insuficiencia de los progresos realizados para la erradicación de la infravivienda; la falta de comodidades de un gran número de hogares; la insatisfactoria aplicación de la legislación sobre prevención de los desalojos y la falta de medidas para proporcionar soluciones de realojamiento a las familias afectadas. Respecto a la segunda reclamación colecti-

va, admitida el 2 de diciembre de 208 contra Eslovenia, el Comité de Derechos Sociales ha declarado su admisibilidad encontrándose actualmente en tramitación.

7. En el ámbito de la Unión Europea, la Carta de Niza, contiene el reconocimiento y respeto del derecho a una ayuda social y a una ayuda de vivienda que garantice una existencia digna, particularmente, a los que carecen de recursos suficientes. Sin embargo, hasta la fecha, la Unión Europea no ha desarrollado una política de vivienda de manera independiente basándose en el principio de subsidiariedad, según el cual la Unión, salvo en sus ámbitos de competencia exclusiva, sólo interviene en la medida en que ello resulte más eficaz que una actuación a nivel nacional, regional o local. La Unión Europea ha prestado atención directa al sector de la construcción residencial. En tal sentido, se han aprobado una serie de Directivas y Recomendaciones relacionadas con la adecuación de las edificaciones.

8. Francia desarrolla una política habitacional basada en tres pilares: el acceso a la propiedad, el alquiler social y la rehabilitación. El Gobierno Central es responsable de la financiación pública que se realiza a través de ayudas a la piedra y ayudas personales, además de las ayudas fiscales. No obstante, el sector residencial se encuentra en crisis debido a la insuficiente oferta en las grandes ciudades y en el sector de las viviendas sociales. La Constitución francesa no contiene un reconocimiento expreso del derecho a la vivienda, sin embargo, se ha aprobado la Ley DALO de 5 de marzo de 2007 que establece el derecho a una vivienda exigible y diversas medidas a favor de la cohesión social. A través de esta Ley, Francia ha realizado un importante avance en la protección del derecho a la vivienda y se ha adelantado a otros países de la región. Si bien la aludida normativa determina que el Estado garantiza el derecho a un alojamiento decente e independiente a todas las personas que cumplan con determinados requisitos, ésta ha sido recibida con cierto escepticismo, ya que la doctrina ha destacado que no establece propiamente un derecho a la vivienda, sino que ofrece soluciones amistosas y contenciosas a las personas que no cuenten con una vivienda o se encuentren mal alojadas.

9. El artículo 65 de la Constitución de Portugal ha reconocido el derecho a la vivienda. Respecto al mismo, la doctrina portuguesa señala que presenta una doble naturaleza. Por un lado, se trata del derecho a obtener una vivienda por vía de la propiedad o el arrendamiento, traduciéndose en la exigencia de las medidas y prestaciones estatales adecuadas para realizar tal objetivo. Por otro lado, consiste en el derecho a no ser arbitrariamente privado de la habitación o a no ser impedido de obtener una. En tal sentido, reviste la forma de derecho negativo y se traduce en un mero deber de abstención del Estado y de terceros de no practicar actos que puedan perjudicar la efectiva realización de ese derecho. El Tribunal Constitucional portugués ha manifestado que el derecho a una morada digna es un derecho fundamental de naturaleza social y que la vertiente más significativa del derecho a la habitación está contenido en su dimensión positiva. Es decir, en el derecho de los ciudadanos a las medidas y prestaciones estatales adecuadas para la concreción del objetivo ahí enunciado que no es otro sino el derecho a obtener una habitación adecuada y digna.

10. En el contexto español, las primeras intervenciones estatales en materia de vivienda fueron motivadas por las necesidades de las clases obreras. La legislación sobre vivienda se desarrolla de manera inescindible de la política económica, que también está determinada por la situación política del país. La evolución normativa ha generado un entramado legislativo nada sencillo que presenta, en no pocas ocasiones, superposición de fechas y/o de disposiciones. La aprobación del Real Decreto-Ley 31/1978, de 31 de octubre, y Real Decreto 3148/1978, de 10 de noviembre, tuvo como principal mérito la unificación del concepto de vivienda de protección oficial y la simplificación de los trámites administrativos

11. Con la aprobación del artículo 47 de la CE de 1978 se logró, por primera vez en España el reconocimiento constitucional del derecho a disfrutar de una vivienda digna y adecuada. La norma determina que los poderes públicos habrán de promover las condiciones para hacer efectivo el derecho y tal disposición ha de materializarse en la elaboración de políticas que establezcan las medidas pertinentes para el acceso a la vivienda. La verdadera obligación impuesta por

el artículo 47 CE es la articulación de prestaciones administrativas que proporcionen a los interesados las condiciones para acceder a la vivienda y, de esta forma, hacer efectivo el derecho.

12. El artículo 47 CE ha sido catalogado como principio rector y su eficacia viene determinada por las disposiciones del artículo 53.3 CE, sobre las garantías de las libertades y derechos fundamentales. Si bien el derecho a la vivienda no está configurado en la Constitución española de 1978 como un derecho subjetivo exigible ante los tribunales, no se puede decir que de su constitucionalización no deriva consecuencia jurídica alguna. Del artículo 47 CE sí derivan consecuencias, especialmente la obligación del legislador de dictar una normativa de desarrollo que haga efectivo el derecho. Esto se traducirá en un haz de derechos ordinarios o legales que concretan el derecho constitucional a una vivienda digna y adecuada. Asimismo, se podría otorgar mayor valor al artículo 47 CE si se aplicara el principio de no regresividad de las conquistas sociales establecido por el Pacto Internacional de Derechos Económicos, Sociales y Culturales, tal como lo interpretan Abramovich y Courtis. Su aplicación práctica significa que el Estado no debe sancionar normas jurídicas ni aprobar políticas que empeoren la situación de la población, en cuanto al ejercicio del derecho a la vivienda se trate.

13. Entre los titulares del derecho a la vivienda se distinguen tres sectores. En primer lugar, las personas con ingresos relativamente suficientes o altos que recurren directamente al mercado y hacen realidad el derecho garantizado por el artículo 47 CE, sin requerir para ello de la intervención del Estado. En segundo lugar, aquellos que por carecer de los ingresos económicos suficientes, demandan la acción de los poderes públicos para acceder y disfrutar de una vivienda. Y, en último término, se debe considerar a un tercer sector afectado por graves problemas de infravivienda y de marginalidad social, escaso nivel de renta o bien problemas específicos de integración social. Estos son los que precisan de una política de prestaciones directas, de servicio público o de operaciones especiales para hacer efectivo lo dispuesto por el artículo 47 de la CE, ya que no tienen capacidad para acceder a la vivienda a través del mercado o requieren de ofertas singulares.

14. Las competencias en relación a la vivienda corresponden tanto al Estado como a las Comunidades Autónomas. En base a lo establecido por los artículos 149.1.11 CE y 149.1.13 CE el Estado interviene en las políticas habitacionales elaborando los Planes Estatales que resultan ser la normativa básica de financiación en la materia. Mientras que, a través del artículo 148.1.3 CE, las Comunidades Autónomas y las ciudades de Ceuta y Melilla, también pueden ejercer atribuciones en relación a la vivienda. Efectivamente, la labor normativa desarrollada por las Comunidades Autónomas es importante y variada, las mismas aprueban disposiciones complementarias y de gestión de los Planes estatales y también creadoras de nuevas formas de viviendas protegidas. Por tanto, es necesario aplicar técnicas de coordinación y de cooperación a fin de evitar enfrentamientos entre las administraciones que solamente perjudicarían al ciudadano que requiere de las prestaciones por ellas otorgadas para acceder a una habitación.

15. Hasta la fecha se han aprobado nueve Planes Estatales, incluyendo el vigente Plan 2009-2012, y durante el desarrollo de los mismos se ha percibido que el aumento de la inversión y, por tanto, de la construcción no significa necesariamente una mejora en las condiciones de accesibilidad de la población. Si bien es cierto que en determinados periodos la economía del país permitió la concesión de créditos a bajos intereses posibilitando el acceso a mayor cantidad de familias, el problema habitacional persiste.

16. Entre la normativa autonómica se destaca la Ley 1/2010, de 8 de marzo, Reguladora del Derecho a la Vivienda en Andalucía y Ley 18/2007, de 28 de diciembre, del derecho a la vivienda en Cataluña. Ambas han introducido parámetros o criterios relacionados con la calidad del parque habitacional, es decir, con la sostenibilidad, salubridad, seguridad y la eficiencia. Se trata de aspectos relativos a la minimización de impactos ambientales, reducción del ruido, gestión adecuada de los residuos generados, ahorro y uso eficiente del agua. Además, en Andalucía se estipula que los ayuntamientos deberán aprobar en un plazo máximo

de dos años, contados desde la entrada en vigor de la Ley, sus respectivos planes de vivienda y suelo. Transcurrido dicho plazo las personas que acrediten interés legítimo podrán reclamar ante la correspondiente Administración municipal el cumplimiento del deber de aprobar el Plan Municipal de Vivienda y Suelo y promover activamente la ejecución de la programación prevista en el mismo, en caso de que este haya sido aprobado. Se trata de un mecanismo que puede contribuir a potenciar la justiciabilidad del derecho a la vivienda, pero será preciso observar cual es su aplicación práctica en el futuro.

17. El complejo y dinámico mercado de la vivienda está compuesto por la demanda y la oferta de las mismas. La demanda de vivienda se ve afectada por factores demográficos, sociales y político-económicos. Por otra parte, la oferta habitacional se caracteriza por la escasez de Viviendas de Protección Oficial, un parque de viviendas antiguas sin rehabilitación y viviendas inadaptadas a ciertas necesidades especiales de las personas que las ocupan. Las políticas de vivienda que tienen como objetivo satisfacer las necesidades cuantitativas y cualitativas de alojamiento, también son utilizadas como instrumento de política anticíclica en momentos de recesión económica. Estas políticas están compuestas por la regulación del suelo, la regulación del alquiler, la financiación estatal, el tratamiento fiscal y las ayudas directas mediante el fomento de las Viviendas de Protección Oficial.

18. El suelo es el soporte de la construcción y su disponibilidad está estrechamente ligada al precio final que alcanzan las viviendas, ya sea en alquiler o en propiedad. En cuanto al mercado de alquileres español es del todo insatisfactorio porque presenta la menor oferta dentro de la Unión Europea; la tipología y calidad de las viviendas destinadas a dicho fin no se ajustan a lo que requieren los usuarios y el parque social es exiguo. La normativa tampoco contribuye al desarrollo del sector porque no se han presentado opciones que convenzan a los interesados a inclinarse por esta alternativa antes que por la adquisición en propiedad. Por otra parte, la financiación mediante préstamos a largo plazo es solicitada por la mayoría de las familias debido al elevado precio de las viviendas. Los mismos

se conceden a largo plazo y sus condiciones son determinantes, a fin de acceder o no a la propiedad.

19. La política de Viviendas de Protección Oficial ha sido y continúa siendo uno de los elementos esenciales de la intervención pública sobre la vivienda en España. Se fomenta la promoción y venta o arrendamiento de las viviendas, que pueden ser de promoción privada o de promoción pública y, en conjunto, constituyen la manera en que los poderes públicos actúan directamente sobre el problema habitacional. Si bien este sería el elemento más importante de la política pública del sector, así como la vertiente más eficaz y progresiva desde el punto de vista social, el número de viviendas de promoción pública es insuficiente, debido a que representa una parte muy pequeña del gasto general invertido en viviendas protegidas.

20. La accesibilidad o el esfuerzo de acceso a la vivienda, en propiedad o en alquiler, se mide por medio de la intensidad de los pagos periódicos que debe hacer el hogar para mantener la ocupación de la misma. La mayor dificultad es el alto costo de los precios en el mercado libre, así como el número limitado de Viviendas de Protección Oficial y la escasez del parque residencial destinado al alquiler. Los colectivos especialmente afectados por estas dificultades son las personas de la tercera edad, los inmigrantes, las mujeres y los jóvenes. La exclusión en vivienda constituye una de las manifestaciones más visibles de pobreza y se produce, al igual que la exclusión social, por el propio funcionamiento del mercado de la vivienda y su oferta de bienes y servicios.

# BIBLIOGRAFÍA

ABENDROTH, Wolfgang, FORSTHOFF, Ernst, DOEHRING, Kart (1986): *El Estado social*, Madrid, Centro de Estudios Constitucionales.

ABRAMOVICH, Víctor y COURTIS, Christian (2001): "La justiciabilidad de la vivienda en la reciente jurisprudencia sudafricana", *Revista Jueces para la democracia*, Nº 40, págs. 71-74.

- (2004): *Los derechos sociales como derechos exigibles*, Madrid, Trotta.

ADAME GODDARD, Jorge (1995): "Los derechos fundamentales de la persona humana", *Estudios jurídicos en homenaje a Don Santiago Barajas Montes de Oca*, México, Instituto de Investigaciones Jurídicas-UNAM, págs. 15-34.

AGUADO I CUDOLÀ, Vicenç (2005): *Las condiciones de vivienda de los inmigrantes: la intervención de los entes locales*, Madrid, Instituto Nacional de Administración Pública.

AGUDO ZAMORA, Miguel (2001): *El Tribunal constitucional y el Convenio Europeo de Derechos Humanos*, Córdoba, Universidad de Córdoba, Servicio de Publicaciones.

AGUERRI SÁNCHEZ, Pilar (2005): "La vivienda y el estado de bienestar en Europa", *Acciones e Investigaciones Sociales* Nº 21, págs. 59-76.

AKANDJI-KOMBE, Jean-François (2007): "Carta Social Europea y Convenio Europeo de Derechos Humanos: perspectivas para la próxima década", *Revista de Derecho Político*, Nº 67, págs. 385-408.

ALARCÓN CARACUEL, Manuel Ramón (1997): "La Carta comunitaria de los derechos sociales fundamentales de los trabajadores y el Protocolo 14 de Maastricht", *Unión Europea y Estado de Bienestar*, Madrid, Consejo Superior de investigaciones Científicas, CESIC: Instituto de Estudios Sociales Avanzados, págs. 169-190.

ALCONCHEL PÉREZ, Ana y ANTÓN GÓMEZ, Guadalupe (1999): "Financiación de actuaciones protegidas en materia de vivienda. Plan 1998-2001", *Actualidad Financiera*, Año Nº 4, Nº 5, páginas 29-36.

ALEGRE MARTÍNEZ, Miguel Ángel (2004): "Los derechos sociales en la Carta de los Derechos Fundamentales de la Unión Europea", *Escritos sobre derecho europeo de los derechos sociales,* Valencia, Tirant lo Blanch, S.L., Universidad de Valencia, págs. 63-111.

- (1996): *La dignidad de la persona como fundamento del ordenamiento constitucional español,* León, Universidad de León, Servicio de Publicaciones.

ALEXY, Robert (1993): *Teoría de los derechos fundamentales,* Madrid, Centro de Estudios Constitucionales.

- (2007): *Derechos sociales y ponderación,* Madrid, Fundación Coloquio Jurídico Europeo.

ALGARRA PRATS, Esther (2002): "Reflexiones sobre la protección de la vivienda familiar frente a terceros", *Revista de Derecho Privado y Constitucional,* Nº 16, págs. 7-40.

ALGUACIL GÓMEZ, Julio y DENCHE MORÓN, Concha (1991): "La vivienda: cambios en la simbología, uso y lenguaje", *Revista Documentación Social,* Nº 85, págs. 33-46.

ALLI ARANGUREN, Juan Cruz (2005): "Urbanismo y vivienda: la interrelación de las políticas de suelo y vivienda", *Revista de Derecho Urbanístico y Medio Ambiente,* Año 39, Nº 219, págs. 59-128.

ALONSO GARCÍA, Ricardo (1991): "Derechos fundamentales y comunidades europeas", *Estudios sobre la Constitución española. Homenaje al profesor Eduardo García de Enterría,* Madrid, Civitas.

ALONSO TIMÓN, Antonio Jesús (2006): "Plan Nacional de vivienda para 2005-2008", *Anuario jurídico y económico escurialense,* Nº 39, págs. 145-170.

ALVAREZ MOLINERO, Natalia (1999): "La evolución de los derechos humanos a partir de 1948: hitos más relevantes", *La Declaración Universal de Derechos Humanos en su cincuenta aniversario: un estudio interdisciplinar,* Universidad de Deusto, Bilbao, págs. 93-178.

ALZAGA VILLAAMIL, Oscar (Coordinador) (1983): *Constitución española de 1978,* Madrid, Edersa.

ALZAGA VILLAAMIL, Oscar y otros (1977): *Derecho Político español según la constitución de 1978,* Tomo I, Madrid, Centro de Estudios Ramón Areces.

ANDRADE, Damião (2005a): "História da promoção pública em Portugal. Regimes", *Habitação em Portugal,* Lisboa, Núcleos Urbanos de Pesquisa e Intervenção – URBE, págs. 33-51.

- (2005b): "História da promoção pública em Portugal. Organismos e seu percurso", *Habitação em Portugal*, Lisboa, Núcleos Urbanos de Pesquisa e Intervenção – URBE, págs. 53-69.

AÑON ROIG, María José (1992): "Fundamentación de los derechos humanos y necesidades básicas", *Derechos Humanos*, Madrid, Tecnos, págs. 100-115.

- (1994): *Necesidades y derechos, un ensayo de fundamentación,* Madrid, Centro de Estudios Políticos y Constitucionales.

- (2004): "El acceso a los derechos sociales por parte de los inmigrantes, un ejemplo: la vivienda", *La universalidad de los derechos sociales: el reto de la inmigración*, Universidad de Valencia, págs. 251-278.

AÑON ROIG, María José y GARCÍA AÑÓN, José (Coordinadores) (2004): *Lecciones de Derechos Sociales,* Valencia, Tirant Lo Blanch.

AÑON ROIG, María José y LUCAS, Javier de (1990): "Necesidades, razones y derecho", *Doxa: Cuadernos de Filosofía del Derecho*, Nº 7, págs. 55-82.

ARANGO Rodolfo (2005): *El concepto de los Derechos sociales fundamentales*, Bogotá, Legis-Universidad Nacional de Colombia.

ARZOZ SANTISTEBAN, Xabier (2004): "Artículo 8. Derecho al respeto a la vida privada y familiar", *Convenio Europeo de Derechos Humanos. Comentario Sistemático*, Madrid, Civitas, págs. 253-327.

BACELAR GOUVEIA, Jorge (2005): *Manual de Direito Constitucional*, Vol. I, Coimbra, Almedina.

BALL, Michael (2005): "Mercados de la vivienda europeos: tendencias recientes y perspectivas futuras", *Revista Economistas*, Nº 103, págs. 15-36.

BAQUERO CRUZ, Julio (1998): "La protección de los derechos sociales en la comunidad europea tras el Tratado de Ámsterdam", *Revista de Derecho Comunitario Europeo*, Año 2, Nº 4, págs. 639-666.

BARTOLOMEI DE LA CRUZ, Héctor (1987): "La Carta Social Europea y la Organización Internacional de Trabajo: veinticinco años de colaboración ejemplar", *La Carta Social Europea en la perspectiva de la Europa del año 2000: Acta del coloquio conmemorativo del XXV Aniversario de la Carta Social Europea*, Granada, 26 de octubre de 1987, Madrid, Ministerio de Trabajo y Asuntos Sociales, págs. 129-172.

BASSOLS COMA, Martín (1982): "Urbanismo, vivienda y medio ambiente. Consideraciones sobre el derecho a la vivienda", *La Constitución Española de 1978*, Libro homenaje a José Antonio García-Trevijano Fos, Madrid Colegio

Universitario de Estudios Financieros e Instituto de Estudios de Administración Local, págs. 773-800.

- (1984): "Artículo 47, derecho a la vivienda", *Comentarios a las leyes políticas. Constitución española de 1978*, Tomo IV, Editoriales de Derecho Reunidas, págs. 307-341.

BASSOLS COMA, Martín y SERRANO ALBERCA, José Manuel (1982): "El artículo 149 de la Constitución española en relación con el artículo 150.2: análisis de la delegación en materia de las competencias estatales exclusivas", *Revista de Administración Pública*, Nº 97, págs. 31-72.

BASTIDA FREIJEDO, Francisco y otros (2004): *Teoría general de los Derechos Fundamentales en la Constitución Española de 1978*, Madrid, Tecnos.

BELORGEY, Jean-Michel (2007): "La Carta Social Europea del Consejo de Europa y su órgano de control: el Comité Europeo de Derechos Sociales", *Revista de Derecho Político*, Nº 70, págs. 347-377.

BELTRÁN DE FELIPE, Miguel (1997): "Vivienda y Urbanismo", *Las estructuras del bienestar: Derecho, Economía y Sociedad en España*, Madrid, Escuela libre y Civitas, págs. 427-484.

- (2000): *La intervención administrativa en la vivienda: aspectos competenciales, de policía y de financiación de las viviendas de protección oficial*, Valladolid, Lex Nova.

BETRÁN ABADÍA, Ramón. (2005): "Sobre vivienda, urbanismo y ciudad", *Acciones e Investigaciones Sociales*, Nº 21, págs. 5-58.

BIGLINO CAMPOS, Paloma (1998): "Acerca de la Declaración Universal de Derechos Humanos y su importancia para el desarrollo de la cultura del derecho", *La declaración universal de los Derechos Humanos en su 50 aniversario*, Madrid, Bosch, págs. 69-76.

BLANQUER DAVID (2005): *Contaminación acústica y calidad de vida. Um entorno de calidad para el turismo urbano*, Valencia, Tirant Lo Blanch.

BOBBIO, Norberto (1965): "Sul fondamento dei diritti dell´uomo", *Rivista Internazionale di Filosofía del Diritto*, Nº 42, págs. 301-309.

BÖCKENFÖRDE, Ernst Wolfgang (1993): *Escritos sobre Derechos Fundamentales*, Baden-Baden, Nonos Verlagsgesellschaft.

BOIXAREAU CARRERA, Ángel y CARPI BADIA, Josep María (2000): *El Tratado de Ámsterdam, génesis y análisis sistemático de su contenido*, Barcelona, Bosch.

BONDIA GARCÍA, David y BONET I PÉREZ, Jordi (2004): "La carta social europea", *La protección internacional de los derechos humanos en los albores del siglo XXI*, Felipe Gómez Isa y José Manuel Pureza (Coordinadores), págs. 441-480.

BOSCH I MEDA, Jordi (2006a): *El problema de la vivienda en España desde una perspectiva de género: análisis y propuestas para su desarrollo*, Barcelona, Fundación Alternativas.

- (2006b): "El Problema de la vivienda en la vejez en Catalunya", *ACE: architecture, city and environment*, 1 (1): 80-100.

BOVER, Olympia y VELILLA, Pilar (2001): *Precios hedónicos de la vivienda sin características: el caso de viviendas nuevas*, Estudios Económicos, Nº 73, Madrid, Banco de España.

BRAGE CAMAZANO, Joaquín (2005): "Aproximación a una teoría general de los derechos fundamentales en el Convenio Europeo de Derechos Humanos", *Revista española de Derecho Constitucional*, Año Nº 25, Nº 74, págs. 111-138.

BROUANT, Jean-Philippe (2001): "La loi SRU et l'habitat", *Actualité juridique, Edition Droit Administratif*, Nº 1, págs. 56-68.

- (2006): "La loi ENL et la lutte contre l'habitat indigne", *Actualité juridique, Edition Droit Administratif*, Nº 28, págs. 1554-1558.

- (2008): "Un droit au logement... variablement opposable", *Actualité juridique, Edition Droit Administratif*, Nº 10, págs. 506-510.

BURÓN CUADRADO, Javier (2005): "La política de vivienda del Gobierno Vasco", *Documentación Social,* Nº 138, págs. 119-156.

- (2008): "Una política de vivienda alternativa", *Ciudad y territorio: Estudios territoriales*, Nº 155, págs. 9-40.

CABRERA, Pedro José (2005): "Vivienda y alojamiento", *Documentación Social,* Nº 138, págs. 5-10.

CACHORRO RODRÍGUEZ, Emilio (1998): "El nuevo plan de vivienda 1998-2001", *Gestión: revista de economía*, Nº 6, págs. 23-26.

CALVO, Isabel (2008): "Nueva normativa que modifica la ley de regulación del mercado hipotecario", *Observatorio inmobiliario y de la construcción*, Nº 28, págs. 60-63.

CALVO POYATO, Carmen (1996): "El Estado de bienestar en la Constitución española", *Los derechos económicos, sociales y culturales y la crisis del Estado de bienestar*, Córdoba, Etea, págs. 125-135.

CARMONA CUENCA, Encarnación (1992): "Las normas constitucionales de contenido social: Delimitación y problemática de su eficacia jurídica", *Revista de Estudios Políticos*, Nº 76, págs. 103-125.

- (1994): "El principio de igualdad material en la jurisprudencia del Tribunal Constitucional", *Revista de Estudios Políticos y Constitucionales*, Nº 84, págs. 265-286.

- (2000): *El Estado Social de Derecho en la Constitución*, Madrid, Consejo Económico y Social.

- (2004): "El principio de igualdad material en la Constitución europea", Comunicación presentada en el Tercer Congreso de Constitucionalistas de España desarrollado en la Universidad Pompeu Fabra de Barcelona los días 21 y 22 de diciembre de 2004.
Edición electrónica disponible en:
http://www.constitucion.rediris.es/ace/Inicio.html - Última consulta: 20/11/2009

- (2006): "Los derechos sociales de prestación y el derecho a un mínimo vital", *Nuevas Políticas Públicas: Anuario multidisciplinar para la modernización de las Administraciones Públicas*, Nº 2, págs. 172-197.

CARRAZ, Maurice (2008): "Logement social et hábitat: une nécessité faite lois", *Actualité juridique, Edition Droit Administratif*, Nº 10, págs. 489-491.

CARRERAS MOYSI, Borja (1994): "Líneas básicas de la actual política estatal de vivienda", *Ciudad y Territorio: Estudios territoriales*, Nº 99, págs. 9-17.

CARRETERO SANCHEZ, Santiago (2004): *El cambio de los derechos sociales y su justiciabilidad*, Madrid, Universidad Complutense de Madrid, Facultad de Derecho.

CARRILLO LÓPEZ, Marc (1995): *La tutela de los Derechos Fundamentales por los tribunales ordinarios*, Madrid, Boletín Oficial del Estado y Centro de Estudios Constitucionales.

- (1999): "La eficacia de los derechos sociales: entre Constitución y ley", *Revista Jueces para la democracia*, Nº 36, págs. 67-74.

CARRILLO SALCEDO, Juan Antonio (1991): "Protección de los Derechos Humanos en el Consejo de Europa: hacia la superación de la dualidad entre derechos civiles y políticos y derechos económicos y sociales", *Revista de Instituciones europeas*, Nº 2, págs. 431-454.

- (1999): *Dignidad frente a la barbarie. La Declaración Universal de Derechos Humanos, cincuenta años después*, Madrid, Trotta.

- (2001): "Notas sobre el significado político y jurídico de la Carta de Derechos Fundamentales de la Unión Europea", *Revista de Derecho Comunitario*, Nº 9, págs. 7-26.

- (2004a): *El Convenio Europeo de Derechos Humanos*, Madrid, Tecnos.

- (2004b): "El Convenio Europeo de Derechos Humanos", *La protección internacional de los derechos humanos en los albores del siglo XXI*, Felipe Gómez Isa y José Manuel Pureza (Coordinadores), Bilbao, Universidad de Deusto, págs. 395-440.

CASAS BAAMONDE, María Emilia y RODRIGUEZ-PIÑERO ROYO, Miguel Carlos (1995): "El reconocimiento de los derechos sociales de la Unión Europea", *Relaciones laborales: Revista crítica de teoría y práctica*, Nº 1, págs. 103-114.

CASCAJO CASTRO, José Luís (1988): *Tutela constitucional de los derechos sociales*, Cuadernos y debates, Madrid, Centro de Estudios Constitucionales.

- (1993): "Breves notas sobre los derechos sociales", *Relaciones sociolaborales: aspectos jurídicos, económicos y sociales*, págs. 393-397.

CASTANYER GARCÍA, Josep (2005): "La vivienda, un largo camino por recorrer", *Documentación Social*, Nº 138, págs. 101-118.

CASTRO CID, Benito de (1980): "Derechos Humanos y Constitución. Reflexiones sobre el Título I de la Constitución española de 1978", *Revista de Estudios Políticos (Nueva Época)*, Nº 18, págs. 21-151.

- (1981): "Los derechos sociales: análisis sistemático", *Derechos económicos, sociales y culturales: para una integración histórica y doctrinal de los derechos humanos*, Actas de las IV Jornadas de Profesores de Filosofía del Derecho (Murcia, diciembre de 1978), págs. 11-33.

- (1989): "La fundamentación de los derechos humanos (Reflexiones incidentales)", *El fundamento de los derechos humanos*, Madrid, Debate, págs. 119-124.

- (1993): *Los derechos económicos, sociales y culturales, Análisis a la luz de la Teoría General de los Derechos Humanos*, León, Universidad de León.

- (1998a): "Estado social y crisis de los derechos económicos, sociales y culturales", *Derechos y libertades: Revista del Instituto Bartolomé de las Casas*, Nº 6, págs. 51-72.

- (1998b): "Retos de la configuración sistemática de los derechos económicos, sociales y culturales", *Anuario de filosofía del derecho*, Nº 15, págs. 31-48.

- (2001): "Problemática, teórica y práctica de los derechos económicos, sociales y culturales", *La protección internacional de los derechos humanos a los cincuenta años*, Madrid, Tecnos, págs. 63-78.

- (2003): *Introducción al estudio de los derechos humanos*, Madrid, Universitas.

CES, Consejo Económico y Social (2001): *La pobreza y la exclusión social en España: propuestas de actuación en el marco del plan nacional para la inclusión social*, Colección Informes, Nº 2, Madrid.

CES, Consejo Económico y Social (2002): *La emancipación de los jóvenes y la situación de la vivienda en España*, Colección Informes Nº 3, Madrid.

CHUECA SANCHO, Ángel (2002): "La evolución de los derechos fundamentales en los Tratados comunitarios", *La protección de los derechos fundamentales e la Unión Europea*, Madrid, Civitas, págs. 21-50.

COBREROS MENDAZONA, Edorta (1987): "Reflexión general sobre la eficacia normativa de los principios constitucionales rectores de la política social y económica del Estado", *Revista Vasca de Administración Pública*, Nº 19, págs. 27-60.

CONTRERAS PELAEZ, Francisco José (1994): *Derechos Sociales: Teoría e ideología*, Madrid, Tecnos.

CORRIENTE CÓRDOBA, José Antonio (2002): "La protección de los derechos económicos, sociales y culturales en la Carta de Derechos fundamentales de la Unión Europea", *Anuario de derecho europeo*, Nº 2, págs. 117-135.

CORTÉS ALCALÁ, Luís (1992): "El problema de la vivienda en España: elementos para su comprensión", *Política y Sociedad*, Nº 10, págs. 67-79.

- (1995): *La cuestión residencial. Bases para una sociología del habitar*, Madrid, Fundamentos Editorial.

- (2005): "La crisis de la vivienda", *Documentación Social*, Nº 138, págs. 81-100.

COSSÍO DÍAZ, José Ramón (1989): *Estado social y derechos de prestación*, Madrid, Centro de Estudios Constitucionales.

COTORRUELO SENDAGORTA, Agustín (1960): *La política económica de la vivienda en España*, Madrid, Instituto Sancho de Moncloa.

CZISCHKE, Darinka (2006): "Vivienda social en la UE 2005. Estadísticas y políticas clave por países", *Boletín informativo Nº 84*, Valencia, Asociación Española de Promotores Públicos de Vivienda y Suelo (AVS), Observatorio europeo de la vivienda social y Comité Europeo de Coordinación del Hábitat Social (CECODHAS).

DEL OLMO ALONSO, Jesús (2002): *Aspectos jurídicos de la edificación*, Madrid, Montecorvo.

DÍAZ BARRADO, Castor Miguel (1996): "La Carta Social Europea: un instrumento válido para el desarrollo de los derechos sociales en Europa", *Política Social Internacional y Europea*, Madrid, Universidad Carlos III, Ministerio de Trabajo y Asuntos Sociales, págs. 231-261.

DÍAZ CREGO, María (2005): "Los Derechos Fundamentales en la Unión Europea: de la Carta a la Constitución", *Revista Española de Derecho Constitucional*, Nº 74, págs. 139-176.

DÍAZ LEMA, José Manuel (2008): *Nuevo derecho del suelo. Comentarios a la ley 8/2007, de 28 de mayo, de suelo*, Madrid, Marcial Pons.

DÍAZ ORUETA, Fernando y LOURÉS SEOANE, María Luisa (2004): *Desigualdad social y vivienda*, Alicante, Club Universitario.

DÍEZ-PICAZO, Luís María (2000): "La idea de derechos fundamentales en la Constitución Española", *Constitución y constitucionalismo hoy*, Madrid, Fundación Manuel García-Pelayo, págs. 391-410.

- (2001): "Glosas a la nueva Carta de Derechos Fundamentales de la Unión Europea", *Revista Española de Derecho Procesal*, Nº 5, págs. 21-28.

- (2005): *El sistema de derechos fundamentales*, Madrid, Thomson-Civitas.

DÍEZ-PICAZO, Luís María y ELVIRA PERALES, Ascensión (2008): *La Constitución de 1978*, Madrid, Iustel.

DREIR, Horst (1996): *Grundgesetz Kommentar*, Band I, Artikel 1-19, Mohr Siebeck, Tübingen.

DRIANT, Jean-Claude (2002): "Dónde viven las familiar modestas en Francia? Interrogantes sobre la vivienda pública social", *Ciudad y territorio: Estudios territoriales*, Nº 131, págs. 39-52.

DOMÍNGUEZ GARRIDO, José Luís (1993): "El Tratado de Maastricht y el derecho social comunitario", *Derecho social comunitario, Cuadernos de Derecho Judicial, Madrid*, Consejo General del Poder Judicial, págs. 337-343.

DURAN Y LALAGUNA, Paloma (2007): *La perspectiva de las Naciones unidas en la protección de los Derechos Sociales*, Navarra, Aranzadi.

ESCOBAR ROCA, Guillermo (2005): *Introducción a la Teoría jurídica de los Derechos Humanos*, Centro de Iniciativas de Cooperación al Desarrollo, Trama.

- (1998-1999): "Derechos fundamentales: una aproximación general", *Anuario de la facultad de derecho*, Nº 8, págs. 127-156.

ESPADA RAMOS, María Luisa (2001), "Los derechos sociales en la Unión Europea: mercado o justicia", *Anales de la Cátedra Francisco Suárez*, Nº 35, págs. 23-57.

ETXEBERRÍA, Xavier (2004): "Fundamentación y orientación ética de la protección de los derechos humanos", *La protección internacional de los derechos humanos en los albores del siglo XXI*, Felipe Gómez Isa y José Manuel Pureza (Coordinadores), Bilbao, Universidad de Deusto, págs. 63-94.

FERNÁNDEZ CARBAJAL, Alfonso (2003): "La política de vivienda en España durante el franquismo", *Ciudad y Territorio, Estudios Territoriales*, Nº 138, págs. 639-652.

- (2004): "Veinticinco años de política de vivienda en España (1976/2001)", *Información Comercial Española*, jul-ago, págs. 145-161.

FERNÁNDEZ-MIRANDA CAMPOAMOR, Alfonso (2003): "El Estado Social", *Revista de Derecho Constitucional*, Nº 69, págs. 139-180.

FERNÁNDEZ ORDÓÑEZ, Miguel Ángel (1994): "Sobre la necesidad de revisar la regulación del mercado del suelo", *Economistas*, Nº 60, págs. 457-463.

FERNÁNDEZ RODRIGUEZ, José Julio (1998a): *La inconstitucionalidad por omisión: teoría general. Derecho comparado. El caso español*, Madrid, Civitas.

- (1998b): "La inconstitucionalidad por omisión en Portugal", *Revista de Estudios Políticos (Nueva Época)*, Nº 101, págs. 335-359.

FERNANDEZ RODRÍGUEZ, Tomás Ramón (1982): "Los derechos fundamentales y la acción de los poderes públicos", *Revista de Derecho Político*, Nº 15, págs. 21-34.

- (1997a): "Las garantías de los derechos sociales", *Las estructuras del bienestar en Europa*, Madrid, Civitas, págs. 461-470.

- (1997b): "La regulación legal del mercado del suelo", *Ekonomiaz: Revista vasca de economía*, Nº 37, págs. 122-133.

- (2005): *Manual de Derecho urbanístico*, Madrid, El Consultor.

FERNÁNDEZ SOLA, Natividad (2000): "Reflexiones sobre los Derechos Humanos en la Unión Europea tras el Tratado de Ámsterdam", *Noticias de la Unión Europea*, Nº 185, págs. 9-22.

FERRAJOLI, Luigi (2001): *Los fundamentos de los derechos fundamentales*, Madrid, Trotta.

- (2006): *Derechos y garantías. La ley de más débil*, Madrid, Trotta.

FERRANDO NICOLAU, Esperanza (1992): "El derecho a una vivienda digna y adecuada", *Anuario de filosofía del derecho*, Nº 9, págs. 305-324.

FREIXES SAN JUAN, Teresa (2004): "La justiciabilidad de la Carta Social Europea", *Escritos sobre derecho europeo de los derechos sociales*, Valencia, Tirant lo Blanch, S.L., Universidad de Valencia, Servicio de Publicaciones, págs. 113-136.

- (2005): "Derechos fundamentales en la Unión Europea. Evolución y prospectiva: la construcción de un espacio jurídico europeo de los derechos fundamentales", Revista de Derecho Constitucional Europeo, Nº 4, págs. 43-86.

FOURCAUT, Annie (2006): "Le logement social, une histoire européenne", *Histoire & Sociétés*, Nº 20, 4º trimester, págs. 6-13.

FURONES FERRERO, Luis y MARTÍN JADRAQUE, María del Rosario (1988): "Necesidades de vivienda", *Situación: Revista de coyuntura económica*, Nº 2, págs. 48-68.

GAGO, Jesús y LEIRA, Eduardo (1979): "Política del suelo: requisito para una nueva política de vivienda", *Información Comercial Española, ICE: Revista de economía*, Nº 548, págs. 72-89.

GÁLVEZ MONTES, Francisco Javier (2001): "Artículo 47", *Comentarios a la Constitución,* Madrid, Civitas, págs. 927-931.

GARCÍA COTARELO, Ramón (1986): *Del Estado del bienestar al Estado del malestar (la crisis del Estado Social y el problema de legitimidad),* Madrid, Centro de Estudios Políticos y Constitucionales.

GARCÍA VALDECASAS, Francisco (1979): El sector vivienda: futuro a corto, medio y largo plazo", *Información Comercial Española, ICE: Revista de economía*, Nº 548, págs. 52-60.

GARCÍA DE ENTERRÍA, Eduardo (1993a): "La significación general del Convenio Europeo de Derechos Humanos", *Anuario de Derecho Constitucional y Parlamentario*, Nº 5, págs. 29-42.

- (1993b): "Los derechos fundamentales europeos según el Tratado de Maastricht sobre la Unión Europea", *Derechos y libertades: Revista del Instituto Bartolomé de las Casas*, Año 1, Nº 1, págs. 473-480.

- (1993c): *Curso de Derecho Administrativo,* Madrid, Civitas.

- (2000a): "El reconocimiento de los derechos sociales en la Comunidad Europea", *Las estructuras del bienestar en Europa*, Madrid, Civitas, págs. 413-420.

- (2000b): "El valor normativo de la constitución española de 1978", *Constitución y constitucionalismo hoy*, Madrid, Fundación Manuel García-Pelayo, págs. 65-92.

- (2001): *La Constitución como norma y el Tribunal constitucional*, Madrid, Civitas (reimpresión de la edición del año 1985)

GARCÍA DE ENTERRÍA, Eduardo y FERNÁNDEZ RODRÍGUEZ, Tomás Ramón (1997): *Curso de Derecho Administrativo*, Tomo I, octava edición, Madrid, Civitas.

GARCÍA-DURÁN DE LARA, José y PUIG BASTARD, Pedro (1980): *La calidad de la vida en España. Hacia un estudio de indicadores*, Madrid, Moneda y Crédito.

GARCÍA GARCÍA, Rafael (2003): "La efectividad de los derechos sociales en el nuevo contexto europeo", *Revista Vasca de Administración Pública,* Nº 65, 1, págs. 51-72.

GARCIA HERRERA, Miguel Ángel (2001): "Los derechos sociales en el Estado autonómico", *Derechos constitucionales y pluralidad de ordenamientos*, Madrid, Cedecs, págs. 405-434.

- (2002a): "Derechos sociales y tratados comunitarios: evolución normativa", *La protección de los Derechos fundamentales en la Unión Europea*, Madrid, Dykinson, págs. 309-370.

- (2002b): "Estado, Comunidades Autónomas y derechos sociales, relaciones y tendencias", *Anuario jurídico de la Rioja*, Nº 8, págs. 107-147.

GARCIA HERRERA, Miguel Ángel y MAESTRO BUELGA, Gonzalo (1988): "Regulación constitucional y posibilidad del Estado Social", *Revista Vasca de Administración Pública,* Nº 22, págs. 87-116.

GARCIA MACHO, Ricardo (1982): *Las aporías de los derechos fundamentales sociales y el derecho a la vivienda,* Madrid, Instituto de Estudios de Administración local.

- (1998): "De los derechos sociales a los principios rectores", *La declaración universal de los Derechos Humanos en su 50 aniversario,* Madrid, Bosch, págs. 363-370.

GARCIA MACHO, Ricardo y SOLER VILAR, Anna (1994): *Legislación sobre la Vivienda. Normativa Estatal y Autonómica,* Madrid, Tecnos.

GARCÍA-MONTALVO, José (2007): "Algunas consideraciones sobre el problema de la vivienda en España", *Papeles de Economía española,* Fundación de las Cajas de Ahorro, Nº 113, págs. 138-153.

GARCIA MORALES, Aniza Fernanda (2002): *La justiciabilidad de los derechos económicos, sociales y culturales,* Madrid, Universidad Complutense de Madrid, Facultad de Derecho.

GARCÍA RAMÍREZ, Sergio (2003): "Protección jurisdiccional internacional de los derechos económicos, sociales y culturales", *Cuestiones Constitucionales,* Nº 9, págs. 127-157.

GARCIA ROCA, Francisco Javier (1993): *Los conflictos de competencia entre el Estado y las Comunidades Autónomas,* Madrid, Cuadernos y Debates.

GARCIA ROCA, Francisco Javier y SANTOLAYA MACHETTI, Pablo (Coordinadores) (2005): *La Europa de los Derechos: El Convenio Europeo de Derechos Humanos,* Madrid, Centro de Estudios Constitucionales.

GARCÍA VALCARCEL, Jesús (1991): "Principio de igualdad y derecho fundamental que otorga el artículo 47 de la Constitución a todos los españoles para disfrutar de una vivienda digna y adecuada", *El principio de igualdad en la Constitución española: XI Jornadas de Estudio,* Vol. 1, págs. 507-538.

GARRIDO, Pilar (1994): "El valor constitucional de los principios rectores (Comentario a la STC 222/1992 de 11 de diciembre)", *Revista Vasca de Administración Pública,* Nº 40, 1, págs. 215-236.

GARRIDO FALLA, Fernando (Coordinador) (1980): *Comentarios a la Constitución,* Madrid, Civitas.

GIL GIL, José Luís (2002): "Los derechos sociales en la carta de los derechos fundamentales de la Unión Europea", *Cuadernos electrónicos de filosofía del derecho*, Nº 5. Edición digital disponible en: http://www.uv.es/CEFD/5/gil.html - Última consulta: 27/09/2007.

GOMES CANOTILHO, José Joaquim (1982): *Constituição e vinculação do legislador. Contributo para a compreensão das normas constitucionais programaticas*, Coimbra, Editorial Coimbra.

- (1988a): "Tomemos en serio los derechos económicos, sociales y culturales", *Revista del Centro de Estudios Constitucionales*, Nº 1, págs. 239-260.

- (1998): "Metodología fuzzy y camaleones normativos en la problemática actual de los derechos económicos, sociales y culturales", *Derechos y libertades: Revista del Instituto Bartolomé de las Casas*, Nº 6, págs. 35-50.

- (2002): *Direito constitucional e Teoria da Constituição*, Coimbra, Almedina.

GOMES CANOTILHO, Jose Joaquim y MOREIRA, Vital (1991): *Fundamentos da Constituição*, Coimbra, Editorial Coimbra.

- (2007): *Constituição da República Portuguesa Anotada*, Coimbra, Editorial Coimbra.

GOMEZ MORAN Y CIMA, Mario (1972): *Sociedad sin vivienda*, Madrid, Fundación Foessa.

GÓMEZ PUENTE, Marcos (1997): *La inactividad del legislador como incumplimiento de un deber*, Madrid, McGraw-Hill.

GONZALES ARRIETA, Gerardo (2005): "El crédito hipotecario y el acceso a la vivienda para los hogares de menores ingresos en América Latina", *Revista de la Comisión Económica para América Latina y el Caribe (CEPAL)*, Nº 85, págs. 115-129.

GONZÁLEZ DE BUITRAGO, Víctor (2003): "El problema social de acceso a la vivienda y sus posibles soluciones", *Revista de Derecho urbanístico y medioambiente*, Nº 37, págs. 103-120.

GONZÁLEZ ORDOVÁS, María José (2004): "El derecho a una vivienda digna y adecuada", *Constitución y derechos fundamentales*, Madrid, Centro de Estudios Políticos y Constitucionales, págs. 971-986.

GONZÁLEZ PÉREZ, Jesús (Director) (2007): *Comentarios a la ley del suelo. Ley 8/2007, de 28 de mayo*, Madrid, Aranzadi.

- (2008): *El derecho a una vivienda digna en la Ley de Suelo de 2008*, Colegio de Registradores de la Propiedad y Mercantiles de España.

GONZÁLEZ POVEDA, Pedro (2005): "La ley de ordenación de la edificación y derechos de los consumidores", *Cuadernos de derecho judicial*, Nº 10, págs. 97-132.

GUILLÉN, Ángel Luís; SAN PEDRO, Hernán Augusto y TINAUT ELORZA, José Justo (1988): "Evolución de la política de vivienda entre 1978 y 1987", *Situación*, Nº 2, páginas 7-47.

HERNÁNDEZ GARCÍA, Javier (2005): "La protección constitucional de la vivienda y su proyección penal: especial referencia a los fenómenos "okupa" y "mobbing" inmobiliario", *Cuadernos de derecho judicial*, Nº 10, págs. 11-54.

HERRERO LÓPEZ, Juan Manuel (2004): "El contenido social de la Carta de los Derechos Fundamentales", comunicación presentada en el III Congreso de Constitucionalistas de España desarrollado en la Universidad Pompeu Fabra de Barcelona los días 21 y 22 de diciembre de 2004.
Edición electrónica disponible en:
http://www.constitucion.rediris.es/ace/Inicio.html - Última consulta: 20/11/2009

HERVADA, Javier (1991): "Los derechos inherentes a la dignidad de la persona humana", Persona y Derecho, *Revista de fundamentación de las Instituciones Jurídicas y de Derechos Humanos*, Nº 1, págs. 345-379.

IGLESIAS GONZALEZ, Juan Felipe (2000): *Administración pública y vivienda*, Madrid, Montecorvo.

- (2005): "La intervención pública en el mercado de la vivienda como política social: problemas actuales y soluciones posibles", *Documentación administrativa*, Nº 271-272, págs. 515-544.

INSTITUTO NACIONAL DE HABITAÇÃO (2007): "Plano Estratégico Nacional para uma Política de Habitação - 2007/2013", Documento I – Diagnóstico, Instituto Nacional de Habitação (INH); Instituto Superior de Ciências do Trabalho e da Empresa (ISCTE) e Universidade do Porto.

INURRIETA BERUETE, Alejandro (2007): *Mercado de vivienda en alquiler en España: más vivienda social y más mercado profesional*, Documento de trabajo 113/2007, Barcelona, Fundación Alternativas.

JACQUOT, Henri (2006): "La loi ENL échappe à la règle de "l´entonnoir", *Actualité juridique, Edition droit administratif*, Nº 28, págs. 1521.

JÉGOUZO, Yves (2006): "Une loi pour le logement", *Actualité juridique, Edition droit administratif*, Nº 28, págs. 1534-1539.

JIMÉNEZ BLANCO, Antonio (2002): "El derecho a una vivienda digna y adecuada", comentario al artículo 47 de la CE", *Comentario a la Constitución socio-económica de España*, Granada, Comares, págs. 1711-1726.

JIMÉNEZ CAMPOS, Javier (1999): *Derechos fundamentales. Concepto y garantías*, Madrid, Trotta.

JIMENA QUESADA, Luís (2004): "La Carta Social Europea como instrumento de democracia social en Europa y en España", *Escritos sobre derecho europeo de los derechos sociales*, Valencia, Tirant lo Blanch, págs. 137-190.

- (2006): "Retos pendientes del estado social español: en especial, la ratificación de la Carta Social Europea revisada de 1996", *Nuevas Políticas Públicas: Anuario multidisciplinar para la modernización de las Administraciones Públicas*, Nº. 2, págs. 40-71.

(2007): *La Jurisprudencia del Comité Europeo de Derechos Sociales*, Valencia, Tirant Lo Blanch.

JIMENA QUESADA, Luís y TOMÁS MALLÉN, Beatriz (2007): "Hacia un estándar europeo común de igualdad: la contribución del Comité Europeo de Derechos Sociales", *Revista de Derecho Político*, Nº 68, págs. 337-362.

JORDÁN GALDUF, Josep María y FUENTES PRÓSPER, Víctor (1986): "Política de vivienda", *Política económica de España*, Madrid, Alianza, págs. 403-425.

JULIANO, Dolores (1994): "Un lugar en el mundo: identidad, espacio e inmigración", *Documentación Social*, Nº 97, págs. 91-100.

JURADO GUERRERO, María Teresa (2003): "La vivienda como determinante de la formación familiar en España desde una perspectiva comparada", *Revista española de investigación sociológica*, Nº 103, págs. 113-157.

LA CAIXA (2007): "Informe Mensual", Nº 304, julio-agosto, Barcelona, Servicio de Estudios.

LAPARRA NAVARRO, Miguel; GAVIRIA LABARTA, Mario y AGUILAR, Manuel (1998): "Aproximaciones a la exclusión social", *La exclusión social: reflexión y acción desde el trabajo social*, Pamplona, Eunate, págs. 19-50.

LAPORTA SAN MIGUEL, Francisco Javier (1985): "El principio de igualdad: Introducción a su análisis", *Sistema*, Nº 67, págs. 3-32.

- (2004): "Los derechos sociales y su protección jurídica: introducción al problema", *Constitución y derechos fundamentales*, Madrid, Centro de Estudios Políticos y Constitucionales, págs. 297-325.

LEAL MALDONADO, Jesús (1992): *Informe para una nueva política de vivienda*, Madrid, Servicio de Publicaciones del Ministerio de Obras Públicas y Transportes (MOPT).

- (2005a): "La segregación urbana y el impacto de los mercados de viviendas", *Economistas*, Nº 103, págs. 37-51.

- (2005b): "La política de vivienda en España", *Documentación Social,* Nº 138, págs. 63-80.

LEAL MALDONADO, Jesús y DOMÍNGUEZ PÉREZ, Marta (2008): "Transformaciones económicas y segregación social en Madrid", *Ciudad y territorio: Estudios territoriales*, Nº 158, págs. 703-726.

LEAL MALDONADO, Jesús y MAYEUR, Carolina. (Coordinador) (1997): *Vivienda e integración social de los inmigrantes*, Seminario europeo, Madrid, Ministerio de Trabajo y Asuntos sociales.

LEDEZMA IBAÑEZ, María Pilar (2006): *Derecho y Vivienda*, Cuadernos de Derecho Judicial, Madrid, Consejo General del Poder Judicial.

LERALTA PIÑÁN, Olga (2005): "Ser inmigrante: "Factor de riesgo" en el acceso de vivienda", *Documentación Social*, Nº 138, págs. 157-171.

LEVENFELD GONZÁLEZ, Gustavo (1988): "Los cambios del marco de financiación a la vivienda libre", *Situación*, Nº 2, págs. 99-105.

- (1993a): "La financiación de la vivienda en la década de los noventa: Posibles tendencias", *Ekonomiaz: Revista vasca de economía*, Nº 27, págs. 68-83.

- (1993b): "La fiscalidad de la vivienda en España", *Revista Española de Financiación a la Vivienda*, Nº 23/24, págs. 45-54.

LEVI, Lennart y ANDERSSON Lars (1980): *La tensión psico-social. Población, ambiente y calidad de vid*a, México, El Manual Moderno.

LEZERTUA RODRIGUEZ, Manuel (1990): "Los derechos sociales fundamentales y el Convenio europeo de derechos humanos", *Relaciones laborales: Revista crítica de teoría y práctica*, Nº 2, págs. 1276-1296.

- (1996): "El derecho a la vida privada y familiar en la jurisprudencia del tribunal europeo de derechos humanos", *Cuadernos de derecho judicial,* Nº 22, págs. 49-98.

LLES LAZO, Carlos (1991): "Los jóvenes como demandantes de vivienda", *Documentación Social*, Nº 85, págs. 161-172.

LÓPEZ CASTILLO, Antonio (2001): "Algunas consideraciones sumarias en torno a la Carta de derechos fundamentales de la UE", *Revista de Estudios Políticos*, Nº 113, págs. 43-74.

LOPEZ GARRIDO, Diego (1992): *El Tratado de Maastricht*, Madrid, Eurojuris.

LÓPEZ GARCÍA, Miguel Ángel, RODRIGUEZ LÓPEZ, Julio, TALTAVULL DE LA PAZ, Paloma, HERCE, José Alberto (2005): "El papel del suelo en el mercado de viviendas", *Economistas*, Nº 103, págs. 81-90.

LÓPEZ GARCÍA, Miguel Ángel (2005a): "La fiscalidad como instrumento de la política de vivienda", *Economistas*, Nº 103, págs. 116-129.

- (2003): "Políticas de vivienda: eficiencia y equidad", *Papeles de economía española*, Nº 95, págs. 226-243.

LÓPEZ GONZÁLEZ, José Luís (1997): "Reflexiones sobre los Derechos sociales y su eficacia jurídica", *Revista General de Derecho*, Nº 628-629, págs. 159-168.

LÓPEZ GUERRA, Luís (2007): *Manual de Derecho Constitucional,* Valencia, Tirant Lo Blanch.

LÓPEZ PINA (1996): "Comentario introductorio al capítulo III del Título I", *Comentarios a la Constitución española de 1978*, Oscar Alzaga Villaamil (Director), Tomo IV, Edersa, Madrid, págs. 19-41.

LÓPEZ ULLA, Juan Manuel (2006): "Instrumentos para la integración social en la Ley de Extranjería", *Anuario Nuevas Políticas Públicas*, Nº 2, págs. 229-261.
Edición digital disponible en:
http://www.juntadeandalucia.es/institutodeadministracionpublica/anuario/articulos/descargas/02_NOT_01_lopez.pdf - Última consulta: 25/05/2009.

LUCAS MARTÍN, Francisco Javier de (1992): "Algunos equívocos sobre el concepto y fundamentación de los derechos humanos", *Derechos humanos: concepto, fundamentos, sujetos*, Madrid, Tecnos, págs. 13-22.

- (1994): *El desafío de las fronteras. Derechos Humanos y xenofobia frente a una sociedad plural*, Madrid, Temas de Hoy.

- (1996a): "La xenofobia y la condición de extranjero ante el Derecho", *10 palabras clave sobre racismo y xenofobia*, Navarra, Verbo Divino, Navarra, págs. 167-196.

- (1996b): "Los límites de la universalización de los derechos en la crisis del Estado de bienestar: dos supuestos de exclusión: dos supuestos de exclusión", *Los derechos económicos, sociales y culturales y la crisis del Estado de bienestar*, Córdoba, Publicaciones Etea, págs. 151-174.

- (2000): "Inmigración, ciudadanía, derechos: el paradigma de la exclusión", *Derechos culturales y derechos humanos de los inmigrantes*, Madrid, Universidad Pontifica Comillas, págs. 13-37.

- (2006): "La ciudadanía para los inmigrantes: una condición de la Europa democrática y multicultural", *Eikasia, Revista de Filosofía*, mayo, págs. 1-19.

LUCAS MURILLO DE LA CUEVA, Pablo (2004): Derechos fundamentales y avances tecnológicos: Los riesgos del progreso, *Boletín Mexicano de Derecho Comparado*, Nº 109, págs. 72-110. Edición digital disponible en: http://www.juridicas.unam.mx/publica/librev/rev/boletin/cont/109/art/art3.pdf - Última consulta: 28/05/2009.

MAESTRE YENES, Pedro (1979): "La política de vivienda en España", *Información Comercial Española, ICE: Revista de economía*, Nº 548, págs. 11-27.

MARCO FABRE, Miguel (2000): "Consideraciones en torno al concepto de exclusión social", *Acciones e investigaciones sociales*, Nº 11, págs. 9-22.

MARÍN CASTÁN, Francisco (2002): "Problemas generales y aspectos constitucionales de la tutela judicial frente al ruido", Cuadernos de derecho judicial, Nº 10, págs. 93-140.

MARTI DE VESES, Carmen (1983): "Normas Internacionales relativas a los Derechos Económicos, Sociales y Culturales", *Anuario de Derechos Humanos*, Nº 2, págs. 275-316.

- (1985): "El proceso de positivación de los derechos económicos, sociales y culturales", *Anuario de Derechos Humanos*, Nº 3, págs. 175-220.

MARTÍN-RETORTILLO BAQUER, Lorenzo (2005): "La defensa de la cruzada de derechos: la protección del medio ambiente en la jurisprudencia del Tribunal Europeo de Derechos Humanos", *Anuario jurídico de La Rioja*, Nº 10, págs. 11-31.

MARTÍNEZ CALVO, Juan y otros (2007): *Comentarios a la ley del suelo estatal (Ley 8/2007, de 28 de mayo)*, Valladolid, Lex Nova.

MARTINEZ DE PISÓN, José María (1998): *Políticas de bienestar, un estudio sobre los derechos sociales*, Madrid, Tecnos.

- (2003): "La efectividad de los derechos sociales: de las necesidades básicas al desarrollo humano", *Derechos fundamentales, movimientos sociales y participación: aportaciones al debate sobre la ciudadanía*, Madrid, Dykinson, págs. 131-156.

MARTINEZ ESTAY, José Ignacio (1997): *Jurisprudencia constitucional española sobre derechos sociales*, Barcelona, Cedecs.

MARTÍNEZ SERRANO, José Antonio; MAS IVARS, Matilde; GARCÍA DELGADO, José Luís y otros (1982): *Economía española 1960-1980 crecimiento y cambio estructural*, Madrid, Blume.

MARTÍNEZ VEIGA, Ubaldo (1999) Pobreza. *Segregación y exclusión social. La vivienda de los inmigrantes en España*, Madrid, Icaria. págs. 167-196.

MASSIEU VERDUGO, Antonio (1992): "Un Plan para la escasez de viviendas", *Economistas*, Año Nº 10, Nº 52, págs. 465-467.

MAYO, Federico (1941): "El Instituto Nacional de la vivienda", *Revista Nacional de Arquitectura*, Nº 1, pág. 31.

MAZZIOTTI, Manlio (1985): *Lezioni de Diritti Constituzionale*, Parte II, Dott. A. Milano, Giufrrè.

MELO ALEXANDRINO, José de (2006): *A estruturação do Sistema de Directos, liberdades e Garantias na Constituição portuguesa*, Vol. I y II, Coímbra, Almedina.

MENÉNDEZ PÉREZ, (1992): *Cuadernos de Derecho Judicial. Vivienda*, Madrid, Consejo General del Poder Judicial.

MERLI, Franz (2001): "Hacia una constitución europea", *Revista de Derecho Comunitario Europeo*, Nº 9, págs. 241-258.

MESA GÁRATE, Lara de (2002): "El nuevo Plan de Vivienda y Suelo 2002-2005, Retos de la situación actual y soluciones aportadas", *Análisis local*, Nº 40, págs. 43-60.

MILÁ MORENO, José (2004): "El pacto internacional de derechos económicos, sociales y culturales", *La protección internacional de los derechos humanos en los albores del siglo XXI*, Felipe Gómez Isa y José Manuel Pureza (Coordinadores), Bilbao, Universidad de Deusto, págs. 185-214.

MINISTERE DU LOGEMENT ET DE LA VILLE (2008a): "Droit au logement opposable, Direction générale de l'Urbanisme, de l'Habitat et de la Construction", *Rapport* (Informe), Ministere du logement et de la Ville, République Française, janvier. Disponible en: http://www.logement.gouv.fr/IMG/pdf/DALO_01.08.pdf - Última consulta: 29/06/2009.

- (2008b): "Les aides financières de l'état au logement", *Rapport*, (Informe), Ministere du logement et de la ville, République Française, mars. Disponible en: http://www.logement.gouv.fr/IMG/pdf/AFEL_23_04_cle792419.pdf - Última consulta: 29/06/2009.

- (2008c): "Éléments de calcul des aides personnelles au logement", *Ministere du logement et de la ville, Rapport*, (Informe), Ministère du travail, des relations sociales, de la famille et de la solidarité, République Française, marz. Disponible en: http://www.logement.gouv.fr/IMG/pdf/APL2008_cle27d67d.pdf - Última consulta: 29/06/2009.

MIRANDA, Jorge (1986): "Os direitos fundamentais na Ordem Constitucional Portuguesa", *Revista Española de Derecho Constitucional*, N° 18, págs. 107-140.

MOLERO, Fernando; NAVAS Marisol y MORALES, Francisco (2001): "Inmigración, prejuicio y exclusión social: reflexiones en torno a algunos datos de la realidad española", *International Journal of Psychology and Psychological Therapy*, N° 1, págs. 11-32.

MOLINA DEL POZO, Carlos Francisco (2004): *Derecho Comunitario*, Barcelona, Cálamo.

MONEREO PÉREZ, José Luís (1992): "Carta comunitaria de derechos sociales fundamentales de los trabajadores" (I), *Civitas. Revista española de derecho del trabajo*, N° 56, pág. 843.

- (1993): "Carta comunitaria y derechos sociales fundamentales de los trabajadores" (I y II), *Civitas. Revista española de derecho del trabajo*, N° 57, págs. 61-90.

MONEREO PÉREZ, José Luís y otros (Directores) (2002): *Comentarios a la Constitución socioeconómica de España*, Granada, Comares.

MORENILLA RODRÍGUEZ, José María (1985): *El Convenio Europeo de Derechos Humanos ámbito, órganos y procedimientos*, Madrid, Ministerio de Justicia, Centro de Publicaciones.

- (1988): *El Convenio Europeo de Derechos Humanos. Textos Internacionales de aplicación*, Madrid, Ministerio de Justicia.

MOTA PINTO, Paulo (2006): "Reflexões sobre jurisdição constitucional e directos fundamentais nos 30 anos da Constituição da República Portuguesa, *Themis: Revista de Direito, Faculdade de Direito da Universidade Nova de Lisboa*, págs. 201-216.

MÜNCH, Ingo Von (1982): "La dignidad del hombre en el Derecho Constitucional", *Revista española de Derecho Constitucional*, N° 5, págs. 9-33.

- (1985): *Grundgesetz-Kommentar*, München, C.H. Beck`sche Verlagsbuchhandlung.

MUÑOZ CASTILLO, José (2000): *El derecho a una vivienda digna y adecuada, eficacia y ordenación administrativa*, Madrid, Colex.

- (2003): *Constitución y Vivienda*, Cuadernos y debates, Madrid Centro de Estudios Políticos y Constitucionales.

NAÏR, Sami y BIDEAU, Clair (1996): "Las migraciones", *10 palabras clave sobre racismo y xenofobia*, Navarra, Verbo Divino, págs. 29-264.

NARBONA RUIZ, Cristina (1992): "Política de vivienda y territorio. El enfoque del Plan de Vivienda 1992-1995", *Estudios Territoriales*, Nº 40, págs. 17-26.

- (1993): "Perspectivas de la política de vivienda en España de los noventa", *Ekonomiaz: Revista vasca de economía*, Nº 27, págs. 14-21.

- (2005): Una alternativa a la política de financiación de vivienda, *Suelo y vivienda en el siglo XXI*, págs. 47-56.

NAVARRO RUIZ, Carolina (2005): "Indicadores de vivienda y exclusión", *Documentación Social,* Nº 138, págs. 173-190.

- (2006): *La exclusión en vivienda en España: un análisis económico de su extensión, dinámica y efectos sobre el bienestar*, Madrid, Consejo Económico y Social.

NGUYEN-DUY, Pearl (2009): "Droit au logement opposable, acte II", *Actualité juridique, Edition Droit Administratif*, Nº 10, págs. 514-520.

OCHOA RUIZ, Natalia (2004): *Los Mecanismos Convencionales de Protección de los Derecho s Humanos en las Naciones Unidas*, Pamplona, Civitas-Aranzadi.

OLIVER LEÓN, Baldomero (2003): "La Carta de los Derechos fundamentales de la Unión Europea en el debate constitucional europeo", *Revista de Estudios Políticos*, Nº 119, págs. 221-259.

ORAÁ, Jaime y GÓMEZ ISA, Felipe (2002): *La Declaración Universal de Derechos Humanos*, Bilbao, Universidad de Deusto.

ORTEGO GIL, PEDRO (2006): *Las casas baratas. La obra del instituto de reformas sociales*, Madrid, Iustel.

ORTI VALLEJO, Antonio (1995): "El mercado hipotecario en el marco de la política sobre vivienda", *Revista de Derecho Privado y Constitución*, Nº 6, mayo-agosto, págs. 85-134.

PAJARES ALONSO, Manuel (2000): "Políticas sociales de integración de los inmigrantes", *Documentación Social,* Nº 21, págs. 111-130.

PANIAGUA CAPARRÓS, José León (1990): "La vivienda en España", *Reflexiones sobre política económica*, Madrid, Popular, págs. 273-313.

- (1991): "Condiciones sociales y económicas para acceder a una vivienda: política de vivienda", *Revista Documentación Social*, Nº 85, págs. 65-85.

PAREJA EASTAWAY, Montserrat y TURMO GARUZ, Joaquín (2004): "Las políticas de vivienda y el Estado de bienestar", *Desigualdad social y vivienda*, Alicante, Club universitario, págs. 11-30.

PAREJO ALFONSO, Luciano (1992): *Municipio y vivienda: ponencias de las cuartas Jornadas de Derecho Local*, Girona, El Pont de Pedra, D.L.

- (1996): "La política y el derecho social de la Unión Europea", *Política Social internacional y Europea*, Madrid, Universidad Carlos III, Ministerio de Trabajo y Asuntos Sociales, págs. 263-309.

PAREJO ALFONSO, Luciano y ROGER FERNÁNDEZ, Gerardo (2007): *Comentarios a la ley del suelo. Ley 8/2007, de 28 de mayo*, Madrid, Iustel Publicaciones.

PECES-BARBA MARTINEZ, Gregorio (1979): "Reflexiones sobre la teoría general de los derechos fundamentales en la constitución", *Revista de la Facultad de derecho de la Universidad Complutense de Madrid,* Nº 2, págs. 39-50.

- (1988): *Escritos sobre Derechos fundamentales*, Madrid, Eudema.

- (1998): "Los derechos económicos, sociales y culturales: su génesis y su concepto", *Derechos y libertades: Revista del Instituto Bartolomé de las Casas*, Nº 6, págs. 15-34.

- (2004): *Lecciones de Derechos fundamentales*, Madrid, Dykinson.

PEREIRA GIL, Ana Isabel (2006): *De la casa al piso. La vivienda social española (1939-1975) y su reflejo en un ámbito concreto de actuación: Langreo*, Asturias, Consejería de Vivienda y Bienestar Social; Dirección General de Vivienda.

PÉREZ, Emilia Bea (1993): "Los derechos sociales ante la crisis del Estado del bienestar", *Anuario de filosofía del derecho*, Nº 10, págs. 111-134.

PÉREZ LUÑO, Antonio Enrique (1983): "La fundamentación de los derechos humanos", *Revista de Estudios Políticos*, Nº 35, págs. 7-72.

- (1984): *Los derechos fundamentales*, Madrid, Tecnos.

- (1989): "Sobre los valores fundamentales de los Derechos Humanos", *El fundamento de los Derechos Humanos*, Madrid, Debate, págs. 279-288.

- (1991): "Las generaciones de derechos fundamentales", *Revista del Centro de Estudios Constitucionales*, Nº 10, págs. 203-217.

- (1996): "Los derechos sociales y sus críticos", *Los derechos económicos, sociales y culturales y la crisis del Estado de bienestar*, Córdoba, Etea, págs. 34-47.

- (2002): "La Carta de Niza y la Europa de los ciudadanos: apostillas a la Carta de los Derechos Fundamentales de la Unión Europea", *Derechos y libertades: Revista del Instituto Bartolomé de las Casas*, Nº 11, págs. 45-64.

- (2005): *Derechos Humanos, Estado de Derecho y constitución*, Madrid, Tecnos.

- (2006): *La tercera generación de derechos humanos*, Madrid, Thomson-Aranzadi, Cizur Menor.

PÉREZ ROYO, Javier (1984): "La doctrina del Tribunal Constitucional sobre el Estado social", *Revista española de Derecho Constitucional*, Año 4, Nº 10, págs. 157-182.

- (2007): *Curso de Derecho Constitucional,* Madrid, Marcial Pons.

PÉREZ SÁIZ, Sergio (2007): "Una aproximación microeconómica a la crisis del mercado hipotecario *subprime* de los EEUU", *Boletín económico de ICE, Información Comercial Española*, Nº 2927, págs. 31-42.

PÉREZ SALAZAR, Mauricio (2008): "El origen del pánico de 2008: la crisis del mercado de crédito hipotecario en Estados Unidos", *Revista de economía institucional*, Nº 19, págs. 19-54.

PINHEIRO FARINHA, João de Deus (1994): "Tutela dos Direitos Fundamentais em Portugal", *O Direito*, Ano 126º, I-II, págs. 39-61.

PISARELLO, Gerardo (2003a): *Vivienda para todos, un derecho en (de) construcción el derecho a una vivienda digna y adecuada como derecho exigible*, Madrid, Icaria.

- (2003b): *Derechos sociales y globalización: a modo de introducción*, Barcelona, Observatori DESC.

- (2007): *Los derechos sociales y sus garantías. Elementos para una reconstrucción*, Madrid, Trotta.

PONCE SOLÉ, Jordi y SIBINA TOMÁS, Doménec (2008): *El derecho de la vivienda en el siglo XXI: sus relaciones con la ordenación del territorio y el urbanismo: con un análisis específico de la Ley catalana 18/2007, de 28 de diciembre, del derecho a la vivienda, en su contexto español, europeo e internacional*, Madrid, Marcial Pons.

PONS GONZÁLEZ, Manuel y ARCO TORRES, Miguel Ángel del (1993): *Diccionario de Derecho Urbanístico*, Granada, Comares.

PORRAS MUÑOZ, Manuel (1999): "El acceso a la vivienda como condicionante de la exclusión social", *Documentación oficial del Comité Hábitat España*, Hoja Informativa, junio. Edición digital disponible en: http://habitat.aq.upm.es/ch/g014.html - Última consulta: 25/05/2009.

PRADA FERNÁNDEZ DE SANMAMEDI, José Luís (2003): "Revisión de los principios rectores de la política social y económica y de su actual realidad jurídico-constitucional", *Revista de Estudios Políticos*, Nº 122, págs. 269-316.

PRIETO SANCHIS, Luís (1990): *Estudios sobre derechos fundamentales*, Madrid, Debate.

- (1994): *Estudios sobre la constitución*, Madrid, Debate.

- (1995): "Los Derechos Sociales y el principio de igualdad sustancial", *Revista del Centro de Estudios Constitucionales*, Nº 22, págs. 9-57.

- PUYOL, Carine y GHÉKIERE, Laurent (2004): "Vivienda social e integración europea. Una revisión de las Políticas Europeas que inciden directamente sobre los organismos de vivienda social", *Boletín informativo Nº 78,* Valencia, Asociación Española de Promotores Públicos de Vivienda y Suelo (AVS).

QUESADA POLO, Santiago (1997): "El convenio Europeo de Derechos Humanos", *Los derechos en Europa*, Yolanda Gómez Sánchez (Coordinadora), págs. 127-152.

QUINTANA LÓPEZ, Tomás Alberto (1992): "La actual distribución de competencias en materia de ordenación del territorio, urbanismo y vivienda", *Autonomies: Revista catalana de derecho público*, Nº 15, págs. 179-190.

RÁFOLS I ESTEVE, Joan (1979): "El control de alquileres como medida de la política de viviendas", *Información Comercial Española, ICE: Revista de economía*, Nº 548, págs. 129-148.

- (1988): "Política de vivienda en el Estado de las Autonomías, 1981-1988", *Revista Española de Financiación a la Vivienda*, Nº 7, págs 41-49.

- (1989): "Factores explicativos de la expansión del sector inmobiliario", *Revista de Economía*, Nº 1, págs. 90-92.

- (1992): Bases para una política de viviendas en el horizonte del año 2000, *Papeles de economía española*, Nº 50, 1992, págs. 243-245.

RÁFOLS I ESTEVE, Joan y ROMERO, Rafael (1979): ¿Hacia una política autonómica de vivienda?", *Información Comercial Española, ICE: Revista de economía*, Nº 548, págs. 61-70.

REBELO DE SOUSA, Marcelo e MELO ALEXANDRINO, José de (2000): *Constituição da República portuguesa Comentada*, Lisboa, Lex.

REBOLLEDO VARELA, Ángel Luís (1995): "Las viviendas de protección oficial: aproximación a su régimen jurídico", *Derecho privado y Constitución*, Nº 6, págs. 135-178.

RESTOY, Fernando (2005): "La evolución reciente del precio de la vivienda en España: algunas causas e implicaciones macroeconómicas", *Economistas*, Nº 103, págs. 52-67.

RHODES, MARTÍN (1997): "El futuro de la dimensión social europea", *Unión Europea y Estado de Bienestar*, Luís Moreno (Compilador), Madrid, Consejo Superior de investigaciones Científicas, CESIC: Instituto de Estudios Sociales Avanzados, págs. 143-167.

RICO PÉREZ, Francisco (1988): "Protección civil de la dignidad personal", *Introducción a los derechos fundamentales*, X Jornadas de Estudio, Madrid, Ministerio de Justicia, Centro de Publicaciones, Vol. II, págs. 949-976.

RICS, Royal Institution of Chartered Surveyors (2005): *Informe anual sobre el mercado residencial europeo*, Londres.

- (2006): *Informe anual sobre el mercado residencial europeo*, Londres.

- (2007): *Informe anual sobre el mercado residencial europeo*, Londres.

RIVERO LAMAS, Iván (2002). "La garantía de los derechos y libertades constitucionales, comentario al artículo 53 de la Constitución española", *Comentario a la Constitución socio-económica de España*, Granada, Comares, págs. 1979-2089.

ROBLES MORCHÓN, Gregorio (1995): "Libre desarrollo de la personalidad (artículo 10 de la Constitución Española), *Libre desarrollo de la personalidad. Artículo 10 de la Constitución*, Madrid, Universidad de Alcalá, págs. 45-62.

ROCH, Fernando (2004): "El modelo inmobiliario español", *Desigualdad social y vivienda*, Alicante, Club Universitario, págs. 31-52.

RODRÍGUEZ, José Ignacio (1995): *Política económica y social. Principios rectores comentados*, Madrid, Paraninfo.

- (2004): "Vivienda, un Plan cumplido", *Revista del Ministerio de Fomento*, Nº 527, págs. 24-33.

RODRÍGUEZ LÓPEZ, Julio (1979): "Inversión de vivienda en España: un comentario", *Información Comercial Española, ICE: Revista de economía*, Nº 548, págs. 28-43.

- (1992a): "Comportamiento cíclico reciente de la economía española: reflexiones sobre el crecimiento sostenido en los años noventa", *Libro marrón*, Círculo de Empresarios, Nº 1, págs. 311-326.

- (1992b): "La inversión en construcción y el ciclo económico 1985-1991", *Economistas*, Año Nº 10, Nº 54, págs. 74-83.

- (1993): "La política de vivienda en España: Una valoración posterior a las reformas de 1991", *Ekonomiaz: Revista vasca de economía*, Nº 27, págs. 22-39.

- (1994a): "Una aproximación al mercado inmobiliario en 1993: Previsiones para 1994", *Ciudad y territorio: Estudios territoriales*, Nº 99, págs. 145-152.

- (1994b): "Mercado inmobiliario residencial en España: la recuperación se fortalece", *Ciudad y territorio: Estudios territoriales*, Nº 102, págs. 651-660.

- (1994c): "Vivienda y mercado inmobiliario", *Economistas*, Año Nº 12, Nº 60, págs. 380-387.

- (1995a): "El mercado inmobiliario residencial en la primera mitad de 1995", *Ciudad y territorio: Estudios territoriales*, Nº 104, págs. 401-410.

- (1995b): "El mercado inmobiliario residencial en los tres primeros trimestres de 1995", *Ciudad y territorio: Estudios territoriales*, Nº 105, págs. 629-639.

- (1995c): "El mercado inmobiliario en 1995: La producción crece, las ventas se moderan", *Ciudad y territorio: Estudios territoriales*, Nº 106, págs. 903-914.

- (1995d): "Vivienda y mercado inmobiliario: El año de los tipos decrecientes", *Economistas*, Año Nº 13, Nº 64, págs. 505-513.

- (1996a): "La coyuntura inmobiliaria en España en 1996", *Ciudad y territorio: Estudios territoriales*, Nº 109, págs. 523-537.

- (1996b): "La coyuntura inmobiliaria en España 1996-97", *Ciudad y territorio: Estudios territoriales*, Nº 110, págs. 807-820.

- (1996c): "Vivienda y mercado inmobiliario: El protagonismo acrecentado de la política de vivienda", *Economistas*, Año Nº 14, Nº 69, págs. 425-435.

- (1997a): "La coyuntura inmobiliaria en los primeros meses de 1997", *Ciudad y territorio: Estudios territoriales*, Nº 111, págs. 167-180.

- (1997b): "El subsector inmobiliario en el primer semestre de 1997", *Ciudad y territorio: Estudios territoriales*, Nº 112, págs. 407-421.

- (1997c): "El mercado inmobiliario en España en 1997: Un año de fortalecimiento de la demanda", *Ciudad y territorio: Estudios territoriales*, Nº 113-114, págs. 709-722.

- (1998): "Coyuntura inmobiliaria 1998: cambios en la política de vivienda", *Ciudad y territorio: Estudios territoriales*, Nº 115, págs. 171-185.

- (1999a): "La entonada coyuntura inmobiliaria de los primeros meses del año 2000", *Ciudad y territorio: Estudios territoriales*, Nº 122, págs. 863-877.

- (1999b): "La vivienda en 1998", *Economistas*, Año Nº 17, Nº 80, págs. 91-108.

- (1999c): Un análisis del mercado inmobiliario en España: perspectivas, *Análisis local*, Nº 27, págs. 19-34.

- (2000a): "La entonada coyuntura inmobiliaria de los primeros meses del año 2000", *Ciudad y Territorio: Estudios Territoriales*, Nº 122, págs. 863-867.

- (2000b): "Coyuntura inmobiliaria del año 2000: se acentúa la demanda de la vivienda como activo", *Ciudad y territorio: Estudios territoriales*, Nº 123, págs. 99-118.

- (2000c): "Coyuntura inmobiliaria de 2000: se mantiene la burbuja", *Ciudad y territorio: Estudios territoriales*, Nº 124, págs. 343-364.

- (2000d): "El último "Boom" inmobiliario del siglo veinte", *Cuadernos de Información Económica*, Nº 155, págs. 145-157.

- (2000e): "Política de vivienda", *Política económica de España*, Luís Gámir (Coordinador), Madrid, Alianza, págs. 571-616.

- (2001a): "Coyuntura inmobiliaria: cambio de expectativas: se mantiene la actividad y frena la demanda", *Ciudad y territorio: Estudios territoriales*, Nº 127, págs. 147-164.

- (2001b): "El mercado inmobiliario en España en 2001", *Ciudad y territorio: Estudios territoriales*, Nº 130, págs. 781-800.

- (2001c): "La vivienda en España: datos básicos y coyuntura reciente", *Cuadernos de Información económica*, Nº 163, págs. 1-18.

- (2002): "La construcción y la vivienda mantienen el crecimiento", *Ciudad y territorio: Estudios territoriales*, Nº 131, págs. 131-152.

- (2003a): "Vivienda: la expansión persistió en 2002", *Ciudad y territorio: Estudios territoriales*, Nº 135, págs. 163-183.

- (2003b): "El mercado inmobiliario en los tres primeros trimestres de 2003", *Ciudad y territorio: Estudios territoriales*, Nº 138, págs. 717-748.

- (2004a): "Coyuntura inmobiliaria. Primer semestre de 2004: los precios de la vivienda desaceleran ligeramente el crecimiento", *Ciudad y territorio: Estudios territoriales*, Nº 141-142, págs. 667-688.

- (2004b): "En torno al primer auge inmobiliario del siglo XXI en España", *Cuadernos de Información económica*, Nº 179, págs. 78-94.

- (2005a): "Vivienda: en puertas de un cambio cíclico", *Ciudad y territorio: Estudios territoriales*, Nº 143, págs. 177-200.

- (2005b): "Mercado inmobiliario español: señales dispares en la primera mitad de 2005", *Ciudad y territorio: Estudios territoriales*, Nº 144, págs. 519-542.

- (2005c): "Vivienda: la producción parece crecer más que la demanda", *Ciudad y territorio: Estudios territoriales*, Nº 145-146, págs. 755-782.

- (2005d): "Accesibilidad y política de vivienda", *Economistas*, Año Nº 23, Nº 103, págs. 102-115.

- (2006a): "Mercado de la vivienda: se consolida la tendencia al alza de los tipos de interés", *Ciudad y territorio: Estudios territoriales*, Nº 148, págs. 449-474.

- (2006b): "El mercado inmobiliario en el primer semestre de 2006: suben los tipos, se desaceleran el crédito y los precios", *Ciudad y territorio: Estudios territoriales*, Nº 149-150, págs. 717-740.

- (2006c): "Los booms inmobiliarios en España: un análisis de tres períodos", *Papeles de economía española*, Nº 109, págs. 76-90.

- (2007a): "Ley de Suelo y mercado de vivienda", *Ciudad y territorio: Estudios territoriales*, Nº 152-153, págs. 481-491.

- (2007b): "La nueva coyuntura del mercado de vivienda", *Ciudad y territorio: Estudios territoriales*, Nº 154, págs. 757-774.

- (2008a): "El mercado de vivienda sufre el ajuste", *Ciudad y territorio: Estudios territoriales*, Nº 156, págs. 369-388.

- (2008b): "2008. El año de los abundantes peligros económicos y de la crisis del mercado de vivienda", *Ciudad y territorio: Estudios territoriales*, Nº 157, págs. 541-561.

- (2008c): "De la crisis inmobiliaria a la crisis financiera: el duro otoño de 2008", *Ciudad y territorio: Estudios territoriales*, Nº 158, págs. 751-774.

RODRÍGUEZ LÓPEZ, Julio y FELLINGER JUSUÉ, Érica (2008): "El problema de la vivienda en España: la accesibilidad", *El mercado y la política de vivienda*, Curso de verano de la Universidad de Alcalá, junio, págs. 1-8.

RODRÍGUEZ LÓPEZ, Julio; LÓPEZ GARCÍA, Miguel Ángel; TALTAVULL DE LA PAZ, Paloma; HERCE, José Alberto (2005): "El papel del suelo en el mercado de viviendas", *Economistas*, Año Nº 23, Nº 103, págs. 81-90.

RODRÍGUEZ LÓPEZ, Julio y LOZANO PEÑA, Antonio (1995): "El problema de la vivienda y el suelo: Reflexiones sobre la propuesta de la Comisión de Expertos", *Ciudad y territorio: Estudios territoriales*, Nº 103, págs. 117-120.

RODRIGUEZ OLVERA, Oscar (1998): *Teoría de los derechos sociales en la constitución abierta*, Madrid, Comares.

RODRÍGUEZ PALOP, María Eugenia (2002): *La nueva generación de derechos humanos: origen y justificación*, Madrid, Dykinson.

RODRIGUEZ-PIÑERO, Miguel (1962): "Antecedentes, génesis y significado de la Carta Social Europea", *Revista de Política Social*, Nº 53, 1962, págs. 133-195.

- (1978a): "La Carta Social Europea y la problemática de su aplicación", *Revista de Política Social*, Nº 118, págs. 5-43.

- (1978b): "La Carta Social Europea y su puesta en práctica", *Revista de Instituciones Europeas*, Nº 1, págs. 53-82.

- (1998): "De Maastricht a Ámsterdam: Derechos sociales y empleo", *Revista crítica de teoría y práctica*, Nº 4, págs. 19-27.

RUBIO LLORENTE, Francisco (2002): "Mostrar los derechos sin destruir la Unión (Consideraciones sobre la Carta de Derechos Fundamentales de la Unión Europea), *Revista española de Derecho Constitucional*, Nº 64, págs. 13-52.

RUILOBA ALVARIÑO, Julia (2000): "Los Pactos internacionales de las Naciones Unidas de 16 de diciembre de 1966", *Derecho Internacional de los Derechos Humanos*, Madrid, Dilex, págs. 89-126.

RUÍZ-JARABO, Dámaso (1990): Técnica jurídica de protección de los derechos humanos en la Comunidad Europea", *Revista de Instituciones Europeas*, Centro de Estudios Constitucionales, Nº 1, Vol. 17, págs. 151-183.

RUIZ MIGUEL, Carlos (1991): "La tercera generación de los derechos fundamentales", *Revista de Estudios Políticos*, Nº 72, 1991, págs. 301-312. Edición digital disponible en:
http://www.cepc.es/rap/Publicaciones/Revistas/3/REPNE_072_302.pdf
Última consulta: 28/05/2009.

- (1997): La ejecución de las sentencias del Tribunal Europeo de Derechos Humanos.

- (2000): "La dignidad humana", *Estudios de teoría del Estado y derecho constitucional* en honor de Pablo Lucas Verdú, Facultad de Derecho de la Universidad Complutense de Madrid e Instituto de Investigaciones Jurídicas de la Universidad Autónoma de México, Vol. 3, págs. 1887-1910.

- (2004a): "El largo y tortuoso camino hacia la Carta de los Derechos Fundamentales de la Unión Europea", *Estudios sobre la Carta de los Derechos Fundamentales de la Unión Europea*, Santiago, Universidad de Santiago de Compostela, págs. 13-51.

- (2004b): "Crítica de la llamada inconstitucionalidad por omisión", *Revista Iberoamericana de Derecho Procesal Constitucional*, Nº 2, 2004, págs. 159-177.

RUIZ-RICO RUIZ, Gerardo (2008): *El Derecho Constitucional a la Vivienda. Un enfoque sustantivo y competencial*, Madrid, Ministerio de Vivienda.

SALINAS ALCEGA, Sergio (1999): *El Consejo de Europa. Su protagonismo en la construcción de la "Gran Europa" y sus aportaciones al progreso del derecho público internacional*, Madrid, Ministerio de Asuntos Exteriores.

SÁNCHEZ FERRÍZ, Remedios (1996): "Los derechos sociales: inclusión en el constitucionalismo de un concepto polémico", *Revista General de derecho,* Nº 618, págs. 1809-1824.

SÁNCHEZ GONZÁLEZ, Santiago y PEREIRA MENAUT, Antonio Carlos (1992): "Los derechos sociales y los principios rectores de la política social y económica", *Revista de Derecho Político,* Nº 36, págs. 257-276.

SÁNCHEZ HERNÁNDEZ, Ángela (2003): "Estado de Bienestar, inmigración y vivienda", *Políticas y Estado de Bienestar en España: Las migraciones,* Informe 2002, Fundación Hogar del Empleado, Madrid, págs. 237-262.

SÁNCHEZ MARTÍNEZ, María Teresa (2003): "El plan de vivienda 1992-1995: un estudio de su incidencia redistributiva", *Documentos de trabajo: Serie EC,* Instituto Valenciano de Investigaciones Económicas, Nº 11, 3, págs. 1-25.

- (2004): "El coste de la política de vivienda: un análisis a través de las distintas Administraciones Públicas", *Ciudad y territorio: Estudios territoriales,* Nº 140, págs. 353-372.

- (2005): "Disparidades territoriales en torno a la política de vivienda en España", *Economistas,* Nº 103, págs. 130-137.

SÁNCHEZ MORÓN, Miguel (1990): *Subvenciones del Estado y Comunidades Autónomas,* Madrid, Tecnos.

SANTILLANA DEL BARRIO, Antonio (1972): *Análisis económico del problema de la vi*vienda, Barcelona, Ariel.

SANTOLAYA MACHETTI, Pablo (1985): "Competencias estatutarias y jurisprudencia constitucional", *Revista de Estudios Políticos (Nueva Época),* Nº 46-47, julio-octubre, págs. 401-431.

- (2000): "Estudio introductorio de la Ley Orgánica 4/2000, de 11 de enero, sobre derechos y libertades de los extranjeros en España y su integración social", *Justicia administrativa: Revista de derecho administrativo,* Nº 7, págs. 29-62.

- (2004): *El derecho a la vida familiar de los extranjeros,* Valencia, Tirant lo Blanch.

- (2005): "Derecho a la vida privada y familiar: un contenido notablemente ampliado del derecho a la intimidad (art. 8 CEDH)", *La Europa de los Derechos: El Convenio Europeo de Derechos Humanos,* Madrid, Centro de Estudios constitucionales, págs. 487-508.

- (2007a): "Extranjería y nuevos estatutos de autonomía", *Revista d'estudis autonòmics i federals*, Nº 4, págs. 159-184.

- (2007b): "La distribución de competencias entre el Estado y las Comunidades Autónomas en el urbanismo y en el régimen de la vivienda", *Cuadernos de derecho público*, Nº 31, págs. 109-128.

SANZ CABALLERO, Susana (1998): "Los Derechos fundamentales en el Tratado de Ámsterdam: una reforma tímida pero positiva de los Tratados constitutivos", *Boletín europeo de la Universidad de La Rioja*, Nº 4, 1998, págs. 58-77.

SASTRE, Alicia (2002): "Un plan para vivir: El nuevo plan de vivienda 2002-2005 incrementa las ayudas para la compra de vivienda protegida", *Revista del Ministerio de Fomento*, Nº 503, págs. 4-11.

- (2003): "Vivienda: El plan de fomento se cumple", *Revista del Ministerio de Fomento*, Nº 515, págs. 16-25.

SASTRE ARIZA, Santiago (2001): Hacia una teoría exigente de los derechos sociales", *Revista de Estudios Políticos (Nueva Época)*, Nº 112, págs. 253-269.

SCHADE, Peter (2006): *Grundgesetz mit Kommentierung*, Berlin, Walhalla Fachverlag.

SCHMIDT-BLEIBTREU, Bruno und KLEIN, Franz (1999): Kommentar zum Grundgesetz, Luchterhand.

SEMPERE NAVARRO, Antonio y CANO GALÁN, Yolanda (2002): "La Constitución española y el derecho social comunitario (Constitución social europea), *Comentarios a la constitución socioeconómica de España*, Luís Monereo Pérez (Director), Granada, Comares.

SERRANO MORENO, José Luís (1987): "Algunas hipótesis sobre los principios rectores de la política social y económica", *Revista de Estudios Políticos*, Nº 56, págs. 95-120.

SERRRANO PÉREZ, Miguel Ángel (1998): "La dignidad de la persona humana", *La declaración universal de los Derechos Humanos en su 50 aniversario*, Madrid, Bosch, págs. 363-370.

SOLANES CORELLA, Ángeles (2004): "El acceso a los derechos sociales por parte de los inmigrantes, un ejemplo: la vivienda", *La universalidad de los derechos sociales: el reto de la inmigración*, Universidad de Valencia, Servicio de publicaciones, Valencia, Tirant Lo Blanch, págs. 251-278.

SOUSA, Rodrigo (1991): "La reforma del mercado hipotecario", *Revista Española de Financiación a la Vivienda*, Nº 17, págs. 103-109.

SOUTO PAZ, José Antonio (2001): "Comentario a la Carta de Derechos Fundamentales de la unión europea", *Revista del Poder Judicial*, Nº 61, págs. 63-85.

- (2003): "La constitucionalización de los derechos fundamentales en la Unión europea", *Revista europea de Derechos Fundamentales*, Nº 1, págs. 19-37.

SUBIRATS I HUMET, Joan (Director) (2004): *Pobreza y exclusión social Un análisis de la realidad española y europea*, Colección Estudios Sociales Nº 16, Barcelona, Fundación La Caixa. Edición digital disponible en: http://obrasocial.lacaixa.es/StaticFiles/StaticFiles/fbb272ff2a4cf010VgnVCM1000000e8cf10aRCRD/es/es16_esp.pdf - Última consulta: 25/05/2009.

FUNDACIÓN BBVA (2005): "Análisis de los factores de exclusión social", *Documentos de Trabajo*, Nº 4, Barcelona, Generalitat de Catalunya. Edición electrónica disponible en: http://www.fbbva.es/TLFU/dat/DT_2005_04.pdf - Última consulta: 25/05/2009.

TAJADURA TEJADA, Javier (2002): "La inconstitucionalidad por omisión y los derechos sociales", *La protección de los derechos fundamentales en la Unión Europea*, Madrid, Dykinson, págs. 443-465.

TALTAVULL DE LA PAZ, Paloma (2005): "Los ciclos en el mercado de viviendas y el papel de la oferta", *Economistas*, Nº 103, págs. 91-97.

TAVARES, Rui y CALEJO, Rui (2005): "História da promoção pública em Portugal. Panorâmica geral", *Habitação em Portugal*, Lisboa, Núcleos Urbanos de Pesquisa e Intervenção – URBE, págs. 19-31.

TEIXEIRA, Manuel (1992): "As estratégias de habitação em Portugal", *Análise Social*, Vol. 27, Nº 115, págs. 65-89.

TEJEDOR BIELSA, Julio César (1995): "Un método peculiar de participación de la comunidad en las plusvalías urbanísticas: integración y valoración de los bienes públicos", *Revista de derecho urbanístico y medio ambiente*, Nº 141, págs. 71-96.

TEZANOS, José Félix (1999): *Tendencias en exclusión social en las sociedades tecnológicas. El caso españo*l, Madrid, Sistema.

TINAUT ELORZA, José Justo (1988a): "Financiación de la vivienda mediante el crédito oficial", *Economistas*, Nº 30, págs. 76-84.

- (1990): "La política estatal de la vivienda en los años ochenta", *CT: Catastro*, Nº 3, págs. 41-51.

- (2000): "La política de fomento del alquiler en los planes estatales de vivienda de los noventa", *Ciudad y territorio: Estudios territoriales*, Nº 125, págs. 505-518.

- (2002): "El Plan de Vivienda 2002-2005: aspectos básicos y principales novedades", *Cuadernos de Información económica*, Nº 166, págs. 33-39.

- (2006): "Desarrollos recientes de la política estatal de vivienda en España: el plan 2005-2008", *Papeles de economía española*, Nº 109, págs. 273-290.

TRÁNCHEZ MARTÍN, José Manuel (2001): "La heterogeneidad de la vivienda y el análisis de precios hedónicos: una aproximación", *Cuadernos de información Económica*, Nº 163, págs. 28-33.

TRILLA BELLART, Carme (2001): "La política de la vivienda en una perspectiva europea comparada", *Estudios La Caixa.* Edición electrónica disponible en: www.estudios.lacaixa.es - Última consulta: 25/05/2009

TRILLA BELLART, Carmen y LÓPEZ OLLER, Joffre (2005): "El acceso de los jóvenes a la vivienda: una cuestión todavía no resuelta", *Documentación Social,* Nº 138, págs. 191-206.

TRIGO PORTELA, Joaquín (2003): "Perspectivas del mercado de la vivienda n España", *Boletín económico de ICE, Información Comercial Española,* Nº 2774, págs. 13-21.

VALLS I SERRA (1993): "El papel de los Ayuntamientos en la puesta en marcha de una política de vivienda", *Ekonomiaz,* Nº 27, págs, 56-67.

VAQUER CABALLERÍA, Marcos (2007): "Los principios y derechos constitucionales inspiradores de la Ley de Suelo", *Ciudad y territorio: Estudios territoriales,* Nº 152-153, págs. 241-257.

VIDAL GIL, Ernesto Jaime (2006): "Los derechos de tercera generación", *Manual de derechos humanos: los derechos humanos en el siglo XXI,* Pamplona, Thomson-Aranzadi, págs. 121-135.

VIEIRA, Jorge (2005): "Habitação de custos controlados", *Habitação em Portugal,* Lisboa, Núcleos Urbanos de Pesquisa e Intervenção–URBE, págs. 129-143.

VILLAR EZCURRA, José Luís (1980): "Nuevas orientaciones en el Régimen de protección pública a la vivienda", *Revista de administración pública,* Nº 91, págs. 343-428.

- (1981): *La protección pública a la vivienda,* Madrid, Montecorvo.

VILLAVERDE MENÉNDEZ, Ignacio (1997): *La inconstitucionalidad por omisión*, Madrid, McGraw-Hill.

WEBER, Albrecht (2002): "La Carta de los Derechos Fundamentales de la Unión Europea", *Revista Española de Derecho Constitucional*, Nº 64, págs. 79-97.

# NORMATIVA INTERNACIONAL Y EUROPEA

## En el ámbito de la Organización de Naciones Unidas

- Declaración Universal de Derechos Humanos, de 10 de diciembre de 1948.
- Pacto Internacional de Derechos Económicos, Sociales y Culturales, de 16 de diciembre de 1966.
- Convención Internacional sobre la Eliminación de todas las Formas de Discriminación Racial, de 21 de diciembre de 1965.
- Declaración sobre progreso y desarrollo en lo social, de 11 de diciembre de 1969.
- Declaración de Vancouver, de 1976.
- Plan de Acción de Vancouver, de 1976.
- Convención sobre la Eliminación de todas las formas de Discriminación contra la Mujer, de 18 de diciembre de 1979.
- Convención sobre el Estatuto de los Refugiados, de 28 de julio de 1951.
- Declaración de los Derechos del Niño, de 29 de noviembre de 1959.
- Declaración sobre el Derecho al Desarrollo, de 4 de diciembre de 1986.
- Convención sobre los Derechos del Niño, de 20 de noviembre de 1989
- Convención Internacional sobre la Protección de los Derechos de todos los Trabajadores Migratorios y de sus Familiares, de 16 de diciembre de 1990.
- Programa o Agenda Hábitat, de 1996.
- Declaración de Estambul sobre Asentamientos Humanos, de 1996.
- Declaración sobre los Derechos de los Pueblos Indígenas, de 13 de septiembre de 2007.

### Otros documentos en el ámbito de la Organización de Naciones Unidas

- Observación General Nº 3, de 14 de diciembre de 1990, sobre la índole de las obligaciones de los Estados Partes.
- Observación General Nº 4, de 13 de diciembre de 1991, sobre el derecho a una vivienda adecuada.
- Observación General Nº 7, de 20 de mayo de 1997, sobre el derecho a una vivienda adecuada y los desalojos forzosos.

- E/CN.4/Sub.2/1992/15 - El derecho a una vivienda adecuada: documento de trabajo presentado por Rajindar Sachar, de 12 de junio de 1992.
- E/CN.4/Sub.2/1993/15 - El derecho a una vivienda adecuada: informe sobre la marcha de los trabajos presentado por Rajindar Sachar, de 22 de junio de 1993.
- E/CN.4/Sub.2/1994/20 - Derecho a una vivienda adecuada: Segundo informe sobre la marcha de los trabajos presentado por Rajindar Sachar, de 21 de junio de 1994.
- E/CN.4/Sub.2/1995/12 - Informe final presentado por Rajindar Sachar, de 12 de julio de 1995.
- E/CN.4/2001/51 - Primer Informe del Relator Especial sobre la vivienda adecuada como elemento integrante del derecho a un nivel de vida adecuado, Miloon Kothari, de 25 de enero de 2001.
- E/CN.4/2002/59 - Segundo Informe del Relator Especial sobre una vivienda adecuada, como parte del derecho a un nivel de vida adecuado, Miloon Kothari, de 1 de marzo de 2002
- E/CN.4/2003/5 - Tercer Informe del Relator Especial sobre una vivienda adecuada, como parte del derecho a un nivel de vida adecuado y sobre el derecho a la no discriminación, Miloon Kothari, de 3 de marzo de 2003.
- E/CN.4/2004/48 - Cuarto Informe del Relator Especial sobre una vivienda adecuada, como parte del derecho a un nivel de vida adecuado, Miloon Kothari, de 8 de marzo de 2004.
- E/CN.4/2005/48 - Informe del Relator Especial sobre una vivienda adecuada como elemento integrante del derecho a un nivel de vida adecuado y sobre el derecho de no discriminación a este respecto, Miloon Kothari, de 3 de marzo de 2005.
- E/CN.4/2006/118 - Informe del Relator Especial sobre una vivienda adecuada como elemento integrante del derecho a un nivel de vida adecuado y sobre el derecho de no discriminación a este respecto, Miloon Kothari, de 27 de febrero de 2006.
- E/CN.4/2006/41 - Sexto Informe del Relator Especial sobre una vivienda adecuada como elemento integrante del derecho a un nivel de vida adecuado y sobre el derecho de no discriminación a este respecto, Miloon Kothari, de 14 de marzo de 2006.
- A/HRC/4/18/Add.3 - Informe del Relator Especial sobre una vivienda adecuada como elemento integrante del derecho a un nivel de vida adecuado, Miloon Kothari, Nota preliminar sobre la misión a España, de 5 de junio de 2007.
- A/HRC/7/16/Add.2 - Informe del Relator Especial sobre una vivienda adecuada como elemento integrante del derecho a un nivel de vida adecuado, Miloon Kothari - Promoción y protección de todos los Derechos Humanos, civiles, políticos, económicos, sociales y culturales, incluido el derecho al desarrollo, de 7 de febrero de 2008.

Organización Internacional del Trabajo – OIT

- Declaración de Filadelfia, de 10 de mayo de 1944.
- Convenio relativo a la política social en los territorios no metropolitanos, C82, de 11 de julio de 1947.

- Convenio relativo a las condiciones de empleo de los trabajadores de las plantaciones, C110, de 24 de junio de 1958.
- Convenio relativo a las normas y objetivos básicos de la política social, C117, de 22 de junio de 1962.
- Convenio sobre los servicios de salud en el trabajo, C161, de 25 de junio de 1985.
- Convenio sobre pueblos indígenas y tribales en países independientes indígenas, C169, de 27 de junio de 1989.
- Recomendación Nº 115, R115, de 7 de junio de 1961.
- Recomendación sobre los trabajadores de edad, R162, de 23 de junio de 1980.

## En el ámbito del Consejo de Europa

- Convenio para la Protección de los Derechos Humanos y de las Libertades Fundamentales, de 4 de noviembre de 1950.
- Carta Social Europea, de 18 de octubre de 1961
- Carta Social Europea revisada, de 3 de mayo de 1996

## En el ámbito de la Unión Europea

Tratados

- Tratado de la Comunidad Europea del Carbón y del Acero, de 18 de abril de 1951.
- Tratado constitutivo de la Comunidad Europea, Tratado de Roma, de 25 de marzo de 1957.
- Tratado constitutivo de la Comunidad Europea de la Energía Atómica, de 25 de marzo de 1957.
- Acta Única Europea de 1986 (Luxemburgo el 17 de febrero de 1986) (28 de febrero de 1986)
- Carta Comunitaria de los Derechos Sociales Fundamentales de los Trabajadores, de 9 de diciembre de 1989.
- Carta de Derechos Fundamentales de la Unión Europea, de 26 de febrero de 2001.
- Tratado constitucional para Europa, de 29 de octubre de 2004.
- Tratado de Lisboa, de 13 de diciembre de 2007

Directivas

- Directiva 85/337/CEE del Consejo, de 27 de junio de 1985, sobre el uso del suelo urbano, como las que regulan la evaluación de las repercusiones de determinados proyectos públicos y privados sobre el medio ambiente (Modificada por la Directiva 97/11/CE)

- Directiva 89/106/CEE del Consejo, de 21 de diciembre de 1988, sobre la aproximación de las disposiciones legales, reglamentarias y administrativas de los Estados miembros sobre los productos de construcción (DOCE de 11/02/1989)
- Directiva 92/42/CEE del Consejo, de 21 de mayo de 1992, relativa a los requisitos de rendimiento para las calderas nuevas de agua caliente alimentadas con combustibles líquidos o gaseosos (DOUE de 22/06/1992),
- Directiva 96/57/CE del Parlamento Europeo y del Consejo de 3 de septiembre de 1996, respecto a los requisitos de rendimiento energético de los frigoríficos, congeladores y aparatos combinados eléctricos de uso doméstico (DOCE de 18/09/1996)
- Directiva 96/62/CE del Consejo, de 27 de septiembre de 1996, sobre evaluación y gestión de la calidad del aire ambiente (DO N° L 296 de 21/11/1996).
- Directiva 96/96/CE del Consejo, de 20 de diciembre de 1996, que establece normas sobre inspecciones técnicas (DOCE de 17/02/1997),
- Directiva 2000/60/CE del Parlamento Europeo y del Consejo, de 23/10/2000, por el que se establece un marco comunitario de actuación en el ámbito de la política de aguas (DOCE de 22/12/2000)
- Directiva 2001/42/CE del Parlamento Europeo y del Consejo, de 27 de junio de 2001, sobre la evaluación de los efectos de determinados planes y programas en el medio ambiente.
- Directiva 2002/49/CE del Parlamento Europeo y del Consejo, de 25 de junio de 2002, sobre evaluación y gestión del ruido ambiental (DOCE de 18/07/2002)
- Directiva 2002/91/CE del Parlamento Europeo y del Consejo, de 16 de diciembre de 2002, sobre la eficiencia energética de los edificios (DOUE de 4/01/2003)
- Directiva 98/69 de 13/10/1998; Directiva 98/70 de 13/10/1998; Directiva 99/96 de 13/12/1999; Directiva 2001/1 de 22/01/2001; Directiva 2001/27 de 10/04/2001; Directiva 2002/51 de 19/07/2002 y la Directiva 2002/80 de 03/10/2002, sobre la limitación de las emisiones de diferentes categorías de vehículos y han fijado normas de calidad para los combustibles.
- Directiva 70/157; Directiva 92/61; Directiva 92/97; Directiva 97/24; Directiva 2000/14 y la Directiva 2001/43, que establecen límites para las emisiones sonoras.

Comunicaciones

- Comunicación "Hacia una estrategia temática sobre el medio ambiente urbano", de 11 de febrero de 2004 (Diario Oficial C 98, de 23/04/2004).
- Comunicación "Estrategia temática para el medio ambiente urbano", de 11 de enero de 2006 (COM (2005) 718 final. No publicada en el Diario Oficial).

# LEGISLACIONES NACIONALES

## ESPAÑA

### Estatal

- Ley de 12 de junio de 1911, de Casas Baratas.
- Ley de 10 de diciembre de 1921, segunda Ley de Casas Baratas.
- Real-Decreto de 10 de octubre de 1924, sobre Casas Baratas.
- Real Decreto-Ley de 29 de julio de 1925, de Casas Económicas.
- Ley de 7 de julio de 1934, relativa al paro obrero.
- Ley de 25 de junio de 1935, para remediar el paro involuntario (Ley Salmón)
- Ley de 19 de abril de 1939, que estableció el régimen de protección a la vivienda de renta reducida, creó el Instituto Nacional de la Vivienda y derogó la legislación vigente sobre casas baratas, económicas y para funcionarios.
- Ley de 31 de diciembre de 1946, de Arrendamientos Urbanos.
- Ley de 25 de noviembre de 1944, de Viviendas de Clase Media.
- Decreto-Ley de 19 de noviembre de 1948, sobre viviendas bonificadas.
- Decreto-Ley de 7 de julio de 1950 sobre primas a la construcción de viviendas bonificables.
- Ley de 14 de mayo de 1954, de ordenación, financiación y dirección del plan de viviendas de "tipo social".
- Orden de 10 de julio de 1954, que aprueba el Texto Refundido de viviendas bonificables.
- Ley de 15 de julio de 1954, de Viviendas de Renta Limitada.
- Decreto de 8 de marzo de 1957 por el que se autoriza al Director general del Instituto Nacional de la Vivienda a tramitar proyectos y auxiliar económicamente a los promotores de los poblados dirigidos de Madrid.
- Ley de 13 de noviembre de 1957, sobre Plan de Urgencia Social de Madrid.
- Decreto de 22 de noviembre de 1957 por el que se regula la nueva categoría de "viviendas subvencionadas".
- Decreto 2131/1963, de 24 de julio, por el que se aprueba el Texto Refundido de la Legislación sobre viviendas de protección estatal.
- Decreto 4104/1964, de Arrendamientos Urbanos.

- Decreto 2114/1968, de 24 de julio, Reglamento de Viviendas de Protección Oficial.
- Decreto-Ley 13/1975, de 17 de noviembre, por el que se aprueba un programa especial de financiación de viviendas y otras medidas coyunturales.
- Real Decreto 1346/1976, 9 abril, por el que se aprueba el Texto Refundido de la Ley sobre Régimen del Suelo y Ordenación Urbana.
- Real Decreto-Ley 12/1976, de 30 de julio, sobre inversión en vivienda.
- Real Decreto 2278/1976, de 16 de septiembre por el que se desarrolla el Real Decreto-Ley 12/1976, de 30 de julio, sobre inversión en vivienda
- Orden de 24 de noviembre de 1976, sobre Viviendas sociales.
- Real Decreto 2960/1976, de 12 de noviembre, texto refundido de la legislación de viviendas de protección oficial.
- Real Decreto-Ley 31/1978 de 31 de octubre, sobre política de vivienda de protección oficial.
- Real-Decreto 3148/1978, de 10 de noviembre, de desarrollo del Real Decreto-Ley 31/1978.
- Real Decreto-Ley 12/1980, de 26 de septiembre, para impulsar las actuaciones del Estado en materia de vivienda y suelo.
- Real Decreto 2455/1980, de 7 de noviembre, sobre financiación y seguimiento del programa 1981-1983 de construcción de viviendas de protección oficial
- Orden de 13 de Noviembre de 1980, que desarrolla el Real Decreto 2455/1980, de 7 de noviembre, sobre financiación y seguimiento del programa 1981-1983 de construcción de viviendas de protección oficial
- Ley 2/1981, de 25 de marzo, de regulación del mercado hipotecario.
- Real Decreto 685/1982, de 17 de marzo, por el que se desarrollan determinados aspectos de la Ley 2/1981, de 25 de marzo, de regulación del mercado hipotecario.
- Ley 12/1981, de 13 de mayo, de Concierto económico entre el País Vasco y el Estado.
- Real Decreto 1610/1981, de 3 de julio, sobre ámbito de aplicación de los préstamos subsidiarios para la construcción de viviendas de protección oficial (programa 1981- 1983).
- Real Decreto 373/1982, de 12 de febrero, por el que se amplía el ámbito de aplicación de la financiación del programa 1981-83 da construcción de viviendas de protección oficial.
- Real Decreto 375/1982, de 12 de febrero, sobre rehabilitación de viviendas
- Real Decreto 2121/1983, de 28 de julio, sobre financiación de viviendas acogidas a regímenes de protección oficial anteriores al establecido por el real decreto-ley 31/1978, de 31 de octubre.
- Real Decreto 2329/1983, de 28 de julio, sobre protección a la rehabilitación del patrimonio residencial y urbano.
- Real-Decreto 3280/1983, de 14 de diciembre, sobre financiación de actuaciones protegibles en materia de vivienda, que instrumenta el Plan Cuatrienal de Viviendas de Protección Oficial 1984-1987.
- Real Decreto 1133/1984, de 22 de febrero, sobre actuaciones de remodelación y realojamiento en determinados barrios de Madrid.
- Ley 7/1985, de 2 de abril, de Reguladora de las Bases del Régimen Local.

- Real Decreto 2/1985, de 30 de abril, sobre medidas de política económica (Decreto Boyer)
- Real Decreto legislativo 781/1986, de 18 de abril, por el que se aprueba el texto refundido de las disposiciones legales vigentes en materia de Régimen Local.
- Real Decreto 1494/1987, de 4 de diciembre, sobre medidas de financiación de actuaciones protegibles en materia de vivienda.
- Real Decreto 224/1989, de 3 de marzo, sobre medidas de financiación de actuaciones protegibles en materia de vivienda.
- Real Decreto 7/1989, de 29 de diciembre, sobre medidas urgentes en materia presupuestaria, financiera y tributaria.
- Ley 8/1990, de 25 de julio, sobre Reforma del Régimen Urbanístico y Valoraciones del Suelo.
- Ley 28/1990, de 26 de diciembre, de Concierto económico entre Navarra y el Estado
- Ley 18/1991, de 6 de junio, sobre el Impuesto a la Renta de las Personas Físicas.
- Real Decreto 1668/1991, de 15 de noviembre, sobre financiación de actuaciones protegibles en materia de suelo con destino preferente a viviendas de protección oficial.
- Real Decreto 1932/1991, de 20 de diciembre, sobre medidas de financiación de actuaciones protegibles en materia de vivienda del Plan 1992-1995.
- Real Decreto Legislativo 1/1992, de 26 de junio, por el que se aprueba el Texto Refundido de la Ley sobre el Régimen del Suelo y Ordenación Urbana.
- Real Decreto 1512/1992, de 14 de diciembre, por el que se regula la Comisión General para la Vivienda y la Edificación.
- Ley 29/1994, de 24 de noviembre, de Arrendamientos Urbanos.
- Real Decreto 2190/1995, de 28 de diciembre, sobre medidas de financiación de actuaciones protegibles en materia de vivienda y suelo para el periodo 1996-1999.
- Real Decreto-Ley 5/1996, de 7 de junio, de medidas liberalizadoras en materia de suelo y de Colegios Profesionales.
- Real Decreto 1377/1996, de 7 de junio, de medidas económicas de liberalización.
- Real Decreto 1/1997, de 10 de enero, por el que se modifica parcialmente el Real Decreto 2190/1995, de 28 de diciembre, sobre medidas de financiación de actuaciones protegibles en materia de vivienda y suelo para el periodo 1996-1999.
- Ley 6/1998, de 13 de abril, sobre régimen del suelo y valoraciones.
- Real Decreto 1186/1998, de 12 de junio, sobre medidas de financiación de actuaciones protegidas en materia de vivienda y suelo del Plan 1998-2001.
- Ley 38/1999, de 5 de noviembre, de Ordenación de la Edificación.
- Ley Orgánica 4/2000, de 11 de enero, sobre derechos y libertades de los extranjeros en España y su integración social.
- Real Decreto-Ley 4/2000, de 23 de junio, de Medidas Urgentes de Liberalización en el Sector Inmobiliario y Transportes.
- Real Decreto 190/2000, de 23 de junio, por el cual se modifica el Real Decreto 1186/1998, de 12 de junio, sobre medidas de financiación de actuaciones protegidas en materia de vivienda y suelo del Plan 1998-2001.

- Ley Orgánica 8/2000, de 22 de diciembre, de reforma de la Ley Orgánica 4/2000, de 11 de enero, sobre derechos y libertades de los extranjeros en España y su integración social.
- Real Decreto 115/2001, de 9 de febrero, por el que se modifica el Real Decreto 1186/1998, de 12 de junio, sobre medidas de financiación de actuaciones protegidas en materia de vivienda y suelo del plan 1998-2001, y se establece la ayuda estatal directa a la entrada.
- Real Decreto 1/2002, de 11 de enero, sobre medidas de financiación de actuaciones protegidas en materia de vivienda y suelo del Plan 2002-2005, entró en vigor el 13 de enero de 2002.
- Real Decreto-Ley 2/2003, de 25 de abril, de medidas de reforma económica.
- Ley 10/2003, de 20 de mayo, de medidas urgentes de liberalización en el sector inmobiliario y transportes.
- Real Decreto 1042/2003, de 1 de agosto, por el que se modifica el Real Decreto 1/2002, de 11 de enero, sobre medidas de financiación de actuaciones protegidas en materia de vivienda y suelo del Plan 2002-2005, y se crean los municipios singulares del grupo 0 a efectos de la adquisición protegida de viviendas.
- Ley 51/2003, de 2 de diciembre, de igualdad de oportunidades, no discriminación y accesibilidad universal de las personas con discapacidad.
- Real Decreto 553/2004, de17 de abril, que crea el Ministerio de la Vivienda
- Real Decreto 1721/2004, de 23 de julio, por el que se modifica el Real Decreto 1/2002, de 11 de enero, sobre medidas de financiación de actuaciones protegidas en materia de vivienda y suelo del Plan 2002-2005, y se crean nuevas líneas de actuaciones protegidas para fomentar el arrendamiento de viviendas (Plan de choque de vivienda)
- Real Decreto 801/2005, de 1 de julio, que estableció el Plan Estatal 2005-2008, para favorecer el acceso de los ciudadanos a la vivienda.
- Ley 23/2005, de 18 de noviembre, de reformas en materia tributaria para el impulso a la productividad.
- Real Decreto 314/2006, de 17 de marzo, por el que se aprueba el Código Técnico de la Edificación.
- Real Decreto 315/2006, de 17 de marzo, que crea el Consejo para la Sostenibilidad, Innovación y Calidad de la Edificación.
- Orden VIV/3149/2006, de 3 de octubre, por la que se crea y regula el Registro de Viviendas Protegidas.
- Ley 35/2006, de 28 de noviembre, del Impuesto sobre la Renta de las Personas Físicas y de modificación parcial de las leyes de los Impuestos sobre Sociedades, sobre la Renta de no Residentes y sobre el Patrimonio.
- Real Decreto 47/2007, de 19 de enero, por el que se aprueba el Procedimiento básico para la certificación de eficiencia energética de edificios de nueva construcción.
- Ley 8/2007, de 28 de mayo, de suelo.
- Real Decreto 1472/2007, de 2 de noviembre, por el que se regula la renta básica de emancipación de los jóvenes.
- Ley 41/2007, de 7 de diciembre, que regula el mercado hipotecario.
- Real Decreto 14/2008, de 11 de enero, por el que se modifica el Real Decreto 801/2005, de 1 de julio, por el que se aprueba el Plan Estatal 2005-2008, para favorecer el acceso de los ciudadanos a la vivienda.

- Real Decreto Legislativo 2/2008, de 20 de junio, por el que se aprueba el texto refundido de la ley de suelo.
- Real Decreto 2066/2008, de 12 de diciembre, por el que se regula el Plan Estatal de Vivienda y Rehabilitación 2009-2012.
- Ley 4/2008, de 23 de diciembre, por la que se suprime el gravamen del Impuesto sobre el Patrimonio, se generaliza el sistema de devolución mensual en el Impuesto sobre el Valor Añadido, y se introducen otras modificaciones en la normativa tributaria.
- Orden VIV/984/2009, de 15 de abril, por la que se modifican determinados documentos básicos del Código Técnico de la Edificación aprobados por el Real Decreto 314/2006, de 17 de marzo, y el Real Decreto 1371/2007, de 19 de octubre.
- Real Decreto 366/2009, de 20 de marzo, por el que se modifica el Real Decreto 1472/2007, de 2 de noviembre, por el que se regula la renta básica de emancipación de los jóvenes.
- Ley Orgánica 2/2009, de 11 de diciembre, de reforma de la Ley Orgánica 4/2000, de 11 de enero, sobre derechos y libertades de los extranjeros en España y su integración social.

## Autonómica

### * Andalucía

- Ley 1/2010, de 8 de marzo, Reguladora del Derecho a la Vivienda en Andalucía.

### * Aragón

- Ley Orgánica 5/2007, de 20 de abril, reforma del Estatuto de Autonomía.
- Ley de Cortes de Aragón 24/2003, de 26 de diciembre, de medidas urgentes de política de vivienda protegida
- Ley 9/2004, de 20 de diciembre, que modifica la Ley 24/2003, de 26 de diciembre.
- Decreto 225/2005, de 2 de noviembre, del Gobierno de Aragón, regulador del plan aragonés para facilitar el acceso a la vivienda y fomentar la rehabilitación 2005-2009.

### * Asturias

- Decreto 130/2006, de 21 de diciembre, por el que se regulan las ayudas para favorecer el acceso de los ciudadanos a la vivienda en el ámbito del Plan Asturiano de Vivienda 2006-2008.
- Decreto 40/2007, de 19 de abril, por el que se aprueba el Libro de la Vivienda en el Principado de Asturias.

- Resolución de 18 de mayo de 2009, de la Consejería de Bienestar Social y Vivienda, por la que se aprueban las bases para convocatoria pública de subvenciones al alquiler de viviendas.
- Resolución de 27 de mayo de 2009, de la Consejería de Bienestar Social y Vivienda, por la que se aprueba la convocatoria de subvenciones al alquiler de viviendas para el año 2009.

* Canarias

- Ley 2/2003, de 30 de enero, de Vivienda de Canarias.
- Decreto 27/2006, de 7 de marzo, que regula las actuaciones del Plan de Vivienda de Canarias.

* Cantabria

- Decreto 12/2006, de 9 de febrero, por el que se establecen medidas para favorecer el acceso de los ciudadanos a la vivienda en Cantabria.

* Castilla-La Mancha

- Ley 2/2002, de 07 de febrero, por la que se establecen y regulan las diversas modalidades de viviendas de protección pública en Castilla-La Mancha.
- Decreto 3/2004, de 20 de enero, de Régimen Jurídico de las viviendas con protección pública, que desarrolla la Ley 2/2002, de 07 de febrero.
- Decreto 38/2006, de 11 de abril de 2006, por el que regula en el ámbito de Castilla-La Mancha el Plan Estatal de Vivienda 2005-2008 y se desarrolla el IV Plan Regional de Vivienda y Suelo de Castilla-La Mancha horizonte 2010.
- Decreto 65/2007, de 22 de mayo, por el que establecen aspectos de régimen jurídico y normas técnicas sobre condiciones mínimas de calidad y diseño para las viviendas de protección pública en Castilla-La Mancha.
- Decreto 81/2007, de 19 de junio, por el que se regula el Libro del Edificio para edificios destinados a viviendas en Castilla-La Mancha.

* Castilla y León

- Decreto 55/2008, de 24 de julio, por el que se regula la promoción, adquisición y arrendamiento protegido de la vivienda de precio limitado para familias en Castilla y León.
- Orden FOM/1982/2008, de 14 de noviembre, por la que se regula el procedimiento para la selección de los adquirentes y arrendatarios de viviendas protegidas en la señalada Comunidad.
- Decreto 64/2009, de 24 de septiembre, por el que se modifica el Decreto 52/2002, de 27 de marzo, de desarrollo y aplicación del Plan Director de Vivienda y Suelo de Castilla y León 2002-2009.

* Cataluña

- Ley 18/2007, de 28 de diciembre, del derecho a la vivienda.

* Extremadura

- Ley Orgánica 12/1999, de 06 de mayo de 1999, de reforma del Estatuto de Autonomía.
- Ley 3/2001, de 26 de abril, de la Calidad, Promoción y Acceso a la Vivienda de Extremadura
- Ley 6/2002, de 27 de junio, de medidas de apoyo en materia de autopromoción de viviendas, accesibilidad y suelo.
- Decreto 114/2009, de 21 de mayo, por el que se aprueba el Plan de Vivienda, Rehabilitación y Suelo de Extremadura 2009-2012.

* Galicia

- Decreto 18/2006, de 26 de enero, por la que se establecen las ayudas públicas en materia de vivienda a cargo de la Comunidad Autónoma de Galicia y regula la gestión de las previstas en el Real decreto 801/2005, de 1 de julio, para el periodo 2005-2008. (Modificado por el Decreto 145/2006, de 27 de julio y por el Decreto 179/2007, de 6 de setiembre)

* Islas Baleares

- Decreto 90/2005, de 29 de julio, por el que se aprueba el Plan joven de vivienda y las ayudas a la promoción y acceso a la vivienda de las Illes Balears 2005-2008.
- Decreto 10/2009, de 13 de febrero, por el que se regula el Plan Especial de Rehabilitación de Edificios de Viviendas para el cumplimiento del Real Decreto ley 9/2008, de 28 de noviembre, por el que se crea, entre otros, un fondo especial del Estado para la dinamización de la economía y el empleo.

* La Rioja

- Decreto 43/2008, de 27 de junio, aprueba el Plan de Vivienda de La Rioja.
- Orden 4/2008, de 15 de septiembre, que desarrolla el Decreto 43/2998, de 27 de junio.

* Madrid

- Decreto 12/2005, de 27 de enero, que establece el Plan de Vivienda 2005-2008 es el que regula las ayudas económicas a la vivienda en la Comunidad de Madrid.
- Ley 6/1997, de 8 de enero, que crea las Viviendas con Protección Pública de la Comunidad de Madrid.

- Decreto 11/2005, de 27 de enero, por el que se aprueba el Reglamento de Viviendas con Protección Pública de la Comunidad de Madrid.
- Decreto 12/2005, de 27 de enero, por el que se regulan las ayudas económicas a la vivienda en la Comunidad de Madrid (Plan de Vivienda 2005-2008).

* Murcia

- Decreto número 141/2005, de 30 de diciembre, por el que se regulan las actuaciones protegidas en materia de vivienda y suelo en el ámbito de la Región de Murcia para el cuatrienio 2005-2008.

* Navarra

- Ley 28/1990, de 26 de diciembre, por la que se aprueba el Convenio Económica entre el Estado y la Comunidad Foral de Navarra.
- Ley Foral 8/2004, de 24 de junio, de Protección Pública a la vivienda en Navarra.
- Decreto Foral 4/2006, de 9 de enero, que regula las actuaciones protegibles en materia de vivienda y el fomento de la edificación residencial y desarrolla la Ley 8/2004, de 24 de junio.
- Decreto Foral 142/2004, de 22 de marzo, por el que se regulan las condiciones mínimas de habitabilidad de las viviendas en la Comunidad Foral de Navarra.
- Decreto Foral 322/2000, de 2 de octubre, sobre el libro del edificio.
- Ley Foral 35/2002, de 20 de diciembre, que regula la actividad de ordenación del territorio, la actividad urbanística y el régimen de utilización del suelo y de los instrumentos de intervención en el mercado del suelo, en la Comunidad Foral de Navarra.
- Orden Foral 4/2008, de 14 de enero, del Consejero de Vivienda y Ordenación del Territorio, establece el procedimiento en la Comunidad Foral de Navarra para el reconocimiento de las disposiciones contenidas en el Real Decreto 1472/2007, de 2 de noviembre, que regula la renta básica de emancipación de los jóvenes.

* País Vasco

- Ley 12/1981, de 13 de mayo, por la que se aprueba el Concierto Económico con la Comunidad Autónoma del País Vasco.
- Decreto 39/2008, de 4 de marzo, sobre régimen jurídico de viviendas de protección pública y medidas financieras en materia de vivienda y suelo.
- Orden de 16/04/2008, sobre procedimientos de adjudicación de viviendas de protección oficial.
- Orden de 16 de abril de 2008, sobre circunstancias de necesidad de vivienda.
- Orden de 15/05/2008 sobre determinación de precios máximos de viviendas de protección oficial.
- Orden de 16 de abril de 2008, reguladora del Registro de Solicitantes de Vivienda.

- Orden de 8 de septiembre de 2008, de actualización de ingresos anuales ponderados exigibles para acceso a vivienda de protección oficial.

* Valencia

- Ley 8/2004, de 20 de octubre, de la *Generalitat*, de la Vivienda de la Comunidad Valenciana.
- Decreto 41/2006, de 24 de marzo, del *Consell* de la *Generalitat*, por el que se que regulan las actuaciones protegidas para facilitar el acceso a la vivienda en la Comunidad Valenciana.
- Decreto 75/2007, de 18 de mayo, del *Consell*, que aprueba el Reglamento de Protección Pública a la Vivienda y desarrolla la Ley 8/2004, de 20 de octubre.
- Decreto 76/2007, de 18 de mayo, del *Consell*, aprueba el Reglamento de Rehabilitación de Edificios y Viviendas.
- Decreto-Ley 1/2008, de 27 de junio, del *Consell*, de medidas urgentes para el fomento de la vivienda y el suelo.

* Ceuta

- Ordenanza sobre adjudicación de viviendas promovidas con subvención de la Ciudad Autónoma de Ceuta.
- Reglamento 1/2006, de 21 de septiembre, que regula las actuaciones protegidas en materia de vivienda y suelo en la Ciudad de Ceuta.

* Melilla

- Ordenanza sobre actuaciones protegibles en materia de vivienda, que regula y establece los criterios, requisitos y la tramitación administrativa para el acceso a las ayudas públicas en las actuaciones protegidas en materia de vivienda, con cargo a los presupuestos de la Ciudad Autónoma de Melilla.
- Decreto Nº 1337, de 13 de junio de 2006, que aprueba el Reglamento de adjudicación de Viviendas de Promoción Pública.

## FRANCIA

- Ley Nº 46-2389, de 28 de octubre de 1946, que estableció el principio de plena indemnización por los daños directos causados por hechos de guerra a los bienes muebles e inmuebles, personales y profesionales (Ley Billoux).
- Ley Nº 82-526, de 22 de junio de 1982, sobre los derechos y obligaciones de los locatarios e inquilinos (Ley Quilliot).
- Ley Nº 89-462, de 6 de julio de 1989, de mejoramiento de informes de alquiler (Ley Mermaz).
- Ley Nº 90-449, de 31 de mayo de 1990, de aplicación del derecho a la vivienda (Ley Besson)
- Ley Nº 71-582, de 16/07/1971, que establece el Subsidio de Vivienda de Carácter Social (ALS)
- Ley Nº 91-662, de 13 de julio de 1991, de orientación para la ciudad.
- Ley Nº 2000-1208, de 13 de diciembre de 2000, sobre la solidaridad y renovación urbana (Ley SRU)
- Ley Nº 2005-32, de 18 de enero de 2005, de programación para la cohesión social.
- Orden Nº 2005-1566, de 15 de diciembre de 2005, relativa a la lucha contra la vivienda insalubre y peligrosa.
- Ley Nº 2006-872, de 13 de Julio de 2006, que establece el compromiso nacional para la vivienda (Ley ENL).
- Ley Nº 2009-323, de 25 de marzo de 2009, de movilización a favor de la vivienda y la lucha contra la exclusión (Ley Boutin).
- Ley Nº 2007-290, de 5 de marzo de 2007, que establece el derecho a una vivienda exigible y diversas medidas a favor de la cohesión social (Ley DALO).
- Decreto Nº 2007-295, de 5 de marzo de 2007, que reglamenta la Ley DALO.

## PORTUGAL

- Ley Nº 6/2006, de 27 de febrero, que aprueba el nuevo régimen de arrendamientos urbanos (NRAU).
- Decreto-Ley Nº 163/93, de 7 de mayo, que crea el Programa Especial de Realojamiento (PER)
- Decreto-Ley 135/2004, de 3 de junio, que crea el Programa de Financiamiento para el Acceso a la Habitación (PROHABITA)
- Decreto-Ley Nº 4/88, de 14 de enero, que establece el Régimen Especial de Coparticipación en la Recuperación de Inmuebles Arrendados (RECRIA)
- Decreto-Ley Nº 106/96, de 31 de Julio, que establece el Régimen Especial de Coparticipación y Financiamiento para la Recuperación de Predios Urbanos en Régimen de Propiedad Horizontal (RECRIPH).
- Decreto-Ley Nº 7/99, de 8 de enero, que crea el programa denominado SOLARH.
- Decreto-Ley 177/84, de 25 de mayo, que crea el Instituto Nacional de la Habitación (INH).
- Decreto-Ley Nº 88/87, de 27 de febrero, que crea el Instituto de Gestión y Conservación del Patrimonio Habitacional del Estado (IGAPHE).

# JURISPRUDENCIA

## Tribunal Europeo de Derechos Humanos

- López Ostra c/ España, de 9 diciembre 1994.
- Velosa Barreto contra Portugal, de 21 de noviembre de 1995
- Larkos contra Chipre, de 18 de febrero de 1999.
- Hatton y otros contra Reino Unido, de 2 de octubre de 2001.
- Taskin y otros contra Turquía, de 10 noviembre de 2004.
- Moreno Gómez contra España, de 16 de noviembre de 2004.
- Xenides-Arestis contra Turquía, de 22 diciembre 2005
- Nuri Kurt contra Turquía, de 29 de noviembre de 2005
- Novoseletskiy contra Ucrania, de 22 de febrero de 2005
- Giacomelli contra Italia, de 2 noviembre 2006.
- Caso Ledyayeva y otros contra Rusia, de 26 octubre 2006
- Lemke contra Turquía, de 5 junio de 2007

## Tribunal Constitucional de España

- STC 69/82, de 23 de noviembre.
- STC 99/85, de 30 de septiembre.
- STC 115/87, de 7 de julio.
- STC 152/88, de 20 de julio.
- STC 94/93, de 22 de marzo.
- STC 265/2007, de 20 de diciembre.

## *Conseil Constitucionnel de la République Française*

- *Décision* Nº 94-359 DC, de 19 de enero de 1995

Tribunal Constitucional de Portugal

- AcTC Nº 101/92, de 17/03/1992
- AcTC Nº 130/92, de 01/04/1992
- AcTC Nº 131/92, de 01/04/1992
- AcTC Nº 280/93, de 30/03/1993
- AcTC Nº 004/96, de 16/01/1996
- AcTC Nº 829/96, de 26/06/1996
- AcTC Nº 212/2003, de 28/04/2003

## ENLACES DE INTERNET

- Organización de las Naciones Unidas:
  http://www.un.org/
- Consejo de Derechos Humanos de Naciones Unidas:
  http://www2.ohchr.org/spanish/bodies/hrcouncil/
- Comité de Derechos Económicos, Sociales y Culturales:
  http://www2.ohchr.org/spanish/bodies/cescr/index.htm
- Programa Hábitat de Naciones Unidas:
  http://www.unhabitat.org/categories.asp?catid=9
- Consejo de Europa:
  http://www.coe.int/
- Tribunal Europeo de Derechos Humanos:
  http://www.echr.coe.int/echr/
- Carta Social Europea
  http://www.coe.int/t/dghl/monitoring/socialcharter/default_en.asp
- Dirección General de Cohesión Social (DG III):
  http://www.coe.int/T/E/Social_cohesion/
- Joint European Support for Sustainable Investment in City Areas (JESSICA):
  http://ec.europa.eu/regional_policy/funds/2007/jjj/jessica_en.htm
- Unión Europea
  http://europa.eu/index_es.htm
- Tribunal de Justicia de la Unión Europea
  http://curia.europa.eu/
- Tribunal Constitucional de España:
  http://www.tribunalconstitucional.es
- Tribunal Supremo
  http://www.poderjudicial.es/eversuite/GetRecords?Template=cgpj/ts/principal.htm
- Boletín Oficial del Estado (BOE):
  http://www.boe.es/
- Instituto Nacional de Estadística (INE):
  http://www.ine.es/censo2001/6.pdf
- Ministerio de Vivienda de España:
  http://www.mviv.es/es/
- Sociedad Pública de Alquiler:

www.spalquiler.com
- Portal del Gobierno de la República francesa:
http://www.gouvernement.fr/
- Diario oficial del gobierno de Francia:
http://www.journal-officiel.gouv.fr/
- Conseil Constitucionnel
http://www.conseil-constitutionnel.fr/
- Legifrance – Servicio público de difusión del derecho:
http://www.legifrance.gouv.fr/
- L´Agence Nationale de l'habitat (ANAH) :
http://www.anah.fr/index.htm
- Tribunal Constitucional de Portugal
http://w3b.tribunalconstitucional.pt/tc/home.html
- Instituto da Habitação e Reabilitação Urbana (IHRU):
http://www.portaldahabitacao.pt/pt/ihru/
- Diário da República Electrónico
http://www.dre.pt/
- Governo de Portugal:
http://www.portugal.gov.pt/Portal/PT
- Ministério do Ambiente, do Ordenamento do Território e do Desenvolvimento Regional:
http://www.maotdr.gov.pt/
- Gestão dos Bairros Municipais de Lisboa:
http://www.gebalis.pt/
- Câmara Municipal de Lisboa:
http://www.cm-lisboa.pt/
- Programa Local de Habitação (PLH) de Lisboa:
http://habitacao.cm-lisboa.pt/index.htm

Kolibri 360 GmbH
Ferdinand-Jühlke-Straße 7
99095 Erfurt, Deutschland
produktsicherheit@kolibri360.de

Druck:
CPI Druckdienstleistungen GmbH
im Auftrag der
Kolibri 360 GmbH
Ferdinand-Jühlke-Str. 7
99095 Erfurt